2019中国医疗器械科技创新发展报告

中国生物技术发展中心　编著

科学技术文献出版社
SCIENTIFIC AND TECHNICAL DOCUMENTATION PRESS
·北京·

图书在版编目（CIP）数据

2019中国医疗器械科技创新发展报告 / 中国生物技术发展中心编著. —北京：科学技术文献出版社，2019. 11

ISBN 978-7-5189-6235-8

Ⅰ. ①2… Ⅱ. ①中… Ⅲ. ①医疗器械—制造工业—研究报告—中国—2019 Ⅳ. ①F426.7

中国版本图书馆 CIP 数据核字（2019）第 270681 号

2019中国医疗器械科技创新发展报告

策划编辑：郝迎聪 责任编辑：马新娟 责任校对：文 浩 责任出版：张志平

出 版 者 科学技术文献出版社
地 址 北京市复兴路15号 邮编 100038
编 务 部 （010）58882938，58882087（传真）
发 行 部 （010）58882868，58882870（传真）
邮 购 部 （010）58882873
官方网址 www.stdp.com.cn
发 行 者 科学技术文献出版社发行 全国各地新华书店经销
印 刷 者 北京时尚印佳彩色印刷有限公司
版 次 2019 年 11 月第 1 版 2019 年 11 月第 1 次印刷
开 本 787×1092 1/16
字 数 325千
印 张 19.5
书 号 ISBN 978-7-5189-6235-8
定 价 198.00元

《2019 中国医疗器械科技创新发展报告》编委会

前 言

近年来，我国医疗器械新技术新产品开发取得了显著成果，为促进健康中国的发展提供了重要保障。从品种来看，我国多种中低端医疗器械产品的产量位居世界第一，中国已经成为全球医疗器械的重要生产基地；从产业发展来看，我国医疗器械行业市场规模从 2006 年的 434 亿元增长至 2018 年的 5304 亿元，年均复合增长率超过 20%，预计 2024 年将超过 7000 亿元，未来 10 年行业复合增长率将超过 10%，行业将进入黄金发展期；从对世界影响来看，我国医疗器械产业占全球市场份额从 2006 年的 3.4% 增加到 2018 年的近 18%，对世界产业格局影响度逐渐扩大。

中国医疗器械产业的快速发展，主要得益于各级政府的高度重视和大力推动，以及经济发展社会需求的提升。《国民经济和社会发展第十三个五年规划纲要》《“健康中国 2030”规划纲要》《中国制造 2025》《“十三五”卫生与健康科技创新专项规划》等，纷纷提出要大力推动医疗器械发展，推动医疗器械的品质提升，减少进口依赖，降低医疗成本。医疗体制改革也推动了医疗器械产业大发展，尤其是分级诊疗的实施带来的各级卫生机构医疗器械更新换代，为我国医疗器械提出了巨大需求。随着大众健康需求的提高、人口老龄化进程的加快及疾病谱变化带来的医疗模式变革，我国医疗器械产业将进入高端化、品牌化、国际化的快速发展新阶段。

中国生物技术发展中心围绕科技项目管理专业机构和生物领域高端智库“双目标、双保障”的目标，一直承担生物技术和医疗器械领域的科技计划管理，同时也密切关注相关领域科技前沿的发展动态。为进一步梳理和总结我国医疗器械科技创新发展方向，厘清医疗器械领域国内外形势与需求并客观评价我国医疗器械创新能力，中国生物技术发展中心组织编写了《2019 中国医疗器械科技创新发展报告》，目的是要通过对中国医疗器械科技创新能力的阶段性回顾和比较，及时掌握世界主要国家医疗器械技术和产业发展趋势，梳理政府监管政策和法规标准变化等情况，准确把握我国医疗器械的技术研发水平和产业化能力，结合医疗器械技术发展趋势和社会发展需求，提出我国医疗器械科技发展方向，为政策制定者提供决策支撑，为产业发展提供参考依据。

本书共分为12章。第一章是总论，主要研究全球及中国医疗器械技术和新产品研发状况、市场状况及推动产业发展的政策措施、法律法规等；第二章至第十二章，按照医疗器械的分类，重点介绍人工智能、物理治疗设备（声光电磁）、电子内窥镜、康复器械、医学影像、可穿戴设备、质子重离子治疗系统、体外诊断试剂及器械，以及骨科医疗器械、手术机器人和心血管器械等重大产品的技术研发、产业创新、政府监管和法规标准等情况，并针对性地开展了对比分析，为中国医疗器械科技发展战略的制定提供科学依据。

在本书的编写过程中，难免存在数据收集不完整、不准确之处，欢迎予以批评指正。

目　录

总　论

当今世界人口老龄化日益严重，全球人口持续增长，发展中国家经济快速发展，因此医疗器械全球市场不断增长。Evaluate MedTech 发布报告称，全世界 2018 年医疗器械的市场规模为 4278 亿美元左右，推测 5 年复合增长率高达 5.60%，到 2024 年可高于 5945 亿美元。

美国、日本、欧盟等发达国家和地区的医疗器械行业起步较早，发展迅速，行业整体无论是产品质量标准还是技术水平都比较高，市场主要以产品更新换代为主，整体稳步增长，规模较大。其中，美国医疗器械市场约占全球的 40%，是最主要的医疗器械市场和制造国；同时美国医疗器械行业研发实力和技术水平均处于全球顶尖。欧盟的医疗器械市场和制造位居全球第二，约占整体的三分之一，尤其德国和法国是其中的主力。

中国已经成为世界医疗器械生产的重要基地，尤其是中低端医疗器械产品，产量全球最高，尤其是最近 20 年，我国的医疗器械行业处于快速发展的黄金期，市场规模持续增长，2006—2018 年从 434 亿元增长至 5304 亿元，年均复合增长率超过 20%，约占全球市场的 18%。预计未来 10 年，我国医疗器械行业市场的年均复合增长率将超过 10%，到 2024 年市场规模可达到 7000 亿元。

一、全球重点区域发展概况

（一）美国医疗器械发展概况

为了确保美国医疗健康产业发展的未来国际竞争优势，促进医疗器械的快速发展，美国出台了系列医疗器械产业相关的宏观政策，大力支持医疗器械制造业、医疗机器人、人工智能、脑机接口、高端影像、增材制造、高性能材料、生物制造等关键前沿领域发展。为促进和保持医疗器械技术在该领域的领先地位，早在 2000 年，时任美国总统克林顿就签署了法案，在美国国立研究院（National Institutes of Health，NIH）下成立美国国家生物医学成像和生物工程研究所（National Institute of

Biomedical Imaging and Bio-engineering，NIBIB），直接负责创新性医疗器械项目资助和管理；2016 年，美国又颁布了《2016—2045 年新兴科技趋势报告》，从宏观上对未来 30 年内可能影响国家力量的核心科技进行了把握，并且为国家及社会资本的科技投资指明了方向；美国 150 余位来自学术和产业界的专家在 2016 年共同完成了《美国机器人路线图》报告，医疗机器人就是其中的重点，涵盖的医疗机器人类型包括：看护机器人监控并服务老人 / 患者；手术和介入机器人直接参与手术操作；康复机器人，包括假肢机器人用于康复训练和行为治疗的辅助机器人；临床辅助机器人用于运输 / 清理 / 教育 / 远程诊治；美国自然基金会（NSF）发布的《美国中长期科技发展的建议蓝图》、美国白宫管理与预算办公室发布的《2020 财年政府研究与开发预算优先事项》、美国国家科学技术委员会下属的先进制造技术委员发布的《先进制造业美国领导力战略》报告，以及美国国家科学院发布的针对材料研究的第三次十年调查《材料研究前沿 : 十年调查》报告等，都密切关注了医疗器械领域的发展。

近年来，美国对监管法规体系进行改革，包括组织结构改革，精简结构，提高效能；优化审评路径，加快临床转化，健康数据互通；在审评过程增加真实世界证据和共识标准等鼓励创新，同时更加注重安全。改革的法规包括《21 世纪治愈法案》《FDA（食品药品监督管理局）再授权法案》（FDARA）和《医疗器械使用者付费法案修正案》（MDUFA IV），这些法律法规变化对医疗器械发展产生了显著的影响。2017 年 12 月，FDA 发布了《3D 打印医疗器械技术指导意见》，提供有关 3D 打印技术方面的规范建议。2019 年 2 月，FDA 发布了一项针对 BCI（脑机接口）技术的指南草案，主要包括关于该技术的非临床试验和临床应用细节的建议。2019 年 4 月，FDA 提出针对人工智能 / 机器学习（AI/ML）医疗设备软件（SAMD）的拟议监管框架。

（二）欧盟医疗器械概况

2017 年 10 月，欧盟发布了面向 2018—2020 年的“地平线 2020”计划，包括纳米技术、先进材料、生物技术和先进制造和加工（NMP）的工作计划，经费总预算为 16.5 亿欧元，主要用于包括欧盟产业的转型等 3 个技术领域的研发，其中医药技术创新主要包括：客户定制的用于组织再生和修复的生物支架；骨关节的再生；下一代芯片器官及超分辨率生物成像、核磁共振设备、大型成像脑研究、大脑模拟和虚拟神经机器人、人工智能影像、个体化数字化医疗等。2018 年 6 月，欧盟委员会发布“地平线欧洲”计划实施方案提案，提出了2021—2027年的发展目标和行动路线，其中，健康领域提出人口健康相关的综合性工具、技术和数字化解决方案，包括移动和远程医疗；在现实环境下对卫生保健技术和工具开展试点研究、大规模规划、技术优化和创新采购，包括临床试验和实施性研究；卫生保健技术和工具开发、制造和快速交付的过程和服务创新；卫生保健技术和工具的安全性、有效性和质量，以及相关伦理法律和社会影响；卫生保健技术和工具的监管科学。

2018年5月，英国生物技术与生物科学研究理事会（BBSRC）发布《英国生物成像的战略评述》报告，重点展望了生物成像技术的未来需求和新趋势。2018年5月，法国教研部发布《2018国家研究基础设施路线图》，生物与健康，基于大型成像仪器的脑研究基础设施Neurospin，在2016版中归在神经科学和生物疗法转化研究基础设施NEURATRIS中，在2018版中单列。2019年1月，欧洲人工智能项目（Artificial Intelligence for Europe，AI4EU）正式启动，项目将打造以人为中心的人工智能开放协作平台，重点关注可解释、可证实、协作、集成和/或物理化的人工智能技术，并设置8项试点实验。

（三）日本医疗器械发展概况

从世界医疗器械市场的角度来看，20世纪90年代末日本医疗器械市场规模约占全球市场的15%，目前下降到8%～9%，仍是仅次于美国、中国的第三大单一国家市场。但由于市场高度成熟，增速相对缓慢，预计未来日本市场在全球市场中占比将继续下降。

为了推动医疗器械的发展，日本在人工智能诊断、治疗系统、机器人及相关材料和关键技术、纳米材料和生物自适应材料、高端测量诊断和成像技术等方面，给予了关注和政策扶持。2018年12月，日本科学技术振兴机构（JST）研发战略中心（CRDS）提出“下一代生物材料工程”战略建议，旨在创造能适应多样的生物学环境、有效控制材料和生物体之间交互作用的生物自适应材料。2018年7月，日本综合科学技术创新会议（CSTI）发布第2期战略性创新推进计划（SIP），其中的人工智能医院的先进诊疗系统研发内容包括：开发高度安全的医疗信息数据库及医疗信息的遴选、分析技术；使用人工智能自动记录医疗期间的各项活动；开发类似运用血液进行超高精度检查等的基于患者生理信息的人工智能诊断、监测和治疗技术，实现癌症等病患超早期诊断；对人工智能医院在医学领域的示范试验的研究评价。

（四）中国医疗器械发展概况

我国医疗器械市场消费群体众多，政府政策扶持力度大，行业发展空间巨大，但当前我国医疗器械企业整体呈现出行业集中度不够、各个企业规模不够、研发投入不够、创新能力不够等问题，国产产品在行业中高端市场占有率低。据统计，全国实有医疗器械生产企业 1.6 万家，其中可生产一类产品的企业 6096 家，可生产二类产品的企业 9340 家，可生产三类产品的企业 2189 家。每家生产企业平均营收仅为 2824 万元。2017 年，迈瑞医疗、新华医疗和威高股份的营业收入分别为 111.7 亿元、99.8 亿元和 62.9 亿元，占据前 3 名。

研发投入严重不足困扰着我国医疗器械的发展。2017 年我国医疗器械营业收入前 20 名的企业整体研发投入 32.5 亿元，仅占总营业收入额 588.6 亿元的 5.5%，甚至整个行业的研发投入总费用低于一家大型跨国医疗器械企业，严重制约了行业的创新能力。

二、重点类型医疗器械市场概况

（一）医疗人工智能

近年来，随着以深度学习为核心的第三代人工智能的飞速发展，人工智能技术在医疗领域中的应用有快速推广的趋势。美国、欧盟、日本等医疗器械制造强国都把人工智能作为关键前沿领域方面重点投入和加速布局。我国也不例外，《中国制造 2025》于 2015 年 5 月发布，其中指出“两化”深度融合的主攻方向为智能制造，同年 7 月发布了《国务院关于积极推进“互联网 +”行动的指导意见》，其中指出重点布局领域包含人工智能；2017 年 7 月，国务院发布了我国在人工智能领域展开系统部署的第一份文件——《新一代人工智能规划》，文件提出 2030 年抢占全球人工智能制高点；同年 10 月，党的十九大报告提到了人工智能，提出要加快推动大数据、互联网、人工智能和实体经济的深度融合。

中国医疗人工智能市场近年来发展得如火如荼，2013 年人工智能开拓市场之后，我国医疗人工智能行业获得融资共 241 笔，其中仅 2017 年一年公布的融资事件近 30 起，总额超过 18 亿元。2018 年增长更加迅猛，资本依旧大手笔，行业频发大额融资，上半年共有总金额超过 31 亿元的 18 家公司获投，且传统医疗相关企业（如飞利浦等）和已成熟的互联网巨头（如 BAT 等）均重金布局这一行业，扩展产业链业务。

随着产业的发展，行业弊端也逐步显现出来，这些值得我们重点关注。例如，行业缺乏复合型人才，数据缺乏结构化，缺少监管的统一标准，需要持续完善技术、提高算法，需要将机器学习和实际医疗场景结合进行训练等。

（二）物理治疗（声光电磁）医疗器械

物理治疗（声光电磁）医疗器械是一种将人工物理因子（声光电磁等）对人体不同的生理和生物效应用于临床治疗的工程技术设备。主要有超声治疗设备、光治疗设备、电疗设备及磁疗设备等。

美国物理治疗市场发展已经相当成熟，整个物理治疗市场规模为 300 亿～ 330 亿美元，并且保持年增长率 3% ～ 5%，市场共有 60 316 家康复企业，其中有 16 000 ～ 18 000 个物理治疗诊所，整个物理治疗市场中门诊诊所提供物理治疗的份额为 80 亿～ 120 亿美元。

我国经过多年的发展，虽然物理治疗的超声治疗设备行业起步较晚，但目前产业体系已经初步形成，产业链条完善、专业门类齐全、产业基础雄厚。随着基层医疗体系逐渐完善，医改不断深入，医疗保险逐步实现全民覆盖，基层医疗需求随之释放，故而超声治疗设备正迎来县级以下医院的普及和升级。但总体来看，我国高端物理治疗（声光电磁）医疗器械在总体质量和技术水平上与发达国家的同类产品相比还有不小差距；有些产品同质化严重，不同企业之间的产品质量和性能没有明显的差别，价格战是主要竞争方式。

（三）电子内窥镜

全球电子内窥镜市场规模 2018 年同比增长 6.8%，约为 214 亿美元；按照复合增速 6.8%，预计到 2024 年市场规模将高达 283 亿美元。发展中国家如中国、巴西、印度等，技术不断升级，医疗系统不断完善，电子内窥镜市场、配套器械市场需求量都增长快速。

中国电子内窥镜市场的需求量呈高速增长态势，2018 年我国电子内窥镜市场规模约为 196 亿元，同比增长 25.7%，预计到 2024 年市场规模将达到 453 亿元，2018—2024 年复合增速为 15%。电子内窥镜微创手术配套器械产业也迅速发展，直接推动了医学领域微创治疗技术发展的重大变革和技术提升，提升疾病尤其是癌症的早期诊疗水平，有效降低患者的生理和经济负担，为国家节约大量医疗资源。

近年来，随着我国科技水平的不断提高，以及新技术、新材料、新工艺的大量应用，逐渐开发出一批具有自主知识产权的电子内窥镜微创医疗器械产品，填补了市场空白，国内优势企业的部分产品已可以和国际领先企业媲美。

（四）康复机器人

康复机器人是未来国际康复器械快速增长的重点领域，2025 年的年复合增长率将达到 20.6%。康复机器人领域具有较高的技术壁垒，企业的集中度较高，代表企业为 Hocoma、Ekso、Rewalk、Cyberdyne 等。据前瞻产业研究院发布的《康复医疗行业发展前景与投资预测分析报告》统计数据显示，2017 年中国康复器械市场规模约 400 亿元，预计到 2024 年将达到 1438 亿元，年复合增长率超过 18%。

随着我国整体科学技术水平的发展，国家持续加大对国产康复设备的支持力度，康复机器人领域涌现出一批具备创新实力的高科技企业，在上肢外骨骼机器人、下肢外骨骼机器人、康复评定设备、康复辅具等领域推出了一系列具有自主知识产权的产品，广泛应用于国内康复机构和社区的训练和治疗；一些企业甚至主动走向海外，与国际顶尖研发机构联合技术开发，将产品推广至全球。但总体判断，国内企业的关键技术研发水平仍与国外有着较大的差距。但随着 5 G 技术、大数据、人工智能、可穿戴技术的普及，我国可结合自身在新技术发展的优势，突破现有康复设备的设计思维和技术路线，引领全球的康复设备的发展。

（五）医学影像

在全球医疗器械行业医学影像行业市场规模在第三细分领域，医学影像行业占比达到 10%；2018 年全球医学影像器械市场规模约 417 亿美元，预计到 2024 年全球医学影像市场将达到 519 亿美元，2018—2024 年复合增长率超过 3.7%。

据统计，医学影像行业市场规模是我国医疗器械行业第一细分领域， 2018 年中国医学影像器械行业市场规模约 849 亿元，占比达到 16%；预计到 2024 年中国医学影像行业市场将达到 1880 亿元，2018—2024 年复合增长率超过 14.2%。

我国医学影像产业技术水平落后，工业基础薄弱，长期以来，市场一直由进口品牌垄断。2015 年国务院发布了《中国制造 2025》，从战略高度重视、推进医疗器械的产业化水平和创新能力，促进行业的发展，其中医疗影像设备是重点发展领域。“十三五”战略规划中，医疗影像设备一直是国内大力促进创新发展的重点领域，国家重点研发计划“数字诊疗装备研发”重点专项，就将高值影像设备创新研发作为重点支持。伴随着《关于深化审评审批制度改革鼓励药品医疗器械创新的意见》的发布，以及2018年对国内医疗机构配置许可证规定放宽的措施红利发放，龙头企业有望乘着影像需求扩容时机，借助政策，加速推进国产化进程。

（六）可穿戴设备

预计智能可穿戴设备未来几年仍将保持快速发展。2017年全世界智能可穿戴设备市场规模高达208亿美元，总出货量1.33亿只；到2021年市场规模可达462亿美元，出货量将达2.82亿只，4年复合增速超过20%。

2017年我国智能可穿戴设备出货量占全球总量的40%，稳居世界第一，高达5370万台，市场规模为53亿美元，产值超过260亿元，其中产品ASP（平均售价）为98.7美元，远低于美国的210.4美元。预计我国2022年可穿戴设备市场规模将达607亿元左右。2018年，中国可穿戴设备排名前五的企业合计占市场份额超过50%，分别是小米（1697.4万台，23%）、华为（928.2万台，13%）、苹果（821.3万台，11%）、步步高（524.1万台，7%）和奇虎360（241.5万台，3%）。

可穿戴设备在未来一段时间内的发展前景依然广阔。电子科技强国如美国、韩国等将持续维持领先优势，我国行业整体的核心竞争力、配套产业链、生产主体及应用程度等方面与世界顶尖水平差距较大。但行业处于发展初期，设计、功能和管理等方面都需要完善，如果我国能抓住契机，可抢占未来发展的前沿。

（七）质子和重离子治疗设备

质子重离子治疗兼具物理学及生物学特效，与常规放疗射线相比，在射程曲线末端形成高剂量的布拉格峰，而沿途剂量沉积较小，治疗过程可实现对肿瘤的“立体定向爆破”，能够避开正常组织对肿瘤病灶进行强有力的照射，实现疗效和精准最大化。

重离子治疗系统在医疗装备制造、运行维护和医疗服务产业方面创造数千亿的产值。全球质子重离子治疗中心数量自2000年起呈快速增长态势。根据粒子治疗协作组（PTCOG）数据，目前全球运行的质子重离子治疗机构共有93家，其中质子为 80 家，重离子为 13 家。全球范围内 13 套重离子治疗系统分布在日本、德国、奥地利及中国的上海市和甘肃省。

我国重离子治疗技术虽然在产业化应用方面较德国、日本起步晚，但发展较快，目前技术水平与发达国家相当，且装置具有完全自主知识产权，有望避免发达国家已经走过的弯路。2019 年 9 月 29 日，武威重离子医院获得了国家药品监督管理局批准，这是首次批准注册的国产碳离子治疗系统。

（八）体外诊断

体外诊断行业是全球医疗器械行业市场规模的第一细分领域，占比达到 13%；全球体外诊断行业 2018 年市场规模约 558 亿美元，预计到 2024 年达到 796 亿美元，未来 6 年复合增长率不低于 6.1%。

2018 年中国体外诊断行业市场规模约 743 亿元，占比约达到 14%；预计到 2024 年体外诊断行业市场将达到 2131 亿元。2018—2024 年复合增长率不低于 19.2%。

我国体外诊断行业市场总体呈现低端市场增长停滞、中端市场迅速放量、高端市场逐步开拓的格局，称之为 IVD 的“橄榄型”市场结构。在“橄榄型”IVD 市场结构中，低端的酶免市场已经完成进口替代，高速增长渐行渐远；国内企业囿于仪器研发实力较弱，短期内在高端检测（如流式细胞仪、全基因组测序等）领域竞争力还较弱；而在生化诊断领域，国产全自动生化分析仪的性能已经赶上进口产品水平，且具备了相当的价格优势，目前国产市场占有率超过 70%，已经基本完成进口替代，是过去 5 年的黄金细分市场。

（九）骨科器械

骨科是诊断与治疗人体骨骼运动肌肉系统各种外伤、疾病、肿瘤等问题的临床科学。骨科医疗器械产业分类包含 4 个类别：创伤骨科产品、脊柱外科产品、关节外科产品、运动医学产品。2018 年全球骨科市场规模为 510 亿美元，较 2017 年增长 3.5%。其中脊柱、关节产品的市场规模占整体的一半左右，但同比增长速度低于其他骨科产品门类。

目前全球专业的骨科产品企业，按规模可分为 5 个梯队。第一梯队是年销售额 10 亿美元以上的公司，共有 7 家，分别是美国强生公司、美国捷迈邦美公司、美国史赛克公司、英国施乐辉公司、美国美敦力公司、美国 Arthrex 公司和美国 NuVasive

公司，占据了全球骨科业务总量的65%；第二梯队指的是年销售额4亿～10亿美元的公司，现有5家；第三梯队指的是年销售额2亿～4亿美元的公司，现有14家；第四梯队指的是年销售额1亿～2亿美元的公司，现有15家。剩余第五梯队企业为年销售额在1亿美元以下的公司。

当前的中国骨科市场处于一个关键的嬗变期：一方面是国际跨国公司和进口产品继续占据骨科多个门类的尖端产品领域；另一方面是本土公司的快速成长，开始创新和技术改良。但总体来看，当前中国骨科市场依然还处在低端仿制、低端制造、低端工艺的阶段。一些构造相对简单的骨科产品如接骨板、螺钉、外固定支架等，本土公司尚能够仿其大部，但对于更加复杂的脊柱、关节产品，以及牵涉领先材料的运动医学和光电、智能类设备，由于不具备相应的解剖学、生理学、工程学、材料学、细胞学等研究积淀，本土公司缺乏竞争优势。

（十）手术机器人

手术机器人作为医疗器械的一个新兴领域，从1985年开始，美国加州医学中心放射科的KwohYS等人首次用PUMA工业机器人做神经外科手术以来，全球手术机器人行业经历了3个大的发展阶段，目前正处于产业规模化发展时期。

手术机器人细分市场有腔镜手术机器人、骨科手术机器人、神经外科手术机器人、自然腔道手术机器人。其中，腔镜手术机器人、骨科手术机器人、神经外科手术机器人的市场相对较为成熟，医生对机器人的接受度和认可度较高，临床应用仍在逐渐普及中。另外，国内手术机器人的关键技术与核心部件与国外企业相比仍存在不容忽视的差距，其主要表现在驱动器、电机、传感器、减速器和光学追踪系统等，与国际水平差距巨大。

数据显示，2018年全球医疗机器人行业市场规模达99亿美元，预计至2024年全球医疗机器人规模有望达到230亿美元，2018—2024年复合增长率约15.4%。其中，手术机器人占60%左右的市场份额。

2006年，第一台达芬奇手术机器人系统引进中国，标志着中国手术机器人纪元的开始。中国大陆及香港地区2017年达芬奇手术机器人手术量超过28 000台，同比增长约46%，增长保持持续快速的发展，截至2019年6月，我国大陆及香港地区共安装达芬奇机器人外科手术系统87台。

（十一）心血管器械

心血管器械主要是指用于人体心血管系统（包括心脏）疾病的诊断、预防、监护、治疗或者缓解的医疗器械，它主要涵盖心律管理器械、心脏冠脉介入治疗器械、外周血管及大动脉介入治疗器械、心血管外科器械、心血管监测系统、心脏瓣膜和修补器械、心脏辅助设备、结构性心脏病介入植入器械、脑血管介入治疗器械九大类别。

2018 年全球心血管器械市场规模约 499 亿美元，占全球医疗器械市场规模的 11%，是仅次于体外诊断的第二大市场，预计 2024 年全球心血管器械市场的市场规模将达到 723 亿美元。欧盟医疗器械委员会 2017 年统计数据显示，美国、欧盟、中国、日本共占据全球心血管医疗器械市场规模超 80% 的份额。其中，美国是全球最大的心血管医疗器械生产国和消费国，市场规模占全球的 40% 以上。

中国心血管医疗器械的市场规模处于高速发展之中。据公开整理数据，2018 年中国心血管介入器械市场规模约 364 亿元，同比增长 15.80%。预计到 2024 年，中国心血管介入器械市场规模约 899 亿元，2019—2024 年复合增长率为 16.25%。目前，国内除了在心脏冠脉介入治疗的冠脉支架市场、结构性心脏病介入治疗的先心封堵器市场等领域，国产品牌占有超过 70% 的市场份额，基本完成进口替代以外，其他市场仍然以国际品牌占有绝对的市场份额。

三、我国医疗器械展望

（一）我国医疗器械研发的优势

一是需求优势。中国的优质医疗资源紧缺、慢性病患者群体增长、人口老龄化加剧、公共医疗费用攀升等都是必须要面对的问题。随着技术的创新，通过人工智能来解决医疗行业的痛点成为人们的希望。有公司预测，人工智能可减少多达 50% 的医疗成本，将医疗效果提高 30% ～ 40% 。医疗人工智能在中国有着先天的发展优势。一方面，中国人口基数大，医疗数据充足，为医疗人工智能发展奠定了基础；另一方面，中国医疗市场庞大，提供了人工智能企业创新的动力。

二是政策优势。国家近年来持续加大对国产设备的支持力度，推动医疗器械的品质提升，加强创新医疗器械研发，降低医疗成本，加速进口医疗器械的替代，减少进口依赖，推动我国医疗器械产业的跨越式发展。2017 年，科技部、卫计委等《“十三五”卫生与健康科技创新专项规划》提出加强创新医疗器械研发，推动医疗器械的品质提升，减少进口依赖，降低医疗成本。2018 年 8 月，《国务院办公厅关于印发深化医药卫生体制改革 2018 年下半年重点工作任务的通知》发布，文件中明确提出要“推进医疗器械国产化，促进创新产品应用推广”。国家卫健委提出严格执行政府采购法，在医疗器械采购方面确保财政资金优先采购国产医疗设备。2018 年 4 月，国家卫健委发布《大型医用设备配置许可管理目录（2018 年）》，新版大型医用设备的管理品目对医疗机构增加配置大型设备将起到正向激励作用，一批原先按照甲类管理的大型设备改为按照乙类管理，为国产医疗设备的发展打开了巨大的空间。2018 年 10 月，国家卫健委颁布《关于发布 2018—2020 年大型医用设备配置规划的通知》，提出到 2020 年年底，全国规划新增配置大型医用设备 10 097 台，其中乙类大型医用设备由省级卫生健康部门制订年度实施计划，利好国内生产设备的企业。

三是工程化优势。医疗器械较药品在中国具有大的优势，创新药需要巨大的资金投入和强大的研发实力，平均每个药的研发费用高达几十亿美元，研发周期耗时长达 10 年，并且在专利保护到期后，仿制药会给原研药带来巨大的竞争压力。比较而言，医疗器械产品研发周期短，原创技术更迭较慢，主要以改进型创新为主，更注重成熟技术的工程化、医学化应用，迭代较快。行业投资风险医疗器械远小于药品，比起对原创技术要求极高的药品研发，作为传统制造大国的中国，由于具备充足的工程化、流水线经验，较低的人力成本，较全的供应链，在医疗器械领域具有得天独厚的比较优势。

（二）面临的困难

一是研发基础不强。国产医疗设备较药品具有比较优势，近年来技术进步、品牌崛起，有望在未来通过创新产品实现弯道超车，打破进口垄断的格局。截至 2016 年年底，我国药品和医疗器械人均消费额的比例仅为 1 ∶ 0.35，远低于发达国家 1 ∶ 0.98 的水平，更低于全球 1 ∶ 0.7 的平均水平。目前，我国医疗器械行业研发能力不足，研究设备和基础条件差，创新能力薄弱，科技成果转化能力薄弱，这些都是行业存在的主要问题。

二是中高端市场进入面临困境。我国医疗器械产品进入中高端医院特别是三级甲等医院存在一定的困难，一方面，总体技术水平我国高端医疗器械与进口相比确有一定差距；另一方面，高等级医院对于国产产品有一定程度的“歧视”，有着“先入为主”的思维定式，许多医疗机构存在一定的“攀比”因素，认为只有采购进口产品才能显得医院更上档次。事实上，国产设备完全能满足临床需要，甚至在某些领域国内的技术已经超越国际先进的厂商。国产品牌在部分中小型设备占据超过 50% 的市场份额；对于市场准入门槛较低、技术含量稍低的设备，竞争企业较多，市场较为分散，国产品牌占据 20% ～ 50% 市场份额；对于技术含量较高的设备及大型设备，国产品牌竞争力仍然不敌进口品牌，国产品牌市场占有率在 5% ～ 20%；外资品牌三大家即外资品牌（通用、飞利浦、西门子）在 CT、MRI、DSA、超声等领域呈现三足鼎立的局面，合计市场占有率超过 70%，医院面临着高端进口医疗设备使用成本高、技术垄断、维修难的困境。

第一章　产业政策

一、医疗器械产业政策概述

医疗器械产业是生物工程、电子信息和医学影像等高新技术领域复合交叉的知识密集型、资金密集型产业。进入 21 世纪以来，医疗技术的发展给人民健康和生活带来的影响日益深远，作为关系到人类生命健康的战略性新兴产业，医疗器械研制相关的基础学科领域的很多关键技术取得诸多突破，产品制造不断创新，医疗器械和医药并驾齐驱，共同成为现代诊疗过程中不可或缺的关键因素。继医药产业的发展之后，医疗器械产业已经成为全球新的技术和经济生长点。国际社会日益关注，发达国家纷纷采取重大举措，加速促进医疗器械产业的发展。

现代医学的发展越来越依赖于医疗器械技术的创新和应用。医疗器械涉及的技术领域跨度大，包含产品门类多，产品特征差别大。医疗器械产业的发展代表着一个国家高新技术的综合实力，具有高度的集成性、创新性，对多个领域的技术发展有着较强的牵引和推动作用。

医疗器械产业健康发展是提高人口健康水平和社会医疗水平的基本保障，是保证人民健康、保障社会生产力发展的重要技术支撑，关系到社会稳定和国家可持续发展。医疗器械产品的创新直接关系到医疗服务水平和产业的经济价值。无论从人民的健康保障角度，还是从经济价值方面考虑，诊断、预防、治疗、监护和康复等医疗器械的创新研究、技术发展与产品开发都具有重要的现实意义。

党和政府高度重视医药科技和产业发展。“十三五”以来，国务院及各部门密集出台宏观战略层面科技、产业和行业监管等系列政策，支持和促进医疗器械发展，提出加强创新医疗器械研发，推动医疗器械的品质提升，减少进口依赖，降低医疗成本。同时积极推进医药卫生体制改革，分级诊疗推动城乡社区基本医疗服务机构的建立和完善，各级卫生机构医疗器械的更新换代，在大众健康要求提高、人口老龄化进程加快、疾病谱变化带来医疗模式转变等因素的共同作用下，国内对医疗器械产品的需求将进一步扩大，我国医疗器械产业将进入快速发展的时期。

二、国际医疗器械产业政策

（一）美国

1. 产业及科技政策

目前，美国在政府层面陆续发布了《美国先进制造业领导力战略》《美国机器人路线图》《美国中长期科技发展的建议蓝图》《美国白宫发布备忘录明确 2020 财年八大研发优先领域》《美国政府问责办公室战略计划建议投资 5 个科技前沿》《医学成像研发路线图》《材料研究前沿：十年调查》《2016—2045 年新兴科技趋势报告》等一系列扶持和发展医疗器械制造业、支持医疗机器人、人工智能、脑机接口、高端影像、增材制造、高性能材料、生物制造等为代表的医疗器械关键领域科技创新发展，如图 1-1 所示。

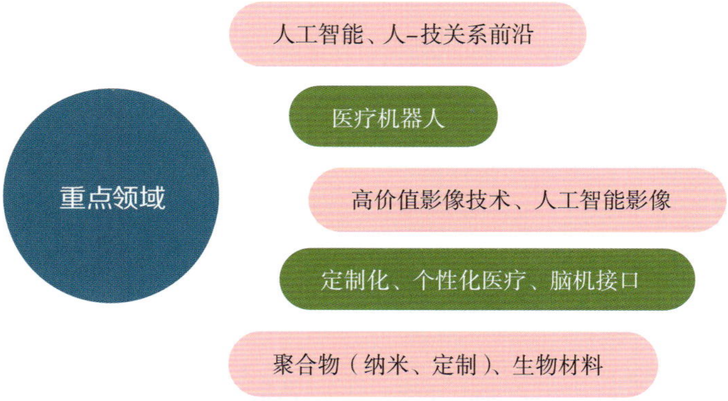

图 1-1　美国产业政策布局医疗器械重点领域

2. 监管政策

（1）监管法规体系现代化

近年来，美国对医疗器械监管法规体系进行了包括组织结构改革，精简结构，提高效能；优化审评路径；加快临床转化；健康数据互通；在审评过程增加真实世界证据和共识标准等鼓励创新，同时更加注重安全。改革的法规包括《21 世纪治愈法案》《FDA 再授权法案》（FDARA）和《医疗器械使用者付费法案修正案》（MDUFA IV），FDARA 和 MDUFA IV 改革内容如图 1-2 和图 1-3 所示。

FDARA 减少 PMA 和 510（k）的平均总决策时间。FDA 依据 MDUFA 可向企业收费，设定绩效目标，扩大审评资源，提高监管流程效率，缩短安全、有效器械上市时间。MDUFA IV 法案新增了像患者参与、真实世界证据、数字健康、共识标准、第三方审评等内容。承诺将通过雇用具有真实世界证据专业知识的工作人员来支持国家健康技术评估系统。

图 1-2 《21 世纪治愈法案》变更主要内容

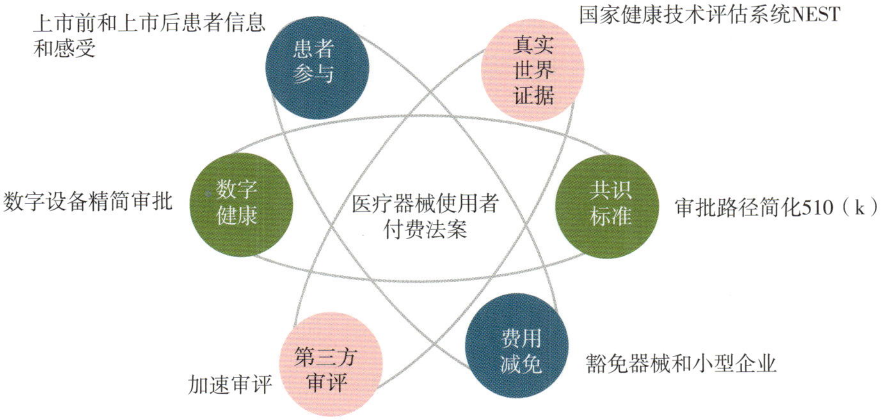

图 1-3 《医疗器械使用者付费法案》变更主要内容

（2）监管模式现代化

1）上市后监管：前哨系统

早期 FDA 主要依靠自发报告系统来对上市后安全性“被动监测”，其自发报告系统包括 CDRH 与不良反应相关的生产商和用户使用 MAUDE 数据库，以及通过 MedWatch 报告系统收集到的不良反应报告。监管滞后，只有医药专业人员、生产企业及患者等主动报告不良事件，才能够了解问题。同时存在局限性，例如，不良事件报告提交的完整性、真实性，数量是否能代表实际发生数量，是否涉及整体人群的数据等。

2019 年 1 月，FDA 公布“哨兵系统”，一种新的监测方法——“前哨行动”，用于增强医疗器械上市后安全性监测。该系统正随着信息化、大数据的发展而日益重要。通过该系统可以分析、预测、报警，及时中止不安全的医疗器械，或对医疗器械进行改进，提高效率，并减少对不良事件报告系统的依赖。“哨兵系统”已经成为新技术、新方法开发的关键引擎，是推进真实世界研究（RWE）的重要平台。

2）医疗器械唯一标识系统

FDA 正在建立特殊医疗器械的识别系统（Unique Device Identification，UDI），可实现在分配和使用环节充分识别。全球 UDI 数据库（GUDID）由 FDA 管理，包含所有具有唯一标识的医疗器械。根据 UDI 规则，标有 UDI 的标签商必须将设备的信息提交给 GUDID，除非有豁免或替代方法。

当 UDI 系统完全实施后，将通过以下方式为医药行业、FDA、消费者、医疗保健机构和医疗保健系统提供益处：允许更准确地报告、审查和分析不良事件报告，以便更快地识别和整改有问题的医疗器械；纳入医保系统。目前，美国Ⅲ类和Ⅱ类器械已经全部实施 UDI。IMDRF 发布了 3 份关于 UDI 最终文件，美欧提出要向 UDI 系统过渡，承诺在 UDI 规范方面开展合作。

3）国家健康技术评估系统

为改进被动的上市后监测系统，FDA 开发了有预警作用的主动监测的上市后监测系统——国家健康技术评估系统（NEST），依赖于真实世界证据和及时获得可靠安全性信息，通过主动监测和评估，快速识别和帮助处理安全信号，确保对新出现或加重的风险及时做出反映。NEST 通过不断生成、获取和评估与性能有关安全信息，和常规临床结果相关的大数据集来保护患者，提高了将不良事件与特定器械联系起来的能力，以便制造商和医疗服务提供者能迅速采取行动。NEST 主要安全信息来源如图 1-4 所示。

（3）医疗器械审评审批流程现代化

2018 年，FDA 围绕安全性问题，采取一系列审评审批现代化改革措施，由鼓励创新向鼓励安全创新转变。通过制定和执行“安全行动计划”，实现上市前审评审批流程现代化，更新并加强 510（k）申请及 De Novo 重新审评程序，发布突破性医疗器械认定计划，并制定新的更安全的技术项目计划（STeP），具体内容如表 1-1 所示。美国进行审评审批流程现代化和全程监管现代化改革，如图 1-5 所示。2019 年继续公布旨在从根本上实现审评程序现代化的行动，特别是与 510（k）相关的流程。美国监管审评现代化改革主要政策如图 1-6 所示。

表 1-1　医疗器械审评审批途径现代化

途径	时间	名称	主要内容
Humanitarian Use Device，HUD	2016 年 12 月	人道主义器械审批途径	《21 世纪治愈法案》修订了人道主义用械定义，将罕见病从“少于 4000 人”改为“不多于 8000 人”。能够以营利方式出售 HDE 设备：一是用于诊断或治疗儿童疾病；二是其针对疾病只发生在成人身上，或发生在少数儿童身上，阻止疾病发展。可申请人道主义用器械豁免（Humanitarian Device Exemption）途径。申请人应证明不会构成重大不合理风险，同时益处大于风险
Breakthrough Devices Program	2018 年 12 月	突破性器械	促进创新、更安全的治疗和诊断方法。鼓励得到快速的诊断设备或者治疗危及生命产品，以及对某些无法逆转疾病起作用。 在优先审评和快速通道基础上，在研发设计和上市审评更早沟通交流、更多互动路径及更优审评资源，缩短研发上市时间
扩展简化 510（k）	2019 年 1 月 22 日		2018 年 11 月，提出限制用超过 10 年的等价器械对比，促使开发具有更先进技术产品。通过 510（k）途径上市的产品，要么通过技术改进提高这些产品的安全性或性能，要么证明符合更现代的安全性和性能标准
特殊 510（k）	2018 年 9 月		如果已通过审批的设备需根据新流程做出某些更改，则适用于特殊 510（k）。如果器械的使用目的或基本的技术没有改变，其生产商则只需要提交一份设备的设计控制报告。FDA 会在 30 天内对报告进行审批，而不是像常规那样需要 90 天的等待时间
De Novo	2018 年 12 月		明确了通过 De Novo 流程进行审批时，各个类别的申请者和监管者需满足最低标准和审查程序。例如，新申请提交、拒绝或撤回形式和方式，以及新申请审查流程。澄清了新型设备如何被归类为一级或二级 De Novo，而不是自动指定为三级 De Novo。 新版要求部分采用业内最严格的上市前批准（PMA）标准。意味着很多数字健康公司都要重新审视自己的质量系统，为 FDA 的审查做好准备
PMA	2018 年 12 月		明确了设备制造地点变更时，应提交补充报告流程，变更补充文件内容，以及对生产地点现场检查因素。平衡上市前和上市后数据要求。对所有涉及 PMA 审查的器械类型进行回顾检查，在此基础上决定是否对部分产品类别进行调整，或者根据其上市后控制情况，决定此类产品上市前的数据要求，从而平衡上市前后的数据收集

续表

途径	时间	名称	主要内容
STeP	2018年12月14日	全新的安全技术计划	不符合突破性创新，比现有的医疗器械更加安全的产品。加入STeP计划，加强与技术研发人员在产品研发、评估、上市前审批阶段的沟通；将更多的监管科学研究集中在安全创新领域；为研发人员提供开发科学工具包，以保证其产品的安全性。 鼓励创新转向鼓励安全创新

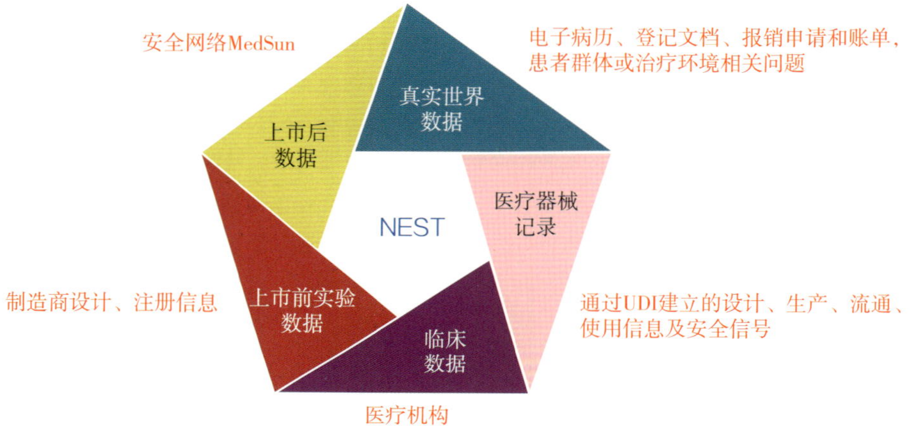

图 1-4　国家健康技术评估系统主要安全信息来源，识别安全信号

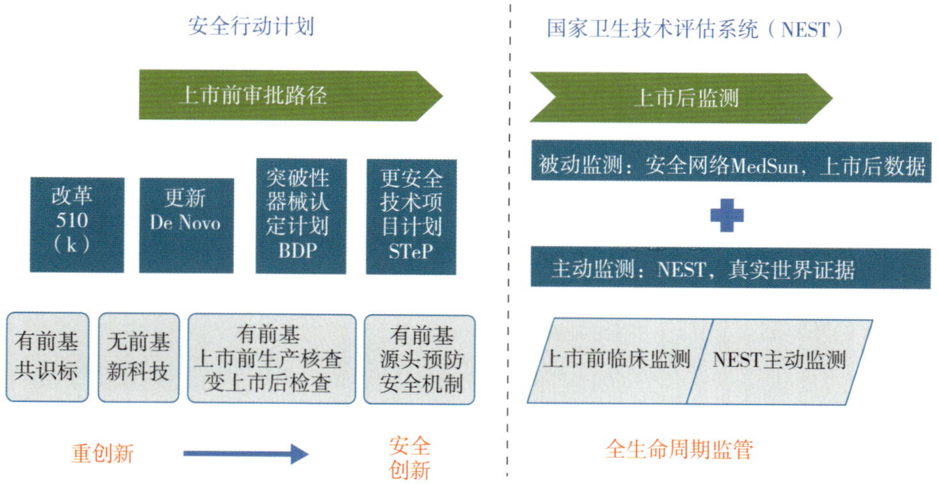

图 1-5　美国医疗器械审评审批流程现代化和全程监管现代化

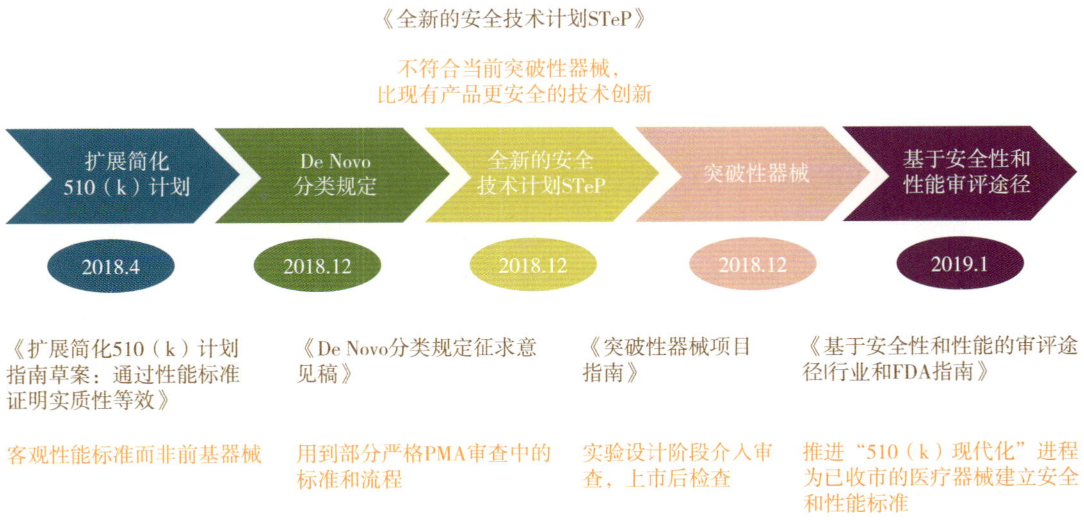

图 1-6　美国医疗器械监管审评现代化

（4）政策法规发展动态

1）采纳 ISO 13485 作为医疗器械法规

FDA 宣布计划采用 ISO 13485 标准作为其质量体系立法的基础。欧美原来的质量管理体系有很大差别：美国监管机构原来的质量体系法规是 21 CFR PART 820，欧盟普遍采用 ISO 13485 质量管理体系标准。这次美国宣布将使用 ISO 13485 质量管理体系标准，欧美的质量管理体系达到一致，这有助于降低欧美标准采用成本。

2）AI 医疗器械拟议监管框架

AI 监管难点：AI 模型持续迭代。2019 年 4 月 2 日，FDA 提出针对人工智能 / 机器学习医疗设备软件的拟议监管框架。FDA 想要通过更新审批框架的方法，使其监管适应 AI 快速迭代的特性，推动更早、更准确的疾病检测诊断，更有针对性的治疗及个性化的医疗方案得到应用。

3）FDA 发布针对 BCI（脑机接口）技术的指南草案

在医疗健康领域，脑机接口（BCI）技术对于活动能力严重缺失患者的能力恢复和功能训练具有重要意义。2019 年 2 月 22 日，FDA 发布了针对 BCI（脑机接口）技术的指南草案，主要包括非临床试验和临床应用细节的建议。

（二）欧盟

1. 产业及科技政策

欧盟及其成员国发布了医疗器械相关产业政策和研究报告，包括："地平线欧洲"计划，英国 BBSRC 生物成像战略评论报告，法国《2018 国家研究基础设施路线图》，英国 EPSRC 资助新建和升级核磁共振设备，英国政府开展专项资助应对老龄化社会挑战，欧盟人脑计划建设资源与服务统一平台，欧盟发布纳米、材料、生物及制造领域 2018—2020 年工作计划，德国国家科学与工程院发布新版"个体化医疗"意见书，英国生命科学办公室发布《生命科学产业战略》，欧盟顾问小组针对未来新兴技术旗舰计划遴选三大主题领域，欧盟将投近 1 亿欧元支持 21 项机器人研发项目，英国发布最新研究与创新计划及英国设立专门机构推动人工智能医疗应用等。欧盟产业政策关注医疗器械重点领域包括超分辨率生物成像、核磁共振设备、大型成像脑研究、大脑模拟和虚拟神经机器人、人工智能影像、个体化数字化医疗（医学影像和体外诊断）等，如表 1-2 所示。

表 1-2　欧盟医疗器械重点领域和发展方向

国家、领域	超分辨率生物成像、核磁共振设备	人工智能影像	大型成像脑研究、大脑模拟和虚拟神经机器人	定制组织再生和修复生物支架；骨关节再生	下一代芯片器官	个体化数字化医疗（医学影像和体外诊断）	移动和远程医疗、穿戴和植入传感器	机器人
欧盟								
英国								
法国								
德国								

2. 监管政策

（1）监管法规

2017 年 5 月 5 日，欧洲议会和欧盟理事会发布医疗器械法规（MDR）和体外诊断医疗器械的新法规（IVDR），取代之前的 3 个指令，成为欧盟医疗器械及体外诊断器械的最高约束法规。MDR 在整合原指令的基础上，大幅提升了有关认证的规范和限制，规定了临床和上市后的要求，如关于产品分类规则、器械的可追溯性、临床性能研究的规范、增加上市后的产品安全性和有效性的监管等方面。同时，MDR还引入安全审查程序，对于高风险产品，医疗器械协调小组（MDCG）有权对性能和安全性进行质疑，并且相关信息也将会被公开。欧盟希望通过这个方法来在发CE证书前对公告机构有所制约。飞行检查相关条款列入MDR，加强医疗产品尤其是植入类产品的追溯，要求必须有UDI，加强全生命周期的可追溯性。

（2）欧盟委员会指定运行医疗器械UDI分配系统的发行机构

2019年6月，欧盟委员会发布UDI分配系统决定，MDR及IVDR明确规定了指定一个或多个机构运行一个UDI分配系统，自2019年6月27日开始，有效期为5年。根据MDR，对于可植入器械和Ⅲ类器械，自2021年5月26日起适用。对于Ⅱa和Ⅱb类器械，自2023年5月26日起适用。

（3）2025年监管科学

2018年12月19日，EMA发布了“2025年监管科学”战略草案。FDA和EMA制订的监管科学计划都包括以下要素：①要求监管机构跟上科学发展步伐，以便对风险-收益进行高质量和关键评价；②在生命周期内评价质量、安全性和有效性的方法和标准创新；③广泛开展与利益相关者（即患者和医疗保健专业人员）交流的活动，促进创新并研究监管体系是否有利于确保患者安全，保障公共健康。

药械组合产品、真实世界证据、新的临床试验设计、人工智能及大数据的革命性进展，都对监管科学构成了重大挑战，EMA成立了一个监测科学和技术新兴趋势的监管科学观测站，以指导使用资源和外部合作。EMA的愿景是促进监管科学能够在以患者为中心的医疗保健系统中发挥作用。

（三）日本

1. 产业及科技政策

近年来，日本在人工智能诊断、治疗系统、机器人及相关材料和关键技术、纳米材料和生物自适应材料、高端测量诊断和成像技术等方面，给予关注和政策扶持，如表1-3所示。

表 1–3 日本关注和扶持医疗器械及相关材料和关键技术

项目	主要内容	发布时间	发布单位
“下一代生物材料工程”战略建议	生物自适应材料及评价测量新技术和仪器	2018 年 12 月	日本 JST 和 CRDS
战略性创新推进计划（SIP）	人工智能医院的先进诊疗系统 人工智能诊断、监测和治疗技术	2018 年 7 月	日本综合科学技术创新会议
纳米技术和材料科学技术研发战略	纳米材料，革新机器人材料，传感器材料	2018 年 6 月	日本文部科学省
研究开发俯瞰报告	微型电子显微镜、8 K 影像技术、实验用机器人技术；类器官技术和脏器芯片技术；用于人工智能大数据分析技术，可穿戴技术	2017 年	日本 JST
第五个科学技术基本计划（2016—2020 年）	人工智能系统，实现远距离诊断和治疗，如护理机器人、陪护机器人。 远程监护系统：人工智能和机器人融合。 脑活动分析技术评价人的感性感知系统	2016 年	日本政府
科学技术创新战略	高端测量诊断和成像技术、生物材料和纳米材料等新型原材料技术； 医疗健康等领域创新型结构材料和功能材料的研发与相关应用组件的升级：机器人技术、传感器技术、作动器技术	2016 年 5 月	日本内阁会议

2. 监管政策

日本按照产品的风险等级将医疗器械的申报分类为备案、第三方认证和厚生省审批 3 种监管方式。在认证基准确定的情况下，医疗器械由第三方认证机构认证。高度管理医疗器械、不符合认证基准或审查指导原则、没有认证基准的、4 类为高度管制医疗设备，由 PMDA 审评，厚生省承认，但对于有承认基准和审查指导原则的高度管理医疗器械，可由第三方认证机构认证。

第三方机构必须符合 ISO 13485 中的相关规定，对生产场所、产品质量等具有丰富经验。产品核准上市后，第三方机构还须负责事后监督，即质量标准执行情况的检查等工作。厚生省负责对第三方机构资质及产品审核情况等监督管理。一旦发现第三方机构在审核中存在违规操作情况，有权取消其认证资格，并视情节严重程度予以经济处罚。产品评估体系与美国评估体系相似。

上市后监管体系：参考欧美监管体系法律法规制定，对于每件获准上市的器械，生产商必须保证其质量100%合格，且安全有效；一旦上市后被发现存在重大安全隐患或质量问题，由厂商自己负责整改。新版医疗器械上市后监管法特别规定：生产商必须建立产品安全负责人制度和质量控制小组，一旦出现问题首先问责这两个小组的负责人。

监管政策变化主要包括：提升监管能力，增加审查部门和人员；制定认证基准、承认基准和审查指导原则；修订临床试验管理质量管理规范GCP条例，扩大临床试验可行性。

（四）印度

1. 产业及科技政策

印度拥有仅次于中国的人口基数，基于政府医保政策的需要，医疗器械产业发展需求巨大。私人医疗产业发展优于公立医疗机构，并在医疗器械配备方面建议限制进口器械的使用，已提议调整公共项目采购中本地生产和进口设备比例。要求至少50%的采购来自本土。在购买电子设备、医院设备、手术器械、植入物、诊断试剂和体外诊断试剂方面采取了较为宽松的规定，公共项目需要从本地公司购买25%~40%的此类设备及耗材。

2. 监管政策

为了配合落实“印度制造”计划，促进国内制造业的发展，印度中央药品标准控制组织（CDSCO）发布了《医疗器械法规2017》，于2018年1月开始实施。目前，跨国公司占据了市场75%的销售额。新法规遵循了全球协调工作组GHTF的指南，并且与其中基于风险的分类方法一致。此外公告机构的检查被引入新法规。

新法规扩大医疗设备定义范围：使所有可植入的医疗设备、CT、MRI等纳入监管之下。印度医疗器械工业协会论坛协调员强调，要限制进口二手设备，保护国内制造商。

根据新法规，一种经过公告机构“第三方合格评定和认证”新程序被引入。公告机构可以在生产场所对设备执行QMS评估。对于国外制造商，会要求由内部检查员或者任何公告机构对其海外生产基地进行检查。

新法规将强制要求所有设备获得制造和进口许可证。要获得进口许可证，需要先获得制造或分销许可证。国外制造商应指定一名获得授权的印度代理商来持有许可证。所有类别的进口许可证申请都必须提交中央授权许可机构。

新法规将临床试验方案从四期试验改成两期试验，分为实验性临床研究（探索性研究）和关键临床研究（验证性研究）。对于在印度还没有已获批准类似申请进口许可证，如果已经获得澳大利亚、加拿大、日本、美国或欧盟颁发证书，就不需进行临床研究。

在新法规中引入了“实质等同原则”。此外，临床试验所产生的数据如果不是用于申请制造或进口许可证的话，将不需要事先获得临床试验批准。新法规中标签要求每个设备的 UDI 号码必须在标签上注明，有效期至 2022 年 1 月。

（五）东盟

东盟各国有各自的监管法规制度，尽管在东盟十国中，新加坡等七国已经制定了相关法律、法规和规范性文件，马来西亚已经从最初的自愿注册管理改为强制注册管理，而文莱、柬埔寨、老挝三国也正在制定相关法律或准则，但是这并不意味着会严格地执行产品注册或生产许可管理。

为此，东盟开始推进医疗器械监管一体化。在东盟标准和质量咨询委员会中，医疗器械工作组（MDPWG）负责协调各国监管政策的制定工作。MDPWG 制定了东南亚监管方案——“东盟医疗器械指令”（AMDD），对成员国提供了统一监管模式。AMDD 并非以一个法律的形式实施。依据该法规，东盟所有成员国须共同执行 AMDD 中的相关规定。这意味着，从事生产和销售的公司在各个东盟国家进行注册时只需要递交相同的资料，这将使进口医疗器械更易于进入东南亚市场。

根据分类，每个国家可以开发自己的 AMDD 加快注册过程，东盟国家政府收费、临床需求和处理审批时间不同，许多东盟国家可效仿新加坡实施 AMDD 指令。然而，AMDD 框架完全实现之前，每个国家都会保留自己的监管体系。

三、中国医疗器械产业政策

（一）产业及科技政策

1. 产业政策体系不断完善，创造良好发展政策环境

“十三五”时期，国务院出台系列医疗器械宏观产业政策，为医疗器械产业创新发展布局。健康中国建设上升为国家战略，把人民健康放在优先发展的战略地位。“十三五”时期，《国民经济和社会发展第十三个五年规划纲要》提出推进健康中国建设，制定《“健康中国2030”规划纲要》，发布了系列文件。其中，《国民经济和社会发展第十三个五年规划纲要》《“健康中国2030”规划纲要》《“十三五”深化医药卫生体制改革规划》是核心（图1-7，图1-8）。根据两个纲要精神，我国政府、国务院出台系列宏观政策文件，为医疗器械产业发展创造了良好的政策条件，如图1-9所示，各部委出台的主要政策文件如图1-10所示。

“十三五”期间，国务院在深化医改和医疗器械监管方面出台政策文件达到40件，远高于“十二五”时期，如图1-11所示。按各部委政策出处统计，国家卫健委出台大量持续深化医改配套政策，科技部出台大量科技政策，工信部出台大量产业政策。各部委出台相关政策文件，如图1-12所示。

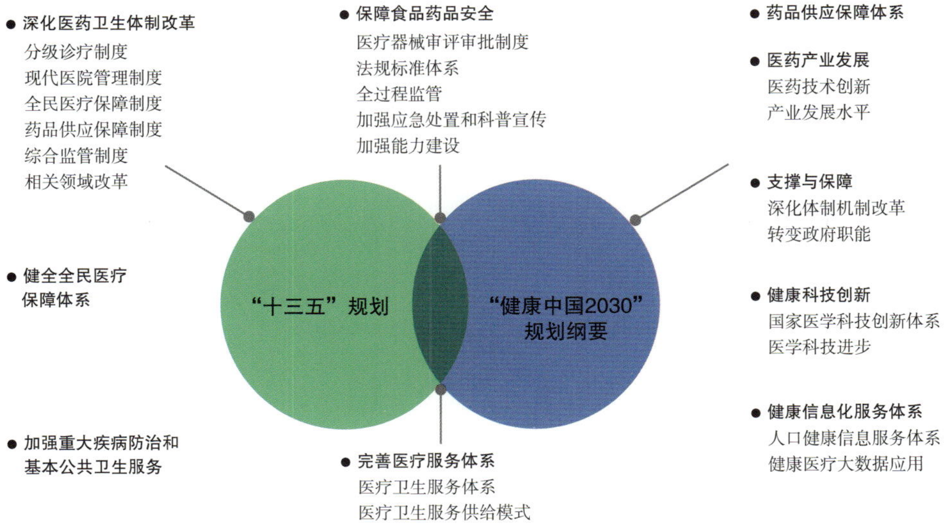

图1-7 《国民经济和社会发展第十三个五年规划纲要》和《“健康中国2030”规划纲要》主要内容

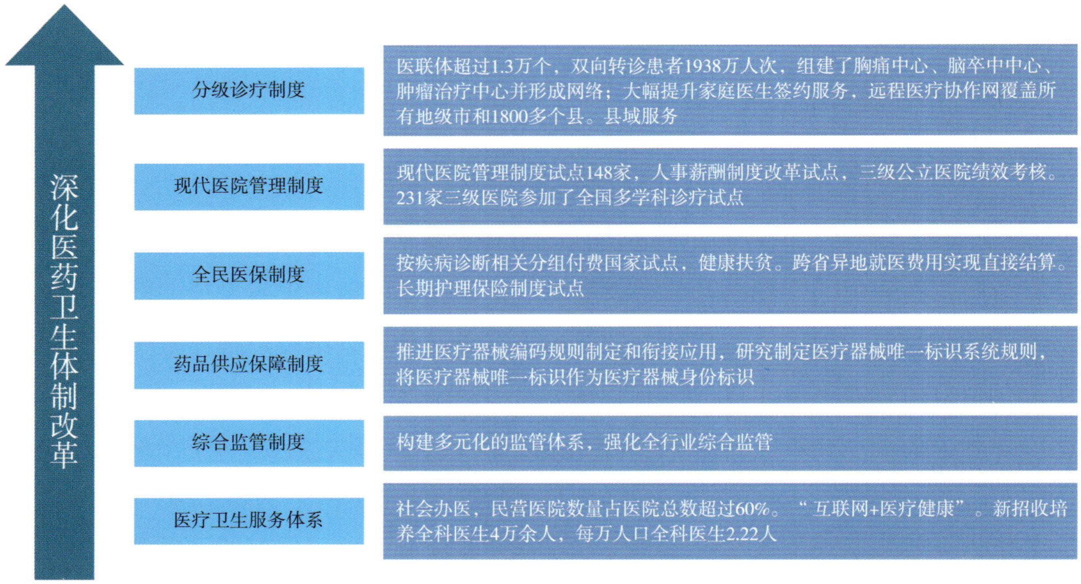

图 1-8 《“十三五”深化医药卫生体制改革规划》主要内容和取得成果

图 1-9 “十三五”时期国务院出台促进医疗器械发展宏观产业政策

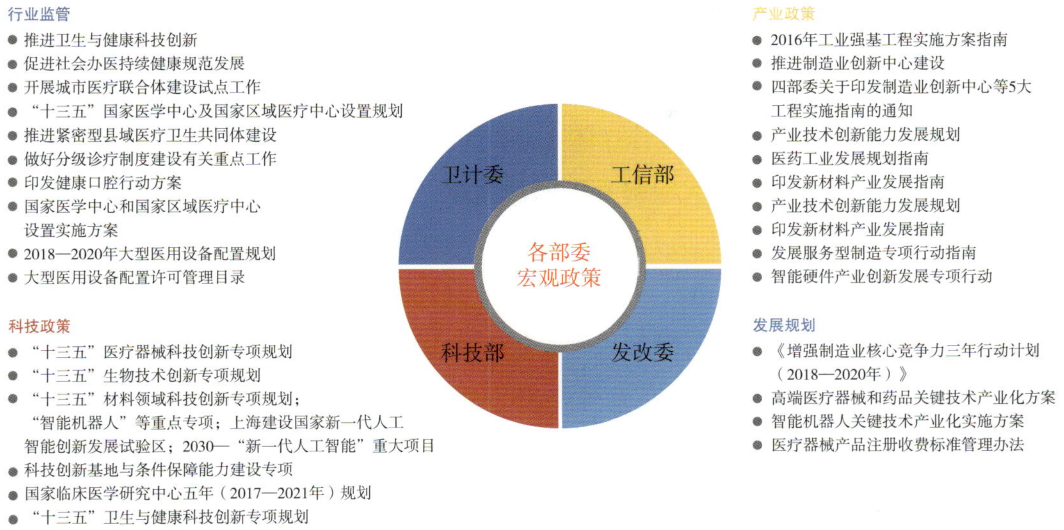

图 1-10　"十三五"期间各部委出台促进医疗器械发展产业政策

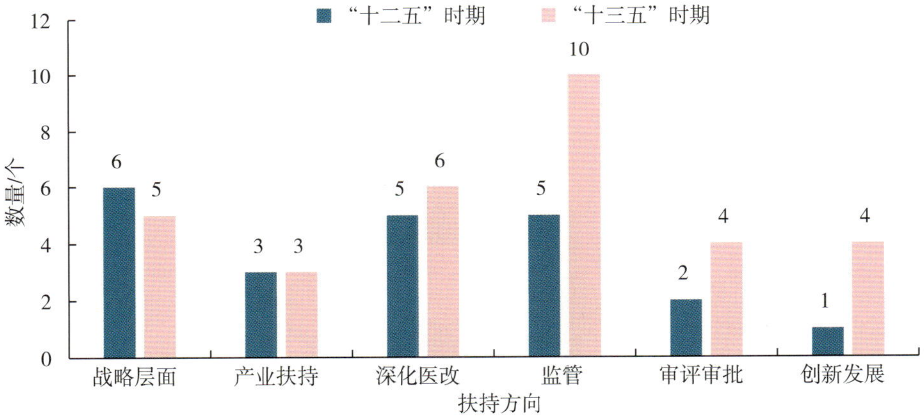

图 1-11　"十二五"和"十三五"时期国务院医疗器械产业政策扶持方向

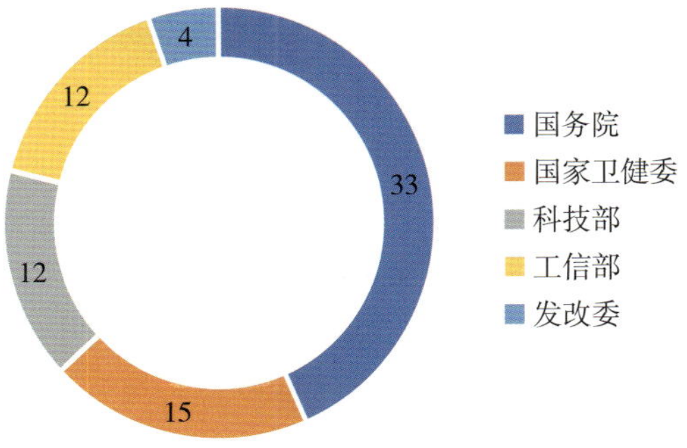

图 1-12　"十三五"时期医疗器械产业政策文件出处

2. 医疗卫生改革促进我国医疗器械产业发展

自 2018 年以来，我国对医疗制度进行了一系列的改革，并出台了以分级诊疗制度为核心的医保改革政策。分级诊疗体系建立和保障机制如图 1–13 所示，全国范围内启动医联体建设，规范和大幅提升家庭医生签约服务，全面推开远程医疗，提升县域服务能力，达到二级及以上水平县级医院 84%。临床专科新建 3600 个，开展新项目、新技术超过 2.7 万项。截至 2018 年年底，全国所有省份均出台医联体建设发展规划，所有三级公立医院都参与了医联体建设。共组建城市医疗集团 1860 个，县域医疗共同体 3129 个，跨区域专科联盟 2428 个，面向边远贫困地区的远程医疗协作网 5682 个。远程医疗协作网覆盖所有地级市和 1800 多个县。2019 年公布建立城市医联体 118 个。医联体建设取得积极成效。分级诊疗扩大了基层对医疗器械需求，对于国产医疗器械的发展起到巨大的促进作用。

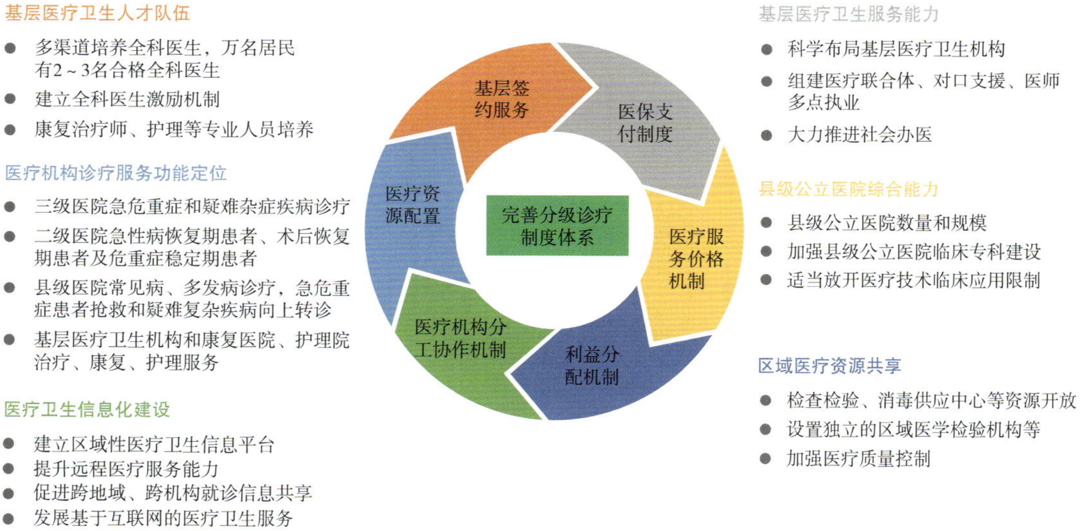

图 1–13　完善分级诊疗制度体系和保障机制

3. 行业政策扶持重点领域力度加大

“十三五”时期，国务院出台大量包括支持国产医疗器械和创新医疗器械产业政策、科技政策，支持创新平台、知识产权、标准和重点领域扶持政策。其中，国务院出台产业政策包括《中国制造2025》《“十三五”国家战略性新兴产业发展规划》《关于促进医药产业健康发展的指导意见》，出台科技政策包括《“十三五”国家科技创新规划》等。出台支持重点领域专项政策，如《健康口腔行动方案（2019—2025年）》《国务院关于加快发展康复辅助器具产业的若干意见》《促进新一代人工智能产业发展三年行动计划（2018—2020年）》《国务院关于印发新一代人工智能发展规划的通知》《科技部关于支持上海建设国家新一代人工智能创新发展试验区的函》《关于发布2018—2020年大型医用设备配置规划的通知》《增材制造发展行动计划（2017—2020年）》等。各部委出台医疗器械相关政策包括《医药工业发展规划指南》《四部委关于印发制造业创新中心等5大工程实施指南的通知》《智能制造工程实施指南（2016—2020）》《工业强基工程实施指南（2016—2020年）》《增强制造业核心竞争力三年行动计划（2018—2020年）》等。科技部设立“智能机器人”“数字诊疗装备研发”“生物医用材料研发与组织器官修复代替”“变革性技术关键科学问题”“增材制造与激光制造”等重点专项支持医疗器械领域基础研究和产业化应用。在重点领域出台监管政策，发布《关于发布〈定制式医疗器械监督管理规定（试行）〉的公告》和《定制式增材制造医疗器械注册技术审查指导原则》等促进各重点领域创新医疗器械研发转化。

“十三五”时期，国务院出台有关政策中支持的重点领域包括：口腔、植介入等高端材料；医学影像、数字诊疗等大型医用设备；机器人、人工智能、智能诊疗设备；精确治疗等先进治疗设备；康复器具，健康监测设备；体外诊断、临床检验设备；医学影像、数字诊疗等大型医用设备等（图1-14）。重点扶持各领域前沿技术、关键原材料和零部件、关键技术，如图1-15所示。

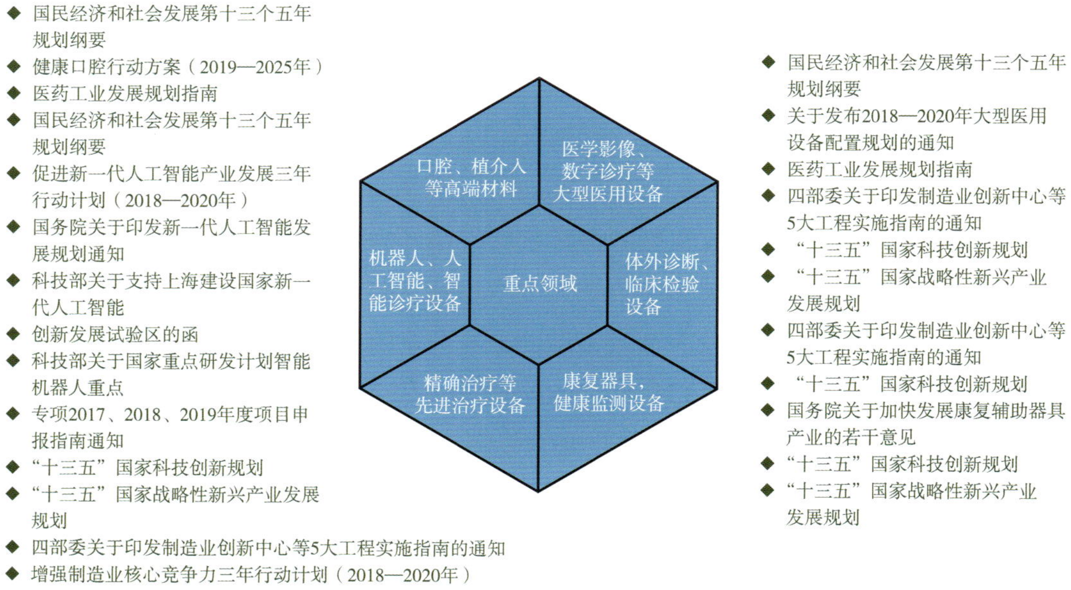

图 1–14 “十三五”时期国务院出台宏观政策支持医疗器械发展重点领域

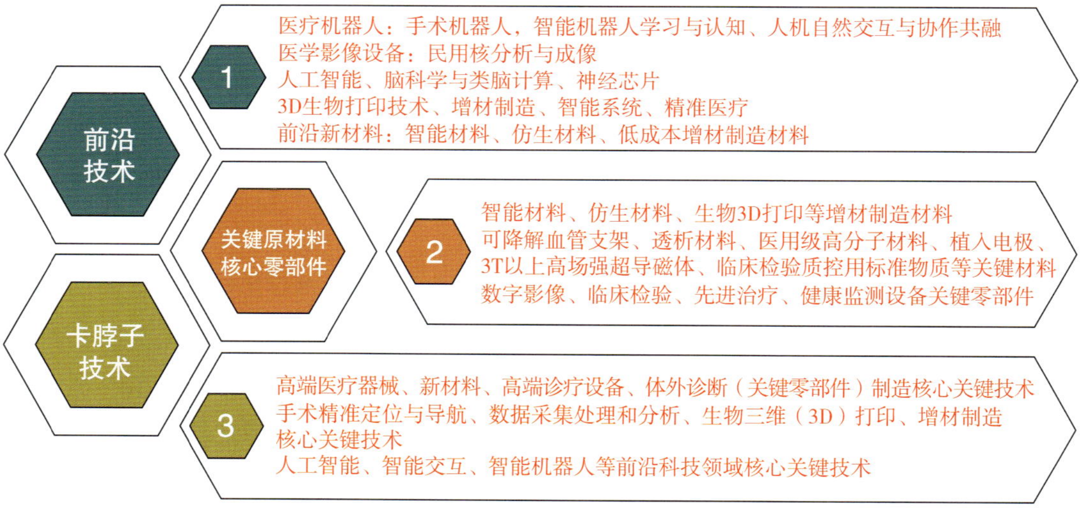

图 1–15 宏观产业政策扶持医疗器械科技发展方向

（二）监管政策

“十三五”时期，我国陆续出台医疗器械注册人制度、医疗器械唯一标识制度，制定《创新医疗器械特别审查程序》《医疗器械优先审批程序》等促进医疗器械创新和快速发展的审评审批监管政策。

1. 国务院出台宏观政策布局医疗器械监管

自《国务院关于改革药品医疗器械审评审批制度的意见》发布以来，医疗器械监管重点由上市前审评审批鼓励创新，向全生命周期防控风险转变。国务院布局审批审评监管改革创新政策如图 1-16 所示。

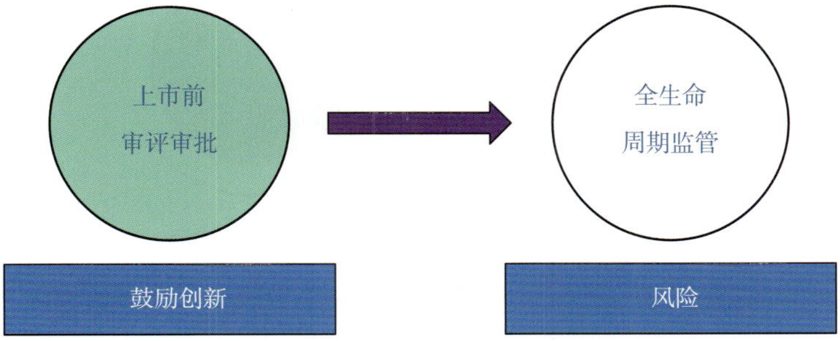

图 1-16　国务院布局审批审评监管改革创新政策

2. 医疗器械监管法规体系不断完善，引进多项改革措施

“十三五”期间，我国建立了比较完善的覆盖全生命周期的监管法规体系，即以法律行政法规—部门规章—配套规范性文件、标准为主的监管法规体系，并完成了包括《医疗器械监督管理条例》和配套规章制度等 14 项重要法规文件的制修订，标志着我国医疗器械监管法规体系逐步完善，同时引进多项改革措施，如图 1-17 所示。同时为鼓励医疗器械产品技术创新，出台了《创新医疗器械特别审查程序》《医疗器械优先审批程序》《医疗器械注册人制度试点工作》《医疗器械唯一标识系统试点工作》等文件；为构建医疗器械全生命周期监管，出台了《实施药品医疗器械全生命周期管理的相关政策》《加快推进药品智慧监管的行动计划》《医疗器械不良事件监测和再评价管理办法》等文件，很好地促进了我国医疗器械产品、产业的发展（图 1-18）。

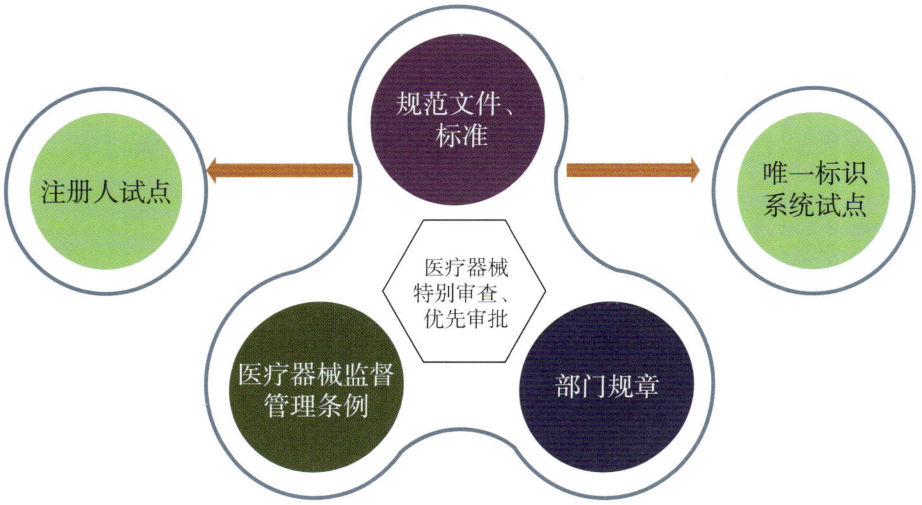

图 1-17　医疗器械监管法规体系改革措施

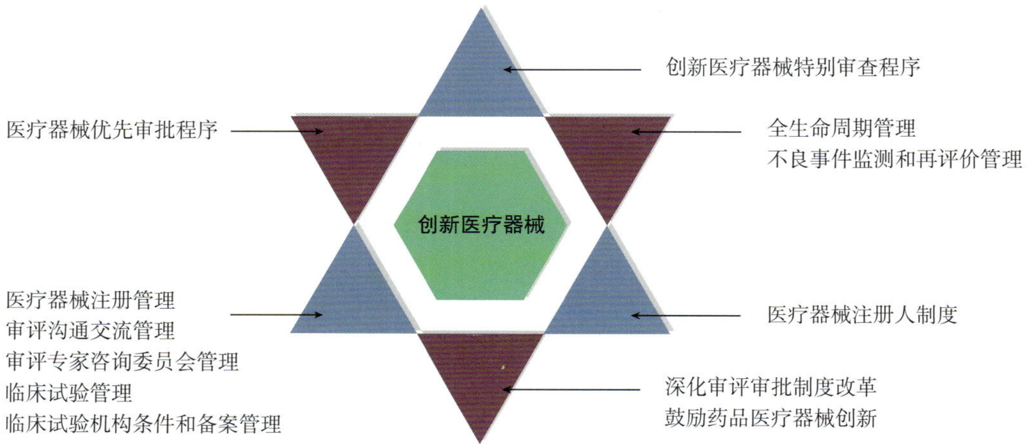

图 1-18　医疗器械监管法规鼓励创新医疗器械发展

3. 持续深化医疗器械审评审批制度改革

为加快高端医疗器械替代进口、高技术含量、强创新性、满足临床迫切需求的特定医疗器械产品上市，我国在医疗器械注册审评环节开通绿色审批通道，实施《医疗器械优先审批程序》《创新医疗器械特别审查程序》，注重受理注册和审评过程加强沟通交流和流程优先，使审批流程大幅降低。和普通Ⅲ类器械相比，平均缩短 83 天；Ⅱ类器械（北京）全流程时限由 170 天缩短为 22 天；所有创新产品检验周期平均缩短 1/3 以上（图 1-19）。

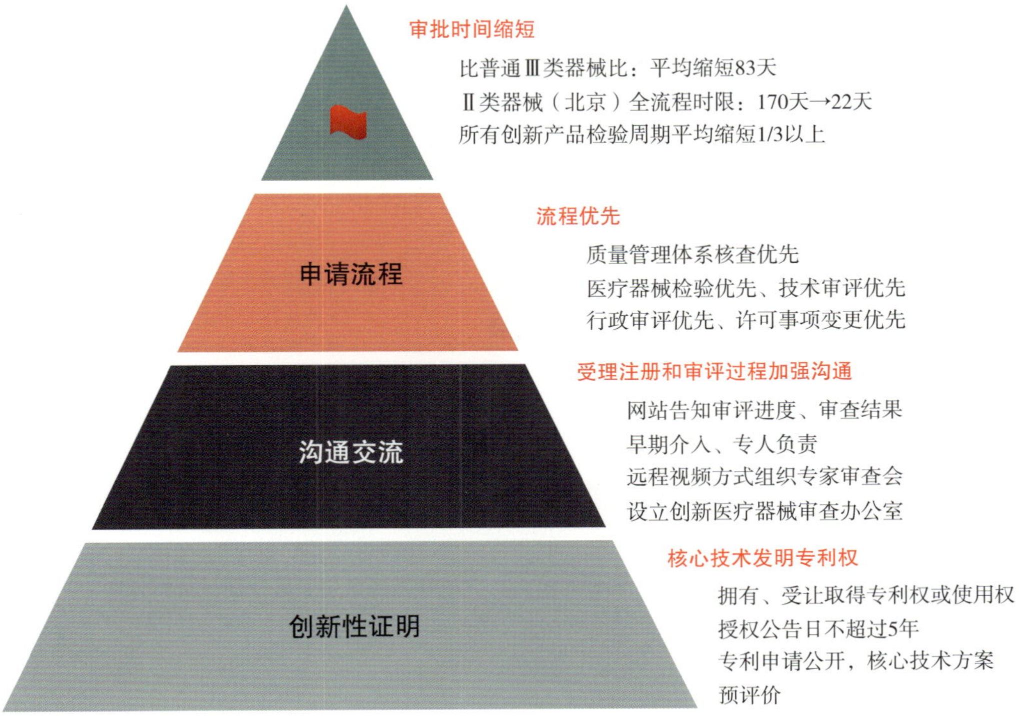

图 1–19　创新医疗器械特别审查流程

据统计，2016 年至 2019 年 6 月医疗器械创新申请审查数量大幅增加，上市数量显著增加，批准数量逐年增加其中以植 / 介入性医疗器械等高值耗材为主的产品占比最高，尤其是血管支架，具体如图 1–20、图 1–21 和图 1–22 所示。自 2017 年正式实施优先审批程序，已累计纳入 31 个医疗器械，其中，通过该程序加速上市 7

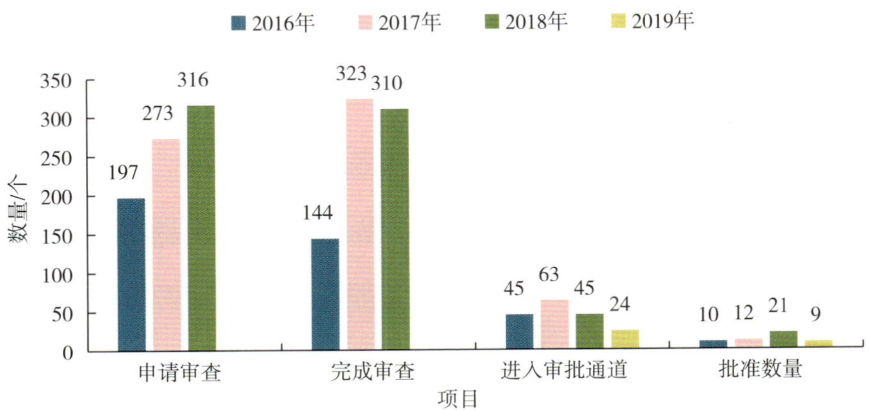

图 1–20　2016 年至 2019 年 6 月创新医疗器械审批情况

个，11 个“列入国家重点研发计划”，10 个“临床急需且在我国尚无同品种产品获准注册的医疗器械”；2019 年上半年，特别审查共纳入 24 个创新医疗器械，其中 9 个产品获批上市（图 1-23）。

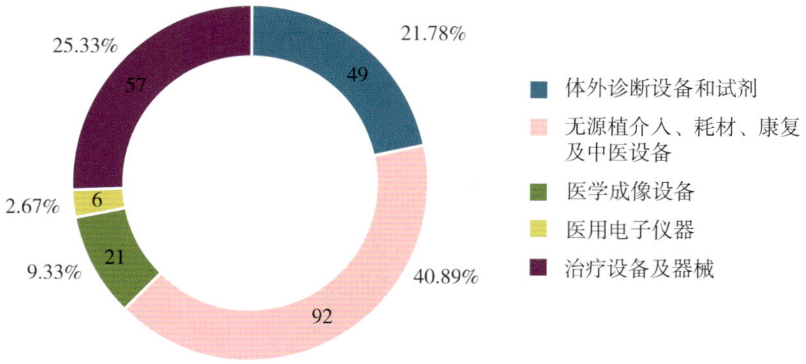

图 1-21　2014 年至 2019 年 3 月进入、完成审批通道创新医疗器械类型分布

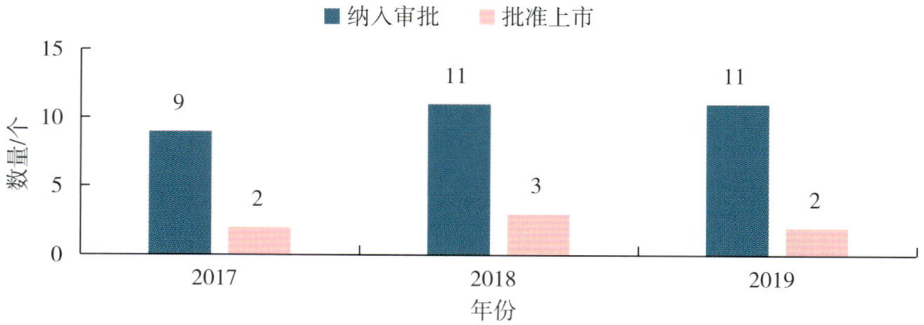

图 1-22　2017—2019 年纳入、完成医疗器械优先审批通道情况

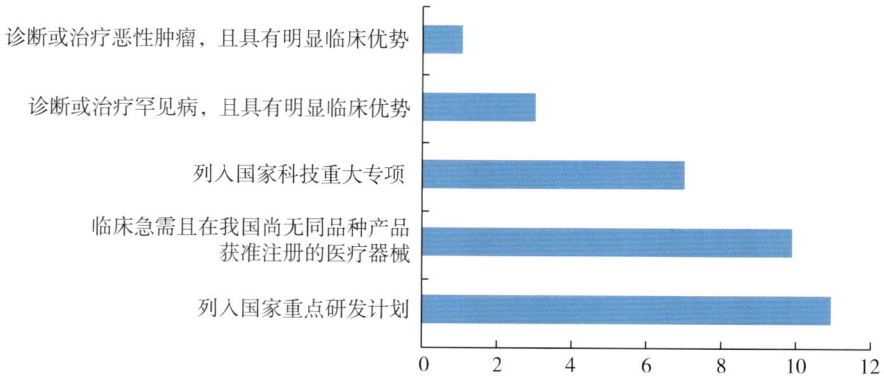

图 1-23　2017—2019 年纳入、完成医疗器械优先审批通道理由

（1）医疗器械注册人制度，创新主体多元

“十三五”期间，我国于 2017 年在上海、广东、天津 3 个自贸区进行医疗器械注册人制度的试点实施工作，以探索鼓励医疗器械创新发展的新措施。经过一年多的试点，在原有的试点经验基础之上，2019 年年初允许北京市医疗器械注册人委托京津冀地区生产企业生产，助推“注册 + 生产”跨区域产业链发展。2019 年 8 月 1 日，发布《国家药监局关于扩大医疗器械注册人制度试点工作的通知》，试点范围扩大到河北、辽宁等 21 省。我国实施医疗器械注册人制度出台政策如图 1–24 所示。

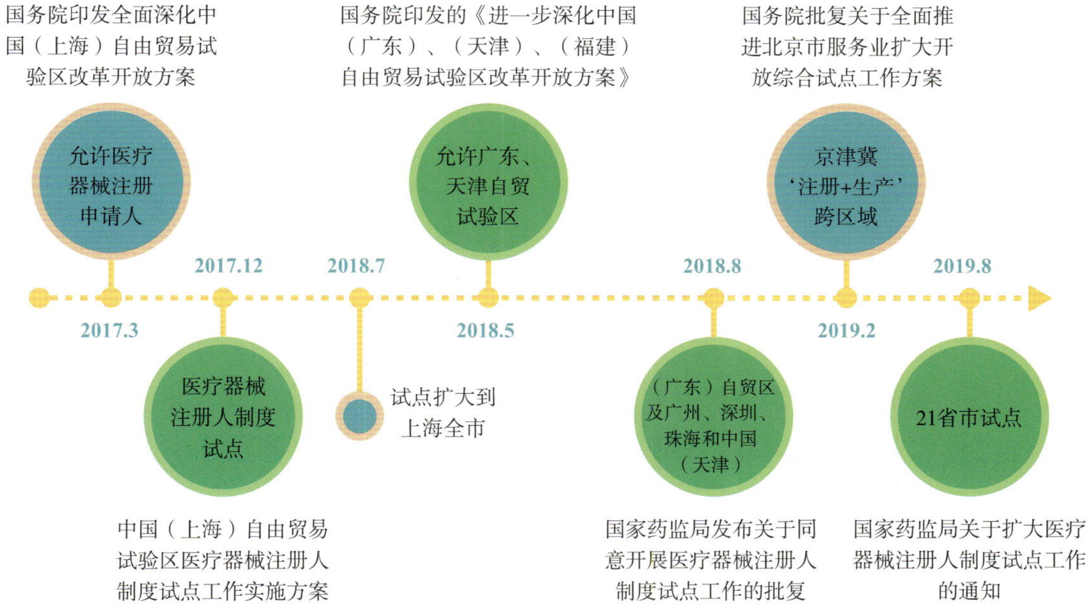

图 1–24　中国实施医疗器械注册人制度

（2）医疗器械唯一标识（UDI）的实施

“十三五”期间，我国初步建立了医疗器械唯一标识制度，建立 UDI 系统，明确 UDI 规则、基本要求，建立管理信息系统，并制定试点工作方案，如图 1–25 所示。探索 UDI 在生产、经营、流通和使用中的示范应用，探索形成从源头生产到最终临床使用全链条联动，加强对全生命周期监管，形成医疗器械监管治理新格局。

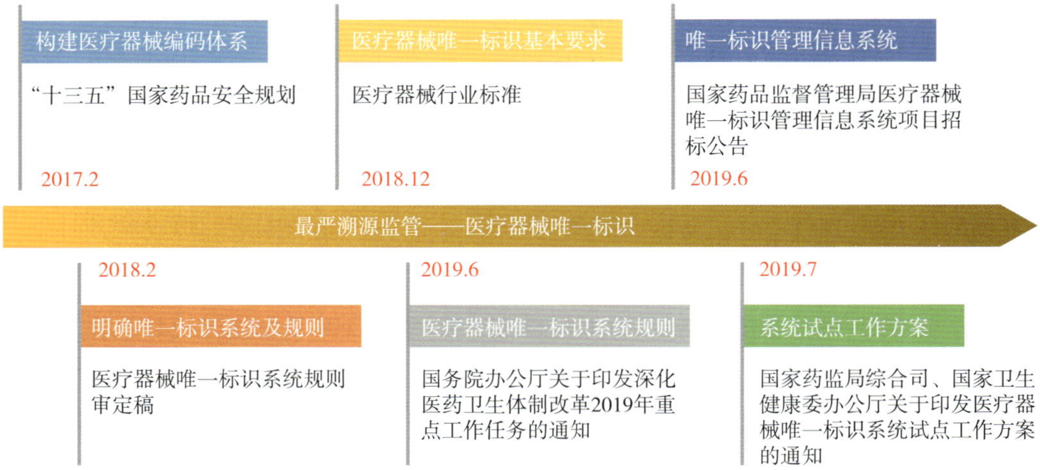

图 1-25　中国建立医疗器械唯一标识制度

（3）医疗器械监管项目管理人制度

《关于深化审评审批制度改革鼓励药品医疗器械创新的意见》要求完善注册审评项目管理人制度。2019 年北京市药品监督管理局制定《北京市创新医疗器械审评项目管理人制度》，为创新 / 优先审批医疗器械提供全程服务、专业指导的项目联系人，指导创新医疗器械的注册审评工作，如图 1–26 所示。由于我国项目管理人制度建立起步晚，项目管理人需要协调更多医疗器械审评任务，如表 1–4 所示。

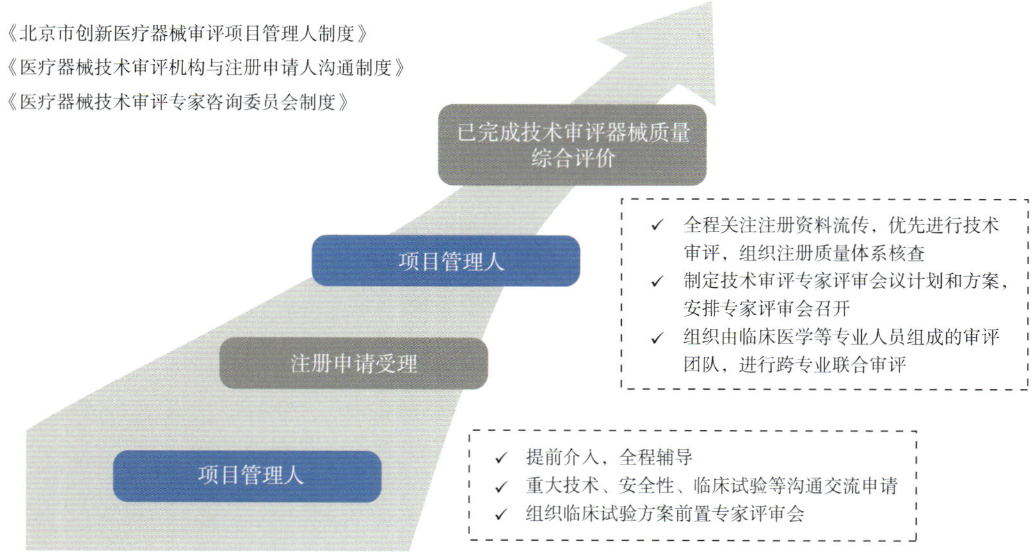

图 1–26　北京市实施创新医疗器械审评项目管理人制度

表 1-4　我国与美国、欧盟项目管理人审评任务比较

项目管理人	审评任务数量 / 件	项目管理人数 / 人
美国 FDA	2957	867
欧盟通告机构 SGS	900	25
欧盟通告机构 TUV（北区）	215	11
中国 CMDE	10 917	126

（4）中国启动医疗器械监管科学研究

对医疗器械产品实施监管，建立制定法规和指导原则，以及向社会传播相关信息等属于医疗器械监管科学，其目标和使命是对医疗器械设计开发到上市使用的全生命周期进行科学监管。

2018 年 1 月，《食品药品监管总局　科技部关于加强和促进食品药品科技创新工作的指导意见》出台，提出坚持立足监管科技创新，保障创新发展。通过监管科学系统研究，推动监管技术和手段创新，不断提升科学监管的水平，使安全得到有效保障。我国开展监管科学研究与应用，如图 1-27 所示。

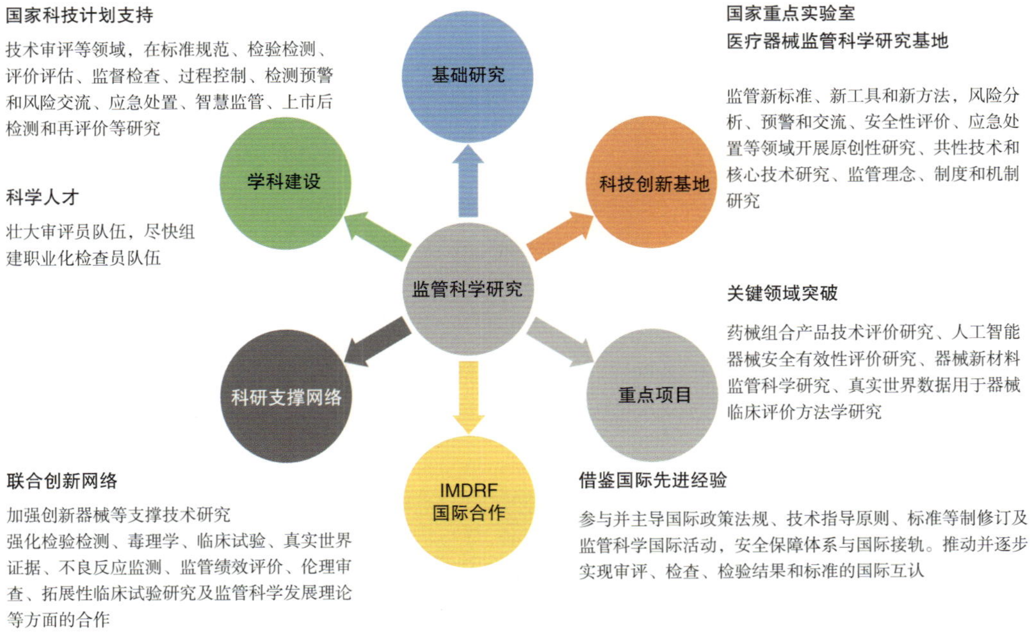

图 1-27　中国开展监管科学研究

4 月 26 日，四川大学医疗器械监管科学研究院成立，并作为国家药品监督管理局首个医疗器械监管科学研究基地，其目标是打造在全球享有盛誉的医疗器械监管科学研究中心。

2019 年 6 月，海南启动临床真实世界数据应用试点重点项目，通过临床真实世界数据转化为真实世界证据研究、药械全生命周期监管提供新的路径和方法，加快推进试点工作，成立专门工作小组。

（5）中国构建医疗器械智慧监管体系

党的十九大以来，根据党中央、国务院关于网络安全与信息化工作的决策部署，各级监督管理部门积极探索运用信息化手段提升监管能力，推动实现医疗器械监管业务网络化，建立日常监管数据便利化查询渠道，加强网络基础设施和安全防护建设，取得重要进展。为加快推进药品智慧监管，构建监管“大系统、大平台、大数据”，实现监管工作与云计算、大数据、“互联网 +”等信息技术的融合发展，创新监管方式，服务改革发展，制订加快推进药品智慧监管的行动计划。中国构建医疗器械智慧监管体系，将实现医疗器械监管业务网络化，如图 1–28 所示。

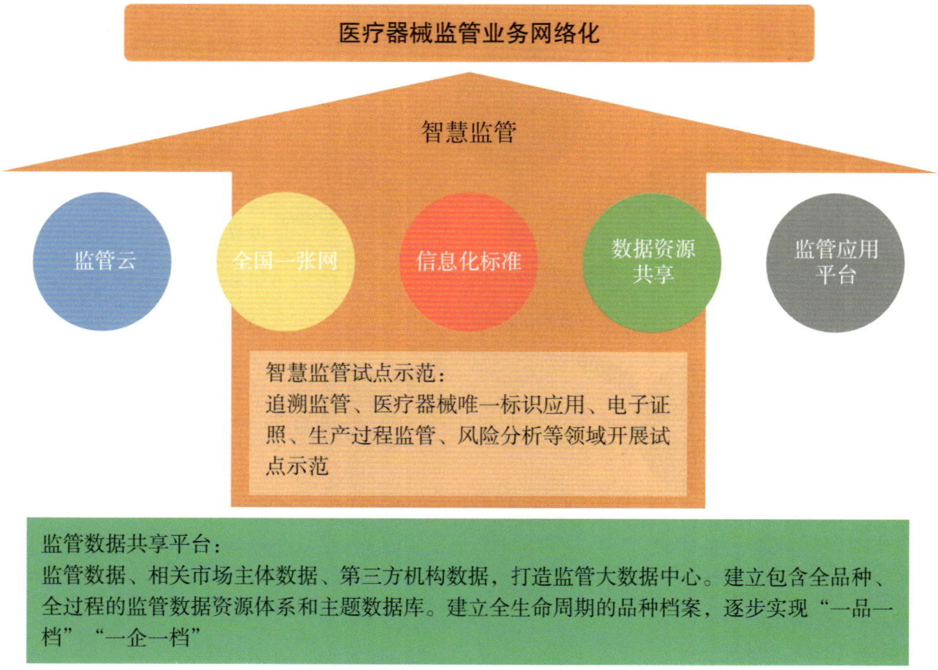

图 1–28　中国构建医疗器械智慧监管体系

四、中国医疗器械产业政策发展趋势

（一）产业政策

我国医疗器械产业发展进入了新时代，显示出医疗器械产业政策的巨大推动作用。近年来，我国医疗器械产业政策不断完善，促进产业发展。然而仍需完善国家宏观产业政策，夯实各项制度，完善立法，加强基层能力，加大重点领域扶持力度。在宏观产业政策层面，加速推进分级诊疗、公立医院改革，强化基层设施和技术水平，放宽社会办医，市场配置医疗资源，强化商业保险在医疗服务支付和价格调节中的作用。在监管政策方面，强化注册人制度、项目管理人制度、唯一标识制度、安全信息网建设，强化以注册人全生命周期法律责任主体义务，以患者为中心，以监管科学为手段，完善全生命周期的监管政策。如图 1-29 所示。

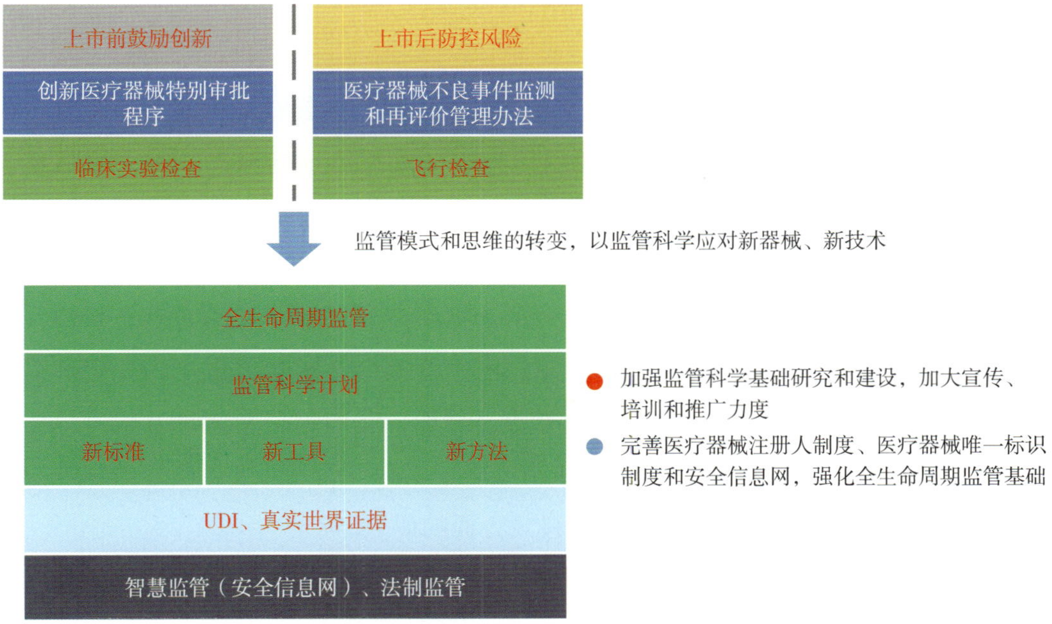

图 1-29　我国医疗器械监管政策完善夯实新制度，完善立法，加强基层能力

1. 加大力度支持医疗器械监管科学研究

监管科学是国际上近十几年发展形成的前沿学科，引起欧美等国高度重视，在很大程度上促进了研究、监管和产业的发展。目前，我国监管科学取得实质进展，

但是缺乏明确的单独政策文件支持或系统阐述扶持监管科学。我国已经大力开展医疗器械监管科学研究，实施监管科学行动计划，开展监管科学体系建设，组织相关单位开展药械组合、人工智能、真实世界数据应用等一批监管科学项目研究。借助学会、协会、有雄厚研发实力的企业的力量，关注和深入研究人工智能精准医疗等国内外新产品、新技术领域监管科学研究。建立有效工作机制，早期介入、专业指导、全程服务，为优势领域的创新发展提供有力的审评技术支撑。继续推动我国提出的“医疗器械临床评价”和“更新 IMDRF 成员认可国际标准清单”项目的研究。加强在亚洲医疗器械法规协调组织（AHWP）中的话语权，加强中美、中欧、中日等双边多边交流，提升我国在医疗器械领域的国际影响力。充分调动权威学术机构、知名高校、有雄厚研发实力的企业等社会资源，加快开发新标准、新工具和新方法，提高审评审批质量和效率，努力营造有利于创新驱动发展的良好监管环境和监管科学研究氛围。

2. 完善医疗器械唯一标识制度

2019 年 7 月 1 日，《医疗器械唯一标识系统试点工作方案》印发，标志着我国医疗器械唯一辨识系统试点工作正式启动。首批试点重点品种为心脏、颅脑植入物、假体类等高风险植（介）入类医疗器械。2019 年 8 月 9 日，国家药监局下发关于开展 UDI 系统试点工作培训的通知，标志着 UDI 系统试点稳步推进，确定上海微创、山东威高、上海联影等 116 家企业为第一批参与 UDI 系统试点企业。目前，我国已经制定《医疗器械唯一标识基本要求》医疗器械行业标准，建立 UDI 管理信息系统，制定 UDI 系统规则，并不断完善制度。然而，我国仍需健全 UDI 管理信息系统，加快 UDI 数据库建设，为实施 UDI 制度奠定基础，深入开展以医疗器械唯一标识制度为基础的全生命周期监管和监管科学方面的研究。

3. 推进智慧监管，完善基础设施

以智慧监管制度为依托，积极构建中国医疗器械的国家卫生技术评估系统。

完善监测信息网络和数据库建设，扩展信息用途和安全信号识别。建立以医疗器械唯一标识码和设计、生产、流通、使用信息为基础的信息网络。鼓励持有人、制造商、医疗机构、患者、保险机构等注册成为监测信息系统用户，主动维护产品和用户信息，医疗器械不良事件报告，持续跟踪和处理监测信息。做好监测风险评

价处置，丰富风险交流手段，研究建立不良事件监测信息交流工作程序，丰富风险交流手段，利用信息管理部门及时采取不良事件风险控制措施。

完善和加强重大安全事件、不良事件监测和再评价信息等收集和公开。加强制造商信息在安全信号识别中的作用，包括医疗器械设计开发、生产制造、临床试验、不良事件报告、销售配送、召回等，确保提交的资料数据真实、完整、可追溯，确保对上市医疗器械进行持续研究，及时收集发生的不良事件，评估风险情况和改进措施。

收集和分析重点监测风险品种，收集不良事件、投诉举报和舆情信息，甄别安全风险信号，加强重点监测信息与评价结果运用，提升分析预警能力，切实防范安全风险。收集主动公开申请人 / 注册人审评审批结果及注册人、受托生产企业质量管理体系运行情况、年度质量管理体系自查报告等相关信息。

加强智慧监管，完成电子平台建设，开展注册电子证照试点工作。推进器械品种档案建设，全面联通国家局和省（区、市）局的数据，让大数据更好地服务于注册管理全环节，优化公共服务。

4. 积极跟踪国际医疗器械监管发展

扩大医疗器械监管国际影响力，持续参与 IMDRF 相关工作组研究工作，助推创新医疗器械走出国门。创新型企业建立良好的质量管理体系并有效运行，积极落实主体责任，强化对全生命周期管理，注重自身质量管理能力提升，加大上市后患者随访、不良事件监测等，逐步树立国际品牌形象。

（二）监管政策

1. 继续巩固完善法规体系，加快法规及配套文件制修订

2019 年 5 月 11 日发布的《国务院 2019 年立法工作计划》提出对《医疗器械监督管理条例》进行修订。2018 年 6 月 25 日，司法部发布了《医疗器械监督管理条例修正案(草案送审稿)》公开征求意见。修订的条例征求意见稿主要修订内容包括：提出上市许可持有人制度；授权经考核评估、具备条件的审评机构开展审评审批，增加授权审评，为临床评价的改革做保证。审评机构增加后，将加快评审速度，提高审评质量，同时保证安全；医疗器械应当赋予唯一标识；国家建立职业化医疗器

械检查员制度。

完善医疗器械监管政策配套文件制修订，包括《医疗器械临床评价技术指导原则》，完善审批程序，加强监督抽查力度，探索建立 GCP 检查员队伍；同时对《医疗器械注册管理办法》和《体外诊断试剂注册管理办法》等配套规章和规范性文件修订。

完善技术标准体系。加强制修订工作，提前布局新技术、新产品标准，加大新技术、新产品在研发阶段团体标准的论证和制定，畅通新技术、新产品标准修订程序和规则。

2. 监管能力提升，加强审评审批队伍建设

完善监管制度体系，强化监管基础能力。加强医疗器械注册管理队伍建设，通过培养、培训、招聘，提升医疗器械审评审批人员专业水平和实力。加强专业人才职称评审、认证，为医疗器械注册管理提供技术支撑。

加强监管能力建设。加强对已上市的医疗器械的监管，壮大、科学设置检查员队伍，强化和提高地方专职检查员队伍素养。监管逐层分解到基层后，加强基层监管人员培训，保证监管人员结构合理、专业素质优秀和人员充足，构建区域性的信息化监管平台。推进生产监管平台建设，加强监管信息化建设，构建大数据监管平台。提升网络监测水平。推进网络交易监测平台建设，进一步完善生产经营许可备案系统，推进监管平台整合，逐步实现智慧监管。

持续完善审评质量管理体系，推动建立全国审评质量管理体系，逐步实现对Ⅱ器械审评标准和规范的统一。完善技术审查指导原则。开展注册法规宣贯培训。

落实注册人制度，逐步扩大注册人制度试点范围。鼓励注册人购买商业责任险。

3. 强化第三方专业化平台建设

支持生产服务平台、检测检验服务平台、医学成果转化中心三类服务平台建设，支持发展第三方医疗服务评价、健康管理服务评价，以及健康市场调查和咨询服务。

引入第三方评估和管理。加强第三方审评机构建设，支持按照独立法人治理模式改革审评机构，赋能审评中心检验、监管科学科研等职能。日本对于有审查指导原则和承认基准的管理、高度管理医疗器械都可由第三方认证机构认证，截至 2018

年 4 月，制定了 946 个认证基准、45 个承认基准和 9 个审查指导原则。可见在审评上有较多的选择。

加强第三方检验机构建设。目前被国家药监局认可的检验机构有 50 多家。检验机构承担注册检验、日常监督检验、承担了标准化工作及科研工作。我国应加强支持社会力量提供检测服务。将一般性检验交由第三方检验机构，政府主导检验机构侧重高风险、新技术、新标准等新产品的研究和检验和标准制定。

加强第三方检验实验室建设。FDA 法规没有要求上市前注册检验，也没有大规模的上市后监督抽验。FDA 设有官方检验机构，主要负责对日常监管所抽产品进行检验，是一种仲裁性检验，目的在于评价质量优劣、是否存在违法违规行为、是否符合标准规定等。医疗器械检验的主要需求是进行检测核发相应的产品安全证书，只要通过 OSHA 认可的国家认可实验室，就可以提供服务。中国要求医疗器械上市前需要注册检验，同时对监督抽验做了明确规定。尽管《注册管理办法》《医疗器械质量监督抽查检验管理规定》均没有指明检验机构必须是政府主导的检验所，但是第三方检验机构的进入仍有障碍。对于医疗器械的监管，FDA 主要依赖于完善的生产质量管理体系检查及日常监管，不依赖于大规模检验，但市场需求较高，政策导向第三方实验室获益。中国主要依赖检验，需要政府主导的检验机构完成，医疗器械的 3C 强制认证已经取消，因此，注册证和注册检验报告成为在销售或与其他企业签订合同时的证明，政策导向不利于第三方实验室。

4. 加强临床实验阶段支持

2018 年《免于进行临床试验医疗器械目录》共包括免于临床试验的器械 1248 项，分别涵盖 855 项医疗器械和 393 项体外诊断试剂。2019 年 8 月 1 日发布《免于进行临床试验医疗器械目录（2019 年修订稿征求意见稿）》，新增 142 款医疗器械及 27 款 IVD 进入目录，扩大了免于临床试验范围，使我国在临床试验方面的要求进一步与国际接轨；降低了成熟度高、风险较低产品临床试验要求，减轻了企业负担，使企业能将更多的精力投入到产品研发和质量提升上；也有利于进一步推进基于产品风险的临床评价方式，优化临床试验和审评审批资源，把宝贵的资源投入到临床急需和创新医疗器械上去，促进安全有效、风险可控的产品尽快上市。

积极推动医疗器械临床试验机构备案工作，为推动医疗器械临床试验实施完善条件。截至 2018 年年底，676 家临床试验机构已备案，使对临床试验机构有了更多选择，加快整体临床试验进度。

5. 加强注册技术指导原则制修订工作

2019 年 2 月 25 日，审评中心发布了注册技术审查指导原则编制计划，将对 86 项指导原则开展制修订工作。目前，已发布指导原则共 271 项，其中 2016—2018 年共制修订 185 项，如图 1-30 所示。目前，22 个子目录中仍有多个类别的器械无指导原则。但相较于 FDA，无论在发布的总量还是在年度数量方面仍然有很大的差距。

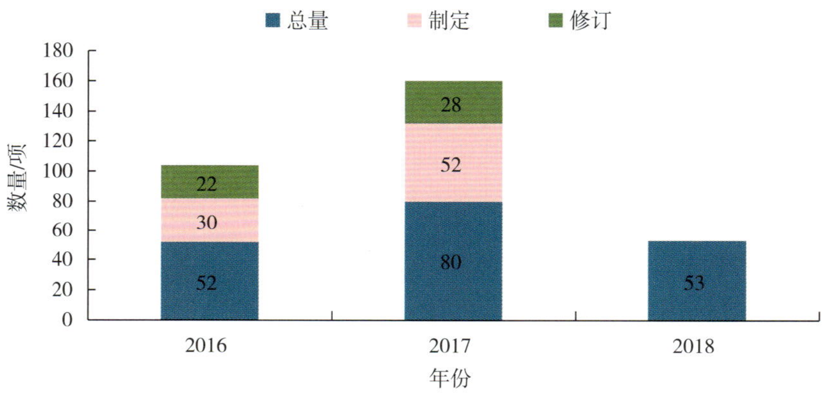

图 1-30　2016—2018 年医疗器械注册技术指导原则

增加注册技术审查指导原则中技术性内容的比重，加大对国际组织、医疗器械监管机构（如 IMDRF、FDA、欧盟等）发布指导原则、审查规范的转化力度。针对审评工作中的共性问题和疑难问题，制定代表性产品的指导原则，及时弥补医疗器械指导原则覆盖的空白，不断提高指导原则专业和数量方向上与产品专业与申报数量的匹配度。同时，建立修订指导原则工作的操作规范，在保证该项工作发展有清晰目标和路线的条件下，提高工作质量，系统科学地构建基于我国国情的指导原则体系，充分发挥指导原则在具体产品注册和通用注册过程中的指导作用。

（三）重点扶持产业领域

加大临床急需、量大面广创新医疗器械重点领域产业政策扶持力度，加大前沿领域医疗器械基础研究科技政策扶持力度。重点支持医疗器械产品结构排名靠前影像诊断、高值耗材、骨科及植介入器械、齿科器械等。重点支持被国外厂家垄断的器械，排名靠前的彩超、内窥镜、CT、MRI、IVD领域的化学发光、分子诊断、骨科植入物中的关节等。

第二章　人工智能

一、人工智能医疗器械概述

人工智能（Artificial Intelligence，AI）是一门新的技术科学，是计算机科学的一个分支，主要研究和开发用于模拟、扩展和延伸人的智能的一些理论、技术、方法、应用系统等。人工智能的核心是了解智能的本质，并研发出一种采取与人类智能相似的方式方法进行反应的机器。这一领域包含众多，如识别语言或图像、处理语言、机器人、专家系统等，并且随着其技术和理论的逐渐成熟，应用的领域也逐渐扩张，可以预见的是，将来人工智能领域产生的产品就是一个“容器”，用来“存储”人类智慧。人工智能可以模拟人的思维的信息过程或者意识，虽然不是人类的智能，但能类似人类一样进行信息处理和思索，是一种未来有可能超过人类的智能。

现在人工智能的范畴已经将模式识别、专家系统、机器学习、图像处理、自然语言处理、机器人等众多信息处理学科涵盖其中。自2006年多伦多大学Geoffrey Hinton教授提出以深度学习为核心的第三代人工智能获得飞速发展以来，人工智能技术在医疗领域中的应用也在快速地推广。进入20世纪90年代后，各种医学图像（影像）数字化逐渐得到广泛普及，数字图像处理和计算机视觉技术被用于解决对医学影像进行增强、分割、量化度量、病灶区域分类识别等问题，并结合推理技术完成辅助决策、手术规划、预后预测等任务。由此可见，人工智能领域提出的各种新理论都会在医学领域进行尝试，并且针对医学领域的特殊性，研究发展了专门的数理方法及由此衍生出来的智能处理方法。

人工智能技术在医学领域的应用是基于现有的计算机算法基础并结合临床医学的诊疗经验、诊疗数据，集中于文本和影像两种方式，对应的智能处理进入到诊疗流程中包括的辅助决策、诊断、治疗等多个环节。其中，关键性的技术包括基础数据库搭建与专家知识库、面向医疗的自然语言处理和语义理解、机器视觉尤其是基于深度学习的医学影像处理、信息安全和患者隐私保护等内容。

以美国为检索对象，目前已知批准上市的人工智能产品情况如表 2-1 所示。

表 2-1　2018 年获美国 FDA 批准的 AI 产品

产品名	疾病类型	用途	批准途径及分类
HealthCCS	心血管疾病	用于评估冠状动脉中的钙化斑块	510（k），Ⅱ类
AI-ECG Platform	心血管疾病	用于心电图人工智能自动分析诊断	510（k），Ⅱ类
Study Watch	心血管疾病	用于记录存储、传输和显示单通道心电图节律	510（k），Ⅱ类
ECG App+Irregular Rhythm Notification Feature	心血管疾病	用于心电图监测及检测不规则心律	De Novo，Ⅱ类
ContaCT	脑部疾病	用于分析 CT 神经图像并对可疑脑卒中发出预警	De Novo，Ⅱ类
BriefCase	脑部疾病	用于标记脑部 CT 中的急性颅内出血（ICH）病例	510（k），Ⅱ类
Embrace	脑部疾病	用于检测和提醒患者和看护人癫痫症发作	510（k），Ⅱ类
Accipiolx	脑部疾病	用于检测急性脑出血以帮助医生优先级排序	510（k），Ⅱ类
IDx-DR	糖尿病	用于检测糖尿病性视网膜病变	De Novo，Ⅱ类
DreaMed Advisor Pro	糖尿病	用于生成胰岛素输送建议	De Novo，Ⅱ类
Guardian Connect System	糖尿病	用于监测记录血糖水平并对高血糖或低血糖事件提前发出预警	PMA，Ⅲ类
OsteoDetect	其他	用于检测成人患者的手腕骨折	De Novo，Ⅱ类
SubtlePET	其他	用于提高 PET 成像速度和质量	510（k），Ⅱ类
DIP | U.S. Urine Analysis Test System	其他	用于分析尿液中蛋白质、葡萄糖及血液等指标	510（k），Ⅱ类
WAVE Clinical Platform	其他	用于监测患者信息并对致命情况提前发出预警	510（k），Ⅱ类

参考中国医疗器械分类目录并总结当前人工智能在医疗领域的应用，可以把受人工智能技术升级改造的医疗器械场景总结为以下 7 个方面：①医学影像；②医疗

机器人；③分子生物学；④智慧医院；⑤医疗数据管理；⑥数字医疗、移动医疗与穿戴式设备；⑦健康管理。

二、国内外人工智能医疗器械技术发展现状

（一）医学影像

随着AI技术在自然图像处理中获得的进展被广泛应用和迁移到医学影像领域，AI技术可以有效提高医师诊疗效率与诊断精度，缩短患者就诊等待时间，降低患者就医成本。

根据上海交通大学于2019年一季度发布的《中国人工智能医疗白皮书》的统计，借助医疗影像大数据及计算机视觉技术的发展优势，AI医学影像已成为中国人工智能与医疗结合最成熟的一个领域，催生了大量的人工智能创新创业企业。数据表明，AI医学影像企业在2018年前三季度融资额高达26亿元，表现亮眼。

经过调研总结，可以把人工智能辅助的医学影像器械主要归纳为以下几个场景：①放射治疗；②放射辅助诊断；③医学影像三维重建；④心血管功能评估。

1. 放射治疗产品技术及应用现状

人工智能技术正在促进肿瘤放射治疗中的OAR和GTV/CTV自动化勾画和放疗剂量的自动规划方法来实现肿瘤治疗的自动化，随着互联网和人工智能的飞速发展和广泛应用，肿瘤精准放疗自动化和智能化程度已远远超过手术和化疗，产业增长突飞猛进，目前医学影像肿瘤治疗目标分割的计算机辅助（CAD）勾画技术，在经历了模板匹配方法（ABAS）、主动轮廓模型（ACM）方法已经发展到了第三代人工智能技术的深度学习目标分割方法，可实现深度学习神经网络并通过对符合勾画标准的大规模数据进行自主学习，具有较好的准确性和稳定性，能够帮助临床医师显著降低工作量，提高治疗效率和治疗精度。另外，对临床医生而言具有开箱即用、零学习成本的优点。

当前国内能够面向放疗领域提供危及器官和靶区自动勾画的企业主要有连心医疗、联影智能、柏视医疗、视见科技、Manteia、邃蓝智能、大图医疗等企业。但急需解决的是基于临床医生、专家和企业协同建立不同器官、不同病种、不同放疗勾

画人工智能诊疗共识，建立一个行业认可的人工智能自动勾画评估标准数据集以进一步促进整个放疗自动勾画产品的优化。另外，对于靶区勾画，由于高度依赖于放疗医生的临床经验、放疗患者的病情、治疗意愿等因素，需要专家和企业更加细致地制定出不同病种、不同病程、不同治疗方案下的靶区勾画共识和数据评估标准，从而进一步推动靶区勾画产品的临床使用。

2. 放射辅助诊断产品技术及应用现状

医学影像庞大的数据量为 AI 技术提供了丰富的参考资料，人工智能医学影像辅助诊断系统可有效提高医生诊断的效率和准确率。当前使用的部分人工智能医学影像辅助诊断系统对于常见的各种癌症诊断（如乳腺癌、肺癌等）筛查读片能力普遍较强，有资料称，当前人工智能胸部 CT 癌症或肺结节检出率在 89% 以上，X 光片的检出率在 90% ～ 93%，说明“医疗 +AI”的结合已是大势所趋。人工智能在放射辅助诊断应用主要集中在肺结节疾病、乳腺肿瘤、脑卒中、骨龄诊断、胸部平片、糖尿病视网膜病变等领域。

肺部 CT 检测相关企业和产品：以深睿医疗（DEEPWISE）为代表的企业推出了旗舰产品 Dr.WISE CAD 医疗影像诊断系统，其中肺结节的检测产品准确率高达 98.8%；还有图玛深维（12 Sigma）、推想科技（infervision）、依图医疗（YITU）、医准智能（MEDICAL AI）等公司，均已经在市场上投入使用；上市公司方面，阿里健康研发的医疗 AI 产品“Doctor You”已经公开发布，此外还有科大讯飞、中国平安集团旗下平安科技、腾讯觅影等；在国外，比较具有代表性的有谷歌人工智能子公司——深度思维（google，DeepMind，美国）、西门子（SIEMENS，德国）、飞利浦（PHILIPS，荷兰）、ARTERYS、通用电气（GE，美国）等公司，均可以支持病灶筛查、定位、定量标注、诊断等一系列阅片流程，推进精准医疗建设，优化病患就医体验。

目前，国内外乳腺 X 线影像智能辅助诊断产品主要功能集中在钙化和肿块的检出及病灶的分析方面。国外在乳腺 X 线影像智能辅助诊断产品中较为突出的公司主要包括谷歌（google，DeepMind，美国）、英特尔（Intel，美国）、豪洛捷（Hologic，美国）、Medipattern 公司（加拿大），其中 Medipattern 公司（加拿大）乳腺超声 CAD 设备 B-CAD 在 2005 年就已经获得了 FDA 批准，继而进入美国销售。国内相继出现几家相关产品的研发研究实验室或企业，其中深睿医疗（DEEPWISE）、依图医疗（YITU）和腾讯觅影的产品市场试用规模较大，产品针对临床诊断辅助支持功能较完善。推想科技（infervision）、医准智能（MEDICAL AI）也相继在市场上发布了辅助产品。英特尔（Intel，美国）在国内与汇医慧影公司合作，共同开发“人工智能乳腺全周期健康管理系统”，助力乳腺癌早期筛查及诊治。其中，东软的乳腺X线计算机辅助检测（CAD）产品已经完成了国内国家食品药品监督管理总局（CFDA）的认证并有限投入市场进行使用。

国外脑部影像AI关于出血性脑卒中方面的产品主要功能集中在出血体积测量、分类及预后分析等方面，国外在研究出血性脑卒中方面比较突出的公司有美国CuraCloud公司、BlackFord公司、QURE公司和日本EIRL公司，其产品形态较为成熟，以上4家公司均通过FDA认证并投入到市场进行试用。国内出血性脑卒中产品方面目前研发的机构较少，如深睿医疗、数坤科技，目前市场产品试用较多的为深睿医疗研发的深睿脑卒中辅助诊断系统TM。

对于脑肿瘤方面国外进行产品研发的方向比较少，比较具有代表性的有美国的AI ANALYSIS公司，主要研究方向为MRI全序列颅内肿瘤变化分析，主要应用场景为临床科研方向。脑部其他病变AI产品比较具有代表性的还有美国的CORTECHS公司，主要研究方向为基于FLAIR序列的脑萎缩检测及脑白质变性的检测等方面。国内脑部影像AI产品研发的其他方向还包括头颈CTA血管重建及病变分析脑肿瘤自动识别及诊断分析均取得了不错的成果，在少数医院已经开始进行临床试用。

国内外胸部平片AI产品功能主要集中在异常征象的检出。在2018年的北美放射学年会上参展的20家左右影像AI公司有约一半展出了各自的产品。其中产品形态较为成熟的公司有日本EIRL公司、美国QURE公司、韩国VUNO和LUNIT公司。但目前还没有公司通过了FDA认证。国内进行胸部平片AI产品的研发机构不多，主要有深睿医疗、推想科技、视见科技等。目前，市场产品试用较多的为深睿医疗研发的Dr.Wise® 胸部X光片人工智能医学辅助诊断系统。

在眼部疾病的辅助诊断产品研发方面，2018年4月11日，美国FDA批准了IDx公司IDx-DR糖网筛查软件，这是美国FDA批准的第一款采用新一代人工智能技术的糖网筛查软件产品，其采用眼底图像作为输入，可以自动分析出成年糖尿病患者的患病程度，并提供是否需要进行转诊的临床建议。该软件部署在云端，可以提供实时、快速、高精度的糖网筛查复查，其自动检测结果的敏感性为87.4%，特异性为89.5%。其他从事AI糖网智能筛查产品研发的公司包括谷歌和IBM等。国内比较成熟的糖网筛查产品是腾讯觅影的糖尿病视网膜病变智能系统，该系统糖网识别准确率为97%，糖网分期准确率为85%。此外，百度灵医研发有AI眼底筛查一体机，实现了糖网、青光眼、老年性眼底黄斑病变等多种眼底疾病的快速筛查，通过提早预防降低致盲风险。其他有代表性的公司还包括河谷互动和上工信医等。其中，河谷互动自主研发出针对眼底照片进行充分优化的预处理算法，以及高性能的卷积神经网络HG-Net，最终在眼底照片的疾病分级中取得了令人瞩目的成绩，相关核心技术已获得国家发明专利并陆续发表在国际学术期刊。上工医信的糖网筛查产品“慧眼糖网”已经在近300家医院投入使用，包括近100家的全国三级医院，覆盖了全国20多个省份。

3. 医学影像三维重建产品技术及应用现状

通过三维重建技术建立“逼真”的模型，分割标识出患者病灶区域的器官、肿瘤、血管、神经、骨质等各个组织结构，实现病灶区域的立体可视化，利于医生观察与诊断，并进行数字化模拟手术操作，以优化手术方案。还可以进行术前与术后的数字化模拟对比，能够预测手术效果，检验手术设计方案。目前主要应用在肝胆外科、胰腺外科、胸肺外科、泌尿外科、肿瘤介入外科等，其他领域的应用也越来越多，如骨外科、胃肠外科、神经外科、心外科、乳腺外科等。

以肝脏为例，通过对上千套已分割好的肝脏数据进行深度学习，对这些数据进行特征提取及数据分析，创建一套肝脏自动提取的深度学习网络，从而实现肝脏的全自动提取。再通过Marching Cubes算法，将分割结果进行重建，得到三维重建结果。基于相似的原理，还可以对其他器官或组织进行学习和训练，如肝静脉、门静脉、肝内肿瘤占位等，从而建立起服务于肝脏外科手术的整体肝脏模型，如图2–1所示。

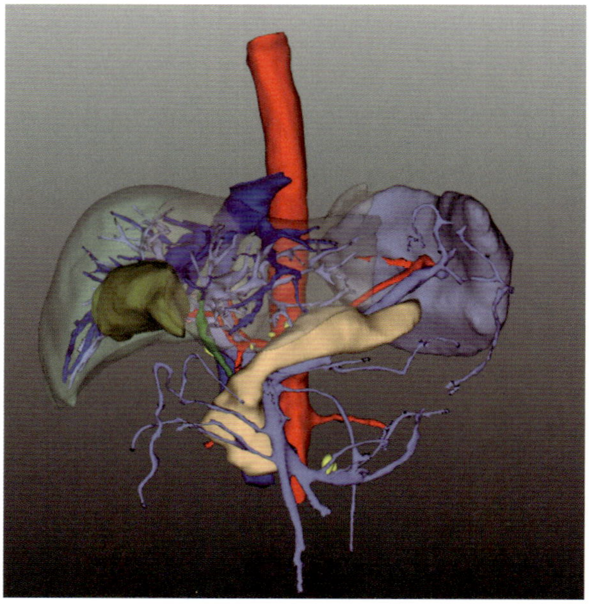

图 2-1　包含肝静脉、门静脉、腹主动脉、肿瘤占位的肝脏三维重建结果

4. 心血管功能评估产品技术及应用现状

冠心病是冠状动脉血管发生动脉粥样硬化病变而引起的缺血性心脏病。冠心病患者主要以稳定性冠心病为主，其临床诊断需要评估血管狭窄程度和供血功能两方面。其中血管狭窄程度常用无创冠脉 CT 造影（CTA）和有创冠脉造影（ICA）等影像手段来评价；供血功能评估的金标准则是有创血流储备分数（Fractional Flow Reserve，FFR）。临床医生不仅需要了解从医疗影像所得到的解剖学结构变化，更需要掌握由解剖学结构变化引起的生理功能变化，而后者才是精准诊断和治疗的关键。作为功能性评估参数的血流储备分数被认为是评价冠脉狭窄引起心肌缺血的金标准。近年来，基于冠状动脉 CT 开发的 FFR 评估技术已经成为一种新颖的无创性测定冠状动脉的狭窄引起血流动力学异常的检查方式。

目前，国内外无创血流储备分数检测服务相对成熟且已被 FDA 批准上市应用于临床的检测产品只有美国 HeartFlow 公司的 FFRct 检测技术，但该产品基于 CFD 流体仿真模拟，计算周期长，并且其服务地区仅限于美国、欧洲和日本等发达国家，且检测费用相对昂贵。西门子医疗公司开发的基于单点的 FFR 评估方法已经进行了临床研究，尽管该方法计算效率高，但仍有大幅改进空间。

国内目前也有多家公司在开展基于 CT 的 FFR 产品开发。深圳科亚医疗自主研发的无创 CT-FFR 深脉分数（DEEPVESSEL FFR）产品是首款进入国家药监局（NMPA）“创新医疗器械特别审批程序”的三类人工智能医疗影像产品，已经和 100 多家医院深度合作，开发一系列围绕循环系统的血管功能评估产品和为影像科服务的智能影像平台。科亚医疗同时还成功打入了国际市场，其中深脉分数在 2018 年 8 月获得欧洲 CE 认证，目前已经在中国香港、马来西亚等开始收费服务。

该产品基于树形结构的深度学习技术对心血管疾病进行智能精准评估，能够快速、有效、无创地计算用于评估心肌缺血程度的血流储备分数 FFR。该方法针对真实血管的树形结构，利用树结构的递归神经网络对 FFR 进行预测，其优点是树形递归神经网络中的记忆细胞可以通过递归过程反映多个血管分支及血流上下游信息来更精确地预测整个血管树的 FFR 值，因此更符合心脏血管的真实结构。此外，该模型可以实现端对端的训练整个系统，因此有了更精确的建模和更全局的优化方法。DEEPVESSEL FFR 的算法流程如图 2-2 所示，核心部分基于深度学习神经网络的 FFR 计算模块。

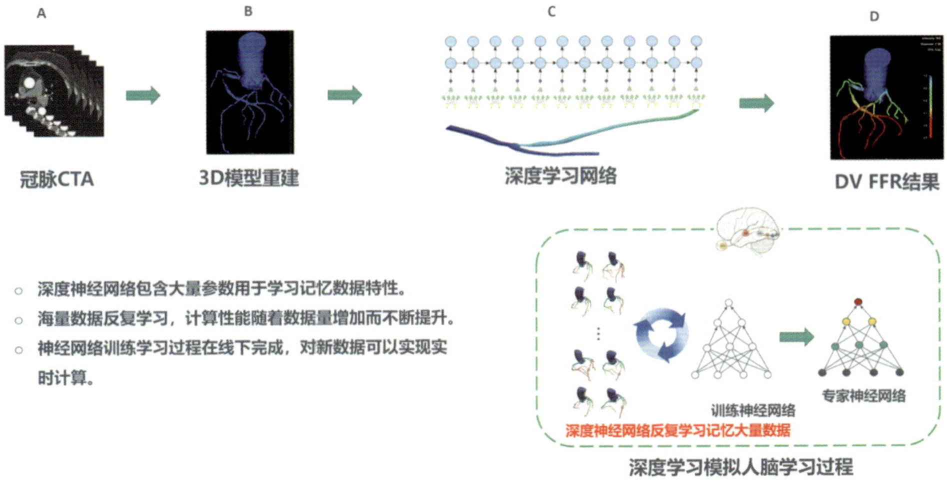

图 2–2　DEEPVESSEL FFR 分析处理流程及深度神经网络的优势

DEEPVESSEL FFR 中用于计算 FFR 的深度学习模型采用了自主开发的树结构的递归神经网络。该网络融合了血管路径上各点的影像特征、结构特征和功能特征等信息，对整个血管进行全局化考虑，从而能够精确快速地预测血管路径上各点的血流储备分数（FFR）值。

（二）医疗机器人

同工业机器人在工业生产中的应用一样，机器人可以帮助医疗人员减少脑力和体力的工作量。例如，支持患者转院，机器人帮助临床医生抬起患者，自主车辆可以运输患者，或遥控操作清除高度传染性的废物。另外，机器人可以用于医疗教育，如患者机器人模拟，而远程诊疗机器人可以扩展咨询和治疗范围（图2-3）。

在医疗服务机器人这个领域，大致可分为3个主要应用方向：①临床看护机器人；②导医导诊机器人；③辅助诊断机器人。

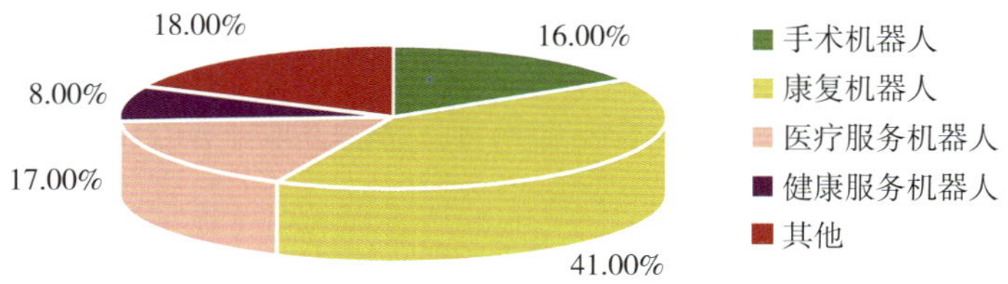

图2-3 医疗机器人

（数据来源：网络公开资料整理）

1. 临床看护机器人

与已经大规模应用的手术机器人不同，临床看护机器人尚处于概念阶段，尚无成熟产品推向市场，但需要特别提出的是一款被列为2018年十大人工智能技术发明之一的索尼aibo玩具犬，受到了大众的广泛喜爱。它的外观新颖，语音理解能力和学习能力得到了增强，并且这款玩具更多地体现了人工智能机器人对儿童学习、老年陪伴和神经退行性疾病患者的辅助，潜力巨大。

在看护机器人方面，世界各国发展差距不大，目前没有得到市场认可的产品。在技术方面，日本具有领先优势，其次是欧盟。我国目前有一些初创公司的产品稍微涉及医疗看护机器人领域，如广州映博智能科技有限公司的PadBot U系列机器人、上海有个机器人有限公司等，但是目前研究主要集中在导航定位等基础功能，而在理解人类的（细微）行为和社会交往模式方面的研究基本空白。中科大的“佳佳”机器人在人机交互体验方面有较深入的研究，如从善良、勤恳和智慧3个品格方面来设计机器人的外形和性格。另外，中科大“可佳”机器人在智能技术方面也有长期的积累。

2. 导医导诊机器人

导医导诊机器人的发展为患者提供专业、精准高效的智能分诊指导，根据患者感受、疾病症状的输入甚至感知，做出专业的分诊建议、辅助初诊结论、就医指导、疾病科普及信息管理。进而优化疾病诊疗相关临床路径，甚至可为多学科联合诊疗做出辅助建议。

导医导诊机器人通过对经典医学专业书籍、临床诊疗指南及海量经典病例的学习，并结合患者信息采集及处理所需要的多层次逻辑推理能力，同患者进行智能交互，提供专业的就诊路径建议。另外，利用语音识别和输入技术，为患者回答问题、初步分诊，提供就诊流程、科室位置等信息提供就诊流程、科室位置等信息，将医生从重复性、初级咨询的工作中解放出来，将更多精力投入到诊疗环节。

目前在导诊机器人技术的实际应用方面，我国走在前列，自 2018 年以来，人工智能技术体现的导诊机器人在国内各大医院亮相，协助实现导诊分流、健康管理、卫生服务咨询等服务功能。

3. 辅助诊断机器人

（1）影像识别机器人

这类机器人不是严格意义上的实体机器人，而更多的是一个计算机软件，人工智能在医学影像中的应用，主要是辅助医生做诊断，让医生在做诊断的时候做到有理有据，从而降低误诊漏诊率。

2018 年 1 月，杭州健培科技有限公司退出“啄医生”阅片机器人，对医学影像进行自动分析，给出高可靠性的识别结果，帮助医生高效判别病例影像中是否含有疑似病灶区域，并给出定位，精确衡量病灶大小，确定疾病发展情况，降低漏诊误诊的可能性。

2018 年 7 月，联影智慧医疗云 uCloud，可实现智能体检读片、智能骨伤鉴定、智能关节分析、肺结节自动筛查、乳腺病变智能分析、FFRct 血流分析六大智能诊断引擎，以人工智能助力医生摆脱烦琐纷扰，提高诊断精准度。

（2）通用型智能辅助（智能问诊）

以智能语音及自然语言理解技术，不断捕捉医患沟通信息，电子病历信息输入，与HIS系统、PACS系统、CIS系统对接，帮助医生进行更全面、更精准的问诊，有效降低医生文案工作负荷，通过大数据分析和逻辑推理，辅助医生给出疾病诊断建议。2018年，一些国内企业陆续退出智能赋值医疗机器人，包括科大讯飞的智医助理、云知声的医疗垂直领域录入软硬件一体的解决方案、中科汇能的医语通、杭州聪宝科技的中医智能辅助诊疗系统、国医大师智能辅助诊疗系统、中医医联体智能云系统等。

（三）人工智能技术与体外诊断、遗传基因疾病检测、个体靶向药物研发

1. 体外诊断

当前人工智能技术通过与现有体外诊断检测技术的结合，以实现实验检测条件优化、生信分析、结果解读多个环节。人工智能在这个方向的应用集中在生信分析与结果解读上，即如何采用算法提高检测结果的准确性，以及采用合适的算法来辅助结果解读。主要涉及的方向包括罕见病诊断、肿瘤用药检测（包括乳腺癌21基因等基于RNA的检测）、NIPT、感染病原微生物基因检测、液体活检。

（1）罕见病诊断

罕见病则是造成出生缺陷的重要病因之一。我国出生缺陷发生率在5.6%左右，每年新增出生缺陷数约90万例。在罕见病诊断中，根据遗传疾病变异的种类不同，需要采用不同的检测手段。目前基于二代测序（全外显子和全基因组）数据进行遗传疾病诊断是业界通识。在遗传病诊断中，4个重要步骤包括表型分析、变异检测、突变解读、遗传咨询。人工智能技术在前3个步骤中都发挥重要作用。

基因型表型匹配是遗传疾病确诊的先决条件，目前已知的单基因组遗传病有7000多种，考虑到遗传疾病表型的复杂多样，采用自然语言处理最新的算法，可以实现表型精准分析。例如，安吉康尔公司遗传疾病智能诊断平台AEIGS中，实现了基于深度学习的自然语言表型分析系统，采用最新的循环神经网络和词向量模型，并结合注意力模型增强预测结果。该系统整合了HPO、OMIM、Genetic Home Reference、GeneReviews等权威表型和疾病数据库，以患者的临床表征为输入，输出与该表型相关的疾病及基因，并按照权重打分，可以极大提高检测速度和准确度。

变异检测环节主要包括点突变、插入缺失、拷贝数变异和结构性变异的检出。

目前已经存在不少基于不同的机器学习算法来提高变异检出的准确性，如概率图模型、Google 基于深度卷积神经网络的 DeepVariant 等。

罕见病检测公司如 Invitae、Color Genomics、明码科技、华大基因、安吉康尔等公司都注重人工智能技术在诊断中的应用，积极研发智能诊断平台，将人工智能最新算法应用其中。

（2）肿瘤用药检测

基因检测在肿瘤领域的应用贯穿肿瘤疾病周期全流程，包括风险预测、早期筛查、分子分型、用药指导、预后监测等环节。目前广泛应用的是肿瘤分子分型、用药指导和预后监测。尤其在靶向药用药指导领域，基因检测发挥着重要作用。通过检测肿瘤的突变，为靶向药治疗提供指导。

基于 RNA 的检测典型的是乳腺癌 21 基因检测，乳腺癌 21 基因检测是对 21 个与乳腺癌相关的基因的 mRNA 表达量进行定量检测，通过特定的算法将基因表达量转化为复发评分（RS），并根据评分来判断乳腺癌患者是否需要进行辅助化疗的一种检测方法，其结果可对预测预后、复发、瘤灶转移乃至指导治疗提供信息，为患者的个体化治疗提供帮助。该检测是典型基于大样本乳腺癌基因表达数据建模，挑选的是具有标志性的预测基因。

目前该方向市场竞争激烈，主要公司包括华大基因、贝瑞基因、迪安诊断、博奥生物、达安基因等，也包括专注肿瘤检测的燃石医学、世和基因、泛生子基因、臻和科技、海普洛斯、思路迪等。

（3）NIPT

无创 DNA 产前检测技术通过采集孕妇外周血，对血浆中的游离 DNA 片段（包含胎儿游离 DNA）进行测序，结合生物信息分析，计算出胎儿患染色体异常疾病的风险，包括唐氏综合征、爱德华综合征和帕陶综合征等。国内 NIPT 市场以华大基因、贝瑞和康为主，它们占据市场较大份额，并且于 2017 年凭借 NIPT 业务上市。二者采用的技术路线均是高通量全基因组测序的方法。在 NIPT 检测中，关键是确定基线水平，由于胎儿游离 DNA 比例在不同阶段存在波动，因此需要基于大样本数据建立参考集，如华大基因于 2015 年发表的全国多中心前瞻性临床验证文章，评估了 500 余家合作筛查医院对 146 958 例样本的筛查结果。通过对参考集进行统计建模确定发生染色体异常的数据边界，并用于诊断。

（4）感染病原微生物基因组检测

微生物基因组检测直接进行感染标本的高通量测序，采用智能化算法分析，比对微生物专用数据库，获取疑似致病微生物的相关信息，进而可以总结出完整透彻的检测报告，辅助诊断疑难危重感染，促进抗生素的合理作用。根据提取核酸的种类不同，分为 DNA 检测和 RNA 检测。DNA 检测适用于胞内寄生的细菌（如结核分枝杆菌）和细胞壁较厚的真菌（如隐球菌）等病原体的检出。RNA 检测适用于流感病毒、呼吸道合胞病毒、冠状病毒等 RNA 病毒的检出。在检测流程中，人工智能等技术可以应用于统计建模，根据检出序列，鉴定致病病原体。

（5）肿瘤液体活检

肿瘤液体活检泛指通过检测血液、尿液、脑脊液等体液中的 DNA 或 RNA 为临床对疾病的诊断提供信息。根据检测的样本不同，可分为循环肿瘤细胞（CTC）检测、循环肿瘤 DNA（ctDNA）检测和外泌体检测。

相比经典的肿瘤诊断手段，肿瘤液体活检可以在早期检测到肿瘤，并且是无创检测。缺点是检测精准度受限于肿瘤类型和肿瘤发生的部位。因此，如何提高检测的准确性是人工智能技术需要研究的方向，如通过大规模数据挖掘 ctDNA 片段长度规律，以此提高检测准确性。

2. 基于基因数据的疾病评估与风险预测

基于基因数据的疾病风险评估，实际上是基于个体基因组检测结果来计算和评估个体罹患疾病的风险。使用基因组数据评估疾病风险的前提是疾病是由于遗传因素造成的，因此需要我们对疾病的遗传基础有深入研究和认识。

采用基因组预测疾病风险的主要痛点在于基因组数据的解读，从上文通过 SNP 与疾病建立关联的基本原理就可以看到，SNP 与疾病患病风险是一种相关性而非因果性，并且结论的可靠性受样本选择、统计方法选取等影响较大。采用基因组数据进行风险评估的另外一个应用是疾病预后评估，如肿瘤化疗的复发风险、药物治疗的预后评估等。

（1）患病风险评估

基因数据解读是分析个体患病风险的基础，因此人工智能在该领域的应用主要在于两个方面：一是解决二代测序（特别是全基因组）数据变异分析的准确性问题；二是预测某种突变的致病性问题。这些方法目前多停留在研究阶段，并不是企业关注的重点。对于企业而言，如何选取合适的 SNP 对疾病患病风险易感性评估才是重点。疾病易感基因检测目前比较火的是消费级基因检测，代表性的公司有 23 andme、Ancestry、Helix、Counsyl 和 Human Longevity 等，国内的公司有微基因、23 魔方、美因基因、水母基因、碳云智能等。但是消费级基因检测在科学性上一直受到争议，并且政府监管层面也不够完善，特别是对于疾病风险的报告。2017 年 4 月，FDA 批准首个面向消费者的 10 项疾病基因检测。

（2）预后评估

预后评估典型应用是采用基因组数据对疾病分型，来预测不同亚型的治疗预后，对于肿瘤会同时评估复发的风险。目前存在大量研究，将机器学习算法应用于基因组数据进行疾病的分型研究，但是多停留在研究层面。

（四）智慧医院

近年来，国家在科技战略层面及建设落地层面都对医院智慧化建设做出了相应的规划与布局。“智慧医院”是一个不断发展的概念。对于疾病的诊疗，AI 级别的云计算技术可以更好地对医护人员的诊断提供辅助，因为它的基础是医学分析海量的数据，如上文提到的人工智能辅助影像处理系统，能够早期协助筛查肺癌、食道癌、乳腺癌等，对于医生的判断给予数据支持。对于医院运营决策，AI 通过与物联网大数据结合，根据天气变化辅助调整医院内部的温湿度，进而给医生和患者提供安全、舒适的工作、就医环境。

1. 医疗机构管理：智能病案

通过对医疗服务质量与病历内涵质量两个层面的智能管理，辅助医院真正提升医疗质量。医疗服务质量管理方面，以优质既往病历为数据来源，以循证医学知识库与临床实践为支撑，以历史优质病历机器学习为手段的临床决策支持系统，为医生在临床诊断、临床诊疗全程提供辅助决策。

智能病案平台基于主流的云计算及大数据技术，整个平台采用 Hadoop 技术框架及 Spark 并行计算框架，采用 MongoDB 作为存储方案，并采用 Docker 封装技术。

智能病案平台需要解决数据采集、数据生产和数据应用 3 个方面的工作，包括医渡云在内的人工智能技术厂商将医院的医疗信息子系统的数据进行备份、脱敏，并通过 ETL 进行抽取、汇集、结构化，并对字段信息进行清洗和语义归一，然后映射到兼容国际、国内医疗数据规范标准的全局 Schema 中，为辅助编码、病案质控等服务提供准确的基础数据支撑。

2. 医疗服务质量管理：单病种 CDSS

医疗领域的人工智能当下着眼于改善患者的治疗结果，均衡各利益相关者的利益，降低医疗成本。单病种临床辅助决策系统，主要原理是将已出版的临床相关诊断知识及顶级临床专家的经验进行机器规则化或利用医院真实患者病历建设单病种数据训练集进行机器学习的方式形成单病种决策引擎。在此基础上，支持不同病种不同特征信息的录入后，根据该引擎的规则输出可用于临床参考的诊疗方案。辅助医生在人工智能开始量化患者在医院接受的服务质量方面发挥作用。

3. 区域医疗协同管理：MDT+ 全科 CDSS

远程医疗、分级诊疗及医联体方案的实施都面临着跨院、跨区域的信息、资源共享挑战。在真正实现医院间、区域间的互联互通之前，各医院自身的信息化、智慧化建设需要提前到位，且区域间的电子健康档案、电子病历等数据标准要实现统一。这些挑战催生了医院对于信息化等医院智慧化建设的需求——“多学科诊疗管理平台（MDT）”和“全科临床辅助决策支持系统”。

多学科诊疗管理平台 MDT，支持患优化病例讨论流程，实现 MDT 患者信息、临床资料、医学图像等全部医疗数据的汇聚重建，以及数据处理、传输和共享，在综合各学科意见的基础上为患者提供个性化、连续性、最佳规范化的诊疗方案。可提高医生工作效率，建立 MDT 专有病例数据库，服务于临床治疗、教学、科研等多目的多学科诊疗建设。

全科临床辅助决策支持主要应用于门急诊、住院场景，以 exe 形式无缝嵌入医生工作站，在医生诊断、治疗过程中提供基于人工智能和医学知识图谱的推荐及预警，主要功能包括诊断推荐、检查检验推荐、治疗推荐、检查检验解读、智能提示、知识搜索等覆盖诊疗全流程的辅助决策支持。

以医渡云的 iBuc 全科临床辅助决策系统为例，其中的技术路线原理如图 2-4 所示。

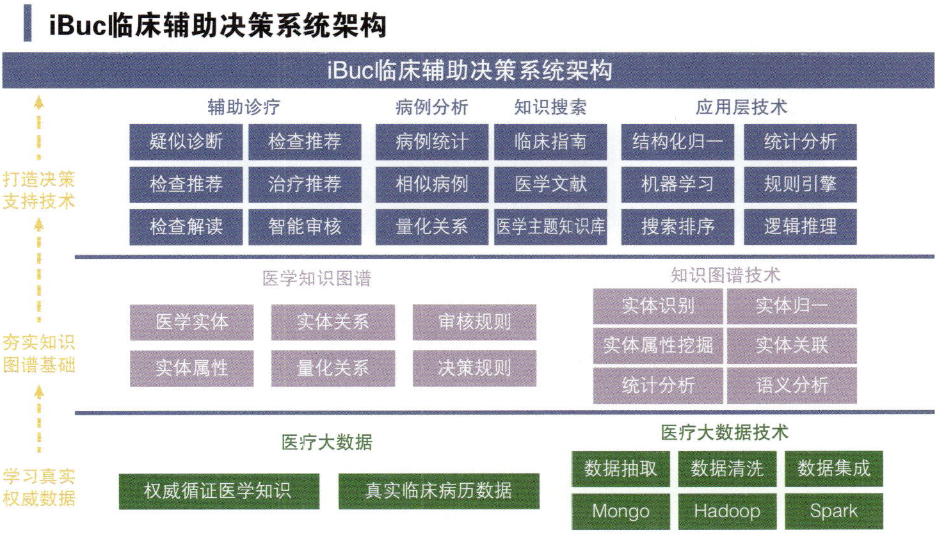

图 2–4　iBuc 临床辅助决策系统架构

在图 2-4 中，支撑 iBuc 临床辅助决策系统的关键是医疗知识图谱。正是基于知识图谱中的知识点和推理能力，iBuc 才能实现疑似诊断推断、检查检验推荐、治疗推荐、检查结果解读、智能审核等关键功能。

知识图谱的来源包括权威循证医学知识和真实临床病历数据两部分。对于权威知识，我们采用数据抽取、实体识别、归一、属性挖掘、语义分析等相关技术建立基于权威知识文献的知识图谱。医疗知识图谱能够以结构化的形式存储医学中实体及实体间的关系，能将信息表达成更容易被计算机处理的形式。利用知识图谱及其相关技术，可以从医疗文献、医学指南和临床病历中挖掘隐含的医学知识，将大数据转化为知识图谱，使得知识查询和更重要的形式化推理变得可行，有医学依据，辅助临床决策，赋能基于人工智能的医疗产品。

4. 医疗智能语音录入系统

当下的人工智能语音识别、语义理解技术为医疗智能开拓了宏大的发展空间，伴随着深度神经网络声学模型的发展，语音识别的性能也在持续提升。语音识别技术通过结合语音合成技术，可以摒弃传统键盘输入的使用，直接识别语音命令，进行各种操作，因此，语音识别作为关键技术逐渐成为信息技术中人机接口的核心（图 2-5）。

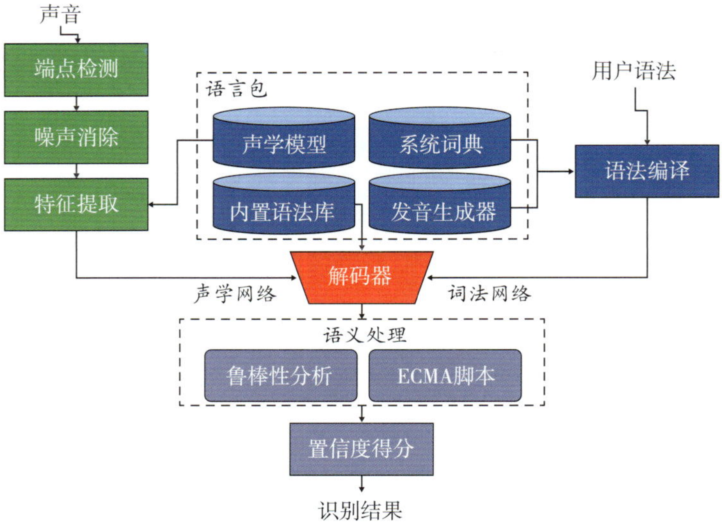

图 2-5　语音识别技术基本原理

人工智能理解自然语言的原理就是利用计算机进行语言分析的研究是一门语言学与计算机科学的交叉学科，学术界称之为计算语言学（Computational Linguistics），或者是自然语言处理（Natural Language Processing，NLP）。

语义理解引擎的训练数据需要充分考虑各种问题，并通过深度学习技术不断地进行优化以保证其可用性，主要包括以下方面的研发（图 2-6）。①自然语言理解：利用深度学习技术，结合语境信息，能够准确理解用户意图。②自然语言生成：可配置的自然语言生成框架和基于 Seq2Seq 神经网络的自然语言生成方法，可以生成

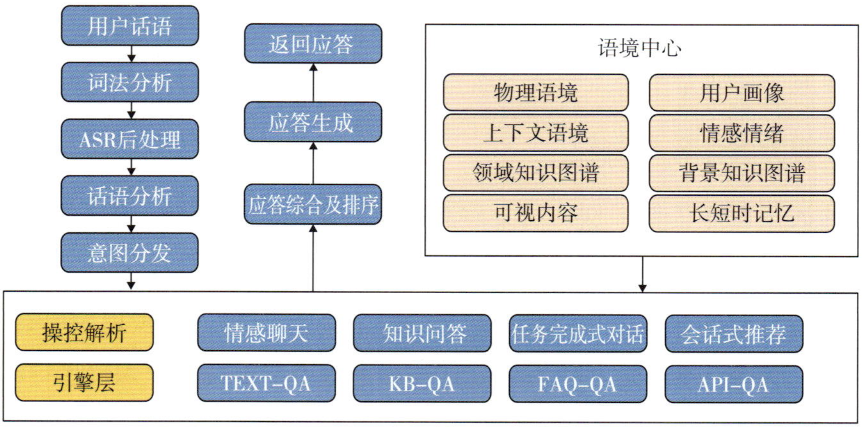

图 2-6　语义理解技术基本原理

人性化的一致性的应答。③语用计算：结合多种语境信息，包括物理语境、言语语境和知识语境，支持基于语境的口语理解，生成和人机交互框架。④知识图谱：构建开放领域的百科知识图谱和垂直领域的知识图谱，提供实体发现与链接、知识补全与推理、知识问答等服务。⑤基础 NLP：支持通用领域和垂直领域的分词，词性标注，专名识别，指代发现及消解，句法分析等基础 NLP 技术。

在医疗领域，语音识别技术逐渐成为医院信息化建设的关键，这一技术在国外已被广泛应用且技术成熟，在国内正不断推广，越来越多的医疗工作者认可其在优化医生工作流程、优化医院流程方面的积极作用。目前主要被应用在门诊、住院医生站、护士工作站、医技科室、超声科室、影像科室等工作场景，以减少和减轻医护人员的工作量，辅助医生、护士的诊疗过程，提高患者的就诊质量。

国外的医疗智能语音系统代表为 Nuance 公司（美国）的语音识别技术及电脑辅助病历抄写系统，该系统使得音频文件转录文本的时间大大缩短，可在 5 分钟内转录 10 小时的语音，医生只需要采用掌上移动设备口述病患看诊状况，存成语音档案，直接传送到语音识别服务器即可。当前语音识别录入系统在美国临床中的使用比例为 10% ～ 20%，在病理科、放射科、急诊室等科室应用最广，对于工作效率的提高，诊断报告生成时间、质量的控制，电子文本记录生成时间、质量的控制都起到了推进作用。

医疗智能语音系统国内主要有科大讯飞的“云医声”，能将医生说出的医嘱直接记录整理成电子病历，大大减少了医生的工作量；为了应对医院科室内嘈杂的环境，达到更好的语音处理效果，“云医声”还开发了医生专用麦克风，可以过滤噪声及干扰信息。人工智能将语音识别、语义理解技术融入智慧医院，提供医疗垂直领域录入软硬件一体化解决方案，基于医疗人工智能技术和大数据分析进行持续探索，实现智能语音交互的知识问答和病历查询，进行健康风险预测和患者分群分析，大幅提升了医生的办公效率，缩短了患者就诊时间。国内提供语音识别的公司主要有科大讯飞、云知声、中科汇能、康夫子、云听、 壹健康、达阅科技、万物语联和半个医生等。

5. 医疗数据管理

当下，健康医疗数据正以前所未有的速度产生，随着大数据和人工智能、深度学习（AI/ML）技术的应用，医疗数据的捕获、存储、分析、搜索、共享、查询、更新，以及通过分析将数据转化成信息，通过 AI 产生知识和可执行的洞察等方面有了质的飞跃。

尽管 AI 在医疗保健应用研究中取得了很好的效果，临床上仍有很多尚未解决的挑战，这些挑战包括如何识别众多医疗健康数据的有效性判断、数据共享壁垒、安全、伦理、社会、经济、法律、隐私等问题，如何系统解决数据的质量和可及性问题及面对海量医疗健康数据的算法问题都是 AI 医疗应用首先需要解决的难题。

大数据和 AI 已经在医疗保健的各个领域显示出巨大的潜力和应用前景。人类的医疗正向着数据驱动型转化。但这场 AI 风暴如何转化为对医疗实践可观的积极影响，将取决于科技如何与现有医疗体系有机结合、共同发展。政府部门、医疗机构、商业机构、医疗科研人员、医保及患者和所有利益相关方，需要积极拥抱这场技术变革，携手灵活地克服挑战，用人工智能赋能医疗数据的价值挖掘。

6. 穿戴式设备

由于信息科学、电子学、计算机技术、网络技术及医学信息技术（PACS 系统，远程传输和网络影像学）的飞速发展及它们在医药卫生各领域行业中越来越广泛的应用，世界正在进入一个数字医疗时代，互联网结合医疗器械的应用主要集中在以下几个方面：①数字医疗器械与设备；②人体可穿戴式设备；③基于 AI 的移动医疗 APP。

（1）人体可穿戴式设备

可穿戴设备是一种便携式设备，可以直接穿在身上，整合到衣服里、配件里等。这将会极大地转变我们的感知和生活，其通过软件支持及数据交互、云端交互来实现强大的功能，不单单是一种硬件设备。

目前，国内的可穿戴设备主要分为以下两种。一种是由智能手机供应商制作的小巧式、紧贴皮肤式的穿戴式设备，应用领域集中在健康、医疗、运动和跟踪定位等，主要包括智能手环、智能手表、智能服饰、智能眼镜等。近年来，国内巨头纷纷把发展方向切入移动健康领域，腾讯打造的“微医平台”，通过可穿戴设备监控患者的治疗效果。百度和 TCL 合作的智能手环、中兴的 Grand Watch、华为的 Talk Band 手环等可穿戴设备也都具有健康实时监测和提醒的功能。国内智能手环市场规模达到 2015 年 45 亿元、2016 年 56 亿元、2017 年 75.5 亿元、2018 年 93 亿元的超高规模（图 2-7）。

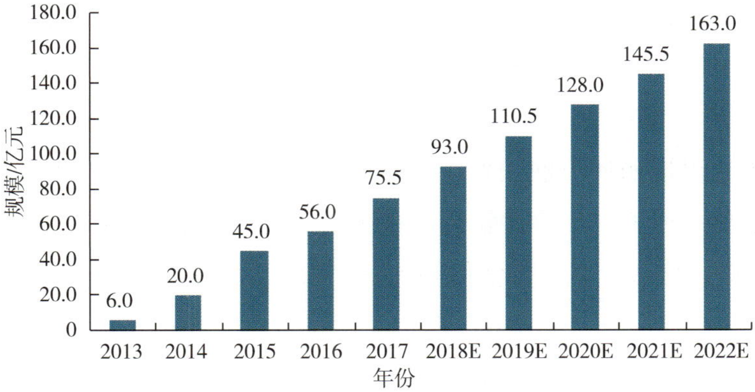

图 2-7　2013—2022 年中国智能手环市场规模调查预测

另一种可穿戴的医疗设备为外骨骼机器人。它主要应用于医疗康复领域，帮助截瘫和偏瘫的患者进行康复训练，甚至恢复行走能力。国内在康复外骨骼机器人领域做得比较突出的有北航的大艾康复外骨骼机器人、电子科大的 AIDER 康复外骨骼机器人、深圳迈步机器人科技有限公司的 BEAR-H1 下肢康复外骨骼机器人及上海傅利叶智能科技有限公司的 Fourier X1 外骨骼机器人。目前，北航的大艾康复外骨骼机器人和电科的 AIDER 康复外骨骼机器人都获得 CFDA 医疗器械认证。其中，2018 年 5 月 22 日，北航的大艾康复外骨骼机器人获得了“龙门创将”全球创新创业大赛中国赛区总冠军。

人工智能技术在可穿戴设备中的一个主要应用就是通过可穿戴设备上的传感器收集用户的个人信息和医疗运动数据，然后根据相关的 AI 算法判断确定用户的个人习惯及相关的医疗健康情况。一份在全球范围内针对可穿戴设备的临床研究显示，应用可穿戴设备进行健康管理，可将患者的全部医疗费用降低 42%，延长看医生的时间间隔 71%，降低住院时间的 35%。

目前，可穿戴设备已经被应用到慢性病管理、疾病预防、健康保健、居家养老等方面。不过，大多数产品仍处于实验期或推广初期，且价格偏高，商业模式仍处于探索阶段。但其中可穿戴设备所监测的大量的生理和病理数据则成为该行业所瞩目的焦点。

（2）移动医疗 APP

移动医疗作为一个新兴行业，其用户规模与市场占有率虽然不敌成熟移动行业，但拥有一个强大的需求市场。随着我国人口老龄化的加剧和互联网医疗市场持续升温，自2015年以来，资本市场对移动医疗领域的关注度继续高涨，行业融资活动频繁。

根据移动医疗APP的功能，可以将医疗APP分为6类，分别为预约挂号类、问诊资讯类、药品电商类、知识搜索类、医生端类、健康类。清源火眼官方数据排名显示，在移动医疗TOP 100中，预约挂号APP个数占比高达25%，其次是健康类（图2-8）。

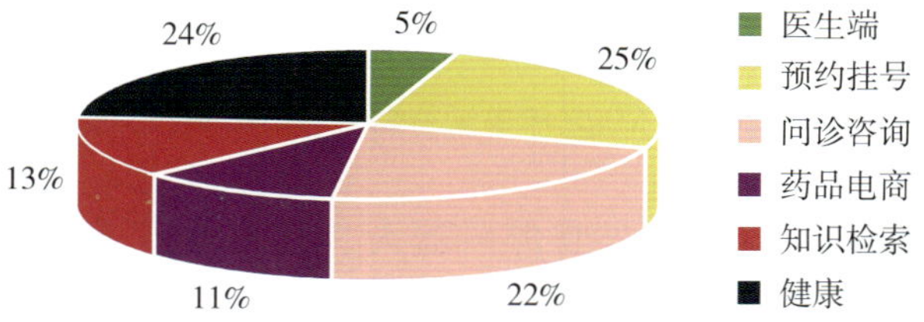

图2-8　各类APP个数占比

7. 健康管理

AI在健康管理中有积极的作用，已经广泛应用于慢性疾病管理、健康教育与健康促进及康复等多个领域。

（1）智能用药管理

临床用药智能提醒系统属于干预类型，是经常使用的决策支持系统，其基本原则是：在正确的场景下，在正确的时间，按照事先确认的规则对用药的人给予警告与提示，药品知识库的设计是关键问题，应用情况如表2-2所示。

表2-2　人工智能在医疗机构药物管理网络中的情况展示

角色	作用	人工智能实现的环节	目前存在的缺陷
医生	处方药物	电子处方系统，嵌入药品说明书或药典便于查阅；错误处方提醒；药物相互作用提醒	未能普及；系便捷程度有待改进；缺乏连续性处方监控及疗效和不良反应反馈信息记录
护士	发放药品及建立用药途径	引入患者个人信息及药品等电子识别码；麻醉药品车智能管理；ICU智能化药柜管理等	病史、症状及体征信息与药物反应未能建立有效连接；缺乏差错提醒及用药顺序、配伍禁忌等的便捷提醒体系
药师	审核处方及药物发放	智能药柜能实现自动包药分拣、库存管理；不良处方监控；抗生素合理处方监控等	缺乏对多重用药管控；缺乏对医生不良处方行为的监控；缺乏药品咨询支持及用药教育

续表

角色	作用	人工智能实现的环节	目前存在的缺陷
行政管理人员	不良事件监管；处方权限考核；医保控费	通过建立信息化平台实现全面监控	缺乏量化考核指标及专业质量评价能力；因数据碎片化无法实现精确的成本效果分析
工程技术人员	软件运行技术支持；协助建立信息化平台	建立医院管理（含药品管理）的信息化平台、云计算、大数据分析等	未能普及，存在信息孤岛；缺乏标准术语支持使大数据分析效能不足

目前主要以商业化智能信息技术为主，如“春雨医生”“丁香医生”、在线药方的“自测用药”等医疗类 APP 的应用，均属于相对小众的应用场景；大部分只能实现药品的简单管理，不能满足用户与医护人员之间信息的传达。而智能用药管理系统的目的在于通过移动互联网提供个性化、精准化的用药提醒，指导患者合理用药（表 2–3）。

表 2–3　家庭智能药物管理现况总结

人工智能实现方式	功能特点	补充说明
医疗 APP 智能提醒	疾病诊断情况记录 处方 / 医嘱提醒 用药提醒：用药剂量、用药禁忌、配伍禁忌、人群适用等 过期药品提醒 药物不良反应监测 随诊提醒	可为自己或亲友设置提醒，以语音播报方式提醒患者合理用药，方便中老年用户用听觉补充视觉上的不足；对特殊患者（特殊时期的妇女、儿童、老人等）更有帮助
健康管理云平台	从医疗层面出发，用于家庭所有成员的日常医药管理，医疗知识普及 通过数据处理实现个人医药管理与记录、挖掘患者用药历史，向医护人员提供大量与患者健康状况密切相关的医疗信息	已经应用于慢性胃炎、慢性肾病、糖尿病及老年性疾病的管理中
医院—社区连续性医疗信息平台	依托患者健康特征库，结合就诊时医生的诊断、病历、处方、检验、检查等信息，由临床知识规则库引擎实时处理患者用药合理性的判断，并给予医生实时提醒 可连续记录用户的用药历史，记录用户的用药效果、用药进程与不良反应	难点在于怎样与医院 HIS 信息系统对接，实时获取对应处方

续表

人工智能实现方式	功能特点	补充说明
在线教育与咨询平台	基于标准化的临床用药规范 药品库、药品知识库、知识库规则引擎 具有一定资质和经验的专家的共识 本着药物选择安全，有效和经济的原则，并符合循证原则	具有咨询功能，患者可与常驻本平台的临床药师进行在线交流，即时获得专业的用药指导
家庭用电子药箱	目前已经有多项关于家用智能化药箱、多功能半导体恒温药箱、自动监控药品信息的电子药箱等专利，甚至还有一项基于多功能智能电子药箱的健康服务机器人专利产品	目前尚没有普及，缺乏监管及评价有很大市场空间

总之，智能药物管理体现了对于庞大而复杂的医疗数据利用上的技术创新，使临床用药更加准确、便捷、全面。在慢性疾病（抗凝、降糖药物的自我管理，多重用药管理等）、肿瘤疼痛治疗、特殊人群用药（儿童、孕妇、失能失智患者等）将产生重要影响，能够最大限度地保障患者用药安全。

三、人工智能医疗器械前景与展望

在经济发展的新周期中国家机构改革逐步到位，政府各个部门的职责得到进一步明确，各项政策也重新明确了医疗器械研发、注册、采购、生产、配送、销售、代理等各个环节的责任，我国医疗器械行业表现亮眼，行业发展面临前所未有的机遇。国家推行试点的医疗器械注册人制度，就是明确了产品注册人的“责任”。《“健康中国2030”规划纲要》和“健康中国战略” 的提出和逐步落实，我国新一轮经济发展浪潮将由大健康产业带领，医疗健康产业以“大健康、大卫生、大医学”为基础，未来可能急速增长，成为经济发展的新动力和支柱，其中医疗器械行业发挥了重要作用。当前医疗器械行业整体较为分散，集中度不高，需要政策和产业规划不断引导行业集中化。推行“营改增”等政策、推行对企业采购、验收、储存、配送等环节要求更高的新版 GSP，有利于提升行业集中度，预计未来 3 年内行业内的兼并、整合、重组等行为将不断加剧。

随着政策的支持，医疗器械行业整体环境也将不断改善，通过推进供给侧结构性改革，行业将进一步出清“库存”。国家更加严格地监管行业，也推进了产品的上市审评，NMPA 正在积极解决批件积压问题，对创新医疗器械加快审评审批，严厉打击临床试验数据造假行为，对生产工艺一致性进行核查，“飞检”力度不断加大。从监管层面对产品重复性高、技术水平低的落后产能进行淘汰，对“小、差、散、乱”的经营企业进行淘汰，对不规范企业进行淘汰，从而使整体行业市场环境不断改善。

预计 5 年内，行业内会大量涌现新产品、新技术，将不断颠覆传统诊疗方法，不断提高医疗服务机构效率、节约患者费用，在疾病预防、疾病诊疗、患者护理等多个医疗领域，医疗器械企业将发挥更大的作用。

医疗器械行业将与“互联网 +”结合紧密，通过信息化手段，监管医疗器械生产、流通全过程，实现产品信息的全程可追溯，尤其是面对即将到来的“万物互联”5G 时代，医疗器械应用范围会不断扩宽。新的“药品 + 医疗器械一体化”模式是未来临床应用的趋势，在医疗机构的诊疗和患者健康保障中药品和医疗器械发挥着协同作用。近年来，部分生产企业如乐普医疗、阿斯利康等，在“药械一体化”新模式的探索中取得了成功。另外，也有部分药品经营企业探索“药品 + 医疗器械” 共同发展的新模式，从医疗器械中找寻发展的突破点。

飞速发展的人工智能应用服务，医用机器人、人工智能技术、应急救援医疗设备、大型医疗设备、可穿戴设备、生物三维打印技术等方面将取得突破性进展。国务院办公厅 2018 年 4 月印发的《关于促进“互联网 + 医疗健康”发展的意见》明确指出，推进“互联网 +”人工智能应用服务，研发基于人工智能的临床诊疗决策支持系统，开展智能医学影像识别、病理分型和多学科会诊，以及多种医疗健康场景下的智能语音技术应用，提高医疗服务效率；加强临床、科研数据整合共享和应用，支持研发医疗健康领域的人工智能技术、医用机器人、大型医疗设备、应急救援医疗设备、生物三维打印技术和可穿戴设备等，从政策层面为人工智能医疗的发展提供了保障。

当前医疗人工智能企业主要分为核心数据分析或外围医疗服务两种，每种又包含各自不同的应用场景细分领域。核心数据分析包含医疗影像识别、基因分析（疾病预测）、药物研发、临床辅助诊断等，外围医疗服务包含健康管理、医院管理、医疗机器人、虚拟助理、医学研究平台等。目前我国处于 AI“弯道超车”阶段，行业内相关人员认为当前最有可能取得突破性进展的行业就是人工智能智慧医疗。对于普通大众，逐渐增多的“医疗黑科技”使得民众的健康得到更多保障。

人工智能技术与数字监测设备的结合能够提供每个人详细全面的机体参数，使得医疗机构在面对可能的疾病时变得更加主动并为此创造了很好的条件。人工智能数字精准医疗的一个主要作用就是从根本上做到疾病的早期预防，使每个人能够主动地保持健康，进而减轻整个医疗系统的压力。从出生开始，甚至在出生前就通过基因筛查或个体的基因型来确定其患某些疾病的概率。这些信息可以帮助个性化定制他的数字健康监测设备，包括可穿戴配件和家用设备。这些监测设备能够测试环境指数和个体的生理参数，并将数据实时地传送到健康机构。健康机构再通过分析数据来给出个体建议，或者通知医疗机构及时地介入。简单一些的如观察到个体的饮食或体重发生变化，给予其改变生活方式的建议；或者提供家人如何照料个体的方案；复杂一些的疾病则采取就诊的措施。

人工智能技术精准医疗和数字设备都会成为未来医疗发展的重要方向，但过程可能会是曲折的，还有很多问题需要解决，不仅包括如何准确预测疾病风险，早期疾病生物标志物的揭示，后期的数据分析处理避免误判，以及个体参与的行为经济学，还包括如何突破人工智能技术在现有的应用过程中所面临的数据质量的提升，医疗健康数据的安全性、合法性、伦理学问题、数据共享等问题及算法的改进优化，都是我们所面临的众多挑战。

参考文献

[1] 上海交通大学人工智能研究院 . 中国人工智能医疗白皮书 [R]. 上海：上海交通大学，2019.

[2] 亿欧智库 . 人工智能赋能医疗产业研究报告 [R/OL]（2018–09–14）[2019–06–11]. http://www.199it.com/archives/771100.html.

[3] 中国医学影像 AI 产学研用创新联盟 . 中国医学影像 AI 白皮书 [R/OL]（2019–03–28）[2019–06–11].https://max.book118.com/html/2019/0404/8131077056002015.shtm.

[4] 国家药品监督管理局医疗器械技术审评中心 . 深度学习辅助决策医疗器械软件审评要点（征求意见稿）[R/OL]（2019–02–01）[2019–06–11]. https://www.cmde.org.cn/CL0004/18639.html.

[5] 食品药品监管总局 . 总局关于发布医疗器械分类目录的公告（2017 年第 104 号）[R/OL]（2017–08–31）[2019–06–11]. http://samr.cfda.gov.cn/WS01/CL1294/177089.html.

[6] 林立明 . 浅析我国医疗器械行业发展现状及发展趋势 [J]. 科技创新导报，2016（21）：107–108.

[7] 孙德刚 . 国内外数字化医疗设备发展现状与趋势 [J]. 机器人技术与应用，2003（1）：10–13.

[8] 郭开宇 . 中国医疗器械行业现状及趋势分析 [J]. 中国经贸，2011（18）：15.

[9] 佚名 . 2017—2022 年中国医疗器械行业深度调研与投资前景评估报告 [R]. 北京：智研咨询有

限公司，2016：20–35.
[10] 李健，王天苗，戴国强 . 数字化医疗设备：迅速崛起的新兴产业 [J]. 中国高新区，2003（1）：54–55.
[11] 李健，王天苗，戴国强 . 发展数字化医疗设备产业迫在眉睫 [J]. 中国科技产业，2003（1）：28–29.
[12] 杨娟 . 36 000 亿数字医疗市场，GPS、强生、联影等器械巨头强势布局，从产品数字化升级到整体解决方案 [EB/OL].（2018–07–23）[2019–05–24].https://vcbeat.top/YjdjMjk4YTdmNjc4YWE2MWFjZDI5NDA5YTgwNDU0MjU=.
[13] 金征宇 . 前景与挑战：当医学影像遇见人工智能 [J]. 协和医学杂志，2018（1）：2–4.
[14] 刘士远，萧毅. 基于深度学习的人工智能对医学影像学的挑战和机遇[J]. 中华放射学杂志，2017（12）：899–901.
[15] 程京，邢婉丽 . 医疗器械与新型穿戴式医疗设备的发展战略研究 [J]. 中国工程科学，2017（2）：23.
[16] 朱婧 . 国内外可穿戴行业发展动态与趋势解析 [J]. 广东科技，2015（14）：9–12.
[17] 程唯珈 . 可穿戴设备的医疗之路还有多长 [EB/OL].（2018–07–12）[2019–05–24].http://news.sciencenet.cn/sbhtmlnews/2018/7/337027.shtm？ id=337027.
[18] 王强 . 可穿戴下肢外骨骼康复机器人机械设计与研究 [D]. 成都：电子科技大学，2014.
[19] 阮晓东 . 可穿戴设备：强势布局移动医疗 [J]. 新经济导刊，2015（1）：13.
[20] 牛启润 . 移动医疗 APP 建设方向 [J]. 中国数字医学，2014（4）：26–28.
[21] Ramy. 具备科技感的外骨骼机器人 Fourier X1 现身中国上交会 [EB/OL].（2018–04–26）[2019–05–24].http://www.aihot.net/robot/10058.html.
[22] 段然 . 移动医疗 APP 的运用 [J]. 心理医生，2017，23（14）：36.
[23] 于晓松，季国忠 . 全科医学 [M]. 北京：人民卫生出版社，2016.
[24] 田新平，谢海雁，沈悌 . 现代老年医学概要（第六版）[M]. 北京：中国协和医科大学出版社，2012.
[25] 李作祥，魏日胞 . 老年人安全用药分析及健康管理策略 [J]. 人民军医，2015（6）：699–701.
[26] 雷亚猛，刘阳 . 智慧药房信息管理系统 [J]. 电子技术与软件工程，2019，147（1）：63–64.
[27] 张丽，杨耀芳，朱建萍，等 . 消化系统用药知识库智能化管理系统的应用 [J]. 中国药师，2019，22（2）：182–184.
[28] 刘宝刚，李晓玲，闫素英，等 . 电子处方系统安全警示研究进展 [J]. 药物不良反应杂志，2019，21（1）：36–42.
[29] 赵金玲，冯波，许艳 . 自动化智能药柜在 ICU 临床的应用及管理 [J]. 护理管理杂志，2017（5）：31.
[30] 张欢，高飞，郑晓春 . 密码柜模式在麻醉科毒麻药品管理中的应用 [J]. 福建医药杂志，

2018，40（2）：141–142.
[31] 朱翠华，于建立，王卫平，等．病区使用自动化智能药柜管理药品模式的实践与体会 [J]. 中国药房，2017（22）：16.
[32] 李萍，陈铂，郑伟康，等．临床抗菌药物智能管理信息系统研究与应用 [J]. 中国数字医学，2012，7（4）：37–39.
[33] 合理用药国际网络中国中心组临床安全用药组，中国药理学会药源性疾病学专业委员会，中国药学会医院药学专业委员会，等．智能药柜应用环节用药错误识别与防范指导原则 [J]. 药物不良反应杂志，2016，18（2）：83–87.
[34] 华祎铭，徐慧欣，马多玲．智能存取系统对急诊药房工作效率的影响 [J]. 药学服务与研究，2013（5）：390–392.
[35] 陈文戈，陈康，舒婷，等．基于商业智能技术的阳光用药电子监察数据分析系统的研究与应用 [J]. 中国药房，2016，27（10）：29.
[36] 鞠伟卿，符鸣，赵蓉，等．基于医联平台的临床用药智能提醒系统的设计与实现 [J]. 中国数字医学，2015（6）：27.
[37] 池胜强，田雨，施宇帆，等．基于 PhoneGap 框架的用药提醒系统设计与实现 [J]. 中国数字医学，2015（9）：64–66.
[38] 胡正刚，张瑞，王雅云．基于药事管理和药学服务的智能药事管理信息平台设计 [J]. 中国医院，2016，20（4）：61–62.
[39] 唐维维，王虹．基于 Android 平台的智能战备药箱系统设计与实现 [J]. 医疗卫生装备，2015，36（5）：20–22.
[40] 陈崑，江舢，耿仁文，等．商业智能在合理用药管理中的应用 [J]. 中国数字医学，2015（4）：72–74.
[41] 宋承翰，刘博，刘斌，等．基于嵌入式开发的智能医药箱设计与实现 [J]. 微型机与应用，2016，35（14）：93–95.
[42] 张丽，杨耀芳，朱建萍，等．基于社区医院信息认证平台的慢性胃炎用药智能化管理 [J]. 中国医药导刊，2019，21（1）：63–67.
[43] 金蕾，杨耀芳，魏新萍，等．糖尿病用药知识库智能化管理系统的开发 [J]. 中国药师，2017（4）：20.
[44] 蔡锋，付峰，张楠楠．基于社区的糖尿病监护系统研究与设计 [J]. 医疗卫生装备，2015，36（11）：37.
[45] 杨欢，马金凤，林童，等．基于云端协同管控的家庭药品管理系统 [J]. 软件工程，2017，20（10）：15.

[46] 魏奕星，邓朝华 . 基于对应分析法的药品在线评论内容差异研究：以“阿里健康大药房”“健客网”“健一网”和“壹药网”为例 [J]. 情报理论与实践，2018，41（11）：127–130，158.

[47] 段晓红，陈设，汪小惠，等 . 基于“互联网 +”探索药事服务模式的问卷调查研究 [J]. 中国现代应用药学，2017，34（9）：1343–1346.

[48] 中华人民共和国国民经济和社会发展第十一个五年规划纲要 [R/OL]（2006–03–14）[2019–06–11]. http://www.gov.cn/gongbao/content/2006/content_268766.htm.

[49] 何凌华，魏钢 . 既有社区室外环境适老化改造的问题与对策 [J]. 规划师，2015（11）：23–28.

[50] 崔震，鲁卫华，李鹏，等 . 基于多标签机器学习的环境适老化改造应用研究 [J]. 无线互联科技，2018，15（7）：135–137.

[51] 任绍辉，杨鹤 . 基于感知导向的适老化照明设计 [J]. 照明工程学报，2018，29（6）：129–133.

[52] 周燕珉，林婧怡 . 我国养老社区的发展现状与规划原则探析 [J]. 城市规划，2012，6（1）：46–51.

[53] 周燕珉，林婧怡 . 综合型养老社区的规划原则探析 [J]. 智能建筑与智慧城市，2013（8）：20–23.

[54] 孙宏超 . 秦皇岛：提供智能家政服务 [J]. 中国经济和信息化，2013（2）：82.

[55] 曹辉，孙麒 . 基于 Nginx 的智慧社区家政服务系统的设计和研究 [J]. 工业控制计算机，2017，30（4）：57–59.

[56] 徐忠莲 . 基于语音交互的家政预约 APP 设计与实现 [J]. 智能计算机与应用，2018，8（6）：139–142，146.

[57] 郭芙琴 . 家政服务机器人技术的发展与应用 [J]. 科技创新导报，2012（24）：24–25.

[58] 张晓辰，殷龙，陈永亮，等 . 基于视觉的智能电子宠物 [J]. 电子产品世界，2014（12）：40–42.

[59] 谢海雁，张雪晗，倪雪峰，等 . 远程医疗在老年人群中的应用 [J]. 中华全科医师杂志，2016，15（10）：805–808.

[60] 谢海雁，Sean Leng，李冬晶，等 .PACE- 新型而高效的老年人医疗服务模式 [J]. 国际老年医学杂志，2010，31（3）：135–138.

[61] 张文豪，李建军，高峰，等 . 可穿戴技术在康复医学领域中的研究进展 [J]. 中国康复理论与实践，2017，23（7）：792–795.

[62] 林浩添，吴晓航 . 加快基于眼科图像数据库的眼病人工智能辅助诊断平台建设 [J]. 中华实验眼科杂志，2018，36（8）：577–580.

[63] 赵家良 . 关注人工智能时代的眼科学发展 [J]. 中华眼科杂志，2018，54（9）：645–648.

[64] 陶梦璋，王雨生 . 人工智能医学影像分析在眼科学领域应用的现状和展望 [J]. 国际眼科纵览，2018，42（1）：1–5.

[65] 陈有信，张碧磊，张弘哲，等．眼科人工智能技术的现状与问题 [J]. 中华眼底病杂志，2019，12（1）：13.

[66] 人工智能帮助计算机拥有“嗅觉”[J]. 大数据时代，2017（2）：75.

[67] 陈骞．美国、日本机器人研发新进展 [J]. 上海信息化，2018（2）：51.

[68] 王党校，郑一磊，李腾，等. 面向人类智能增强的多模态人机交互[J]. 中国科学：信息科学，2018（4）：26.

[69] 王一婷，杜鹏．人工智能识别主持人情感 [J]. 中国广播电视学刊，2019，334（1）：26–29.

[70] 齐柱柱．基于语音情感识别的情绪监测系统研究与实现 [D]. 南京：南京邮电大学，2018.

[71] 徐月．基于微信小程序的心理咨询聊天室的设计 [J]. 信息与电脑（理论版），2018，408（14）：98–99.

[72] 中国银河证券研究部．医疗服务领域的好赛道：肿瘤医疗行业深度报告 [EB/OL]（2018–05–22）[2019–05–24].http://vip.stock.finance.sina.com.cn/q/go.php/vReport_Show/kind/lastest/rptid/4205341/index.phtml.

[73] 康世功．“互联网 +”和人工智能背景下的肿瘤精准放疗产业现状与发展趋势 [J]. 产业创新研究，2018（5）：13.

[74] 中华医学会心血管病学分会介入心脏病学组，中国医师协会心血管内科医师分会血栓防治专业委员会，中华心血管病杂志编辑委员会．中国经皮冠状动脉介入治疗指南（2016）[J]. 中华心血管病杂志，2016，44（5）：382–400.

[75] SETIO A，JACOBS C，GELDERBLOM J，et al. Automatic detection of large pulmonary solid nodules in thoracic CT images. Medical Pysics[J]. 2015，42（10）：5642–5653.

[76] ZHU W，LIU C，FAN W，et al. DeepLung：deep 3D dual path nets for automated pulmonary nodule detection and classification[J]. IEEE WACV，2018（1）：23.

[77] JIECHAO MA, XIANG LI, HONGWEI LI, et al. Group-attention single-shot detector（GA-SSD）：finding pulmonary nodules in large-scale CT images[J]. IEEE CVPR，2019（1）：28.

[78] MUNDHER A，BOON L，WAI Y，et al. Lung Nodule Classification using Deep Local-Global Networks[M].New York：Cornell University，2019.

[79] RED DOT AWARD DESIGN CONCEPT. 远程康复训练系统MAGIKARE-TELEREHABILITATION SYSTEM[J]. 设计，2018，301（22）：19.

[80] TANG A，TAM R，CADRIN-CHENEVERT A，et al. Canadian association of radiologists white paper on artificial intelligence in radiology [J]. Can assoc radiol J，2018，69（2）：120–135.

[81] CHEN J H，ASCH S M. Machine learning and prediction in medicine-beyond the peak of inflated expectations [J]. N Engel J Med，2017，376（26）：2507–2509.

[82] JHA S, TOPOL E J. Adapting to artificial intelligence: radiologists and pathologists as information specialists[J]. JAMA, 2016, 316 (22): 2353–2354.

[83] MIRA J J, NAVARRO I, BOTELLA F, et al. A Spanish pillbox app for elderly patients taking multiple medications: randomized controlled trial [J]. Journal of medical internet research, 2014, 16 (4): e99.

[84] GUADALUPE R G C, ANA H A, VICENTE E V, et al. Robotic dispensing improves patient safety, inventory management, and staff satisfaction in an outpatient hospital pharmacy[J]. Journal of evaluation in clinical practice, 2017 (1): 28.

[85] LANCET T. Mental health in China: what will be achieved by 2020? [J]. Lancet, 2015, 385(9987): 2548.

[86] RONNEBERGER O, FISCHER P, BROX T.U-Net: Convolutional Networks for Biomedical Image Segmentation[M]. New York: Cornell University, 2015.

[87] PETROVIC S, KHUSSAINOVA G, JAGANNATHAN R. Knowledge-light adaptation approaches in case-based reasoning for radiotherapy treatment planning[J]. Artif Intell Med, 2016, 68 (1): 17–28.

[88] SKARPMAN MUNTER J, SJÖLUND J. Dose-volume histogram prediction using density estimation[J]. Phys Med Biol, 2015, 60 (1): 6923–6936.

[89] BARRAGÁN MONTERO AM, Dan Nguyen, Weiguo Lu, et al. Three-dimensional dose prediction for lungIMRT patients with deep neural networks: robust learning from heterogeneous beam configurations[J]. Medical physics, 2019 (1): 45.

[90] TOL J P, DAHELE M, PELTOLA J, et al. Automatic interactive optimization for volumetric modulated arc therapy planning[J]. Radiation oncology, 2015 (10): 30.

[91] YAN H, YIN F-F, WILLETT C. Evaluation of an artificial intelligence guided inverse planning system: Clinical case study[J]. Radiother oncol, 2007 (83): 76–85.

[92] HANSEN C R, BERTELSEN A, HAZELL I, et al. Automatic treatment planning improves the clinical quality of head and neck cancer treatment plans[J]. Clin transl radiat oncol, 2016 (1): 2–8.

[93] ROSSI L, BREEDVELD S, HEIJMEN BJ M, et al. On the beam direction search space in computerized non-coplanar beam angle optimization for IMRT—prostate SBRT[J]. Phys Med Biol, 2012 (57): 5441–5458.

[94] VAN DE WATER S, KRAAN A C, BREEDVELD S, et al. Improved efficiency of multi-criteria IMPT treatment planning using iterative resampling of randomly placed pencil beams[J]. Phys Med Biol, 2013 (58): 6969–6983.

[95] DELANEY A R，DAHELE M，TOL J P，et al. Using a knowledge-based planning solution to select patients for proton therapy[J]. Radiother oncol，2017（124）：263–270.

[96] VALDES G，SIMONE C B，CHEN J，et al. Clinical decision support of radiotherapy treatment planning：a data-driven machine learning strategy for patient-specific dosimetric decision making[J]. Radiother oncol，2017（125）：392–407.

[97] HEIJKOOP S T，LANGERAK T R，QUINT S，et al. Clinical implementation of an online adaptive plan-of-the-day protocol for nonrigid motion management in locally advanced cervical cancer IMRT[J]. Int J Radiat Oncol Biol Phys，2014（90）：673–679.

[98] HE K，GKIOXARI G，DOLLÁR P，et al. Mask r-cnn[C]//Computer Vision（ICCV），2017 IEEE International Conference on. IEEE，2017：2980–2988.

[99] BRIA A，KARSSEMEIJER N，TORTORELLA F. Learning from unbalanced data：a cascade-based approach for detecting clustered microcalcifications [J]. Medical image analysis，2014，18(2)：241–252.

[100] KOOI T，LITJENS G，VAN GINNEKEN B，et al. Large scale deep learning for computer aided detection of mammographic lesions[J]. Medical image analysis，2017，35（1）：303–312.

[101] FERREIRA C B R，DÍBIO LEANDRO BORGES. Analysis of mammogram classification using a wavelet transform decomposition[J]. Pattern recognition letters，2003，24（7）：973–982.

[102] WAJID S K，HUSSAIN A. Local energy-based shape histogram feature extraction technique for breast cancer diagnosis[J]. Expert systems with applications，2015，42（1）：6990–6999.

[103] BUCIU I，GACSADI A. Directional features for automatic tumor classification of mammogram images[J]. Biomedical signal processing and control，2011，6（1）：370–378.

[104] MELENDEZ J，SÁNCHEZ C I，PHILIPSEN R H，et al. An automated tuberculosis screening strategy combining X-ray-based computer-aided detection and clinical information[J]. Sci Rep，2016，6（1）：25265.

[105] JAEGER S，KARARGYRIS A，CANDEMIR S，et al. Automatic screening for tuberculosis in chest radiographs：a survey[J]. Quant ImagingMed Surg，2013，3（2）：89–99.

[106] PANDE T，COHEN C，PAI M，et al. Computer-aided detection of pulmonary tuberculosis on digital chest radiographs：a systematic review[J]. Int J Tuberc Lung Dis，2016，20（9）：1226–1230.

[107] PRENTAŠIĆ P，LONČARIĆS. Detection of exudates in fundus photographs using deep neural networks and anatomical landmark detection fusion [J]. Computer methods and programs in biomedicine，2016，137（1）：281–292.

[108] QUELLEC G，CHARRIERE K，BOUDI Y，et al. Deep image mining for diabetic retinopathy

screening [J]. Medical image analysis，2017，39（1）：178–193.

[109] TAKAHASHI H，TAMPO H，ARAI Y，et al. Applying artificial intelligence to disease staging：deep learning for improved staging of diabetic retinopathy [J]. PLoS ONE，2017，12（1）：e0179790.

[110] XIAO Z T，ZHANG X P，GENG L，et al. Automatic non-proliferative diabetic retinopathy screening system based on color fundus image [J]. BioMedical Engineering OnLine，2017，16（1）：122.

[111] DE BRUYNE B，BAUDHUIN T，MELIN J A，et al. Coronary flow reserve calculated from pressure measurements in humans. Validation with positron emission tomography[J]. Circulation，1994，89（3）：1013–1022.

[112] PIJLS N H，VAN GELDER B，VAN DER VOORT P，et al. Fractional flow reserve：A useful index to evaluate the influence of an epicardial coronary stenosis on myocardial blood flow[J]. Circulation，1995，92（11）：3183–3193.

[113] KERN M J，SAMADY H. Current concepts of integrated coronary physiology in the catheterization laboratory[J]. J Am Coll Cardiol，2010，55（3）：173–185.

[114] PIJLS N H，FEARON W F，TONINO PA，et al. Fractional flow reserve versus angiography for guiding percutaneous coronary intervention in patients with multivessel coronary artery disease：2-year follow-up of the FAME（Fractional Flow Reserve Versus Angiography for Multivessel Evaluation）study[J]. J Am Coll Cardiol，2010，56（3）：177–184.

[115] LECUN Y，BENGIO Y，HINTON G. Deep learning[J]. Nature，2015，521（1）：436–444.

[116] DEY D，SLOMKA P，LEESON P，et al. Artificial intelligence in cardiovascular imaging[J]. Journal of American college of caardiology，2019，73（11），1317–1335.

[117] ITU L，RAPAKA S，PASSERINI T，et al. A machine-learning approach for computation of fractional flow reserve from coronary computed tomography[J].. J Appl Physiol，2016，121（1）：42–52.

[118] WANG Z，ZHOU Y，ZHAO Y，et al. Diagnostic accuracy of a deep learning approach to calculate FFR from coronary CT angiography[J].Journal of geriatric cardiology，2015，16（1）：42–48.

[119] DE BRUYNE B，PIJLS N H，KALESAN B，et al. Fractional flow reserve-guided PCI versus medical therapy in stable coronary disease[J]. N Engl J Med，2012，367（1）：991–1001.

[120] GAUR S，ØVREHUS K A，DEY D，et al. Coronary plaque quantification and fractional flow reserve by coronary computed tomography angiography identify ischaemia-causing lesions[J]. Eur. Heart J.，2016（1）：23.

[121] GAUR S，ACHENBACH S，LEIPSIC J，et al. Rationale and design of the HeartFlow NXT（HeartFlow analysis of coronary blood flow using CT angiography：NeXt sTeps）study[J]. J. Cardiovasc. Comput. Tomogr.，2013，7（5）：279–288.

第三章　物理治疗设备（声光电磁）

一、物理治疗器械概述

物理治疗是指利用人工或天然物理因子作用于人体的一种治疗方式，这种方式主要通过生理调节机制，如体液、神经、免疫、内分泌等，可以取得预防、保健、康复和治疗的效果。物理治疗采取的物理因子包含声、冷、光、电、热、力等，是一种非药物性、非侵入性的治疗，可以恢复人体局部或全身性的功能障碍或病变原有的生理功能，具有消炎、镇痛、抗菌、兴奋神经肌肉、缓解痉挛、软化瘢痕、加速伤口愈合、增强机体免疫等作用。

物理治疗（声光电磁）医疗器械定义为：将人工物理因子对人体不同的生理和生物效应用于临床治疗的工程技术设备。根据国家食品药品监督管理总局于 2018 年 8 月 1 日正式发布新修订的《医疗器械分类目录》，按照医疗器械技术专业和临床使用特点分为 22 个子目录，其中，物理治疗器械为 22 个子目录中第 9 类，分别包含电疗、温热（冷）疗、光治疗、力疗、磁疗、超声治疗等设备。

二、物理治疗器械市场发展概况

（一）国际物理治疗医疗器械市场情况

根据 Jakari Care 的研究，美国物理治疗市场发展已经相当成熟，2018 年整个物理治疗市场规模估计为 300 亿～ 330 亿美元，并且保持年增长率为 3% ～ 5%，市场共有 60 316 家康复企业，其中有 16 000 ～ 18 000 个物理治疗诊所，整个物理治疗市场中门诊诊所提供物理治疗的份额估计为 80 亿～ 120 亿美元。根据 CrunchBase 数据，ATI 显示成立 22 年来累计融资额为 2.56 亿美元，2017 年 ATI 实现营业收入 1510 万美元，占据全美物理治疗约 3.5% 的市场份额。Athletico 公司成立 25 年来，已成为芝加哥地区最大的医疗保健巨头，占据全美物理治疗约 2.5% 的市场份额，位列全美第四，仅次于占据全美 9.4% 市场份额的 Select Medical 公司、占据 3.5% 市场份额的 ATI 公司和占据 3.2% 市场份额的 US Physical Therapy 公司。

目前全球人口老龄化尤为突出，联合国发表报告指出，全世界 60 岁以上的老年人口已达到 6 亿，到 21 世纪上半叶，老年人占人口的比例将达到 20%。医疗研究和技术发展将更多集中于慢性疾病的诊断和治疗。从而减少医疗费用和提高慢性病患者的生活质量。世界经济的发展、人口总量的增长、社会老龄化程度的提高及人们保健意识的不断增强，推动了全球医疗器械行业的持续发展，对物理治疗医疗器械的需求将持续加大。

（二）国内物理治疗医疗器械市场情况

据公开资料显示，2017 年中国康复器械市场规模约 400 亿元，预计到 2024 年中国康复器械市场规模将达到 1438 亿元。2017—2024 年复合增长率不低于 18%。按照美国人均康复消费标准 80 美元 / 人进行测算，我国未来康复医疗长期市场容量达 6500 亿美元。另外，在我国康复医疗市场规模中，骨科结合神经康复占 60% ～ 70%，且相对可实现流程标准化，可复制，风险低，这是中国物理治疗的未来发展方向。

运动治疗是物理治疗的主要方式，我国物理治疗的主体市场在运动康复市场。运动康复是康复医学中的一个重要分支，其实质是“体育”与“医疗”的融合，其本身是多学科交叉的专业，包括器械康复、徒手康复、患者主动运动等方式修复运动损伤，恢复运动功能，其针对人群包括骨骼肌肉系统损伤和骨科术后患者；慢病患者；老人、青少年、亚健康人群等。

美国物理治疗市场主要商业模式为大公司背景下轻资产的社区诊所模式。相较之下，我国物理治疗的企业以小型创业公司居多，且大多采用兼顾线上和线下服务模式，纯粹单线做实体康复的比较少，这与我国当前互联网经济发达的国情有关，通过互联网的优势更易获客，并方便将客户引流至线下。

另外，人才的匮乏亦是限制我国物理治疗发展的一个重要原因。康复治疗学、运动康复学相关的本科专业在中国的高校中仅有 128 个，美国有 219 个、德国有 280 个、日本有 249 个；与康复治疗学、运动康复学相关的硕博学位，在我国更是稀缺。

报道表明，我国当前约 3.6 万有技术资格的物理治疗师，按国际口径推算，每

10 万人有物理治疗师 2.65 人，远低于欧洲、北美的 60 人 /10 万人，美国的 62.8 人 /10 万人、德国的 68.7 人 /10 万人、中国香港的 36.4 人 /10 万人。

三、国际重要技术和产品研究进展

（一）重要技术进展

1. 聚焦超声神经调节技术

超声波可以用于大脑神经疾病的治疗。由于超声波可以增强或抑制神经元活性，所以在治疗其他运动障碍、抑郁症、焦虑和一系列难治性神经精神障碍上极具潜力。同时超声治疗还具有简单便捷、无痛、无创等特点。因此，大量的科研工作者研究超声治疗在脑科学方面的应用，产出了可观的科研成果，部分成果已转化为治疗或护理神经精神类疾病的医疗器械。

2017 年获得 FDA 批准的聚焦超声神经调节技术（Focused-ultrasound Neuromodulation）是一项超声治疗应用在脑科学的前沿技术，利用 MRI 影像引导超声波，透过颅骨，将超声波聚焦于丘脑的一部分，其精准度可达到米粒大小。通过将超声波精准聚焦于丘脑的特定区域，其释放的能量可定向杀死该区域中的神经元。这种技术被允许用于对药物无响应的特发性震颤患者的治疗。

超声波可以在不杀死神经元的情况下，通过增强或抑制神经元活性，所以在治疗其他运动障碍、抑郁症、焦虑和一系列难治性神经精神障碍上极具潜力，并且超声治疗简单便捷，还无痛无创。所以，超声治疗与脑科学结合可以产出可观的科研成果进而转化为治疗或护理神经精神类疾病的医疗器械。

2. 高压电脉冲

高压电脉冲用于癌症治疗是一个广阔的新医学领域，其基本生物物理原理是电脉冲对细胞膜充电，导致细胞膜穿孔，即可逆电穿孔，穿孔的尺寸和孔的数量主要由脉冲参数决定，同时与细胞类型和细胞所处环境有关。

使用 100 微秒到几毫秒的长脉冲，可以在细胞膜上打开可逆的穿孔，可以将化疗药物和基因传递到细胞内，实现治疗效果，采用此种技术的治疗方法为电化疗（Electrochemotherapy）和电基因疗法（Electrogenetherapy），目前已经通过 FDA 许可进行某些肿瘤的临床治疗。

使用脉冲宽度在10微秒到几十微秒级别的电脉冲，同时加上的强度达到几个千伏每厘米的电场时，细胞膜发生不可逆穿孔。使用这种技术可以不使用药物直接导致癌细胞坏死。这种治疗技术的主要发明人是加州伯克利大学的Boris Rubinsky教授，目前已经通过FDA认证用于组织消融。

3. 经颅磁刺激技术

经颅磁刺激是一种无创、聚焦的非侵入性脑刺激技术，具有良好的时间分辨率和空间分辨率。一般认为，经颅磁刺激的生物学原理是通过电容瞬间放电，产生高强度的脉冲磁场，磁场信号可以通过恢复神经介质功能，调节神经，进而恢复心理健康，这种磁场信号通过大脑皮层产生局部的感应电流，改变膜电位，进而起到一定的生理效应，如激发神经介质（如去甲肾上腺素、五羟色胺、多巴胺）的释放，且到达大脑皮层时不会对颅骨产生创伤，除了大脑皮层，磁场信号也可刺激外周神经肌肉。目前大量临床研究也证明磁刺激技术对于各种精神疾病、功能失调症具有重要的辅助治疗效果。与另一项应用广泛的神经刺激技术——经颅电刺激相比，经颅磁刺激技术在头皮处诱发的感应电场分布不像电刺激那样集中，不会因大电流而产生痛觉。另外，由于刺激线圈通常作用于头皮之上，且不需要与头皮直接接触，安全性更高。因此，经颅磁刺激作为一种脑神经刺激方法，因其具有无创、无痛、安全可靠及操作简单等特点而广泛应用于失眠偏头疼、精神疾病等神经失调的干预研究和治疗。

（二）重要产品研究进展

1. 超声乳化治疗仪

超声乳化治疗仪是一款应用于眼科治疗的物理治疗设备，其工作基本原理是超声波通过3～5mm大小的角膜或巩膜切口将晶状体核粉碎并呈乳糜状，随后吸出(连同皮质)，晶状体后囊膜保留，后房型人工晶状体同时植入。三类医疗设备中超声治疗仪中用于眼科尤其是白内障手术的超声乳化治疗仪配件主要有超声波发生器、超声换能器、注－吸系统和控制系统。市场由美国的雅培和强生公司主导。

2. 高压电脉冲治疗仪

（1）纳米刀消融设备

纳米刀消融技术是基于不可逆电穿孔（Irreversible Electroporation，IRE）原理发展起来的新型非温度物理消融技术，其基本原理为穿刺病灶的电极产生高压直流电脉冲，在细胞膜上打纳米级不可逆的孔隙，使肿瘤细胞凋亡从而达到肿瘤消融的目的。该技术不依靠传统温度进行消融，不会造成血管和神经的严重伤害。

目前美国 AngioDynamics 公司占据纳米刀设备垄断地位，该产品纳米刀电极探针为 19 G、1.2 mm，最多可连接 6 支消融针，配套使用心电同步仪。纳米刀通常使用的消融参数电场强度 1500 ～ 3500 V/cm，脉冲宽度 70 us 至 20 ms，频率 0.1 ～ 1.0 Hz，脉冲数 1 ～ 100。该产品 2011 年经 FDA 批准上市，开始用于临床，欧美已经做了大量临床治疗研究并取得了较好的疗效。2015 年，经获得我国 CFDA 医疗器械注册许可证，目前已经有数家医院引进，其单机售价在 1000 万元左右。

（2）可逆电穿孔医疗设备

可逆电穿孔医疗设备是基于电穿孔疗法（Electroporation Therapy，EPT）治疗肿瘤的一种设备，其治疗机理是电脉冲穿孔肿瘤细胞膜，增加细胞膜的电导率和粒子渗透作用，进而增加运送化疗药物。这种方法能提高化疗药物的杀伤力，以较小的化疗药高效、低毒性地杀死肿瘤细胞。

目前已经在国外上市的主要产品有意大利的 IGEA 公司研制出 CLINIPORATOR 电穿孔治疗系统和美国 Genetronics 公司研发的 MedPulser 设备治疗系统，现已广泛应用于临疗治疗中并取得了一定的治疗效果。

CLINIPORATOR 电穿孔治疗系统能输出脉冲峰值 100 ～ 1000 V、脉冲宽度 30 ～ 5000 μs、重复频率 1 ～ 5000 Hz 的方波脉冲 8 ～ 20 个。在欧盟的资助下，IGEA 公司与法国巴黎 Gustave-Roussy 研究所、爱尔兰科克癌症研究中心、斯洛文尼亚卢布尔雅那肿瘤研究所、丹麦哥本哈根 Herlev 医院等机构，治疗了不同肿瘤的皮肤转移癌，如基细胞瘤、头颈扁平细胞癌、肾上腺癌、恶性黑素瘤、乳腺和唾液腺癌、膀胱转移细胞癌、卡波氏肉瘤等，247 名癌症患者共 1009 个结块接受了治疗，治愈率达 73.7%。

美国 Genetronics 公司研发了 MedPulser 设备治疗系统治疗皮肤癌的研究由 G.A.Hofmann 和 H.LeeMoffitt（佛罗里达州）癌症中心的 Heller 等牵头进行。皮肤癌治疗后的病理切片全部为阴性，局部治愈率高达 89%。在此基础上，Genetronics 公司与芝加哥 Rush-Presbyterian-St.Luke 医学中心的 William Panje 博士合作，进行头颈癌的治疗研究，试验共纳入 10 个患者进行电穿孔疗法，肿瘤都表现了萎缩，其中 3 人的瘤体消除了 50%，5 人全部治愈。

以下是一些国外企业处于优势的超声治疗设备（表 3-1、表 3-2）。

表 3-1　超声治疗设备 – 电疗超声治疗仪

产品名称	注册公司	产品归属	管理类别	适应证
肌电反馈、超声及电疗治疗仪	Enraf-Nonius B.V.	进口	Ⅱ类	该产品超声模块用于缓解由软组织扭挫伤、劳损、瘢痕组织、冻疮、冻伤、乳腺炎、肢体溃疡、颈椎病、肩关节周围炎、腱鞘疾病（狭窄或囊肿）、骨关节病、脊柱炎、腰椎间盘突出、半月板损伤、骨折、三叉神经痛、前列腺炎、肋间神经痛、烧灼性神经痛、带状疱疹、硬皮病所引起的疼痛症状
超声及电疗治疗仪	Enraf-Nonius B.V.	进口	Ⅱ类	可用于减轻颈椎病、腰椎间盘突出症、腰肌劳损所引起的疼痛

表 3-2　超声治疗设备 – 眼科超声乳化治疗仪（进口）

产品名称	注册公司	产品归属	适应证
眼科超声乳化治疗仪	强生视力康公司	进口	该产品在医疗机构内使用，用于白内障晶状体碎核、灌注和抽吸及眼前节玻璃体切割和电凝的眼科手术
超声眼科乳化治疗仪	Carl Zeiss	进口	该系统由合格的医疗人员（眼科医生）进行手术方法治疗人眼前节。仪器设计用于灌注，灌注 / 抽吸，晶状体超乳术，前节玻切以及双极电凝术。在医疗机构中使用

以下是一些国外企业处于优势地位的电位治疗设备（表 3-3）。

表 3-3　低中频治疗设备 – 低频电疗仪

产品名称	注册公司	产品归属	管理类别	适应证
高压电位治疗仪 / 家庭用电位治疗器	株式会社利百世	进口	Ⅲ类	在有资质的医护人员指导下使用，适用于缓解头痛、肩部酸痛、失眠、慢性便秘

续表

产品名称	注册公司	产品归属	管理类别	适应证
电位治疗仪	レルテック医療器株式会社 RELTEC Medical Devices Corporation	进口	Ⅲ类	在有资质的医护人员指导下，用于缓解头痛、肩酸、失眠和慢性便秘

以下是一些国外企业处于优势地位的动磁场治疗设备（表 3-4）。

表 3-4 动磁场治疗设备－经颅磁刺激仪

产品名称	产品归属	注册公司（地址）	管理类别	型号及适应证
神经磁刺激器（Transcranial Magnetic Stimulator）	进口	the Magstim Company Limited（英国威尔士卡马森郡）	Ⅱ类	Magstim Rapid 2：用于对中枢运动传导功能的检测 MAGSTIM M 2002：临床用于通过线圈产生磁场，刺激头部运动神经引出运动诱发电位，辅助进行外周运动神经功能检查
磁刺激器	进口	TonicaElektronik A/S（Lucernemarken 15，3520 Farum）	Ⅱ类	产品作为一种电生理辅助设备，利用运动诱发电位（MEP），用作评估诊断和检测中枢与外周运动神经系统疾病
经颅磁刺激器	进口	RemedCo，Ltd.（Yuseong-gu，Daejeon，Korea）	Ⅱ类	TAMAS：用于临床通过刺激手所产生的磁场刺激人体头部大脑皮层区域，产生运动诱发电位用于辅助评估诊断中枢运动传导功能，不用于治疗

四、国内重要技术和产品研究进展

（一）重要技术进展

1. 高电位治疗技术

高电位治疗仪疗法是物理治疗中最古老的一种电疗法，又叫高电位疗法、高压静电疗法。欧美医生早在 18 世纪中叶即使用静电治疗疾病，但使用条件限制多、仪器笨重，应用不便，随后静电治疗逐渐被替代，直到 19 世纪，电子管式高压静电治疗仪问世，技术性能优异。国内也先后研制并生产上市了高压、低压静电治疗仪，近期的负电位（静电）治疗设备以其操作简单、仪器轻便得到医患人员的广泛好评。

高电位治疗仪是通过产生的一种高压低流交变仿生电场在人体置于该仿生电场中时，人体内的阴阳离子得到平衡，从而调节机体的生理机能，促进细胞的新陈代谢，调节体液电解质及酸碱平衡，使机体的内环境保持和恢复“恒常状态”，提高“自然治愈力”，从而达到防病、治病的目的。同时能够利用电场，达到平衡机理、调节体能、运用自然健康法进行健康管理的功能。它可以使得形成的稳定的 50 Hz 的高压交流电场包围身体的每一个角落，辅助治疗紧张型头痛、失眠、肩周炎、慢性便秘作用良好。

高电位治疗技术当前暂无新的进展，仍然停留在基本的电刺激基础之上，基于该类技术的基本原理进行了产品的改进，用于神经系统慢性疾病，以及以疼痛为主症状的缓解和治疗。

2. 经颅磁刺激技术

经颅刺激技术（TMS）是一种无创的生物刺激技术，能够充分地利用时变磁场形成感应电场，有效传导组织中的生物电池，使得大脑皮层的神经细胞动作电位发生改变，进而对大脑中的神经电活动及代谢产生影响。

经颅刺激技术（TMS）可以按照刺激脉冲分为单脉冲 TMS（sTMS）、双脉冲 TMS（pTMS）及重复性 TMS（rTMS）3 种刺激模式。

单脉冲与重复性磁刺激的原理是一样的，区别在于单脉冲磁刺激在神经元不应期一般不能刺激，而重复性磁刺激可以，因此，后者可以使得较多水平方向的神经元兴奋。重复性 TMS（rTMS）磁刺激在实现皮层功能区域性重建的同时还能持续产生刺激，可以使得神经网络功能重新建立。

近年来，经颅磁刺激技术在帕金森病、阿尔茨海默病、癫痫等精神退行性疾病，以及神经衰弱、抑郁症、强迫症、焦虑症、恐惧症、躯体形式障碍、失眠、偏头疼等神经官能症重大的应用潜力。目前，已有大量的科研成果证明经颅磁刺激技术对精神疾病干预具有明显的治疗效果，经颅磁刺激技术在国外研究机构，医院已有大量的应用。目前，经颅磁刺激已经被 FDA 批准用于治疗对药物无反应的抑郁症，近期加州大学洛杉矶分校（UCLA）的 Semel 神经科学与人类行为研究所共同采用经颅磁刺激治疗抑郁症。国内经颅磁刺激技术应用较早，但应用范围较为狭窄，一般只在神经疾病、精神疾病专科医院配备，设备普及率不高。

（二）重要产品进展

1. 高电位治疗仪

高电位治疗仪顾名思义就是使用电压较高的治疗仪，一般使用 600 V、800 V、1000 V 电压（局部治疗），最大能达到 30 000 V。它的工作原理与一般电磁理疗器械相同，即通过仪器给予人体一个电磁、电场环境，进而对调节人体内环境平衡，起到保健、治疗的效果。该仪器最早由日本于 20 世纪 20 年代研发上市，我国引进这种技术已经将近 10 年，国内电位治疗仪生产厂家包括苏州白寿、天津唐邦、成都维信、无锡迈德等。

一般医院用的电位治疗仪电压较高（9000 ～ 30 000 V），家庭用的电压较低（不超过 9000 V）。高压发生器和电极是高电位治疗仪的主要组成部分，其中电极主要产生磁场，常用的有单电极和双电极。家用电位治疗仪通常采用单电极，大部分是通电垫、电毯，可以方便地放在家里使用，如床、椅子、沙发等，其中进口产品部分会配备验电器，验电器一方面可以定性检验场强大小；另一方面可以检验有无高压输出。供医院使用的电位治疗仪通常采用双电极，这两个电极分别为高压电极和地电极，除此之外大部分产品会配备专用治疗椅，而不是随意放置。

2. 经颅磁刺激治疗仪

经颅磁刺激治疗仪在偏头痛人群应用中已有大量的实验数据证明其有效性，而 eNeura Therapeutics 先后开发出 spring TMS 及 TMS mini 多款专用的经颅磁刺激设备，基于此设备开展的大量的动物及人体实验表明，使用磁刺激治疗偏头疼没有明显的副作用，表示有明显改善的人群显著高于假刺激组。经颅磁刺激治疗在偏头痛干预治疗中取得了令人鼓舞的效果。

然而，目前国内尚未有针对偏头痛患者开发的经颅磁刺激设备出现，现有经颅磁刺激设备大多体积庞大、价格昂贵，一般只有大型医院才能配备，患者必须到医院才能接受治疗，价格昂贵，使用不便。经颅磁刺激产品本身及使用价格对患者来说都是一笔比较大的开销。研发一种体积小、重量轻、价格较低的经颅磁刺激器，满足家庭个人日常使用所需，同时保证设备性能能够达到常规大型设备的水平，对偏头痛患者具有重要意义，可方便病患的生活，提高生活质量。小型化经颅磁刺激设备将具有巨大的潜在市场价值。

以下是一些市场常见的国内超声治疗设备企业（表 3-5）。

表 3-5　超声治疗设备 – 超声理疗仪（国产）

产品名称	注册公司	管理类别	适应证
超声理疗仪	荆门杉源医疗科技有限公司	Ⅱ类	供医疗机构用于脑中风后遗症的肢体运动障碍、慢性软组织挫伤的辅助治疗
超声波理疗仪	武汉赫普医疗器械有限公司	Ⅱ类	可用于冠心病，包括心绞痛、心肌梗死、缺血型心脏病的辅助治疗
低频超声理疗仪	天津喜来健医疗器械有限公司	Ⅱ类	该产品适用于肩周炎、腰背肌劳损、膝骨关节炎、软组织损伤疾病的辅助治疗

以下是一些市场常见的国内的高电位治疗设备企业（表 3-6）。

表 3-6　电位治疗设备 – 高电位治疗仪（国产）

产品名称	注册公司	管理类别	适应证
高电位治疗仪	无锡迈德生物反馈技术有限责任公司	Ⅲ类	在有资质的医护人员指导下使用，用于缓解失眠症状。该产品不能替代药物治疗，药物治疗应遵医嘱
高电位治疗仪	深圳市艾尔曼医疗电子仪器有限公司	Ⅲ类	在有资质的医护人员指导下使用，用于睡眠障碍的缓解和高血压病的辅助治疗。该产品不能替代药物治疗，药物治疗应遵医嘱
高电位治疗仪	沈阳新进医疗器械有限公司	Ⅲ类	在有资质的医护人员指导下使用，用于软组织损伤、腰肌劳损引起的疼痛缓解和高血压病的辅助治疗。该产品不能替代药物治疗，药物治疗应遵医嘱

以下是一些市场常见的国内动磁场治疗设备企业（表 3-7）。

表 3-7　动磁场治疗设备 – 经颅磁刺激仪（国产）

产品名称	注册公司	管理类别	适应证
经颅磁刺激仪	常州思雅医疗器械有限公司	Ⅱ类	适用于缺血性脑血管病、神经症（焦虑、神经衰弱、失眠、脑疲劳症状）、脑损伤性疾病的辅助治疗
经颅磁刺激仪	河南智领医疗设备有限公司	Ⅱ类	适用于脑卒中（中风）患者辅助治疗
经颅磁刺激仪	石家庄渡康医疗器械有限公司	Ⅱ类	适用于缺血性脑血管病、神经症的辅助治疗；低频调频调幅电脉冲小脑顶核电刺激可改善脑部血液循环，适用于缺血性脑血管病的辅助治疗
经颅磁刺激治疗仪	河南省昊德康医疗器械有限责任公司	Ⅱ类	脑卒中（中风）恢复期患者肢体功能障碍的辅助治疗

五、前景与展望

目前发达国家能够生产的物理治疗（声光电磁）医疗器械，我国基本上都能生产。但据有关专家评估，我国高端物理治疗（声光电磁）医疗器械在总体质量和技术水平上与发达国家的同类产品相比还有差距，赶超发达国家高端物理治疗（声光电磁）医疗器械技术水平，还需要付出巨大努力。有些产品同质化严重，不同企业之间的产品质量和性能没有明显的差别。

1. 超声治疗设备

我国超声治疗设备行业在经历数年的发展后，基本形成了产业体系，行业整体产业链条完整，专业门类完善，产业基础牢固。虽然起步较发达国家晚，但当前我国超声治疗设备市场位居世界第 3 位，仅次于美国和日本。近期超声治疗设备发展势头迅猛，尤其是国产设备，因为优良的性价比和渠道优势，短期内占据了我国县级以下医院的基层市场。这主要是由于当前我国医疗体系的改革，全民医保的覆盖和基层医疗体系的不断完善导致基层医疗需求爆发式增长，超声治疗设备需求也随之不断增长，无论是升级还是普及，都是国产化企业的机遇，对于质量和技术过关的国产超声治疗设备厂家来说，这是难能可贵的替代进口的好时机。

超声治疗设备方面，可应用于软组织挫伤、神经性皮炎、周围性面瘫、腰椎退变等治疗的二类器械超声治疗仪已可部分国产化，高端市场仍由日本伊藤株式会社、美国梅特勒电子公司、意大利爱美优公司把控，不过国内苏州好博、深圳圣祥也在凭借高性价比优势在不断冲击高端市场。

三类超声治疗仪中用于眼科尤其是白内障手术的超声乳化治疗仪配件主要有超声波发生器、超声换能器、注 - 吸系统和控制系统。市场由美国的雅培和强生公司主导，国内独立研发生产超声乳化治疗仪在性能进口产品存在较大的差距，但在价格上具有一定的优势。

中国作为世界上增长最快的医疗超声诊断仪器市场，有可能在 1 ～ 2 年成为最大的市场参与者，而国内企业是最大的赢家。中国医疗超声诊断市场也正在进入人工智能和大数据时代，因此市场规模有望扩大。国内市场品牌正从低端市场向中高端市场转移，国内企业开始更加重视研发和创新。尽管国内企业和外国企业之间仍然存在差距，在政策支持、更好的市场环境和本土企业的努力下，国内品牌的崛起是一个趋势，预计在未来几年将继续下去。

国内超声治疗仪器厂家正在迎头赶上，在占据中低端市场的同时，也在不断冲击中高端客户市场，并逐渐在打破国际巨头的垄断地位，并且在努力挺近国际市场。我国目前已经具备较为完整的产品制造工业链条，可时具备优质的人才及相对低廉的人工费用，使国内厂商，如迈瑞的产品极具性价比，逐步由追赶、到并驾齐驱到最终成为领跑者。

2. 光治疗设备

受国内市场需求及相关产业政策的拉动，我国激光医疗器械产业发展长期趋势向好。同时，随着我国激光医疗设备产业的发展，一批本土企业正由弱到强、由小到大，自主知识产权产品逐步投入市场，占据了一定的市场份额，能够逐步替代进口同类产品，形成一定的品牌影响力，并呈现出持续创新与发展的良性循环。

在应用的基础上，医疗激光系统市场被分为眼科、妇科、皮肤科、泌尿科、牙科、心内科等。由于人们对美观的要求越来越高，皮肤病学占据了应用领域的主导地位。随着患者意识水平的提高，微创和非侵入性治疗的使用率不断上升，以及对皮肤紧致、皮肤年轻化和轮廓修复等美容手术的需求日益增长，预计将成为具有高影响力的主要因素。此外，皮肤癌和其他皮肤疾病，如痤疮、皮炎、牛皮癣，以及皮肤疣、痣和皮损的患病率越来越高，尤其是在新兴经济体不断出现的情况下，有望为医疗激光市场带来未来的增长机会。这些产品在妇科领域的应用，特别是宫颈糜烂，以及在不孕症领域提供了独特的性能，预计将在预测期内推动增长。与此同时，该系统在腹腔内妇科手术中也得到了广泛的应用，有望进一步推动需求。

高昂的价格、技术与信息安全是国外产品的重要应用风险。按照现有市场应用情况分析，国内激光医疗器械市场中中高端市场主要以进口产品为主，而国产产品主要集中在低端市场，并且进口产品有逐渐囊括中低端市场的趋势。我国激光医疗器械进口价格要远高于其在原产国的售价，一般溢价在 50% ～ 100%，价格十分昂贵，部分主要依靠政府采购。较大的应用风险来源于进口设备的维护，因为其售后由原公司负责，一旦出现耗材断供、维修延时等问题就会严重影响设备的使用效率，进而影响医疗机构的诊疗效率。此外，使用进口的激光医疗器械还面临着信息安全的风险，因为这些设备的核心科技数据由国外企业掌控，我们使用设备产生的各种诊疗数据和患者档案等信息都有一定的安全风险。

我国医院当前治疗用的蓝光治疗设备多为国产，少数为进口。目前中国的蓝光治疗设备在治疗新生儿黄疸及痔疮方面已经有了相对成熟的设备。但是在综合波段的光疗仪器的研发方面仍有所欠缺，国外多见综合波段的光疗仪器，而国内的光疗仪器通常都是较为单一的波段，或者两个波段的混合。这是与国外的光疗设备相比国内的光疗设备有待改进的地方，更为综合的光疗设备有助于资源节约，也有助于医院使用。

除此之外，与国外相比，国内目前缺乏利用蓝光对其他的皮肤病进行治疗的研究，缺乏创新性研究。国内的研究更为集中在新生儿黄疸的综合治疗及提高蓝光治疗设备实用性，方便医疗人员的使用。相比较而言，有些落后于国外的研究，未能最大限度的发掘蓝光的临床应用价值。下一步要有效利用蓝光的临床应用价值，研制出更具有医用价值的蓝光治疗设备，这是未来蓝光治疗设备发展的一大趋势。国家应鼓励相关企业进行创新性研究，加大对相关企业创新研究的政策扶持，加大对相关创新型人才的培养，争取早日在新型蓝光治疗设备的研制上取得重大突破。

3. 电治疗设备

电疗设备由于受到电疗技术发展滞后，还无明显的突破的局限性，目前，市场上的电疗设备大多存在各种各样的问题，包括人体的不耐受，特别是低频电流虽然可以穿透人体，但是很容易灼伤皮肤，而且功率大时，人体会出现强烈的痉挛，从而无法承受。

作为医疗器械产品，安全性、有效性是其根本属性所在，因此需要针对市场上已经存在的不安全的产品进行坚决的打击和取缔，鼓励技术创新，加强产品上市前的技术审批环节的技术审查，特别是有关电气性的技术审查工作是重中之重。

4. 磁治疗设备

国外的磁疗仪产品优势主要有：产品较为成熟，往往有完备的相关临床试验及理论支持。国外磁疗产品更加利于使用，一方面其官网会详细列举仪器的使用方法、各个治疗频率段对应的治疗病症等；另一方面其人机交互界面更加友好，彩色触摸液晶屏使得界面更加美观，操作更加方便。

国内磁疗仪产品目前存在的问题有：人机交互界面落后，用户体验不佳；输出频率固定，不可无级调频；输出磁感应强度有效值往往不大。

总体来说，国内磁疗设备研发能力不足、创新能力薄弱。缺乏前瞻性、技术储备匮乏，研究设备和支撑条件差，适应企业发展的科技人才缺乏 ；研发投入不足。未来应进一步加强技术储备，提高产品市场竞争力。

参考文献

[1] 罗凯旋，冯湘君，陈茉弦，等．低强度聚焦超声神经调控作用的研究进展 [J/OL]. 中国现代医学杂志 ,2019（10）:1–9

[2] 陈新华，孙军辉，殷胜勇，等．脉冲电场与生物医药技术的交叉及其对肿瘤治疗模式的改变 [J]. 高电压技术 ,2014,40(12):3746–3754.

[3] 朱婷，陈秀恩，郑洁皎．重复经颅磁刺激治疗脑卒中后失语症的机制和研究进展 [J]. 按摩与康复医学 ,2020,11(4):5–8.

[4] 张键，唐蕾，李环宇，等．小切口非超声乳化和超声乳化治疗白内障术后干眼情况的对比 [J]. 医学理论与实践 ,2020,33(1):95–96.

[5] 梁磊，张宁．激光技术应用综述 [J]. 河南科技 , 2019 (35): 79–80.

[6] 陈俊，李香波．医疗激光国内外产业分析 [J]. 科学与财富 , 2018, (30): 203.

[7] 丁卫军．国产医用激光制造企业的机遇与挑战 [C]// 上海市激光学会 2015 年学术年会论文集．中国上海 : 2015: 13–15.

[8] 广州美琳美健医疗科技有限公司．黄疸检测蓝光治疗仪 :CN201610102779.7[P].2016–06–15.

[9] 尹君．基于 LED 的痤疮光物理治疗仪的研制 [D]. 广州：暨南大学 ,2015.

[10] 王建文，周英．护理干预在蓝光治疗仪照射治疗新生儿高胆红素血症患儿中的应用效果 [J]. 医疗装备，2019,32(10):166–167.

[11] 张佳宁．LED 黄疸光疗灯光谱结构及其生物光学效应研究 [D]. 厦门：华侨大学，2018.

[12] 邹先雄．一种基于智能终端控制的中医用红蓝光光子治疗仪 :CN201710993957.4 [P].2018–01–16.

[13] 2019 第八届世界健康产业大会 [C]. 中国会展（中国会议）, 2019(4): 90.

[14] 许慧雯，郑佳，王慧超，等．新形势下医疗器械标准化体系研究 [J]. 中国药事，2019, 33(10): 1087–1092.

[15] 邓振进，刘继广，白洁芳，等．短波治疗设备关键参数检测方法的探讨 [J]. 中国医疗设备，2019, 34(9): 35–37.

[16] 严红岭．浅析如何做好医疗器械的经济效益分析 [J]. 财经界（学术版）, 2019(17): 79.

[17] 医疗装备 [J]. 医疗装备杂志（半月刊）, 2019, 32(16): 206.

[18] 火石研究院．创新器械增速稳定国产占比超七成 [J]. 中国医药报，中国医药报，201（1）：7.

[19] 2019 第二十七届深圳国际医疗仪器设备展览会 [J]. 环球聚氨酯，2019(8): 21.

[20] 马鹏鹏，张波．浅谈医疗器械管理中存在的问题及对策 [J]. 中国医疗器械信息，2019, 25(14): 178–179.

[21] 光瑾．我国医疗器械行业上市公司经营业绩影响因素分析 [J]. 湖北经济学院学报（人文社会科学版）, 2019, 16(7): 48–50.

[22] 前景看好 : 医疗塑料产业正迎来爆发期 [J]. 橡塑技术与装备，2019, 45(14): 60–61.

[23] FALCONE D ,UZUNBAJAKAVA N E , Van ABEELEN F , et al. Effects of blue light on inflammation and skin barrier recovery following acute perturbation[P]. Pilot study results in healthy human subjects. Photodermatology Photoimmunology& Photomedicine, 2017.

第四章　电子内窥镜

一、电子内窥镜概述

电子内窥镜是集传统光学、人体工程学、精密机械、现代电子、数学、软件等于一体的检测仪器。电子内窥镜是由可弯曲部分、光源及一组镜头组成，可经人体的天然孔道，或者是经手术做的小切口进入人体内，直接窥视有关部位的变化，其主要由图像显示、窥镜、照明 3 个系统构成。与之相对应的核心技术为图像采集、图像后处理和照明方式三大技术。

医用内窥镜器械上市较早，发展历史悠久，近 200 多年，产品从初代到现在经历了硬管式、半可屈式、纤维式到电子内窥镜的 4 次大的技术革新。近年来，电子内窥镜与其他新技术结合产生了一些新的内窥系统，如超声内镜、共聚焦内镜、光学相干层析内镜、胶囊内镜等（表 4–1）。医用内窥镜在临床上的应用越来越普及，它正在向着小型化、多功能、高像质发展。

表 4–1　医用内窥镜分类及介绍

分类	名称	开始应用时间	主要特点
硬镜	硬管式内窥镜	1795 年	能获得的诊断资料有限，患者较为痛苦，且造成穿孔的危险性较大
硬镜	半可屈式内窥镜	1932 年	可弯曲一定角度，且图像不变形，方便插入患者体内，减少对患者的机体损伤
软镜	纤维内窥镜	1957 年	照明效果好，但产品寿命短，图像在传输中较为容易出现黑点
软镜	超声与电子内窥镜	1983 年	图像更清晰，色泽更逼真，分辨率也更高，可供多人同时观察

资料来源：《中国医学物理学杂志》材料产业研究院整理。

医用内窥镜行业在发展中呈现出以下特点：市场需求量大，技术壁垒高，品牌效应明显，资金投入大。图 4-1 两种超声内窥镜镜体结构。

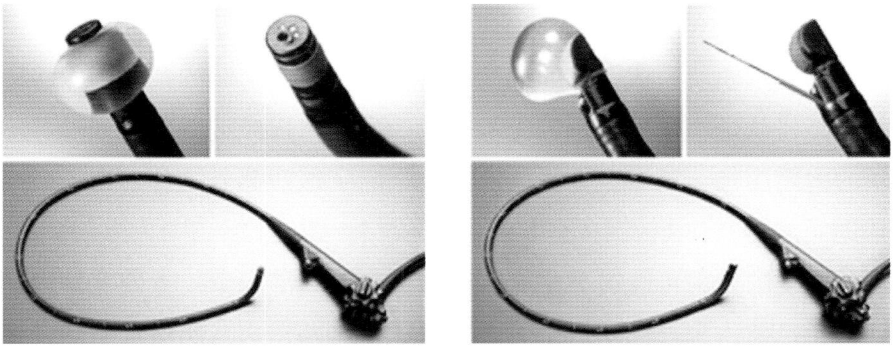

a 环阵扫描超声电子内镜　　b 凸阵扫描超声电子内镜

图 4-1　两种超声内窥镜镜体结构

针对我国目前医疗水平和医院承受能力，积极提升国产化内窥镜设备能力，普及内镜下微创治疗水平将是一个迫在眉睫的问题。因为内窥镜产品已经成为每家医院必不可少的基础诊疗器械，而且从广义的角度而言它又可以归类为一种高级易耗品，一般使用寿命在几年就需要更新；从医学诊疗器械的投入与产出角度来看，在基层医院领域普及国产化低价值高能效的内窥镜产品将是国内内窥镜临床使用需求的一个大的良好契机，同时也是对发展中国民族产业和提升国有自主知识产权产品能力有着良好的推进作用。

随着内窥镜配件新品的不断推进，2024 年预计全球内窥镜市场规模能达到 283 亿美元。国际上医用内窥镜发展较快的地区有美国、欧洲和日本等，在这些发达国家，内窥镜应用基础较广，企业对高清晰度及更具临床针对性的产品研发能力强，奥林巴斯、宾得、富士、卡尔史托斯等国际知名内窥镜品牌均分布在这些地区。

国内内窥镜厂商要想夺回市场份额，唯有抓住产业发展趋势，提升产品品质。未来，内窥镜在临床上的应用还将扩张和深化，尤其是向着超清化、智能化、微创化的方向发展。随着其他医疗技术的不断进步和更新，内窥镜技术也会与这些新兴技术相融合，从而衍生出更为强大的产品，如超声内镜、共聚焦内镜、3D 内窥镜和胶囊内窥镜等。

二、电子内窥镜国际重要进展

1. 重大研究进展

经历了多个阶段的发展，目前的电子内窥镜主要由光源模块、内镜镜体、图像处理模块和显示模块组成，它的成像主要依赖于镜身前端的微型图像传感器，微型图像传感器将从组织反射回来的光能转换为电能，再经过图像处理器“重建”形成高清晰的内窥图像，显示在监视器屏幕上。除了这四部分之外，电子内窥镜还配备一些辅助手术器具，如吸引阀门、水 / 气阀门、钳道口、手术钳、送水孔等。在消化内科，内镜的使用可以提高临床疾病的鉴别诊断准确率、方便更好地对病变预后进行评估。目前内镜已广泛用于对上下消化道不明出血、肠胃部糜烂、溃疡、凸起、肿物、狭窄或血管等病变的诊断。通过对于微小病变活检化验，有望发现极早期癌前病变，对于及时治疗防止癌症进展起到了举足轻重的作用。此外，内镜活检对于肿瘤的良恶性、分化程度、进展期病情的确定也发挥着重要作用。内窥镜比 X 射线显示更加详尽，如通过胃镜医生可以清楚地“看”到胃溃疡或者胃肿瘤，进而根据具体特征治疗，因此内窥镜辅助医生诊断十分有效。

内窥镜行业是一个医学、光学、电子学、精密制造、医用材料、光机电信息等多学科交叉的知识密集型高新技术产业，核心部件及技术包括高分辨率图像传感器芯片、高清视频处理系统、微型多功能复合镜体、高倍率可变焦光学镜头、光谱成像技术、人工智能技术等。目前内窥镜相关核心部件和核心技术掌握在日本、美国、德国等发达国家手中，特别是日本三大电子内窥镜研发厂商 Olympus、Fujifilm 及 Pentax，通过与超声设备国际厂商强强联合，形成了对内镜核心技术和市场的垄断局面，几乎全面覆盖了内镜诊疗的各个领域。以消化内镜诊疗为例，对于消化道癌症患者来说，尽早发现和早期治疗至关重要。消化内镜检查是目前公认对消化道癌症最有效的检查方法。对于内镜检查出的消化道早期癌症，以 ESD/EMR 手术为代表的内镜下治疗手术具有与传统外科手术相当的疗效。大量样本研究 ESD 治疗食管早期鳞癌可达到近乎 100% 的整块切除率和 80% 以上的根治率，且相比较传统外科手术而言，具有创伤小、并发症少，费用低及无须长期住院等特点，可以有效降低患者的生理和经济负担，并为国家节约大量的医疗资源。通过立足临床需求，日本、美国等发达国家的设备厂商几乎涵盖了肿瘤早期诊断、浸润深度判定、切除设备及辅助内镜器械等全部过程，形成了一整套完备的内镜诊疗设备研发体系。

2. 技术进步

基于临床上对疾病尤其是恶性肿瘤精准诊疗的需要，以及减少创伤的要求，目前电子内窥镜的发展主要聚焦为以下两个方面。一是高清分辨率。内窥镜的主要作用就是将医生看不到的体内情况通过图像传输给医生，以供诊断，因此，图像的清晰度和分辨率就会直接对医生的肉眼诊断产生干扰。业内一直致力于研发更高图像质量的内窥镜，当前百万像素的画质依然不能满足诊疗需求，需要更佳优良的图像质量。二是探头微型化。内窥镜是通过介入人体进行诊疗的，因此，探头的大小直接关系到患者的创伤大小，对于医疗来说当然希望创伤最小化，那么就希望内窥镜器械行业能研发出更佳微型的探头，尽量降低给患者带来的不适度或痛苦，使患者能够在检查或手术后尽快恢复。超高分辨率仍是目前及将来电子内窥镜的主流发展方向，更高的分辨率将提供更多的图像细节信息，给医生提供更准确的病灶诊断。甚至基于深度学习的降噪、去模糊、超分辨等技术也将应用到电子内窥镜中，进一步提高图像质量。

超声内镜技术和胶囊内镜技术也将成为发展的主流，超声内镜结合了超声传感技术和传统内镜的能力，可以诊断消化道黏膜下病变甚至诊断腔外脏器。它在确定肠胃黏膜病变侵袭深度、评估癌症分期、检查胰腺胆囊等器官病变等方面发挥着重要作用。

目前，大多数医院使用的肠胃镜仅具有白光成像模式。在白光下，黏膜表面结构和血管形态并不清晰。如果医务人员缺乏足够的经验，很容易出现漏诊和误诊。为了更好地凸显消化道组织病变区域，很多公司对光谱成像技术进行了研究，如奥林巴斯研发出了 NBI 技术，富士研发了 BLI 技术和 LCI 技术，这些技术通过特殊的光谱变化和图像后处理技术使黏膜表面的血管及黏膜表面形态得到强化，更好地帮助内镜医生区分胃肠道炎症中上皮细胞和血管形态的改变，以及胃肠道早期肿瘤腺凹凸不规则改变，从而提高内镜诊断的准确率。

影像分辨率上目前国际品牌软镜最高端为 1080 p，硬镜最高分辨率可达 4 K 图像。软镜上带有光学电子放大和电子染色功能在病变微观化检查有临床意义。荧光染色内镜主要是指窄带成像技术、蓝极光技术等，旨在通过对某些波长的光线进行滤过，结合图像后处理技术使病变的细微形态进行良好显露，目前国内在硬镜和软镜上类似的技术还没有突破，国外尤其是日本发展比较先进，近红外光谱下荧光影像造影副作用小，创伤小，操作方便，在病变手术切除上有着重要意义，也被广泛应用在癌症识别和手术导航上。

光学相干断层成像是20世纪90年代初期发展起来的一种新型非接触性无创光学影像诊断技术，经过几十年的发展，目前此项成像技术已经在眼科临床方面得到成熟的应用，随着光电子技术的不断发展，光学相干断层成像技术也向着其他临床使用方向不断发展，美国Ninepoint Medical生产的光学相干断层成像内镜nVision VLE是目前国际上领先的相关产品，从使用的便捷性上来已经实现自动一次插拔的方式，在耗材编码输入方式也已经实现了自动读取编码的方式；安全性方面，由于耗材在使用过程中需要进行充气，该产品有效降低了使用时需要充入的气压，有效降低了并发症及设备故障的风险；另外，由于光学相干断层成像不是定点成像，病变位置的标定也存在一定的问题，而借助使用激光标记定位的方法，此产品有效解决了类似的问题。

3. 内镜产业

2015年全球医疗器械销售规模达到3710亿美元，其中内窥镜销售164亿美元，排名居第7位，截至2018年，内窥镜销售为214亿美元，5年复合增长率约为6.8%。随着内窥镜微创技术的发展及病患对微创手术认可度的提高，全球微创医疗器械市场规模将不断扩大。据EvaluateMedTech统计，到2022年，全球内窥镜设备的销售额将达到260亿美元（图4-2）。

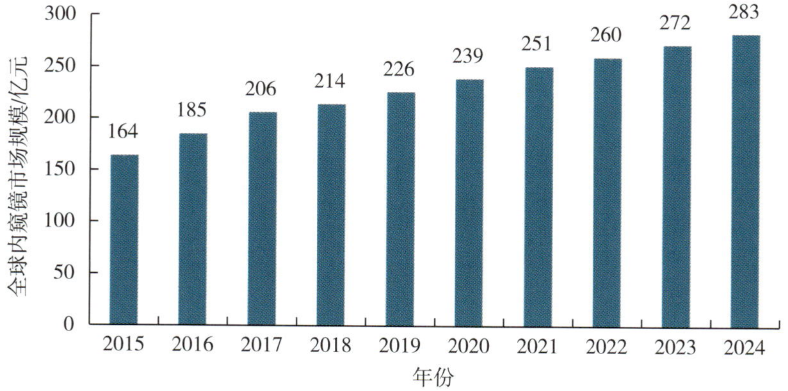

图4-2 2015—2024年全球内窥镜市场规模预测

资料来源：EvaluateMedTech前瞻产业研究院整理。

内窥镜器械在世界范围内增长速度都十分可观，尤其是当前内窥镜微创技术不断普及，内窥镜的生产工艺也逐步提到，其应用覆盖甚广，包括耳鼻喉科、呼吸科、骨科、消化内科、妇科、普外科、泌尿外科等众多科室，是诊疗和手术中至关重要的医疗设备。美国、欧洲和日本等发达国家内窥镜应用更加广泛，器械发展速度更快，甚至部分地区的部分医院已形成独立的科室，需求更大量的具有临床针对性的高清晰度产品，国际知名内窥镜品牌如宾得、奥林巴斯、卡尔史托斯、富士等企业也分布在这些地区。软性内窥镜领域技术难度大、壁垒高，当前全球市场主要占有者均为日本厂家，因为日本的相关企业在光学领域技术一直保持顶尖，且积累较多，尤其是奥林巴斯，一直秉持技术创新。日企奥林巴斯、富士、宾得等占据90% 以上的全球市场，其中奥林巴斯一家就持有超过一半的市场份额（65%），富士和宾得各占 14%，而其他企业如史塞克、卡尔史托斯、德国狼牌等仅占 7% 的市场份额（图 4-3）。

图 4-3　各种胃镜品牌市场占有比

未来的内镜发展，市场需求将继续维持增长。当前我国正处于医药卫生体系不断完善、基层医疗持续发展的阶段，内窥镜微创手术技术在基层医疗体系中得到了普及，因此器械需求量也增大，市场容量增长迅速。我国人均医疗机构占有率比发达国家低，随着医疗机构规模不断扩大，内镜诊疗用器械的需求量也持续增加，无论是更新还是新购，都带动了器械市场的发展。

世界范围内，内窥镜行业集中度比其他医疗器械行业高，尤其是上文提到的软性内窥镜，日本极少数的企业，如奥林巴斯、宾得、富士三家占据半数大半的市场份额。由于其控制了基于 CCD 图像传感器的内窥镜高端技术，生产加工能力和器械工艺水平也较高，因此能长时间垄断市场。当前社会科技不断创新，这种垄断即将被打破，特别是 CMOS 图像传感器技术的问世，足以替代 CCD 图像传感器技术，这使全球范围内的内窥镜企业见到了希望。随着中国精密机械加工技术、光学技术、生命科学技术的不断发展，企业的自主创新能力不断提升，少数国内内窥镜企业已经掌握高清内窥镜技术，将凭借其不断提升的技术优势和高性价比优势，逐渐加入到全球竞争的队伍中，打破市场垄断，在抢占中低端市场的同时，逐渐向高端市场发展。

三、电子内窥镜国内重要进展

1. 重大研究进展及技术进步

内窥镜微创医疗器械行业涉及医学、生物工程、光学、精密制造、图像处理、医用材料、光机电信息等学科，属于高科技、多学科复合型行业，在我国起步较晚，目前正处在快速发展阶段。

我国内窥镜微创医疗器械自主研发、生产的历史并不长，日本奥林巴斯，德国卡尔史托斯、狼牌等少数几家国际领先企业在行业内处于优势地位，占据了国内大部分市场。近年来，我国国产企业发展迅速，部分具有自主知识产权的产品逐渐实现了进口替代，填补了市场空白，随着新的工艺、材料、技术的普及，随着创新科技水平的不断提高，国产的优势产品不逊于发达国家顶尖企业的产品。

内窥镜技术门槛主要在于内窥镜的高清成像和数据传输处理。开立医疗推出的 HD–500，是国内首家高清内窥镜系统，其企业的影像合成技术、生产模块化技术均属于国内顶尖，这一产品的面世有可能实现进口替代，打破外资企业的长期垄断。尤其是 2018 年开立医疗推出了升级的 HD–550 系列，它搭载 iEndo 智能平台，GPU 架构运行能力可以达到 HD–500 系列的 4 倍，可实现多种特殊光照明模式、多光谱成像，提供影像画质更高（表 4–2）。

国产软镜厂商早期注册产品大多基于 Sony 1/6 英寸和 1/10 英寸 CCD 的 Sensor 为前端镜子感光元件，后端图像处理单元大多为 Sony 套片实现简单图像处理和观看功能或者国外厂商开发的 CCU 单元，如 Toshiba。国产品牌多为标清产品，不含算法或含简单图像算法，医生的操作体验和病患使用体验上普遍评价不高，在辅助医生进行早癌判断和筛查方面帮助不多。 由于 Sony ccd 停产，以及 Sony 和奥林巴斯的战略合作关系，国内厂商规模普遍较小，没有能力去定制医疗内窥镜所适用的高清 Ccd 和 Cmos 感光元件，在 Cmos Sensor 技术飞速发展时我们国产研发也较为滞后，日本几家应用 Ccd 和 Cmos 的高清产品早在我们国内上市。近几年随着 Cmos 技术的迅速发展，适用于医疗内窥镜的小尺寸 Sensor 及高分辨率 Cmos Sensor 有了更多的选

表 4–2　主要内窥镜企业核心成像技术对比

品牌	成像技术	技术原理	优点
开立	光电复合染色成像技术（VIST）	一种光学域滤波和数字域滤波结合的智能电子染色成像技术	不损失图像亮度的情况下充分凸显血管对比度
奥林巴斯	窄带成像技术（NBI）	窄带成像（Narrow Band Imaging × 1=NBI）是利用易被血红蛋白吸收的、光谱范围经过窄带化的两种波长的光（绿色光：390 ～ 445 nm/蓝色光：530~550 nm）来照射并进行观察，使黏膜表层的毛细血管和黏膜的细微结构得以强调表示	内窥镜与 NBI 联合应用，对于普通内镜观察不到的微小血管结构（毛细血管、集合小静脉、癌新生血管等）及黏膜表面微细结构（隐窝边缘上皮、隐窝开口、隐窝间部等）可以清晰地观察到
	自体荧光成像（AFI）	黏膜表面荧光强度不同蓝光照射到黏膜组织上产生绿色的荧光，正常黏膜和病变组织反射回的图像会有区别	通过 AFI 功能，可以准确感知正常黏膜与病变黏膜之间的细微差别
卡尔史托斯	近红外 / 吲哚菁绿（NIR/ICG）荧光成像技术	吲哚菁绿 (ICG) 是一种经济、非放射性荧光染剂，注射入体内后，借助近红外 (NIR) 光可对解剖结构、灌注、灌注缺损及淋巴系统进行可视化显示	近红外光具有较强的穿透能力，甚至能显示组织层下 10 mm 处的吲哚菁绿分布。扩展了诊断范围，其可用于组织与器官的灌注诊断、胆管标记以及淋巴结检测的显像等领域
宾得	智能电子染色（I-Scan）	通过 i-scan 电子染色功能把普通镜下难以发现的病变凸显出来。红、绿、蓝全光谱实现特殊图像显示，画面真实、准确	i-scan 特殊光谱图像功能、提供不同部位观察模式并可自定义设置，可进行 TE-b、TE-e、TE-g、TE-c 的转换根据支气管食管、胃、肠部位不同进行不同的染色模式
澳华	分光染色 CBI Plus	通过专用滤光片的作用，光源设备可输出 440 nm 及 540 nm 波光长。该复合波长光复合血红蛋白吸收的 440 nm 波长光易于被黏膜层纤维组织吸收，540 nm 波长则作用于黏膜下层血管	在 CBI 模式下，黏膜层病变范围可凸显黏膜下血管分布
迈瑞	两倍光学齐变焦技术	1080 p 两倍光学齐变焦技术，无损呈现两倍光学放大的组织图像，满足医生更近、更清晰观察手术部位的需求	一次对焦后，焦点不受缩放影响，持续清晰，优化工作流

择，国内厂商虽然规模较小没有和 Sensor 厂商定制内窥镜应用 Cmos 和 Ccd 的能力，但现在 Sensor 有了较多的选择，软镜小尺寸应有的 Cmos 厂商有 Omnivision 和 AMS 等，硬镜 Cmos 厂商上面两家有更多选择，如 Sony、安森美等。近年来国内厂商也

基于新的Cmos-Sensor开发了新一代的产品，软镜方面720 p、1080 p的消化内镜，应用于呼吸、泌尿系统的基于Cmos开发的软镜国内厂商都有产品问世，已经解决了Sony停产而面临无产品可卖及图像质量无法提升的尴尬局面。

国内从20世纪90年代中期开始关注光学相干断层成像（OCT）技术领域，尽管已有十多年的发展历史，但迄今为止OCT仍主要局限于科研机构领域研究。国内有代表性的光学相干断层成像内镜研究组有天津大学的郁道银组、清华大学的薛平组、浙江大学的丁志华组等。

天津大学相关团队主要从事医用经内窥镜微型超声OCT探头的研究。该组试图不仅能够直接运用内窥镜观察黏膜表面病变形态的功能，还能够结合超声扫描、OCT成像技术，采集消化器官管壁各个断层的组织学特征。通过联合使用可以拓展内窥镜的使用范围，优化诊疗。该集成系统目前处在实验室的研究阶段。同时，该团队还进行了光谱光学相干断层成像内镜成像系统的研究。该光谱光学相干断层成像内镜成像系统所研发的旋转扫描的OCT探头对消化道内壁进行断层成像。该OCT探头将微型电机及光学器件都集成封装在探头前端的透明外壳中，该集成设计很难将探头微型化，应用范围有限。目前，该研究团队采用上述成像系统获得包括平面镜、多层盖玻片和洋葱内外表皮在内的OCT扫描图像，并没有对类似动物消化道内腔器官进行成像。

清华大学研究团队设计了一种光学相干断层成像内镜系统。在该成像系统中，采用椭球面反射镜或非球面透射镜置于光学相干断层内窥成像系统样品臂的内窥探头末端。非球面反射镜或透射镜的使用保证了较大的数值孔径，并能减小像差，在提高OCT系统分辨率上有所贡献。

2. 内镜产业

医疗器械行业属国家重点支持发展的行业，国家支持政策迭出。随着医疗体制改革的深入，政府大力扶植医疗器械行业的发展，制定出一系列扶植政策。《中国医疗器械行业发展报告（2017）》提到，中国医疗器械行业市场容量不断增加，预计未来10年行业年均增幅不低于10%，到2020年年销售总额将不低于7000亿元。抓住这一历史机遇，就能获得良好的发展机会，为进一步打入高端市场，替代进口产品提供了契机，未来在这一大好环境下，这一行业将取得进一步的发展。

虽然与发达国家相比我国内窥镜器械的诊疗应用较晚，但整体市场规模飞速扩

大，诊疗应用迅速普及。据相关统计，截至2017年，我国市场规模达156亿元，5年复合增长率高达25.7%

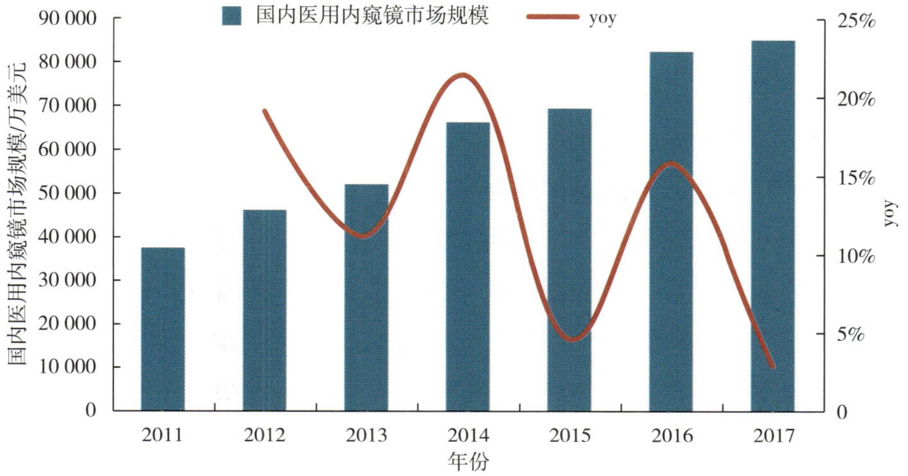

图 4-4　2011—2017 年国内医用内窥镜市场规模

通过技术引进和自主研发，国产企业医用内窥镜产品质量与国际先进企业的差距正在缩小。目前，我国医用内窥镜已摆脱单纯依赖进口的局面，国产内窥镜也实现了出口，并保持高速增长势头。Wind咨询行业数据库显示，2017年中国医用内窥镜出口金额达8616.39万美元，2010—2017年年均复合增长率达21.05%（图4-5）。

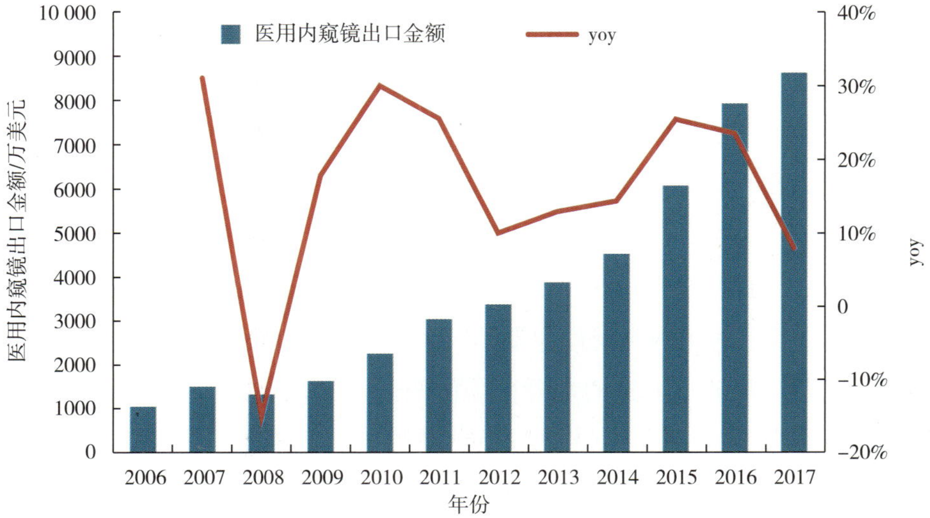

图 4-5　国产内窥镜出口增长率

全球医用内窥镜已问世超过百年，但我国该领域的应用时间较短，内窥镜医疗器械行业依然是新兴行业，整体的产业化进程不如日本等发达国家。不过内窥镜市场规模的增长却相当迅速。有数据显示，2007—2018 年，我国医用电子内窥镜产量持续增长，2018 年医用电子内窥镜产量在 2.27 万台左右。

具体地说，国内医用内窥镜市场需求的增长有赖于几大原因。首先，伴随着我国老龄化趋势，国内老年人口比重增大，该人群对医疗检查和治疗的需求将大幅增长。其次，国民对健康的关注度持续提高。当前食品安全问题和环境污染问题日益严重，相关疾病的发病率连年上升，疾病的预防、诊断、治疗等需求不断增加。最后，医疗体制的深入改革，随着我国医药卫生体系的不断完善，基层医疗机构对内窥镜设备的需求也日益增加，市场容量不断扩大。

现代临床诊断和手术治疗的规范化、标准化和微创化需求不断推动内窥镜微创技术的发展和应用，带动了内窥镜微创医疗器械行业的发展。随着各国医疗保健支出的增加，以及病患对微创手术认可度的提高，全球微创医疗器械市场规模不断扩大。内窥镜微创医疗器械是微创医疗器械市场的重要组成部分，北美是全球最大的内窥镜微创医疗器械需求地区，全球内窥镜微创医疗器械的主要需求地区依次是北美地区、欧洲、日本；亚洲发展中国家市场需求的年复合增长率预计将达 14.42%，尤其是印度、中国等新兴市场预期需求增速将更高，主要是由于这些区域改革医保制度、政府增加医疗保健支出、患者提高微创诊疗意识的原因。

我国内窥镜市场最初被奥林巴斯、宾得、史塞克等公司的国外进口产品所垄断，经过几十年的快速发展，我国的内窥镜产业已经初具规模，出现了一批如浙江天松、沈阳沈大等国产企业，自主研发了多系列内窥镜产品，不但撑起了国产器械市场的一片天，同时也实现了产品的出口，开拓了海外市场。根据海关总署的数据，2016 年，中国共出口内窥镜 10 869 301 台，出口额 79 142 424 美元；2017 年，中国共出口内窥镜 11 251 442 台，出口额 82 137 066 美元；2018 年，中国共出口内窥镜 11 714 235 台，出口额 83 621 433 美元。从整体看，我国内窥镜出口保持增长势头。

综上所述，我国医用内窥镜产业 2018 年增长态势持续稳定。目前国产的中低端产品占据了基层及发展中国家的主要市场份额，尤其是低附加值耗材。未来随着内镜企业的创新能力不断加强，关键技术的不断突破，国家政策的逐步引导，部分重大产品有望打破技术壁垒，实现国产替代，改变当前高端医疗器械的市场格局，打破长期以来国外公司垄断我国高端内镜设备市场的被动局面。

四、电子内窥镜前景与展望

1. 内镜发展的机遇

“十三五”期间，医保覆盖率的提高，医药卫生体系的完善，基层医疗机构的发展，促进了内窥镜微创手术技术在基层医疗机构的普及，进而带动了基层医疗器械市场，特别是内窥镜产品需求的发展。但是与发达国家相比，我国人均医疗机构占有率较低，医疗机构规模会持续增长，进而医用内窥镜及配套手术器械年更新和新购需求随之增长。

科技部2017年印发了《“十三五”医疗器械科技创新专项规划》（简称《规划》），《规划》明确指出主流高端产品全面实现国产化，自主原创产品取得重要突破，引领筛查预警、早期诊断、微创/无创治疗、个体化诊疗、人工智能诊断、术中精准成像等技术发展。我国医疗体系由“治疗为主、预防为辅”逐渐向“预防为主、治疗为辅”转变，疾病预防检查需求逐步扩大。随着医改的深入，基层卫生体系逐渐完善，基层医疗机构也逐渐普及内窥镜设备。中国内窥镜行业面临着巨大的发展机遇，具体内容如下。

第一，市场需求将维持增长。医药卫生体系的完善，基层医疗机构的发展，促进了内窥镜微创手术技术在基层医疗机构的普及，进而带动了基层医疗器械市场，特别是内窥镜产品需求的发展。但是与发达国家相比，我国人均医疗机构占有率较低，医疗机构规模会持续增长，进而医用内窥镜及配套手术器械年更新和新购需求随之增长。

第二，临床应用再次扩张与深化。未来医疗产品设计行业的发展，仍是以智能化、微创化现代外科手术的方向发展，而作为外科微创手术中发展很早也较为成熟的内窥镜微创手术，应用在临床上的需求将会进一步扩张和深化，将应用到几乎所有医疗类型的普通外科手术中，并成为耳鼻喉科、消化科、妇产科等疾病诊治中不可或缺的技术。

第三，结合新兴技术。未来随着内窥镜技术的更新和发展，随着内窥镜技术与其他新兴技术的互相融合，如已研发成功的胶囊内窥镜、3D内窥镜等，未来可见内窥镜系统将与影像技术、手术机器人、大数据等结合，拓展出更加优异完善的功能。相信在技术如此高速发展的今天，这些新产品的出现不会让我们等待太久。

第四，医疗器械市场未来需要更加的规范化、科技化、智能化，尤其是科技化，这是未来行业发展的主流方向。当前多数的内窥镜企业都重视产品研发，不断投入，加快知识产权的市场化转换，尽最大可能地发挥技术优势。

第五，企业、学校和医院进一步加强“产学研”合作，推动国产品牌发展。企业、大学是国内胶囊内窥镜研发创新的主体，科研单位是重要的组成部分。因此，加强企业、高校和医院的“产学研”的合作，有助于提高科研成果转化率和国内产品的产品价值。

2. 电子内窥镜技术发展展望

在技术发展方面，医用内窥镜的趋势主要有以下几个方向。

（1）高分辨率、微型化

电子内窥镜属于软管内窥镜，具有高分辨率、高清晰度等优点，在上下消化道等部位软管内窥镜比硬管内窥镜的诊断优势更大，应用范围更广，发展空间更大。当前虽然内窥镜图像已拥有百万像素，但仍然不能满足医学诊疗需求，依旧需要业内人士研发图像质量更好的产品。此外，更小的探头将能有效降低患者的不适度和创伤程度，有利于检后或者术后恢复，因此，需要业内人士研发微型化探头的内窥镜。

（2）智能化

科技化是未来医疗器械行业发展的大趋势，随着计算机、智能设备、机器人、大数据、云计算等产业的不断发展，以及医疗技术的不断进步，未来医用内窥镜技术将逐渐与其他技术相互融合，开发出计算机辅助的半自动诊断系统，进而减少诊断对医生经验的依赖性，提高诊断的正确率。而且，借助机器人动作精确、工作可靠的优点，可使内窥镜手术更具安全性、准确性和便利性，大幅减轻医务人员的劳动强度，推动人工智能等前沿技术应用推广。未来随着内窥镜技术的更新和发展，随着内窥镜技术与其他新兴技术的互相融合，定会拓展出其他优异的功能，相信在技术如此高速发展的今天，这些新产品的出现将不会让我们等待太久。

（3）成像技术高清化

当前内窥镜成像技术是景深较好、组织层次识别较为清楚的 2D 和 3D 成像技术，即使是经验不足的年轻医生也能更容易掌握使用技巧。未来成像更为清晰和逼真的裸眼 3D 和 4 K 成像技术将成为下一步的技术发展方向，为医用内窥镜的更好诊断、使用带来技术的发展和进步。

（4）CMOS 对 CCD 的替代

CMOS 的优势是成本低、体积小、系统整合度高、耗电量低，目前奥林巴斯和 Storz 部分产品已开始使用这一技术，未来该技术有可能作为传感器的主流技术。

随着技术的不断升级及医疗系统的不断完善，未来全球内窥镜需求将进一步扩大，国内内窥镜微创医疗器械生产企业需要加强自主研发，提升产品档次、完善产品种类，把握市场发展的机遇，未来发展前景广阔。

3. 促进国产内镜发展产业策略

受益于我国人口规模庞大、经济发展速度较快、人口老龄化程度提高等因素影响，我国的内镜诊疗器械市场增长迅速。我国内镜诊疗器械市场目前已成为全球重要的内镜诊疗器械市场，未来发展前景广阔。但我国内镜诊疗器械行业起步晚，生产技术、生产设备、品牌知名度等方面与欧美及日本等发达国家和地区还有较大的差距。

为促进我国高端医疗器械产品国产化，政府先后出台了《国务院关于加快培育和发展战略性新兴产业的决定》《医药工业发展规划指南》《高值医用耗材集中采购工作规范（试行）》《当前优先发展的高技术产业化重点领域指南》等一系列政策，明确表示支持内镜诊疗器械产品的发展。国产内窥镜企业应当借此机会，在我国政策的支持下快速发力，提升内镜诊疗技术，加速国产化进程。

此外，国产内窥镜企业应加强与高校和科研院所的合作，一方面利用科研院所资源研究一些前沿科学性问题，逐步掌握核心部件开发技术，摆脱对进口产品的依赖性；另一方面可以借助高校平台培养一些内窥镜专业人才，加强高科技人才储备。

（1）制造企业信用提升对策

信用对降低医疗器械制造企业的交易成本、加快企业健康发展具有重要的作用，在分析医疗器械制造企业信用缺失问题及其产生原因基础上，从完善法律法规体系、建立长期合作关系、完善信用评价体系几个方面，提升企业信用。

（2）加快内镜产业发展措施

国内内窥镜企业唯有抓住产业发展趋势，提升产品品质。未来，内窥镜在临床上的应用还将扩张和深化，尤其是向着智能化、微创化的方向发展。随着其他医疗技术的不断进步和更新，内窥镜技术也会与这些新兴技术相融合，从而衍生出更为强大的产品。

创新是未来医疗器械行业发展的大趋势，也将是内窥镜行业的发展趋势，当国外企业发挥资金和技术优势、加大研发投入的时候，国内企业须加强与科研机构、高校院所之间的合作，积极推动科研成果转移转化，形成具有实力的国产内窥镜品牌。与此同时，与各大医院、基层医疗机构开展合作，扩大用户基础，提升产品的品牌知名度和市场占有率。

（3）推动内镜行业改革创新

顺应产业政策的发展方向，立足现有产业基础和比较优势，实现产业结构的优化升级，实现关键技术和共性技术瓶颈的突破，实现从价格链中低端向中高端转移；符合市场需求的发展趋势。政策上扶持国内企业，对国内生产企业为研发、生产而进口的关键原材料或者部分配套部件给予税收减免，免征进口关税或实行先征后返；对于整机或成套设备的进口，给予税收保护，取消进口免税政策；满足企业发展的客观需要。内窥镜项目的投资建设，可以大幅提高企业的经济效益，为公司进一步发展创造条件，更为重要的是企业在多年的生产服务承包中，积累了大量的生产经验和管理经验，提升了在内窥镜行业的核心竞争力，有利于为客户附近当地内窥镜行业的可持续发展；加快发展支撑信息化发展的产品和技术；缩短国产内镜制造企业产品注册证的取证时间；鼓励和倡导国产品牌的自主研发，加大政策支持力度。

参考文献

[1] SIEGEL R，MA J，ZOU Z，et al. Cancer statistics[J]. Ca：a cancer journal for clinicians，2014，67（1）：7.

[2] SIEGEL R L，MILLER K D，JEMAL A. Cancer statistics[J]. CA：a cancer journal for clinicians，2015，65（5）：277–300.

[3] HUANG D，SWANSON E，LIN C，et al. Optical coherence tomography[J]. Science，1991（254）：1178–1181 .

[4] IZATT J A，KULKARNI M D，HSING WEN W，et al. Optical coherence tomography and microscopy in gastrointestinal tissues[J]. IEEE journal of selected topics in quantum electronics，

1996（2）：1017–1028.

[5] SERGEEV A M，GELIKONOV V M，GELIKONOV G V，et al. In vivo endoscopic OCT imaging of precancer and cancer states of human mucosa[J]. OptExpress，1997（1）：432–440.

[6] BOUMA B E，TEARNEY G J，COMPTON C C，et al. High-resolution imaging of the human esophagus and stomach in vivo using optical coherence tomography[J]. Gastrointestinal endoscopy 2000（51）：467–474.

[7] JÄCKLE S，GLADKOVA N，FELDCHTEIN F，et al. In vivo endoscopic optical coherence tomography of esophagitis，barrett's esophagus，and adenocarcinoma of the esophagus[J]. Endoscopy，2000（32）：750–755.

[8] LI X D，BOPPART S A，VAN DAM J，et al. Optical coherence tomography：advanced technology for the endoscopic imaging of barrett's esophagus[J]. Endoscopy，2000（32）：921–930.

[9] YANG V X D，TANG S J，GORDON M L，et al. Endoscopic doppler optical coherence tomography in the human GI tract：initial experience[J]. Gastrointestinal endoscopy 2005（61）：879–890.

[10] COBB M J，HWANG J H，UPTON M P，et al. Imaging of subsquamous barrett's epithelium with ultrahighresolution optical coherence tomography：a histologic correlation study[J]. Gastrointestinal endoscopy，2010（71）：223–230.

[11] CAYGILL C P，DVORAK K，TRIADAFILOPOULOS G，et al. Barrett's esophagus：surveillance and reversal[J]. Annals of the New York academy of sciences，2011（1232）：196–209.

[12] FU H L，LENG Y X，COBB M J，et al. Flexible miniature compound lens design for high-resolution optical coherence tomography balloon imaging catheter[J]. Journal of biomedical optics，2008（13）：605.

[13] XI J F，HUO L，WU Y C，et al. High resolution OCT balloon imaging catheter with astigmatism correction[J]. Optics letters，2009（34）：1943–1945.

[14] XI J F，CHEN Y P，ZHANG Y Y，et al. Integrated multimodal endomicroscopy platform for simultaneous en face optical coherence and two-photon fluorescence imaging[J]. Optics letters，2012（37）：362–364.

[15] Xi J F，Chen Y P，Li X D. Characterizing optical properties of nano contrast agents by using cross-referencing OCT imaging[J]. Biomedical optics express，2013（4）：842–851.

[16] KUT C，CHAICHANA K L，XI J F，et al. Detection of human brain cancer infiltration ex vivo and in vivo using quantitative optical coherence tomography[J]. Science translational medicine，2015（292）：7.

[17] 高革，曹建彪，王继恒，等. 消化内镜应用现状及展望 [J]. 临床误诊误治，2011，24（1）：87–89.

[18] 李兆申. 中国消化内镜诊疗现状与未来 [C]// 2012 中国消化系疾病学术大会论文汇编. 2012.

[19] 李兆申. 中国消化内镜的过去、现状与展望 [J]. 临床肝胆病杂志，2012，28（2）：81–83.

[20] 李兆申，邹文斌. 中国消化内镜研究现状与展望 [J]. 中华医学信息导报，2014（12）：6–9.

[21] 司为锁，韩真. 超声内镜在消化道疾病治疗中的应用进展 [J]. 辽宁医学杂志，2013（5）：241–244.

[22] 陈远园，何欣. 胶囊内镜的应用及进展 [J]. 医学综述，2005，11（1）：89–90.

[23] 王洛伟，辛磊，林寒，等. 中国消化内镜技术发展现状 [J]. 中华消化内镜杂志，2015，32（8）：501–515.

[24] 郭嘉杰，江贵平. 电子内镜窄波成像技术的原理特点及临床应用 [J]. 中国医疗器械信息，2015（2）：33–36.

[25] 中国国际医疗器械会. 开立 HD-320 电子内窥镜系统 [Z]. 中国医疗器械信息，2014（10）：12.

[26] 中国国际医疗器械会. 开立 HD-550 全高清智能电子内镜系统 [Z]. 中国医疗器械信息，2019，25（7）：179.

[27] 中国国际医疗器械会. 开立 HD-500 高清电子内镜系统 [Z]. 中国医疗器械信息，2018，24（7）：156.

[28] 中信建投预测. 开立医疗：国产替代带动业绩爆发 [J]. 股市动态分析，2017（45）：51.

[29] 中国医疗器械行业协会. 医用内窥镜市场发展浅析 [J]. 中国医疗器械信息，2013（2）：72–73.

[30] 陈婧婧，蔡天智. 2014 年我国内窥镜产业发展分析 [J]. 中国医疗器械信息，2015（10）：16–21.

[31] 周方. 国产硬性内窥镜的现状及建议 [C]// 中华医学会医学工程学分会第十五次全国学术年会论文汇编. 2015.

[32] 蔡天智，陈婧婧. 2015 年我国内窥镜贸易分析 [J]. 中国医疗器械信息，2016，22（11）：21–25.

[33] 李晓雪，郑静晨，李明，等. 我国医疗卫生资源配置现状与政策建议 [J]. 中国医院管理，2016，36（11）：33–35.

[34] 韩莉. 我国医疗卫生资源配置研究 [M]. 北京：中国社会科学出版社，2011.

[35] 郭燕红. 推进分级诊疗，构建连续健康服务 [J]. 中国全科医学，2017，20（1）：1–5.

[36] 中国共产党中央委员会，中华人民共和国国务院. “健康中国 2030”规划纲要 [J]. 中国实用乡村医生杂志，2017（7）：15–19.

[37] 莫宁含，汪永超，唐浩. 我国医疗器械行业发展概况及发展趋势 [J]. 科技经济导刊，2017

（1）：25–29.
[38] 褚淑贞，王恩楠，都兰娜，等．我国医疗器械产业发展现状、问题及对策 [J]. 中国医药工业杂志，2017，48（6）：930–935.
[39] 戴伟．论医疗器械行业发展现状及发展趋势 [J]. 中国科技投资，2017（1）：32–37.
[40] 李丽莉，卢大伟，白东亭，等．医疗器械产业发展机遇的探讨 [J]. 中国药事，2017，31（6）：622–625.
[41] 梁栋．中国医疗器械国产化创新之路 [J]. 科技与金融，2018，14（12）：50–52.
[42] 王菲，滕丹，李瑶，等．中国医疗器械注册技术指导原则的现状分析 [J]. 民营科技，2018，219（6）：198–201.
[43] 陈沁敏，曹旺，姚敏．中国医疗器械企业进入巴西市场策略分析 [J]. 经济师，2017（10）：75–75.
[44] 张芹芹．论述医疗器械行业的发展现状及其发展 [J]. 科学与财富，2017（10）：120–126.
[45] 谈翌平．医疗器械企业 90 后人才流失与对策研究 [D]. 南京：南京工业大学，2017.
[46] 张敬．医疗器械企业的技术获取路径探讨 [J]. 企业技术开发，2018，37（3）：60–62.
[47] 窦衍瑞．中国医疗器械进出口面临监管不到位的问题及对策 [J]. 对外经贸实务，2018，（8）：45–48.
[48] 韩振宇．我国医疗器械监管中存在的问题及对策探析 [D]. 济南：山东大学，2008.
[49] 何军．新形势下医疗器械精准监管的理念 [J]. 中国医疗器械杂志，2019（1）：32–37.
[50] 金国强．我国医疗器械优质制造瓶颈与对策研究 [J]. 上海企业，2019，434（1）：70–75.
[51] 杨鹤．从医疗器械入手研究医疗安全的未来发展方向 [J]. 中国医疗器械信息，2018（7）：36–39.
[52] 卫东．我国医疗器械产业资本市场分析 [J]. 新材料产业，2019，302（01）：53–58.
[53] 张敬．医疗器械产业技术创新及行业政策研究 [J]. 企业技术开发，2018，37（4）：53–55.
[54] 谢嘉生．医疗器械行业经济运行现状与趋势 [J]. 科技与金融，2018（12）：19–23.
[55] 冯云浩，郭艳，万锡铭，等．政策导向对国产医疗器械创新的影响 [J]. 中国医疗器械信息，2018，24（5）：47–49.
[56] 闫红林，管蕾，蔡宏伟，等．我国消化内镜注册研究现状分析 [J]. 中华消化内镜杂志，2016，33（11）：774–777.
[57] 陈敏．医用内窥镜产品技术审评要求 [J]. 中国医疗器械杂志，2012，36（4）：299–299.
[58] 国务院．医疗器械监督管理条例 [M]. 人民出版社，2014.
[59] 邢花，张倩，李荏苒．医疗器械管理相关法律法规研究 [C]// 2015 年中国药学会药事管理专业委员会年会暨“推进法制建设，依法管理药品”学术研讨会论文摘要集．2015.

[60] 蒋海洪．最新《医疗器械监督管理条例》研究与解读：新旧对照、变化解读与法条适用 [M]. 北京：中国法制出版社，2014.

[61] 赵祥欣，朱清，胡彬．医疗器械经营企业质量管理现状与监管对策 [J]. 中国药业，2019，28（3）：89–92.

[62] 高洁荣，彭扣，徐艳钢，等．我国中小型医疗器械经营企业存在的问题及监管 [J]. 中国药业，2015（22）：7–9.

[63] 安玉秀，王乐陈，马荣花．中国各地区消化内镜诊疗资源配置分析 [J]. 中国卫生质量管理，2018（1）：97–100.

[64] 浙江天松医疗器械股份有限公司．浙江天松医疗器械股份有限公司 2018 年度报告 [R].（2019–04–16）[2019–10–07]. http://www. neeq. com. cn/disclosure/2019/2019–04–16/1555409025_334614. pdf.

[65] 新时代证券研究所晨报．补齐公司高端彩超缺失短板，加大研发投入后续产品线多点开花确保持续快速增长 [Z].（2019–02–20）[2019–10–25]. http://pg. jrj. com. cn/acc/Res/CN_RES/MEMOIR/2019/2/20/1c2970f0–81cc-44de-8741–83c60ee9ed2d. pdf.

[66] 中泰证券．技术向高端突破，超声 + 内窥镜迎来进口替代黄金期 [Z].（2018–04–12）[2019–10–25]. http://finance. sina. com. cn/roll/2018–04–12/doc-ifyuwqez9820911. shtml.

[67] 联讯证券．彩超龙头全产品线高速增长，内窥镜再造一个开立 [J]. [2018–05–24][2019–07–21]. http://stock. cfi. cn/p20180823001162. html.

[68] 国泰君安．超声龙头，内窥镜新秀 [Z/OL]. [2019–07–15].http.//www.nxny.com.

[69] 中泰证券．彩超、内窥镜持续高端化升级，进口替代可期 -190424.（2018–08–210[2019–09–11]. http://www. hibor. com. cn/docdetail_2603557. html.

[70] 安信证券．胶囊胃镜供应商安翰科技申请科创板，公司 2017 年投后估值达 59. 6 亿 [Z].（2019–04–01）[2019–07–08]. https://stock. hexun. com/2019–04–01/196681496. html.

[71] 华泰证券．传统超声龙头，今朝内镜新贵 -180909[Z].（2018–09–10）[2019–10–11]. www. eastmoney. com.

[72] 安翰科技（武汉）股份有限公司．科创板首批 9 家：安翰科技 – 科创板招股书 [Z/OL].（2019–03–21）[2019–10–12]. http://www. ewenku. net/docs/d5d4ed8626b3a1.

第五章　康复器械

一、康复器械概述

（一）康复器械概述

康复医疗器械通常是指康复医疗中用于康复训练与治疗、帮助功能提高或恢复的器具。广义的康复医疗器械是指为改善功能障碍者功能状况而采用适配的或专门设计的任何器具、设备、仪器、技术和软件。

康复器械产品种类繁多，康复器械产品种类繁多，有多种分类方式。

按照国际标准 ISO 9999：2011 按照康复器械的功能将康复器械产品分为 12 个主类、130 个次类和 781 个支类。康复器械可以分为康复教育设备、康复医疗器械、辅助器具等不同应用领域，其中康复医疗器械又可以按照作用方式分为康复训练器械、康复评定器械、康复理疗设备。

按照 2017 年版国家食品药品监督管理局 CFDA 颁布的《医疗器械分类目录》分类，其中医用康复器械指的是医用康复器械类医疗器械，包括认知言语视听障碍康复设备、助行器械、运动康复训练器械、矫形固定器械，但不包括骨科用器械。

按照应用场景分类，可分为医疗机构用康复器械、家庭（含社区、养老机构）用康复器械和公共场所用康复辅具。按照用途分类，康复辅具可分为康复诊断与评价类、结构与功能代偿类、功能增强与辅助类、功能训练与理疗类、环境改造与控制类。

与欧美等大多数国家和地区将康复辅具作为医疗器械进行监管不同，我国康复器械中部分产品未纳入医疗器械监管。除需要在医疗器械机构销售和使用外，我国康复器械只要通过民政部国家康复辅具研究中心或中国残疾人辅助器具中心的检测机构监测合格后，即可上市销售。但如需要在医疗器械机构进行销售和使用，则需要按照医疗器械进行监管，取得医疗器械注册证。

各类康复器械的代表性产品如表 5-1 所示。

表 5-1 我国各类康复器械的代表性产品

分类		代表性产品
康复器械	康复评定器械	平衡功能检查训练系统、言语测量系统、步态分析系统、神经功能评价系统、肌力测评系统等
	康复训练器械	作业治疗系列、物理治疗系列、言语治疗系列、机器人辅助疗法系列等
	康复理疗器械	电疗设备、磁疗设备、超声器械、光学器械、水疗设备等
康复教育设备		多感官综合训练室、儿童整合运动训练室、情绪与行为障碍干预系统
辅助器具		轮椅、假肢、助听器、助视器、无障碍设施等

资料来源：据网络公开资料整理。

（二）康复器械市场发展概况

1. 全球康复器械市场情况

随着人们生活水平的不断提高和全球老龄化形势加剧，康复器械作为提高失能者及老年人生活质量的重要辅助工具，在世界各国越来越受到重视。

2016 年，全球康复设备市场达到 105.3 亿美元，预计到 2025 年，全球康复设备市场有望达到 175 亿美元。北美和欧洲康复类设备的市场占有率最大，而未来亚太市场将会迎来较大发展，预计 2018—2025 年，亚太康复设备市场将以 8.2% 的年复合增长率增长。

康复机器人领域为未来国际康复器械快速增长的重点领域，全球康复机器人市场会从 2017 年的 7840 万美元，预计到 2025 年将增长至 2.79 亿美元，年复合增长率达 20.6%。目前，领军企业（瑞士 Hocoma 公司、美国 Ekso Bionics 公司、以色列 Rewalk 公司等）主要专注于美国和欧洲市场。美国是最大的康复机器人市场，2017 年占据了全球 30% 的市场份额。

结构与功能代偿类康复器具是康复器械领域最为成熟的细分领域。龙头企业为德国奥托博克（Otto Bock）假肢矫形公司（2017 年全球销售收入为 9.27 亿欧元）和冰岛的奥索（Ossur）假肢公司（2018 年全球销售收入为 6.13 亿美元）。

2. 我国康复器械市场情况

2017 年中国康复器械市场规模约 400 亿元，预计到 2024 年中国康复市场将达到 1438 亿元。2017—2024 年复合增长率不低于 18%，如图 5-1 所示。

图 5-1　2017—2024 年我国康复医疗器市场规模

和全球趋势相同，智能康复机器人亦是我国康复器械领域的热点。伴随着老龄化社会的到来，我国需要进行康复训练的人群将急剧增长，而目前我国专业治疗师极为紧缺，仅为 0.4 人 /10 万人，传统型依靠人工的简单康复设备已经无法应对老龄化社会的趋势。康复机器人能够有效提高康复效率，减少人员需求和体力消耗，降低治疗成本，有巨大的潜在市场。

我国结构与功能代偿类康复器械产业高速发展。以上肢功能性假肢为例，2015—2017 年中国上肢功能性假肢行业产量保持高速增长，年均增速超过两位数。2017 年我国上肢功能性假肢行业需求规模为 3.05 亿元，同比增长 7.7%，产量为 2.46 万件，同比增长 11.5%。

二、国际重要技术和产品研究进展

（一）国际康复器械重要技术进展

1. 脑机接口

脑机接口（Brain Computer Interface，BCI）是一种基于计算机的系统，可实时获取、分析脑信号并将其转换为输出命令，以实现对外部设备的控制。

基于脑机接口控制的功能性电刺激（Functional Electrical Stimulation，FES）技术为重新建立脑与瘫痪肢体之间的连接提供了一种新型康复方法，以恢复肢体功能。2018 年 11 月，美国巴特尔纪念研究所的研究团队将脑机接口与功能性电刺激相结合，使得因脊髓损伤而导致四肢瘫痪者可以控制自己已经瘫痪的上肢完成抓放任务。在该项研究中，研究者通过植入患者左侧初级运动皮层负责手部运动区域的微电极阵列，获取患者脑神经信号实现侵入式脑机接口系统，以控制缠绕在患者已瘫痪手臂表面的功能性电刺激。

2. 软体康复机器人

软体康复机器人最大的特点是刚度小、质量轻、使用方便，与当前机器人最常用的刚性结构不同，软体机器人具有多自由度且结构简单的优点，可以做到更加灵活更有利于模仿人手等一些动作。但目前软体康复机器人的驱动方式和材料还无法满足所有的临床需求。2018 年 11 月，哈佛大学 Wyss 实验室的 Connor Walsh 教授展示了其团队研发的软体康复手套，该手套使用人造气动肌肉。肌肉内部有不同形状的空腔，通过气泵对肌肉充气就能使其形变。气动肌肉可精确模拟出手指的运动轨迹，未来可应用于脑损伤患者的运动功能康复。

（二）国际康复器械重要产品研究进展

2018 年 6 月，加拿大 B-TEMIA 公司的 Keego 外骨骼机器人在 G7 峰会期间亮相。该产品可以根据使用者自身的肌肉力量调整膝关节驱动力，在使用者做出初始动作后，Keeogo 根据髋关节和膝关节的传感器识别用户的运动状态，并预测用户将要进行的动作，通过膝关节的驱动器给用户提供相应的运动助力补偿以完成动作。

2018 年 12 月，Honda 的步行训练设备“Honda 步行辅助”通过美国 FDA 的上市审批。本田步行辅助基于倒立摆模型设计，可在步行运动中对用户进行有效助力。本田助行器在髋部集成了控制电脑和电池，髋部集具备传感器的电机可驱动腿部提供助力。在行走时，置于电机内的传感器可实时监测髋关节的运动，通过电脑控制电机，驱动髋关节进行弯曲和伸展运动，以引导腿部的运动。本田助行器还可实时监测用户步行中的左右平衡、可移动角度范围、步行速度等步行参数，并与用户的历史数据进行比较分析。

2018 年 1 月，美国 Aeolus Robotics 公司研发生产的 Aeolus Robot 在 2018 CES 国际消费类电子产品展览会上发布。该款产品搭载了学习人、脸、物品、周围环境的高精度的 AI 视觉传感器，具有学习、认识周围环境的学习能力，具备“高级对象检测功能”“空间识别功能”“生物信号检测功能”；可在用户跌倒的时候迅速识别出用户的身份，并迅速找到摔倒的人；可以通过自主学习辨别周围环境和长时间居住在家的主人，并通过了解主人的个性化需求爱好为主人提供贴身服务。该款产品定位于家庭日常服务工作。

2017 年 4 月 24 日，瑞士 MindMaze 公司生产的 MindMotion PRO 获得美国 FDA 批准上市。该产品是行业里首款由意念驱动的 VR/AR 动作捕捉游戏系统。该系统将 32 个神经传感器和动作捕捉摄像头融为一体，使用高清的三维相机来跟踪与捕捉人体动作，以生理参数测量与反馈系统获得对象的脑电波活动与肌肉活动的相关信息，并诠释对象的意图，最后通过在虚拟现实中模拟对物体的抓、握等动作，使患者受损的上肢获得相应的锻炼，可用于帮助脑部损伤的患者（如中风患者）恢复脑部功能。

三、国内重要技术和产品研究进展

（一）国内康复器械重要技术进展

脑机接口的算法部分主要涉及从所获取的脑信号中解码用户的意图。高效的神经解码算法能够显著提高解码精度，进而提高脑机接口的性能。中国科学院半导体研究所及合作研究团队提出了基于任务相关成分分析的目标识别算法，以提高稳态视觉诱发电位（Steady-State Visual Evoked Potential，SSVEP）脑机接口的性能。在该项研究中，研究者利用所提出的脑电解码算法实现了一套 40 目标脑机接口字符输入系统，并获得了高达 325.33 bit/min 的通信速率，为已报道的脑机接口字符输入系统的最高通信速率。与此同时，该研究团队还验证了基于任务相关成分分析的解码算法同样适用于对干电极获取的信号进行分类，并获得了 92.35 bit/min 的通信速率，为目前基于干电极的脑机接口的最高通信速率。此外，来自华东理工大学的研究团队提出了一种基于多核极限学习机（Multi-Kernel Extreme Learning Machine，MKELM）的方法，以提高想象运动脑电分类效果。

（二）国内康复器械重要产品进展

2019 年 1 月，上海傅利叶智能科技有限公司发布了新一代下肢外骨骼康复机器人 Fourier X2 产品和外骨骼机器人开放平台 EXOPS 平台。Fourier X2 产品具备自主研发的核心的运动控制系统、动力单元及力学传感系统，包括多个多维力学传感器、基于 CAN 总线和高速以太网架构的通讯模块和运动控制模块等，可以智能“读懂”人的运动意图，再根据用力大小调整动力输入，实现不同运动模式。Fourier X2 重量仅为 18 kg，是全球目前同等功率密度下最轻的外骨骼机器人之一。EXOPS 平台包含了数据采集系统、运动控制系统等，是一个以软件为中心，搭载模块化硬件的外骨骼机器人平台，开发者可以在平台上进行新产品的研发。

2018 年 6 月 26 日，北京大艾机器人科技有限公的外骨骼机器人艾康、艾动获得 CFDA 二类医疗器械注册证，成为中国首个通过 CFDA 认证的下肢外骨骼机器人。艾动外骨骼机器人主要针对因脊髓损伤导致的下肢运动功能障碍患者中后期康复阶段患者的训练，艾康外骨骼机器人功能类似，但其配有类似学步车的移动台架，可以供早期康复患者使用。

2017 年 11 月，深圳迈步机器人公司正式对外发布研发的第三代外骨骼机器人 BEAR H1 产品。BEAR H1 产品采用新型柔性驱动器，有带动力的 6 关节，即双腿的髋关节、膝关节和踝关节，比起市场上普遍采用的 4 关节产品能有更好的康复效果和更自然的步态，可以通过特定的人工智能的算法，预测人体的意图，用于帮助偏瘫患者实现站立行走。

2018 年 3 月，上海傅利叶智能科技有限公司自主研发的上肢康复机器人 Fourier M2 是获得美国 FDA 许可证。该产品采用基于力反馈技术，能让机器产生触觉反馈，可用于中枢神经系统损伤、骨关节疾病与外伤、肢体肌力损伤等原因导致的上肢功能障碍康复训练。

2018 年 4 月，上海逸动医学公司研发生产的 Opti-Knee 膝关节运动功能参数检测仪获批医疗器械注册证。该产品为全球首个采用红外光立体追踪技术和局部关节运动分析技术的设备，利用红外感应装置捕捉反射红外信号来记录运动时标记点的运动数据，采用 Point Cluster 和虚拟标记点独创算法将标记点空间位置与关节骨性标记点空间位置对应起来，获得关节的空间运动数据，用于膝关节运动功能的数字化动态评估。

四、康复器械前景与展望

康复器械是康复治疗开展的前提与基础。近年来，随着康复机器人等创新康复医疗器械的发展，康复设备可协助康复治疗师完成简单、重复的康复治疗工作，机器人能够更加规范、标准地去完成设置动作，根据患者的训练情况进行跟踪评估，及时调整训练方案，保证患者得到有效的康复治疗。同时，康复设备的使用也提高了康复治疗师的工作效率，降低了医院的人力投入。

世界卫生组织发布的世界残疾报告指出功能障碍是人的一种生存状态，并且每个人都会经历这样的状态，康复不再是仅仅与残疾人相关，而是与每一个人都息息相关。随着我国人口老年化进程的加剧和人口寿命也随之延长，对于康复器具的需求将持续增长。同时伴随我国经济的高速发展，慢性病、交通事故、意外伤害等原因导致的暂时性功能障碍群体数量巨大，康复需求同样巨大，而目前医院的康复资源的覆盖不足需求人群的 20%。国家在产业政策方面已经逐步加大为应对快速发展的工业化进程与人口老年化所带来的康复、养老的需求资源配置，并且可以预见的是将是一项长期的工作，市场发展潜力巨大。

当前我国康复医疗器械呈现出“大市场小企业”特点，行业市场化程度较高，并不断向家用化方向发展，多以仿制为主但由于具有广阔的市场潜力，将吸引更多的资本进入行业，推动行业和技术的发展，同时应注重适合家用化康复技术转化，更好为未来康复市场服务。

当前随着我国整体科学技术水平的发展，与人体康复应用场景密切相关的技术和产品不断涌现，特别是以具备人际交互功能的康复机器人为代表的康复设备的出现，推动了康复医疗器械产业的发展。

随着康复医学的不断发展，康复器械逐步将走向精细化、个性化、舒适化、信息化、智能化方向发展，与医学相关的生物、电子、医疗技术将与康复器械的结合愈加紧密。目前，我国在康复机器人技术领域已经取得了一些突破和进展，涌现出一批具备创新实力的高科技企业，在外骨骼机器人、康复评定设备、康复辅具等领域推出了一系列具有自主知识产权的产品，广泛应用于国内康复机构和社区的训练和治疗。一些企业甚至主动走向海外，与国际顶尖研发机构联合技术开发，将产品推广至全球，但与国际前沿技术还存在一定的差距。随着新材料、脑机接口技术的突破和 5 G 技术、大数据、人工智能、可穿戴技术的普及，我国可结合自身在新技术发展的优势，突破现有康复设备的设计思维和技术路线，引领全球的康复设备的发展。未来的康复设备将朝着具备自主学习能力的、智能化、家庭化的方向发展。

参考文献

[1] 陈小刚，王毅军，张丹 . 2018 年脑机接口研发热点回眸 [J]. 科技导报，2019，37（1）：173–179.

[2] 中国产业研究院 . 2018 年中国康复器械行业市场前景研究报告 [R].（2017–08–27）[2019–10–11].https://mp.weixin.qq.com/s?src=11&timestamp=1572923641&ver=1955&signature=cBRjAcyOLF*c0z1kGaTWEV73ZSg2tHJNKxzCEb1scoczVn6n-hkIlKPnOW83BaSeNhEYwyYpvLntgICvj4g-TrX4sHHdK3Jv5bib65UbhuIUyKHX4M10rfNHJYzreS1f&new=1.

[3] 2018 年我国康复医疗设备市场运行情况分析 [Z].（2018–07–24）[2019–05–24]. https://zhuanlan. zhihu. com/p/33171069.

[4] 中国领先产业研究机构 . 2018—2024 年中国家庭康复医疗设备市场深度评估与投资决策咨询报告 [R].（2018–01–04）[2019–10–21]. https://wenku.baidu.com/view/3612d08280c758f5f61fb7360b4c2e3f56272561. html.

[5] 王宝亭，耿鸿武 . 医疗器械蓝皮书：中国医疗器械行业发展报告（2018）[M]. 北京：社会科学文献出版社，2019.

第六章 医学影像

一、医学影像概述

医学影像指的是一系列的技术与处理过程，其目的是医学研究或医疗，通过非侵入方式取得人体或人体某部分内部组织影像。医学成像系统和医学图像处理是医学影像的两个各自独立的研究方向。顾名思义，医学成像系统研究图像形成过程，囊括成像机理、成像设备、成像系统分析等研究方向；医学图像处理系统研究已经获得的图像的处理，研究方向主要是复原模糊图像、突出图像中特征信息、对图像做模式分类等。医学影像产品主要包括诊断 X 射线机、X 射线计算机体层摄影设备、放射性核素成像设备、超声影像诊断设备、磁共振成像设备等。另“成像”可以包括“无影”的光学类器械，如医用内窥镜。

根据国家食品药监督管理总局发布的《医疗器械分类目录 2017 版》的相关分类要求，医用成像类（06 类）医疗器械，共计 18 个一级产品类别，根据预期临床用途、产品组成划分为 93 个二级产品类别。主要包括 X 射线、超声、放射性核素、核磁共振和光学等成像医疗器械，不包括眼科、妇产科等临床专科中的成像医疗器械。根据产品主要技术方向分为“X 射线摄影类”“X 射线计算机摄影类”“超声影像类”“磁共振成像类”“放射性核素成像类”五大类医学影像产品。

二、医学影像市场发展状况

（一）国际医学影像市场状况

据统计，2018 年全球医学影像市场达 428 亿美元（图 6-1），年复合增长率 8.4%，预计到 2024 年世界医学影像设备市场规模将达 724 亿美元，2018—2024 年均复合增长率为 9% 左右，仍是快速增长的医疗器械细分领域。预计到 2024 年，医疗器械市场 9% 的份额是医学影像。当前，全球医疗器械市场主要集中于美、欧、日、中，生产则集中在前 3 个地区。尤其是美国，其医疗器械生产和消费都占到全球市场的 50% 左右。而中国、日本、印度三国的医疗器械市场销售额约占亚洲市场总销售额的 70%。

全球医疗影像市场的大多数份额被少数巨头占据，西门子、通用电气和飞利浦 3 家公司占据了超过 90% 的市场份额。如图 6-1 所示。2018 年西门子占据全球影像诊断市场的最大份额，销售额上升至 129 亿美元，占领全球 28.7% 的市场份额。通用电气将缩小与西门子之间的差距，预计年增长率 5%。

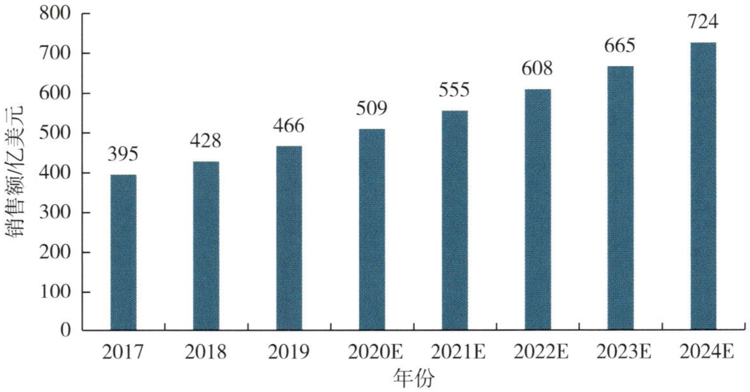

图 6-1　全球医学影像市场规模

（二）我国医学影像市场状况

随着我国医疗卫生事业的发展和部分医院设备更新换代，近年来我国影像设备市场需求急剧增加，并直接推动了我国影像设备制造行业发展。2018 年，我国医学影像设备市场规模达 504 亿元，同比增长 10.8%，预计到 2024 年，我国医学影像设备市场规模将达到 915 亿元，2018—2024 年均复合增长率约为 10.5%，高于全球平均增速。目前，影像诊断设备在我国医疗器械细分市场中规模最大，约占 40% 的份额。

2018 年超声影像类器械市场规模最大，达 142.6 亿元，X 射线计算机摄影类器械规模次之，达 109.4 亿元，但预计到 2023 年，X 射线计算机摄影类器械市场规模将超过 X 射线计算机摄影类器械的规模。除 X 射线摄影类，其余医学影像细分领域的年复合增长率均不低于 10%（表 6-1）。

表 6-1　我国医学影像细分领域市场规模

单位：亿元

细分领域	2017 年	2018 年	2019 年	2020 年	2021 年	2022 年	2023 年	2024 年	年增长率
X 射线摄影类	50.2	49	55	61	70	77	84	92	10%
X 射线计算机摄影类	93.3	109.4	125	143	164	188	216	248	15%
超声影像类	125.1	142.6	154.8	165.6	175.5	185.2	203.7	224.1	10%
磁共振成像类	79.6	91.1	100.1	110.1	121	133	146	161	11%
放射性核素成像类	76	85	92	100	110	118	130	140	8%

数字 X 射线成像（DR）作为主要的数字化医学影像设备，在国内各级医疗机构中，尤其是县级医疗机构及基层医疗机构得到逐步的推广应用，对于提高基层医疗诊断水平意义重大。国内 DR 市场集中度均较高，2018 年排名居前 10 位的 DR 生产企业占据了约 67.3% 的市场份额，其中外国企业约占 28% 的市场份额（表 6-2）。

表 6-2　DR 2018 年排名居前 10 位的 DR 生产制造商

排名	生产制造商	销售额 / 亿元	市场份额
1	万东医疗	4.4	11.63%
2	上海联影	3.8	10.05%
3	西门子	3.2	8.46%
4	通用电气	3.2	8.46%
5	飞利浦	2.2	5.82%
6	锐珂医疗	2.0	5.29%
7	上海康达	1.8	4.63%
8	深圳安健	1.7	4.49%
9	深圳深图	1.6	4.23%
10	东软	1.6	4.23%

X 射线计算机摄影类器械（CT）作为现代医生的“眼睛”，已经被越来越多地应用到临床各类疾病诊断中来。虽然我国每百万人口所拥有的 CT 数量持续增加，到 2017 年每百万人 CT 拥有量约 20 台，但仍远低于澳大利亚、韩国、美国、爱尔兰、丹麦等发达国家。从市场竞争格局来看，上海联影、沈阳东软、深圳安科、明峰医疗及其他企业生产的 CT 从销售量和销售额上不断挤占外资品牌通用电气医疗、飞利

浦医疗、西门子医疗的市场份额。从 CT 市场机型分布百分比来看，16 排 CT 仍是市场主流。随着 64 排以下 CT 配置证的放开，16 排 CT 的销量占比还会继续扩大。

我国超声行业起步较晚，但经过多年发展已初步形成了专业门类齐全、产业链条完善的产业体系。国内超声影像设备行业规模逐年增长，中国已成为继美国、日本之后的世界第三大超声影像市场。我国超声影像市场 70% 的份额目前仍被通用电气医疗、飞利浦医疗、西门子医疗和其他外资龙头企业占据，高端超声影像市场几乎被通用电气医疗、飞利浦医疗、西门子医疗垄断，进口替代空间大。

磁共振成像设备市场需求上升势头明显。除永磁磁共振市场略有下降以外，1.5 T、 3.0 T 超导磁共振市场容量上升趋势明显。近年来，国内生产超导 MRI 设备的公司快速增长，目前已有十多家公司生产该类设备，但大部分企业的关键部件超导磁体均为进口，国内企业仅进行产品组装，仅少数几家企业能够自己生产超导磁体，因此，总体国产企业占据较少的市场份额。目前，我国联影、奥泰、东软、朗润等公司加大磁共振核心技术攻关力度，取得了一定的成效，部分产品的性能与跨国医疗器械公司产品基本相当，有望加速国产替代。

放射性核素成像设备是医学影像的重要组成部分，在医学诊断中发挥了重要作用。2014 年以前，我国以 PET/CT 为代表的高端医疗影像设备完全依赖进口，多年来一直被通用电气医疗、飞利浦医疗、和西门子医疗三大跨国公司的产品所垄断。近几年，国内重点企业如上海联影、沈阳东软等逐渐开始崛起，可以预见，未来几年将会更加高速发展。

三、国际重要技术和产品研究进展

（一）重要技术进展状况

1.X 射线摄影类影像器械

（1）平板数字 X 射线摄影设备技术

作为数字 X 射线摄影（Digital Radiography，DR）设备的核心部件，经过近十余年的进化，技术性能有了很大的提升。目前，平板探测器的材质主要有两种，即非晶硅和非晶硒。非晶硅平板探测器属于间接能量转换方式；而非晶硒平标探测器属于直接能量转换方式。目前，世界普遍认可成熟的非晶硅 + 碘化铯平板探测器技术；Trixell

公司生产的平板探测器受到青睐，西门子、飞利浦成为世界公认的 DR 系统品牌。

2018 年动态 DR 技术已经成为 DR 新技术的主流发展方向。多功能动态 DR 成为常规（静态）DR 之外未来 DR 技术发展的全新领域，动态多功能 DR 已经作为 DR 产品线的高端产品定位全面存在于各大国际厂商、国内厂商的产品线宽度或深度设置里。在 2018 年的美国 RSNA 全美放射学年会上，诸如西门子、柯尼卡美能达、爱克发等国外厂商也开始逐步发力动态 DR 产品的角逐，陆续推出针对全球市场的多款动态 DR 产品，美国市场对动态 DR 技术表现出了热烈的兴趣，动态 DR 在诸多临床疾病诊断评估中有着静态 DR 不可比拟的优势。

（2）Tomosynthesis 断层摄影技术

断层摄影（Tomography）指的是采用一种特殊装置对某一体层专门拍摄，避免各层影像彼此重叠混淆问题的技术，又称分层摄影或体层摄影，这种技术得到的影像可清楚显示需要层影像，模糊其他层影像，重点突出。这一技术通常用于肺内包块、空洞及大支气管情况的检查，也可检查其他部位。断层照相可以按照照相时轨迹（X 线球管转动的形式）分为直线式和多轨迹断层照相两种，其中直线式照相应用更为普及，其装置简单，操作容易；多轨迹断层照相包含各种轨迹，如直线、小圆、大圆、梅花、椭圆、螺旋形等，多轨迹断层照相能较好地显示细微结构，同时取得薄层和厚层影像，无纵行线条状影。常用的断层摄影技术有 X 线断层摄影技术、数字乳腺 X 射线摄影（Digital Mammography，DM）、数字乳腺断层摄影（Digital Breast Tomosynthesis，DBT）、乳腺断层融合技术。

2015 年 3 月富士胶片（中国）投资有限公司推出了世界领先的数字乳腺 X 射线摄影的系统“AMULET Innovality”，将二维图像升级为三维断层图像。随着技术的进步，断层摄影技术在原有技术基础之上更多地与现有的计算机技术更加密切地结合，提高图像数据处理能力，达到更细微、更准确诊断的目的。

（3）数字肠胃设备技术

随着计算机和相关技术的发展及图像图形处理技术的日趋成熟并与医学诊断相结合，开创了数字医疗的新时代，使得设备使用更加便捷，图像采集、处理、显示都得到了大幅提升，并可自动化管理患者档案，在国外形成了以欧洲、美国、日本为主的局面，如美国的 GE、德国的 SIEMENS、荷兰的 PHILIS、日本岛津、东芝，意大利的 ITRLRAY 公司。

目前，高端数字 X 线胃肠造影设备（如岛津 Sonialvision G4、西门子）上除了可以进行常规的胃肠道、泌尿生殖道造影检查以外，常规 DR 摄片、脊柱和下肢骨全长摄影、数字体层合成摄影、数字减影血管造影功能都可以实现，一台设备就可以完成所有放射科日常检查工作。

（4）数字 X 线血管造影设备技术

由于介入医学的兴起和技术普及从最开始装备摄影增强器到目前的平板探测器，X 线血管造影设备也完成了质的飞跃，获得了更清晰的图像，更快的速度和更多的功能。

2. X 射线计算机摄影类器械

（1）极速扫描技术

极速扫描 CT 比普通 CT 相智能化程度高。其一次扫描大约 10 s，可完整采集全部躯干及组织结构信息（如肺动脉、心脏、静脉、主动脉、冠状动脉、头颈部动脉、其他脏器），迅速提供鉴别及诊断“在临床中可以为抢救患者节约宝贵时间”。

（2）双能量技术

据目前行业内分类方法，现有 CT 能量学成像技术可以分为双源双能量和单源能谱技术两种。无论是双源双能量技术，还是单源能谱技术都得到了长足的发展。

随着西门子 Force CT 的问世，双源双能量技术得到了进一步发展，主要体现在：更精准的双能量纯化技术、更显著的物质分辨能力。

（3）单源能谱纯化技术

CT 能谱成像已经成了继平扫和增强之后的第三大常规 CT 成像方法，能谱让 CT 从宏观水平的结构性观察，深入微观水平的物质成分的定性识别和定量分析，成为临床医学中必不可少的诊断工具。

（4）光子计数探测器技术

光子计数探测器技术，可以很好地克服传统能量积分探测器应用于 CT 所存在的不足。与传统 CT 相比，基于光子计数探测器的能谱 CT 具有可实现材料成分分析、降低患者辐射剂量、提高 CT 定量分析准确性和实现超高空间分辨率等优点。

（5）基于模型的迭代重建技术

据 CT 重建算法的技术原理，CT 重建技术的发展大致可以分为 3 代。

第一代解析重建：受到早期系统性能的限制，最初的 CT 重建算法以滤波反投影为核心，对 CT 的成像过程进行了理想化的假设，具有重建速度快的特点。但是，对重建过程不精准的模拟导致图像噪声和伪影的增加。在低剂量情况下，图像质量的下降更为明显。

第二代迭代降噪：第2代迭代降噪技术在第1代解析重建的基础上，在数据域和图像域增加了迭代降噪处理，一定程度上改善了噪声和伪影问题。但是，其算法核心仍然是传统的滤波反投影，无法从根源上解决传统算法不精准引入的图像问题。

第三代基于模型的迭代重建：基于模型的迭代重建完全抛弃了传统算法的理想化假设，转而对成像系统进行精准建模。在此基础上，通过反复迭代修正数据误差，最大限度地利用CT原始数据，达到降低图像噪声，减少伪影，提升图像高分和低密的效果。

（6）稀疏采样技术

旋转过程中连续曝光，降剂量技术的主要思路是整体降低连续曝光的辐射剂量。稀疏采样技术可以大幅度减小成像所需的采集角度，突破现有降剂量技术的瓶颈，大幅度降低CT扫描剂量，但是，稀疏采样对CT软硬件均提出了全新的要求，基于稀疏采样技术的硬件和算法尚处于持续发展中。

（7）心脏扫查技术

心脏冠状动脉检查对于CT的系统性能，特别是时间分辨率提出了非常高的要求。为了获得高质量的心脏图像，CT设备不断提升其采集速度和容积覆盖能力，目前已上市CT产品的机架最高转速可达0.25 r/s，探测器Z轴覆盖范围最宽可达16 cm。

（8）CT球管技术

CT正常运行的核心部件是CT球管。CT球管主要在大功率条件下连续长时间扫描，因此，CT球管的主要性能指标是热容量和散热率。目前，为了满足对CT球管的临床要求，已经开发出旋转阳极来代替原有的固定阳极，阳极的散热方式也从辐射散热发展到了直冷散热。从热容量的角度看，当前常见的多层螺旋CT所使用的球管热容量通常在3 MHU以上。

3. 超声影像类器械

（1）超声机器人技术

将采集的图像保存发送给超声机器人，超声机器人就能实时生成检查结果，找到甲状腺结节，标注位置和尺寸，并提示良性或恶性的可能性。

甲状腺与肝脏、肺等器官相比，是器官结构简单、无复杂血管的浅表器官。因此，可以直接根据超声声像对甲状腺结节的良恶性做出诊断。但甲状腺超声诊断同时也有一定复杂度——不像 CT 和核磁，超声因每位医生的扫描手法不同，得到的数据千变万化，因此对影像识别算法有很高要求。从这样一个诊断既有其简便性，又有其复杂度的疾病做起，可以在过程中积累足够经验，为开发难度更高的疾病，如乳腺肿块、肝脏肿块、肺结节的良恶性诊断打下基础。

（2）掌上超声技术

掌上超声诊断仪是医学超声领域近年来跃起的一颗令人瞩目的新星，其以重量轻、体积小、无线传输、图像良好等特点，在在四大医学影像技术之一的医学超声领域取得了医院临床科室和基层医务人员的持续关注。

（3）超声人工智能技术

超声影像检查的优势是实时、无创、安全，应用广泛。AI 技术与超声影像融合的新技术可以辅助诊断甲状腺结节和乳腺病灶良恶性。同时，超声设备与云计算技术融合可以实现技术处理资源的无限拓展，实现各种终端的互联互通。

（4）超声电子内镜技术

超声电子内镜技术指的是超声和内镜相结合的消化道检查技术，借助内镜技术，在内镜顶端安装一个微型高频超声探头，检查时内镜可直接观察消化道黏膜病变，超声可对胃肠道的层次结构的组织学特征及周围邻近脏器实施扫描，获得超声图像，提高内窥镜或 B 超的诊断水平。我们常说的胃肠镜是普通内镜，穿透深度低，但如果应用超声内窥镜就可以在检查观察到胃壁或者食道表面凸起时对这个凸起进行超声检查，检测其深度和浸润程度，辅助诊断肿瘤分期。

超声内窥镜检测比传统的光学内窥镜诊断或 X 射线成像获取的信息更加丰富，比穿刺检查更安全方便。传统胃肠镜穿透深度低，只能观察到脏器内壁的表面情况，超声内窥镜相当于把探头伸进体内做 B 超。它可鉴别诊断消化道管壁黏膜下生长的病变性质，尤其是对小肿瘤诊断有较高的精确度；此外，超声内镜介导下的细针穿刺抽吸活检术明显提高了病变的确诊率。目前，超声内镜下的介入性诊断和治疗已经是国内外内镜技术的热点之一。

（5）集成小型化技术

超声操控技术取得了新的进展，使得应用超声对纳米线进行抓取、旋转、移动和集聚成为可能。虽然只需要亚微米级的振动位移，夹心式换能器仍用于纳米操控，使得操控系统不够紧凑。通过利用单片矩形压电陶瓷激励实现单根纳米线的抓取，工作频率在 134 kHz 附近。实验表明，该装置可以实现水膜中单根银纳米线的接触式抓取。与之前的纳米操控装置相比，该装置的振动激励部分更为紧凑。

（6）超声弹性成像技术

超声弹性成像技术是指对弹性图像的判读诊断靶组织的良恶性质或组织的特性的技术，也叫实时应变成像技术。这一技术主要是根据不同靶组织（正常及病变）的弹性系数不同、在加外力或交变振动后其应变（主要为形态改变）不同原理开发的。

4. 磁共振成像类器械

（1）高性能磁共振系统技术

梯度系统作为磁共振系统的“发动机”，对扫描获得的图像分辨率有着重要的作用。为满足科研需求，梯度性能需进一步的提升。

（2）成像加速技术

目前最先进的光梭成像（united Compressed Sensing，UCS）技术则将上述加速方法融合在统一编码采集重建过程中，具有图像细节保存完整、抑制鬼影及噪声带等特点，能够在保证鲁棒性的前提下实现更高倍数的加速，如高清等体素成像、腹部动态扫描的时间分辨率等，可在保证图像质量的前提下，大幅度提升全身各部位 2D/3D 序列的扫描速度，缩短成像时间，提高图像空间分辨率。

（3）超高场技术

目前市面上主流临床磁共振设备的场强为 1.5 T 和 3.0 T，2017 年，西门子公司推出的首台可用于临床的 7 T 磁共振 MAGNETOM Terra。研究证实，7 T 磁共振提供了数倍于传统 3 T 磁共振的信噪比和空间分辨率，在脑认知、神经系统、血管成像、肿瘤判定、骨关节成像等多个方面都会带来全新的突破性进展。尤其是在常规磁共振影像设备难以诊断的神经退行性疾病，如阿尔茨海默病、帕金森病、路易体痴呆等，对其疾病的发病机制、早期诊断、治疗方案确定以及治疗效果评估上，7 T 磁共振将实现突破性进展。

（4）磁共振超极化成像技术

磁共振超极化成像是利用稳定同位素进行动态超极化后提高磁共振信噪比 104 ～ 105 倍的一种波谱成像方法。该成像方式具有以下优点：①无辐射测定体内代谢物质含量；②实时反映体内代谢变化；③敏感度高，可达到 PET 成像敏感度；

④测定代谢物种类多，可以反映多种代谢途径。因此，该成像技术一经推出就获得了业内磁共振成像研究者的高度重视，目前国际上开展相关研究的机构多达 30 家左右，更有 7 家机构已经开展了人体应用研究。

（5）多模态技术

跨学科融合协同采集一体化 PET/MR 的发展趋势是通过软硬件技术的革新，以更快的速度获得更清晰精准的 PET/MR 图像，以实现更强大的 PET/MR 临床应用。

具体来讲，主要的发展趋势有：更清晰的 PET 分辨率，更快的成像速度，更佳的 PET 和 MR 同步采集，更精准的 MR 衰减校正，更便捷智能的工作流。

5. 放射性核素成像类器械

（1）门控技术

在 PET 扫描中，患者采用平静呼吸，因此呼吸运动对显像的影响不可避免。门控技术可以在一定程度上消除运动伪影，是临床影像检查广泛采用的方法。传统 PET 设备利用外置的专用呼吸门控设备监测和提取患者的呼吸运动信号。近年来，基于 PET 原始数据的呼吸运动信号提取得了广泛的关注，能够在不使用外部门控设备的情况下，快速准确地获取患者的呼吸波形。

（2）衰减矫正技术

早期 PET 采用正电子透射放射源进行衰减校正。随着 PET/CT 的出现，利用 CT 图像进行衰减校正成为主流。尽管 CT 衰减校正在临床得到了广泛认可，但是也存在两个典型问题：首先，CT 获得的是 X 光子（能量为 30 ～ 140 keV）的衰减图，并非 511 keV 能量的 γ 光子衰减图，需要通过特定计算方法后用于 PET 图像的衰减校正；其次，患者在扫描时的呼吸运动或者无意识的移动会导致 PET 和 CT 之间的不匹配，有可能引入明显的 CT 衰减校正伪影。近年来，随着飞行时间技术的发展，人们开始研究利用飞行时间数据对放射性活性和衰减联合进行估计的方法，如 MLAA 算法等。尽管这些算法目前还存在估计偏差等诸多问题，但有望在未来取代 CT 衰减校正。

（3）重建技术

早期 PET 采用滤波反投影（FBP）算法，图像质量严重受限于统计噪声，且较易出现放射状图像伪影。迭代重建算法在图像信噪比和分辨率之间可以提供更好的平衡，目前已经被商业化的 PET 设备广泛采用，如有序子集最大期望算法（OSEM）

等。随后，点扩散函数（PSF）补偿和TOF重建被引入，对OSEM重建起到了很好的优化和补充。前者通过对PET探测深度效应的校正，达到改善图像空间分辨率的效果；后者利用光子抵达对侧探头的飞行时间差来获得对湮灭事件空间位置的估计。近年来，为解决迭代重建算法中迭代次数（对比度恢复）和噪声水平之间的矛盾，正则化重建算法得到越来越多的关注，部分厂商也开始将其应用于临床（如GE公司的Q Clear等）。

（二）重要产品研究进展

1. X射线摄影类影像器械

2017年4月，西门子推出ArtisPheno，其所有管线均来自于底座，摆脱机架管线的束缚，让机架运动更自由，顶层空间完全释放、无碍层流净化和其他外科设备安装，同时设备可以在手术移动操作都可以在床旁一键操控轻松完成，这样就大幅提高了手术周围空间的使用效率，利于各专科医师间快速换位，缩短了手术时间。

2017年，美国Corindus公司的CorPath GRX血管介入机器人系统和美国Hansen公司Magellan血管介入机器人系统已经开始与DSA整合，应用到临床中。

2. X射线计算机摄影类器械

2017年，飞利浦医疗公司推出了IQon Spectral CT产品。该产品采用了飞利浦公司研发的立体双层光谱探测器，可利用立体双层结构、上下层不同晶体闪烁物质直接吸收不同能量的射线，实现同时、同源、同向、同步能谱技术，在常规CT的功能基础上还可以提供冠状动脉板块的定量和定性分析、心脏功能与心肌活性等诸多临床信息；利用能谱数据和有效原子序数发现组织成分的微小变化，助力于对隐匿性肿瘤病灶的早诊。

光子技术探测器技术：目前，开发此项技术的主流国外厂商有德国西门子、荷兰飞利浦和美国通用电气。其中，西门子已研制出基于光子计数探测器的CT样机，并进行了初步的临床试验。飞利浦也正在进行光子计数能谱CT样机的研制，预计将在2020年完成临床试验。而通用电气也于2018年重启了其一度中断的光子计数能谱CT项目。

研制CT球管的开发成本较高，同时球管需要与整机密切融合。为此，整机生产厂家，如通用电气、飞利浦、西门子等公司均拥有自主研发的球管。这三家厂商中，通用电气生产的 64 排 VCT 球管的热容量已达到 8 MHU； 飞利浦生产的 iMRC 球管功率为 120 kW，支持转速 220 r/min，轴承为螺旋槽轴承，使用液态金属润滑，具有良好的散热效果，功能上与热容量为 30 MHU 的设备有相同的效果； 西门子生产的 Stratan 球管和 iMRC 性能类似。

3. 超声影像类器械

2018 年，飞利浦为客户量身打造实用型彩色多普勒超声诊断系统 -Affiniti30 彩色超声诊断系统。该系列产品搭载全新智能算法构建的锐智平台，打破超声成像的物理限制，通过声束构建技术以及海量的原始声学数据处理能力，为超声诊断带来优质的图像。Affiniti 30 可应用于腹部、心脏、血管、妇产、儿科、浅表小器官、肌骨、腔内等多个方面的超声检查，提供弹性成像、3D/4D 成像、智能断层成像、组织多普勒成像、血管内中膜自动测量等功能，满足临床对超声检查的各种需求。

4. 磁共振成像类器械

2017 年，西门子的新款 7T 磁共振 MAGNETOMTerra 分别于 8 月和 10 月获得 CE 和 FDA 认证，标志着 7T 磁共振正式进入临床，可以用于患者的诊断。文献报道，与传统 3T 磁共振相比，7T 磁共振信噪比和空间分辨率更高，尤其是应用于肿瘤、神经、骨关节血管等多个方面将带来突破。尤其是在目前常规影像设备难以诊断的神经退行性疾病的发病机制、早期诊断、治疗方案确定以及治疗效果评估上，7T 磁共振将实现突破性进展。为了更好地探索 7T 临床应用的潜能，7T 与 3T 之间的相互验证和转化的工作必不可少。西门子同时推出了与 7T 磁共振除了场强不同，其他硬件都相同的 3 T 磁共振 Prismas。随着超高场的进展，相信在不久的将来，可用于临床的 7 T 磁共振 MAGNETOMTerra 也会进入国内的大型医院，探索临床前沿问题并造福患者。

2017 年，西门子推出了全球首台人工智能磁共振 MAGNETOM Sempra。MAGNETOM Sempra 具备 AI 人工智能磁共振平台，将人工智能与磁共振成像深度结合，实现磁共振的“人脸识别”，“自动驾驶”和“标准化大数据”。面对不同患者身高、体重、体型上的不同，AI 人工智能平台通过海量数据的深度学习，可自动识别颅脑、脊柱、关节等大范围解剖结构，也可以精准识别垂体、海马、眼眶、视神经、前后交叉韧带等精细结构。

2018 年，西门子公司推出了全球首个高分辨膝关节全息成像技术 GOKnee3D。GOKnee3D 技术由西门子公司和美国约翰普金斯大学医学院共同开发，并由该院经过大量临床病例验证。GOKnee3D 解决方案是在 SPACE 魔方成像基础之上，融合了先进的鸡尾酒并行采集技术。从而实现在 10 min 内完成整套三维高分辨、多对比、标准化的膝关节扫描。GOKnee3D 具备一键式操作，使得扫描流程最大程度简捷化、标准化，0.5 mm 各向同性的成像效果显著提高分辨、减少部分容积效应，使成像结果更准确地反映关节的真实解剖结构。同时结合在线自动实时多平面重建技术，实现了图像质量和扫描速度兼顾、3D 和 2D 图像兼得、多病种适用的效果。

5. 放射性核素成像类器械

通用电气于 2017 年最新推出的高端 SPECT/CT——Discovery NM/CT 670 Pro，在秉持了独有的高性能光子探头的同时，实现了全核素 SUV 精准定量，多脏器临床定量化，基于原始数据的迭代平台。D670 Pro SPECT 上搭载了高端平台 CT，解决了 SPECT/CT 检查的高清、快速、低剂量等核心问题；搭载了全核素精准 SUV 定量系统，实现了 SPECT/CT 技术由定性诊断向精准定量的跨越，开启了分子影像精准定量、个性化治疗指导临床应用的新时代。

四、国内重要技术和产品研究进展

（一）重要技术进展

1.X 射线摄影类影像器械

（1）Tomosynthesis 断层摄影技术

目前联影医疗采用的单晶硅平板探测器、低剂量断层重建及根据断层图像融合 2D 图像等技术都是目前先进的低剂量技术。依托于这些技术，可以大幅降低数字乳腺断层摄影系统系统的单次采集剂量。

（2）数字 X 线血管造影设备技术

2017 年，我国北京理工大学和北京天坛医院团队、上海交通大学和长海医院血管外科团队等致力研发用于神经和血管介入的介入手术机器人。该手术机器人可以大幅减少介入医生的辐射剂量和负重，并引入人工智能，提高手术的准确性。

2018 年，中国科学院苏州生物医学工程技术研究所团队针对 DBT 图像重建，提出了一种新的迭代重建算法 MTTV-POCS。该算法将多尺度吉洪诺夫 - 全变分滤波器（Multiscale Tikhonov-Total Variation，MTTV）作为正则化项，在利用凸集投影法（Projection Onto Convex Sets，POCS）求解保真项所获得的中间图像中，自适应地去除噪声并最大限度地保持边缘信息。该算法分别利用两种数字体模和两个患者数据，与现有的 ASD-POCS 和 SD-SART 算法进行了重建对比实验，结果验证了所提出的算法在抑制噪声和保持边缘两个方面均具有优势。

苏州医工所医学影像室先进成像课题组开发了一套乳腺 DBT 影像的微钙化簇自动检测算法。该算法采用三维的图像处理技术，实现了微钙化点的增强、定位和分割，通过聚类得到微钙化簇。针对微钙化簇在 DBT 影像的非中间层存在图像模糊，以及分布于多层的影像特点，该课题组创新性地提出在中间层切片和最大密度投影层实现微钙化簇的检测。针对微钙化簇检测的高假阳性率，提出了基于多域影像特征的假阳性降低算法，相关成果已申请发明专利（基于多域特征的数字乳腺 X 射线断层摄影图像的微钙化簇自动检测方法，201910031535.8）。

2.X 射线计算机摄影类器械

（1）平板数字 X 射线摄影设备技术

在中国动态 DR 技术和产品早已成为了 DR 市场选购的多项选择。其中尤其以安健科技为首，更是早早布局，率先在全球实现了动态 DR 核心的自主研发，积累了深厚的技术竞争优势。目前的 DR 产品线中包含了多种机械结构的动态 DR 产品：从旗舰机型 DTP571 到全球首款非床式动态 DRDTP580，可谓正朝着 DR 产品线全系列动态化方向发展，动态 DR 装机量市场份额在中国排名居第 1 位。在目前各省市的集采招标中也正崭露头角，成为热门采购机型。

北京万东也跟进了动态 DR 的研发，目前旗下拥有了 DRF-1 ～ DRF-4 系列四款产品。上海康达、山东新华、深图医疗也相继跟进推出了旗下的动态 DR 机型。作为 DR 技术的最前沿产品，动态 DR 的普及程度正在逐步提升中，而在区域市场的 DR 集中采购中，常规 DR 与动态 DR“动静并存”的局面也正在悄然过渡。

（2）光子技术探测器技术

上海联影已于 2017 年开始了此项技术的开发和人才储备，同时也在开发其相应的配套技术，从而使能谱 CT 可以早日用在临床应用中，实现重大疾病的早发现、早诊断、早治疗。

（3）CT 球管技术

目前，国产高热容量球管的研制与国外相比还有较大的差距，国产 5 MHU 的 CT 球管，其主要技术指标虽已达到设计要求，但仍需经过 CT 整机的长期使用方可检验其可靠性及稳定性。随着国内各级医院中 CT 诊断技术的普及，CT 机的需求量将持续上涨，研制高热容量的 CT 球管成为国内相关研究单位及器械厂商迫切需要解决的问题。研制 8 MHU 热容量、100 kW 功率的球管是“十三五”期间的重要任务。

3. 超声影像类器械

（1）超声机器人技术

超声机器人可部署在云端，这特别适合新疆、西藏等基层医院分散的地域。通过英特尔联合创新实验室的牵线，在新疆维吾尔自治区人民医院联合 130 多家医院建立的远程会诊体系中，超声机器人将成为关键服务技术之一。同时，与远程医疗平台汇医在线的合作，超声机器人也为平台上签约的全国基层医院服务。超声机器人也有单机版，部署在医院和体检中心。

（2）掌上超声技术

掌上超声仪器是我国 2016 年国家数字化诊疗重大专项，推动了国内掌上超声自主研发产业化发展。次年，国产的掌上超声面世，因其价格低廉质量优异，广泛取得了临床科室（如重症科、急诊科、手术室、妇产科麻醉科、疼痛科等）和社区家庭医生的喜爱。相信我国临床诊疗超声可视化进程将随着掌上超声的普及推广应用不断加快。

（3）超声人工智能技术

在很多具体应用上，如甲状腺结节的检测，医师只需要和日常检查一样拍一张照片，机器就可自动帮助识别，检测出结节位置、形态，分辨结节的良恶性。目前三级甲等医院医师的平均诊断准确率为 60% ～ 70%，基层医院更低一些，AI 辅助诊断系统现准确率可以达 85% 以上。

（4）超声弹性成像技术

目前应用的领域有乳腺、甲状腺、淋巴结、前列腺病变的诊断，肝脏纤维化评估、皮肤肿瘤的检查，肌肉骨骼的应用和血管壁和静脉血栓等。目前国内部分学者认为，特别在乳腺疾病的早期诊断中该方法优于常规多普勒超声和 X 线钼靶检查；从乳腺疾病诊断应用的结果来看，其准确性为 94.4 %，特异性为 96.3%，敏感性为

88.7%。

（5）远程诊疗与5G技术

华为公司于2019年年初推动了“世界首例5G远程外科手术”，其联合了福建医科大学孟超肝胆医院、中国联通福建分公司、北京301医院、苏州康多机器人有限公司等首次成功完成了5G远程的动物实验外科手术。福州长乐区中国联通东南研究院内进行该手术测试，主要是对福建医科大学孟超肝胆医院内的一只小猪进行肝小叶切除手术，主刀医生为北京301医院外科主任，实施者为机器人的手术钳及电刀，整个过程通过5G技术实时传输操作信号、通过高清视频画面远程控制。此次试验用时约1小时，手术创面整齐，全程未见血迹，过程中远程操作几乎完全同步，术后半小时动物逐渐苏醒，生命体征平稳。“基于5G网络的操控和高清视频，已经达到光纤专线一致的体验”。远程医疗平台服务基于5G大带宽低延时特殊优势，推出远程高清视频诊断、远程操控的新一代远程医疗服务；新一代信息化基础设施服务则通过5G技术实现医院网络无线化、全IP化。期间，福建联通也依托联通强大研发能力，基于5G网络，创新远程医疗机器人、远程超声、远程VR会诊、AI辅助诊断。

4. 磁共振成像类器械

（1）基于星河技术的3.0 T磁共振整机系统

在已有技术和产业化基础上，研制新一代星河局部线圈、星河射频系统、星河控制系统、星河应用软件等核心技术，以及先进的成像方法和高级应用，实现高质量医学影像获取和高效临床工作流程的双重突破。潍坊新力超导磁电科技有限公司在这一领域走在了技术创新的前沿。该公司于2017年6月设计开发的3.0 T/850型磁共振成像超导磁体，标志着我国已经完全掌握高端磁共振超导磁体技术。

（2）超高场技术

目前7T人体磁共振因其安全性、场地限制大、腹部扫描SAR值过高等种种限制无法有效地辅助临床诊断。为打破外国企业在这一技术领域的垄断，我国也在积极推动人体超高场磁共振设备的技术积累，如依托科技部项目的5T超高场全身成像磁共振设备的研制。

5. 放射性核素成像类器械

2017 年，联影在新一代 PET/CT 系统中加入的数字门控，在 PET/MR 中，采用外置门控设备可同时触发 PET 和 MR 扫描，也可采用 MR 的导航（Navigator）技术同时触发 PET 和 MR 的扫描，即将 MR 运动伪影校正技术应用于 PET 图像校正。

（二）重要产品研究进展

1. X 射线摄影类影像器械

联影医疗于 2019 年推出国内首款具有自主知识产权的低剂量数字乳腺断层摄影系统。数字乳腺断层摄影技术（Digital Brea Tomosynthesis，DBT）本质上来讲是一种三维成像技术，其在有限角度获得不同的投影图像，经过重建后得到高分辨率的断层图像。断层图像相比于普通的 2D 投影图像，消除了组织重叠和结构噪声的影响，可以有效提高诊断和筛查的准确性，降低召回率，并减少不必要的穿刺活检。

2. X 射线计算机摄影类器械

2017 年 5 月，东软医疗发布 NeuViz Prime CT，单圈旋转速度为 0.259 s，可以大幅提高心脏及冠状动脉的检查和大范围脏器的扫描能力，不仅有效提升 X 射线应用效率，提高图像质量，而且同比降低辐射剂量和患者造影剂用量。该产品实现了 80 kV 与 140 kV 高低能同源配对、精准配准。基于无限热容球管及可变毫安（mA）技术，使能谱成像不同于其他球管因球管过热而受到扫描限制，也不会因为扫描剂量大在实际临床应用上受到限制，使能谱 CT 成像成为临床应用的常规化。为疾病早期发现、病变定性和分级及治疗效果评估提供丰富可靠的诊断依据。

2018 年年底，联影北斗 CT（uCT780）发布，机架旋转速度 0.25 s，高旋转速度从源头上提升了系统的时间分辨率，有利于运动器官，特别是心脏及心血管检查，心血管检查成为可能。

3. 超声影像类器械

2018 年，东软医疗 N1500 云翔超声影像诊断设备问世。在产科应用上，3D/4D 技术可以真实地展现胎儿在母体内部的情况，颈后透明层自动测量技术大幅提高了诊断的准确；在妇科应用上，卵泡自动测量技术提升了诊断的效率，大角度腔内探头的应用也降低了患者在扫描中的不适感；在浅表组织和运动神经应用上，高频探头的引入提升了图像的分辨率和微细血流的敏感度，大幅提高了诊断的准确性；在心脏应用上，心肌应变分析软件，心动负荷技术等功能和扫描方法的引进，为诊断心脏疾病提供了强有力的依据；在消化系统应用上，造影扫描方法的引入突破了超声在胃肠成像方面的壁垒；在腹部等应用上，针尖增强软件加强了穿刺针与周边组织的对比，更清晰准确地指导穿刺的进行。

4. 磁共振成像类器械

联影打造了高端科研型磁共振系统探索磁共振 uMR 790，并在 2017 年 12 月获得 CFDA 注册证，2018 年 5 月通过 FDA 510（k）认证。uMR 790 作为国家脑科学研究主力科研平台，以其强劲的科研梯度系统 [梯度强度 100 mT/m，梯度爬升率 200 mT/（m · ms）]、行业领先的磁场均匀度和开放的科研平台，为神经科研的突破提供了更多方向，如超高 b 值弥散（b30000）、多方向 DTI（方向 ≥ 256）、定量成像等。

5. 放射性核素成像类器械

2017 年，联影结合已有的 PET 探测器核心技术，完成了对新一代全数字高分辨正电子发射及 X 射线计算机断层成像系统（PET/CT）——uMI 550 的整机研制，并投入市场。将先进的影像技术有机结合在一起，更好地辅助医生诊断，显著提高诊断的准确率。主要包括数字光导探测器技术、数字门控技术和头部运动伪影消除技术。有效提升系统性能，提高图片质量。

五、前景与展望

功能性成像技术随着影像学从单纯形态学向功能学的逐步完善备受关注，随着新的设备和技术的不断推广使用，功能性影像学在临床中逐渐普及，其与传统的形态学诊断相融合的技术必然成为未来的发展趋势。此外，影像学也逐渐向微观发展，尤其是分子影像学的出现，并与影像解剖学的融合，使之产生了飞跃式的发展。随着介入影像学技术的突破，影像科除了传统的诊断功能之外可开发诊疗结合的临床科室，尤其是介入诊疗技术，被许多学科推广引用。随着虚拟现实技术的推广和三维重建技术在复杂解剖部位显像的优势，形态学显示也逐步向着更加直观化、精确化的方向发展。

参考文献

[1] 智研咨询 . 2017 年中国放射影像设备行业发展现状及未来发展趋势分析 [EB/OL]. (2017–08–03)[2019–09–27] http://market.chinabaogao.com/yiyao/062HVD32017.html..

[2] 筑医合资讯 . 2020 年，中国医学影像市场规模将达 6000 亿～ 8000 亿 [EB/OL]. (2017–12–11)[2019–10–11] https://www.sohu.com/a/209782073_456060.

[3] 观研天下 . 2018 年国内外放射影像设备行业市场规模及我国出口情况分析 [EB/OL]. （2017–05–03）[2019–09–27]. http://market.chinabaogao.com/jixie/0533342412018.html.

[4] 杨又 . 2017 年医学影像市场现状及竞争格局分析 [EB/OL]. (2017–12–18)[2019–10–11].http://www.newsijie.com/chanye/yiyao/jujiao/2017/1218/11242837.html.

[5] 张强 . 我国大型影像设备市场发展报告 [EB/OL]. (2017–10–07)[2019–10–27].https://max.book118.com/html/2019/0105/5230132330001344.shtm.

[6] 方鹏飞 . 中国医学影像产业将缩小差距实现跨越式发展 [Z]. 2017–06–01.

[7] 王宝亭，耿鸿武 . 中国医疗器械行业发展报告（2018）[M]. 北京：社会科学文献出版社，2019.

[8] 中国医学装备协会 . 中国医学装备发展状况与趋势 [M]. 北京：人民卫生出版社，2018.

[9] 宋志坚，杨胜利，王威琪，等 . 医疗器械产业集群发展战略研究 [M]. 上海：上海科学技术出版社，2017.

第七章　可穿戴设备

一、可穿戴设备概述

（一）可穿戴设备定义及分类

可穿戴设备（Wearable Devices）指的是通过穿戴式技术，智能化配置日常穿戴的设备，比如把各种传感器、识别、连接和云服务等技术综合嵌入到日常穿戴的设备中，来实现用户生活管家、五感能力拓展、健康监测、社交娱乐等功能。

可穿戴设备的存在形式一般是便携式配件形式，同时具备部分计算功能，可连接手机及各类终端，且设备一般外形较为美观时尚、易于佩戴、具备一定的计算能力及拥有专用的应用程序和功能等特点。

当前，我国国家药品监督管理局暂无明确的有关可穿戴医疗设备的分类，因此，根据美国 FDA 对可穿戴设备的分类，将可穿戴设备分为消费电子类产品、常规健康类产品、医疗器械类产品（表 7-1）。

表 7-1　可穿戴设备分类情况

类别	基本技术原理	典型产品
消费电子类	通过无线技术及感应技术运用于具体实物后，发挥监测心率、呼吸、血压、体温、脉搏及消耗了多少卡路里的热量等功能	智能手表、智能眼镜、智能手套、智能服装、智能腕带、智能腰带等
常规健康类	通过练习监测、记录人体的生理、生化数据，起到通过数据指导健康生活的作用	智能手环、智能袜子等
医疗器械类	具备连续性的个体医疗信息数据采集功能，具有小型化、低功耗、可连接的特点，且常用于对人体及情境数据的采集和一定的处理及分析并加载有标准通信模块	治疗类、病患监测类等

在医疗器械领域，可穿戴设备通常是可以穿戴在身上，或是可以整合到用户的衣服或配件的一种便携式加载有标准通信模块的设备，它们通常都具有小型化、低功耗、可连接的特点，常用于对人体及情境数据的采集，并且有一定的处理及分

析功能。可穿戴设备具有的根据不同需求灵活采集数据的能力及使用方便、易于携带的特点，突破了时间和空间的限制，使用户和患者随时随地获得医疗服务成为可能。这些大量的、连续的、包含上下文情境的医疗数据，为各项医疗决策提供依据，促进健康生活方式的养成和疾病监护、诊治状况的改善。

可穿戴设备形态各异，功用丰富，按照用途又可以分为治疗类、病患监测类。例如，传统的电热敷腰、助听器、助眠帽、腰部护带、合成树脂义眼片、可穿戴式心率除颤器、疼痛缓解治疗仪等，以及背部治疗设备（背部传感器监测背部运动缓解疼痛，数据用于治疗管理慢性肾病和脊髓损伤）、人工胰腺系统（包括血糖监测仪、胰岛素泵、安全控制器，可自动注射胰岛素）、Rewalk（帮助脊髓损伤患者重新行走）等。病患监测类产品，通常获取的是病患的体温、血压、血糖、血氧、心电等数据。还有一些比较特别的产品，例如，可以监测乳腺健康的智能内衣、可以监测心衰患者的肺部积液变化的智能背心等。

（二）可穿戴设备市场情况

现有常见的智能可穿戴设备主要包括智能手环、智能手表、智能服饰、智能眼镜等。其中智能手环的功能较为简单，且价格较为便宜，普及程度最高。据智研咨询网统计的数据，目前可穿戴市场占有率如图 7-1 所示。

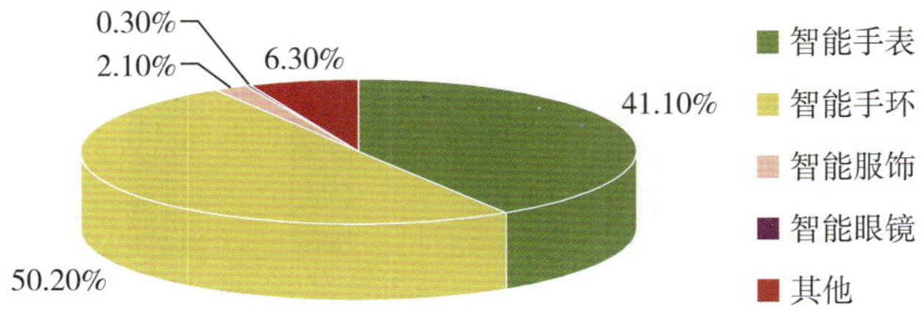

图 7-1　可穿戴产品细分市场情况

预计智能可穿戴设备未来几年仍将保持快速发展，2017 年全世界智能可穿戴设备市场规模高达 208 亿美元，总出货量 1.33 亿只；到 2021 年市场规模可达 462 亿美元，出货量将达 2.82 亿只，4 年复合增速超过 20%（图 7-2）。

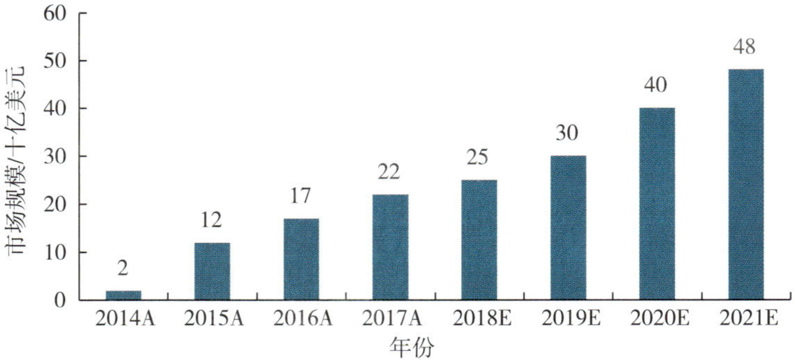

图 7-2　可穿戴产品市场发展趋势

全球范围内智能可穿戴市场中国位居第一，国内市场需求增长迅速，通过穿戴硬件检测数据优化和管理健康是智能可穿戴设备发明的初衷，也是消费者最期待的“健康监测”功能。我国也随世界发达国家的步伐，开展可穿戴医疗设备的研发工作，未来几年我国智能医疗电子市场规模也将不断扩大。目前，最期待可穿戴的功能统计情况如图 7-3 所示。

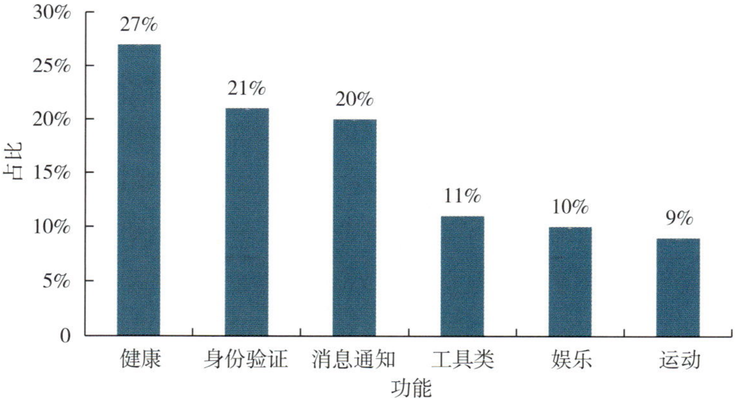

图 7-3　最期待可穿戴的功能

2017 年我国智能可穿戴设备出货量占全球总量的 40%，稳居世界第一，高达 5370 万台，市场规模为 53 亿美元，产值超过 260 亿元，其中产品 ASP（平均售价）为 98.7 美元，远低于美国的 210.4 美元。预计我国 2022 年可穿戴设备市场规模将达 607 亿元左右（图 7-4）。2018 年中国可穿戴设备排名前五的企业合计占的市场份额超过 50%，分别是小米（1697.4 万台，23%）、华为（928.2 万台，13%）、苹果（821.3

万台，11%）、步步高（524.1 万台，7%）和奇虎 360（241.5 万台，3%）。

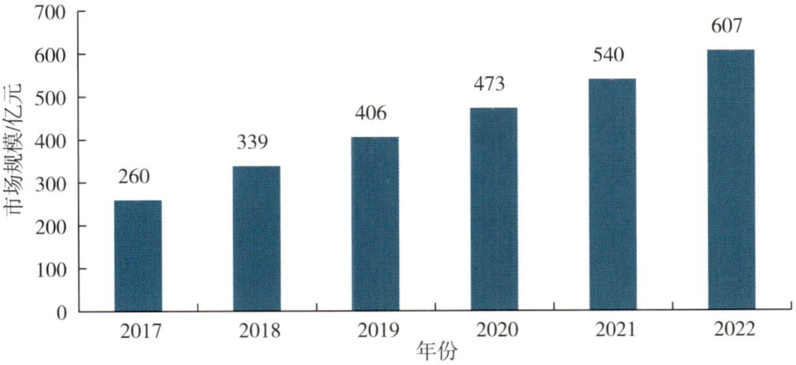

图 7-4　2017—2022 年中国可穿戴设备市场规模

手表、手环、耳机产品是当前可穿戴设备市场的主流，3 个品类占据了 90% 的市场份额。其中手表与手环一直占据鳌头，耳机产品近期异军突起，这个产业的发展与手机上的一个小改变相关，即大多数手机取消 3.5 mm 耳机接口，导致耳机可穿戴设备的急速发展。苹果于 2016 年 9 月首次发售 AirPods 蓝牙耳机，售价 159 美元，支持自动播放、降噪等功能，左右耳机不通过线缆连接，并可感应触摸操作。其一经上市就广受消费者喜爱，2018 年第四季度销量为 580 万台，是智能耳机类的销量冠军。

投中研究院数据表明，中国可穿戴设备投融资笔数 2015—2018 年有所下降，投资金额有波动。2017 年比 2015 年投资金额下降 34%，投资笔数下降 46%，但单笔金额上升，平均上升 24%。2018 年前 11 个月，我国可穿戴设备企业共融资约 11.78 亿元，这可能与投资机构规避高估值的风险、可穿戴设备功能类似的疲劳感有关。

按照产品划分，智能眼镜相关产品得到了更多的投融资笔数，比如 AR/VR 眼镜、光感眼镜、运动眼镜等，共取得总数的 14%；排名第二的为智能手表和智能手环产品，占比为 11%，包含移动支付、智能定位、生物数据监测、体感游戏等；其他产品如智能服装、智能玩具、脖圈、智能手套、智能医疗产品、体感运动芯片等也有一定占比。

近期智能眼镜、虚拟现实眼镜是国内外获得投资金额较高的产品，另外，具备核心技术优势的企业也获得了更高水平的投资笔数和投资金额。

二、国际可穿戴设备进展

可穿戴设备技术的发展分为下列层级：个体识别和标识的信息技术，如电子病历；信息的监控和归档、个人信息安全的实现，如生理信息、健康相关行为；接收、执行系统命令，并对人体形成反馈；远程医学、虚拟现实的实现，具备远程监控能力。

基于上述层级技术的进化和发展，可穿戴设备技术是健康医疗互联网系统整体技术的发展和完善，包含系统架构、数字化信号处理与电子控制、信息安全、大数据处理、终端应用 APP 及材料、能源技术的综合协同发展。

在科技高速发展的推动下，包括可穿戴设备在内的新一轮智能硬件创新条件逐步成熟，AI 技术、传感器、5G 网络技术在可穿戴产品领域的应用发展前景尤为引人关注。

（一）AI 技术

人工智能（Artificial Intelligence，AI）是可以与健康管理硬件相匹配的交互技术。AI 的主要应用将在于两个方面：机器学习带来的更具个性化的人体数据处理；高效的语音、图像等识别能力。这两个方面的进步将有效应对人机交互目前发展遇到的瓶颈，促使包括可穿戴设备在内的新一轮智能硬件创新条件逐步成熟。

科技巨头不断增强与可穿戴相关 AI 技术的储备及应用，不仅仅用于人机交互，也用于提升可穿戴设备采集的数据价值。苹果近 5 年来已经收购十几家人工智能公司，利用 AI 技术服务于现有的产品，提升用户体验。例如，智能推荐音乐、新闻、餐厅等，人脸识别，识别陌生来电，分析产品反馈，Apple Watch 检测运动状态，日程表安排等。对 Apple Watch 来说，日益进步的 AI 技术将使其收集的数据有了用武之地，扩展更多健康、运动相关的应用领域，同时，也使交互方式更加自然、智能。

AI 技术在逐渐成熟的过程中，将对传统行业的核心生产经营流程进行持续的优化、革新、重构，许多传统应用领域将被颠覆。大数据有望在未来显著改变医疗方式。大数据技术对精确度的要求降低，不再一味追求因果关系而注重相关性的分析，使得海量无序的医疗健康大数据的价值不断提升。穿戴式设备贴近人体，是持续采集健康数据的最佳方式，有望成为医疗行业变革的直接推手。

（二）传感器

传感器是智能穿戴设备的重要部分，决定着设备的功能，传感器核心技术的逐渐改善将为可穿戴设备创造更多的应用场景。以 Apple Watch 为代表的可穿戴设备内含丰富的传感器，既包括加速度计、陀螺仪、气压高度计、环境光传感器等常规传感器，也包括心率等健康相关传感器。各大可穿戴企业积极围绕健康领域开发新型传感技术。华米正积极研发新型智能可穿戴传感技术，能够监测血压、胆固醇和血糖水平，将来有望推出能够追踪末梢毛细血管氧饱和度（SpO_2）的设备。

2018 年 2 月初，美国 FDA 批准人工智能手表 Embrace 上市，用于监控一类极为危险的癫痫发作，该手表能够一次性监测多个癫痫指标，其专利保护的电极活性（Electrodermal Activity，EDA）技术能定量检测与交感神经系统活性相关的生理变化，从而记录癫痫发作的时间，并能够给患者家属推送警报。这是美国 FDA 批准的首款应用于神经学领域的智能手表。2017 年 1 月，FDA 认证通过了 VivaLnk 公司的 Fever Scout 婴儿体温计，该体温计的主要特点是超薄、透气、柔软，可拉伸的贴片在使用时贴在皮肤上即可连续精准采集体温，并把数据推送至智能手表、手机等终端，还具备高温预警功能。

健康传感器迅速发展，可穿戴设备深入开展健康管理功能的时机已日趋成熟。心率、血氧、血糖、体温、汗液等传感器技术的工作效率、准确度等均有了进一步提升，并能够互相辅助以更完整地分析健康信息，有望加速可穿戴设备的普及。随着健康传感器的成熟，健康监控已成为很多可穿戴设备重点关注的方向，美国食品药品监督管理局（FDA）和中国国家药品监督管理局（NMPA）等近年来均十分重视移动医疗应用，已认证通过多款可穿戴设备，体现了可穿戴设备未来成为移动健康医疗的数据采集入口和核心节点的发展趋势。美国 FDA 器械和放射健康中心（CDRH）在 2017 年发布了“数字监控创新行动计划”，旨在制定和实施移动医疗领域的管理战略、政策和程序，有助于进一步促进可穿戴设备在该领域的不断创新。

（三）5G 网络技术

在后 4G 时代，现在的通信网络将无法满足“万物互联”技术和互联网的需求。5G 作为新一代的移动通信技术，具有高速率、低延迟和超高连接密度等特征，相比 4G 有了全方位的提升，是物联网的超级信息管道。国际电信联盟无线电通信局于

2015 年明确了大连接物联网、增强移动宽带、超高可靠与低延迟通信是 5G 的 3 类典型应用场景。未来预计接入 5G 网络的设备将会有千亿量级。可穿戴设备的 AR、VR 是在 5G 传输的高速率的前提下达到的；医疗级健康管理类可穿戴设备的基本要求是通过 5G 的超高可靠性和低时延性完成的；提升可穿戴设备的续航时间有望于 G 技术的低功耗。预计不久的将来，5G 将实现商用，与物联网高度融合，而穿戴设备作为连接人与物的物联网的接口将迅速普及。

健康管理类设备在 5G 物联网时代扮演着重要角色，其是物联网的重要入口，设备种类也将趋于多元化。在 5G 的推动下，健康管理类设备销量增长可期，同时具备更多智能功能的设备占比也将显著提高。

可穿戴设备行业具有成长性很高、引入技术创新快、推动产业结构升级转换、带动扩散经济增长四大关键特征，目前虽然规模不大但增长飞速，有望在未来成为主导产业。对于产业的生命周期来说，先导产业处于初创期，主导产业处于成长期，支柱产业处于成熟期。当前可穿戴设备是先导产业，行业规模不大，将迅速发展成为主导产业，并最终成为未来的支柱产业。

首先，可穿戴设备行业是高成长性的行业。随着经济水平的不断提升，大众对于自身的健康状况愈发重视，在不少人眼中，医院的使命就是治病救人。而可穿戴设备，瞄准的却是健康人，而非“患者”。2016 年大健康观念开始出现，主要针对“无病即健康、病愈即健康”的小健康理念。健康卫生工作应由以治病为中心向以健康为中心转变，由疾病治疗向健康管理转变。但是，管理自我健康此前并没有好的工具和手段。而可穿戴设备的出现，完美地契合了市场上的这个需求。

其次，可穿戴设备行业具备主导产业应有的四大特征。可穿戴设备行业充分吸收了上游行业如电源、传感器、柔性电路等的最新成果，成功地加速了上游元件的节能化、微型化、可定制化。同时，行业的发展将会吸引其他的产业链企业如算法解决方案供应商、平台应用供应商等将业务延伸到该行业中来。

同时，可穿戴设备作为消息通知器和数据收集功能的强化，这种产品定位已具备与物联网相融合的雏形。与物联网融合这一领域可穿戴设备还有许多发展空间。当前，智能设备如智能手机等接入物联网时触发其他物联网中设备的动作更多地依赖于用户操作，但可穿戴设备的接入则可使之自动化。例如，糖尿病患者使用智能手机查看智能血糖仪上的血糖数据后，需要通过线下医生的医嘱来调整用药水平，但是当可穿戴设备融入物联网之后，智能血糖仪可以实现根据用户的血糖发展水平，通过线上 AI 辅助诊断系统自动为患者调整用药水平。此类物联网产品组合带来的用户体验将极大地促进可穿戴设备和其他物联网产品的共同发展。

截至 2018 年，全球 TOP20 机构（三星公司、苹果公司、LG 公司、谷歌公司、微软公司、高通公司、索尼公司、英特尔公司、艾立夫公司、荷兰皇家飞利浦电子公司、雅虎公司、摩托罗拉公司、卡西欧日立移动通信有限公司、广东 OPPO 公司、诺基亚公司、东芝公司、黑莓公司、国际商业机器公司、松下公司、联想公司）的可穿戴设备技术研究重点领域集中在数据的输入输出装置、诊断测量、数据处理方法、分局设备、通信系统、无线网络、设备零部件、光学系统及信号传输系统等方面。

截至 2018 年，全球 TOP20 机构申请的专利均在数据输入输出装置、通信系统和信号传输系统方面进行了技术布局，其中三星公司和 LG 公司较为注重可穿戴设备的数据输入输出装置技术领域，在该领域布局的专利占比达到 30%。除了以上几个重点技术领域外，TOP20 机构对于技术布局还各自有所侧重：谷歌公司比较侧重于光学系统的技术研发，关注热度与数据输入输出技术领域持平；高通公司侧重于在无线通信网络方面进行技术布局；雅虎和微软公司在数据处理、零部件方面进行了专利布局；卡西欧日立移动通信有限公司在分局设备方面进行了大量专利布局；三星公司、LG 公司、松下公司和索尼公司还在电视系统零部件方面进行了相关专利布局。

美国互联网巨头公司及新兴创业类公司也加入其中。例如，Datapult 公司的 Achu。其利用特有的算法分析 Fitbit 采集的有关步伐、睡眠、活动、心率等的数据，并与数据库匹配，在疾病发生之前提醒消费者他们的身体可能会发生哪些疾病。

2017 年 12 月 1 日，美国 FDA 认证通过 Apple Watch 的第一个医疗级配件 AliveCor 的 Kardia Band 表带。用户可以通过按压表带上的传感器就能得到实时的心电图，用于检测异常心律和心房颤（AFib）等心血管疾病，并能将记录发送给医生以获得专业建议。

2016 年 12 月，FDA 扩大批准了 Dexcom G5 移动连续血糖监测系统的使用，允许其在 2 岁及以上的糖尿病患者中替换指尖针刺血糖测试来决定糖尿病的治疗方案。这是第一个 FDA 批准的连续血糖监测系统，可用于进行糖尿病治疗决策，而无须用传统的手指针刺测试进行确认。在此次批准之前，Dexcom 公司的该套仪器是作为传统手指针刺血糖测试的辅助仪器使用的。该监测系统可以实时推送数据至患者的 Apple Watch，以方便及时掌握血糖状况。

表 7-2 为部分通过 FDA 认证的可穿戴设备清单。

表 7-2　部分通过 FDA 认证的可穿戴设备清单

时间	设备名称	设备功能
2017 年至今	Empatica 的智能手表 Embrace	监控一类极为危险的癫痫发作
2017 年至今	KardiaBand 表带	检测异常心律和心房颤动
2017 年至今	RootiCare 可穿戴连续心电监护平台	对患者生命体征进行简单、准确的记录
2017 年至今	FreeStyle Libre Flash	持续测量和监测血糖水平
2017 年至今	Symbicort 气雾剂吸入器监测设备	移植入患者吸入器中的装置，监测并鼓励患者的用药依从
2017 年至今	BlueControl 可穿戴光疗设备	将蓝色的 LED 光送达皮肤，控制轻度银屑病症状
2017 年至今	Oxitone 1000 手腕式脉搏血氧饱和度测定仪	测量血氧饱和度和脉率，已达指尖监测精度
2017 年至今	CARDEA SOLO 心电图 (ECG) 感测穿戴装置	装在皮肤电极贴片内部，能连续记录多达 7 天的心电图数据
2017 年至今	FeverScout 儿童智能体温计	近远程 24 小时不间断儿童体温追踪
2017 年至今	Gare Taker Medical 连续血压监测仪	通过可穿戴设备形式连续测量血压和心率
2017 年至今	金亿帝电子血压计	戴在手腕上监测血压，通过蓝牙连接智能手机
2017 年至今	Zoll 可佩戴式体外除颤器	通过监视用户的心律以寻找室性心动过速或心室纤颤的征兆
2017 年至今	TAP100 可穿戴采血装置	一键快速且无痛地完成采血过程
2016 年	Dexcom G5	移动连续血糖监测系统
2016 年	FreeStyle Libre Pro	敷贴在上臂的圆形传感器监测葡萄糖数据
2016 年	Triggerfish 互联隐形眼镜	监控青光眼患者的眼压变化
2016 年	MoMe Kardia 远程患者监控系统	以项链或皮带附件检测心电图、呼吸和运动来探测心律失常
2016 年	Quell 可穿戴止痛仪	通过刺激神经使大脑释放出自然阿片肽来缓解慢性疼痛
2016 年	AVIVO 移动患者管理系统	可穿戴传感器连续检测和记录心脏病患者的数据
2016 年	iHealth 血压记录监测仪	可与手机连接的血压袖带监测血压

续表

时间	设备名称	设备功能
2016 年	Propeller 智能药物吸入器	用药跟踪，自动记录患者每次使用它的时间和地点
	Quell 疼痛缓解治疗仪升级版	通过传感器刺激小腿神经末梢以缓解疼痛，追踪身体活动
	SimpliECG 内衣	远程心电监测
	Masimo 前额式血氧监测仪	粘在额头上的 TFA-1 传感器使用脉搏血氧测量技术监控患者

可穿戴设备当前重点领域有以下 3 个研究热点。

一是设计理念，以“设计（Design）”或“制造（Fabrication）”等关键词为代表的聚类群。电子产品的外形设计影响产品的市场受欢迎程度，当前大都以美观和简约为主。相信未来可穿戴设备的发展形态将会随着民众的需求和科技的进步持续发展，更加轻便快捷。

二是技术性能，以“传感器（Sensors）”或“性能（Performance）”等关键词为代表的聚类群。传感器是可穿戴设备采集数据的部件，传感器收集的数据通过核心处理器进行数据处理，再反馈给穿戴者。当前可穿戴设备使用的传感器作用一般为运动感知、生理参数检测或者环境感知，设备设计的思路是以集成化为主，多种传统单一的传感器进行功能堆砌，但相对单一。医疗可穿戴设备对于传感器的要求会更高，用户需要得到专业的诊疗信息，因此需要功能更加专业和多样化的复合新型传感器。

三是能源储存装置，以“薄膜（Films）”“石墨烯（Graphene）”“碳纳米管（Carbon Nanotubes）”等关键词为代表的聚类群。能源储存装置属于可穿戴设备的核心部件，能源储存装置的优劣直接影响到电子产品使用的方便与否。当前的储能装置中超级电容器展现可观的潜力，其具备高功率密度和较长寿命的特点，当前超级电容器领域已应用如石墨烯、石墨烯泡沫（GF）、碳纳米管 /MnO_2 纳米管等新材料。

可穿戴设备产品依然处于发展期，科技和功能都需要持续研发改善，但市场潜力巨大，依照当前消费者的热情，未来可穿戴设备市场将急遽发展，主要的趋势如下。

（1）独立运行系统。目前上市的绝大部分可穿戴设备依托智能终端如手机进行数据处理，如需进一步发展，实现真正的便携性，需要开发独立的运行系统。

（2）低耗续航高集成技术。可穿戴设备的特点是便携，因此要求其组成部件具备低耗续航高集成的能力，才能方便消费者使用，无论是能源储存装置还是传感器都需要往这个方向发展，需要重点关注。

（3）人机交互技术。目前可穿戴设备采用的方式有语音、触觉、动作及新型的脑或眼球交互，可以去除地域文化差异，更加快速准确地传递信息。可穿戴设备未来是人与物联网的接口，如何提高人机交互水平，使得人机交互更加智能化、人性化必然是未来研发的方向。

（4）大数据和云计算技术。可穿戴设备未来的发展趋势定然不是现有的收集、显示数据功能，而是需要分析采集到的数据，给予用户客观、有意义的建议。联通大数据、采用云计算技术是当前信息处理发展的主流方向，可以充分、深入、专业地分析数据，并能和大数据进行比对，给予消费者个性化建议。

2018 年，几款新型可穿戴设备包括：佩戴在手指、手和手腕上的智能手套 MANOVIVO 和 BEND 医用指夹板、Dab 心脏活动检测器，Sit & Stand 免提助行器及适用于暂时性脚踝或腿部受伤的人士，Vipose 孕妇提醒腕带，Art4leg 3D Printed 假肢及世界上第一个经 FDA 批准的真正的无线 TENS 治疗设备。

三、国内可穿戴设备进展情况

可穿戴技术虽然出现在国内较晚，但发展的速度却并不比国外有太大的差距，这源于当今互联网的高度发达。基于互联网和物联网技术发展的可穿戴设备，特别是移动医疗设备受到不同人群的青睐。据调查数据显示，2016 年年底中国移动医疗健康市场规模达到 74.2 亿元；2018 年，中国移动医疗健康市场规模达 184.3 亿元。当前，中国移动医疗健康市场在挂号、轻问诊领域逐渐已被巨头垄断，资本活跃度有所降低；但在医药电商、诊疗服务平台、健康管理等细分领域，仍存在大量市场空间。

目前，国内的可穿戴设备企业最大的聚集地是深圳，此外，北京、上海、苏州和成都均有可穿戴设备企业遍地开花。华为、小米、中兴、盛大、百度等国内企业的产品覆盖智能腕带、智能手表、智能眼镜等。小米参股公司、国内最大的可穿戴设备公司华米科技也在人工智能应用领域积极发力。2016 年，华米科技成立了人工智能实验室，负责在云端搭建运动与健康大数据深度学习平台，并在2017年与第三方合作开发基于深度学习的可穿戴芯片。华米定位为一家人体数据公司，基于巨大的设备销量，积累了海量的用户数据，促使华米在2017年将运动及健康医疗大数据业务全面转向由AI技术驱动。2017年4月，华米推出首款人工智能手环（AMAZFIT米动健康手环），可通过心电信号进行生物特征识别。华米的招股说明书披露，华米人工智能实验室将开源软件和强大的专用软件结合，搭建了一个企业级的平台，实现数据管理、机器学习和高级分析。平台上还有许多应用程序，涉及疾病诊断、睡眠监测、运动健身和生物识别等领域，构成一个充满活力的生态系统。

我国企业布局不充分，专利数量少，极大概率使得我国的智能手表产业落后于美、日、韩等国家的发展。当前智能家居、移动医疗等的应用市场逐渐增加，智能手表类可穿戴设备市场前景广阔，这些为中国创新主体实现稳步快速发展提供了重要机遇。我国应该充分利用已在互联网、移动通信等领域形成的全球竞争力，激励行业内的龙头企业加强基础研究、提升自主创新能力，激发中小型企业创新热情的同时增强其知识产权保护意识，加紧进行专利布局，力争在智能手表的国内与国际市场占据一席之地，同时也为其他类别的可穿戴设备打好坚实的技术基础。

目前，国内可穿戴的医疗器械设备公司有华米、苏州博思、索思医疗、成都云卫康医疗、北京医迈和脉极客等，所研发的产品主要应用于动态心电的监护及血氧饱和度和心率的监护。产品均已取得相关部门的认证。

可穿戴设备在未来的一段时间内发展前景依然广阔。可穿戴设备新技术主要发源于美国、韩国等电子科技强国，我国产品的生产主体、核心竞争力、应用程度、配套产业链等方面均较为落后。传感器新技术、产品的设计理念、能源储存装置技术是当前可穿戴设备的研究热点，低耗续航高集成技术、系统的独立性、大数据与云计算技术、人机交互技术等是其发展的趋势。可穿戴设备设计、功能和管理等方面尚存在很多不足，行业处于发展阶段，但由于其技术新颖，前景巨大，必然成为下一个物联网的发展趋势。可穿戴设备会随着科学技术的不断发展更好地满足用户的需求，提供更为优质的服务。

可穿戴设备汇集形成的数据资产将成为其他行业的价值源泉。其对用户进行连续的数据监测，这一强连续性数据库将成为未来最具价值的数据库，联合云计算技术和大数据技术，这一数据库将成为所有企业关注的焦点。例如，可穿戴设备健康云数据库，可以为用户提供自动诊断并提供专业的医疗建议，并且随着数据的增加，服务有效性可以不断提升，可降低医疗风险，逐渐提高行业壁垒。今后可穿戴设备的硬件配置和技术细节上的差异会随着行业的发展越来越小，因此可穿戴设备行业未来的发展是为用户提供个性化的服务来创造收入。未来的健康管理会不断适应时代发展、社会需求与疾病谱的改变，在各项指标持续变化时，基于人工智能的风险模型就可以绘制出专属个人的健康画像。

四、可穿戴设备前景与展望

目前，我国的可穿戴设备仍然在产业发展初级阶段，其众多产品的实际作用由于产业环境和产品服务的原因，无法真正发挥，使患者的需求无法得到真正的满足。因此，除改进产品质量外，积极改善产业环境和产品服务也至关重要。可穿戴设备应更加针对具体病种、具体人群。这有利于数据的收集和处理。便于医生与患者基于数据进行交流，真正地帮患者减轻病痛，解决疾病问题，同时提高医生工作效率。随着移动医疗平台的快速发展，未来的可穿戴设备必将实现与云端互联，各数据可实现互通共享，各患者可实现“云端数据集成化”，医生远程即可开立药物、提出诊疗建议等。因此，可穿戴设备所产生的数据云端化，将会是未来重要的发展方向。

对于可穿戴设备来说，运动数据收集、建立运动排行榜和扩大交友渠道等用户的交互体验，极大地增加了用户的使用黏性。可穿戴设备同样如此，应该注重患者医学类的交流，增强互动体验，更加深入地传递可穿戴设备的医学价值。

可穿戴设备作为移动医疗重要的组成部分，需要量化医学诊断价值，让数据真正体现出作用，让医生通过远程诊断即可为患者提出初步处理意见。总体来说，将远程诊断和可穿戴设备有机结合起来，才会有更迅猛的发展。随着可穿戴设备快速发展，可穿戴设备厂商的盈利模式将会从传统的硬件销售，逐渐向挖掘诊断价值、数据价值、医学价值和服务价值的新模式转变，这将会进一步推动可穿戴设备的快速发展。

伴随我国人口数量增长、老龄化加剧、居民健康意识增强、支付能力提高及政府医疗改革的深入推进，国内医疗健康市场需求持续增长，进而推动医疗器械市场规模不断扩大。此外，医疗器械技术不断突破及“互联网+”向医疗器械领域的深层次渗透，信息技术融入医疗设备领域，进一步激活了可穿戴设备市场，使其成为整个医疗器械市场中发展最为突出的领域之一。

综合来看，无论是在市场规模、市场占有率，还是在功能应用水平上，国内可穿戴设备均尚处于中前期的快速发展阶段，未来发展前景良好；数据分析将成为可穿戴设备发展的核心，信息技术的深入渗透将带动可穿戴设备的广泛应用；家用型可穿戴设备凭借广阔的市场需求，将成为未来市场应用最大的主体部分。

参考文献

[1] 张建锋 . AI 在医疗器械行业中的现状 [J]. 电子技术与软件工程，2019（6）：246.

[2] 朱婧 . 国内外可穿戴行业发展动态与趋势 [J]. 广东科技，2015（14）：17–20.

[3] 池芬，张世玉，赵旸，等 . 基于爆发词检测的健康医疗可穿戴设备技术机会分析 [J]. 中华医学图书情报杂志，2018，27（3）：41–46，67.

[4] 廖显辉 . 基于健康管理的可穿戴式智能设备发展桎梏及未来路径 [J]. 体育科技文献通报，2019，27（5）：144–145，148.

[5] 高芳，赵志耘，张旭，等 . 基于专利的全球可穿戴设备竞争态势分析：以智能手表为例 [J]. 电子产品世界 . 2015（7）：24–26.

[6] 韩晓鹏，梁振士，魏国胜，等 . 健康与医疗领域可穿戴电气设备的标准化工作探讨 [J]. 医疗装备，2017（9）：37–38.

[7] 徐令仪，汪长岭，毛靖宁，等 . 可穿戴技术在生理信号监测中的应用和发展 [J]. 中国医疗设备，2018（3）：118–120，135.

[8] 闫亚飞，王溯，陈小莉，等 . 可穿戴设备国际专利技术研发态势分析 [J]. 新材料产业，2016（12）：8–16.

[9] 黄小民 . 可穿戴设备应用康复医学的研究 [J]. 电子技术与软件工程，2019（11）：195–196.

[10] 封顺天 . 可穿戴设备在医疗健康领域的关键技术及应用场景分析 [J]. 电信技术，2016（5）：32–34.

[11] 孔祥溢，王任直 . 可穿戴医疗设备在医疗实践中的发展与作用 [J]. 医学信息学杂志， 2017（6）：7–12.

[12] 庹兵兵，沈丽宁，徐彪 . 美欧移动医疗项目推进与监管措施探析 [J]. 中国医院管理，2016，36（2）：78–80.

[13] 高放，任轶，李爽 . 欧美可穿戴医疗器械技术发展和监管进展研究 [J]. 中国医药导刊，2016，149（3）：109–110.

[14] 陆羽 . 我国医疗器械监管方式及存在问题的浅析 [J]. 临床医药文献电子杂志，2019（11）：186.

[15] 金国强 . 医疗器械质量监管国际比较研究 [J]. 中国市场监管研究，2018（8）：72–77.

[16] 意法半导体 . 用于可穿戴设备的传感器技术进展 [J]. 中国集成电路，2017（4）：81–85.

第八章　质子重离子治疗系统

一、质子重离子概述

射线以波或粒子的形式穿过空间或物质并释放能量（医学上用于杀灭肿瘤），与电子中的辐射统称为粒子，如质子和碳离子（也称重离子）；比氦更重的叫重离子，常用的是碳，因此，重离子放射治疗也常称为碳离子放射治疗。目前，以质子和碳离子放射治疗为代表的离子放射治疗技术已经成功用于治疗癌症，是先进的放射治疗方式，也被称为“质子刀”和“重离子刀”（图 8-1）。

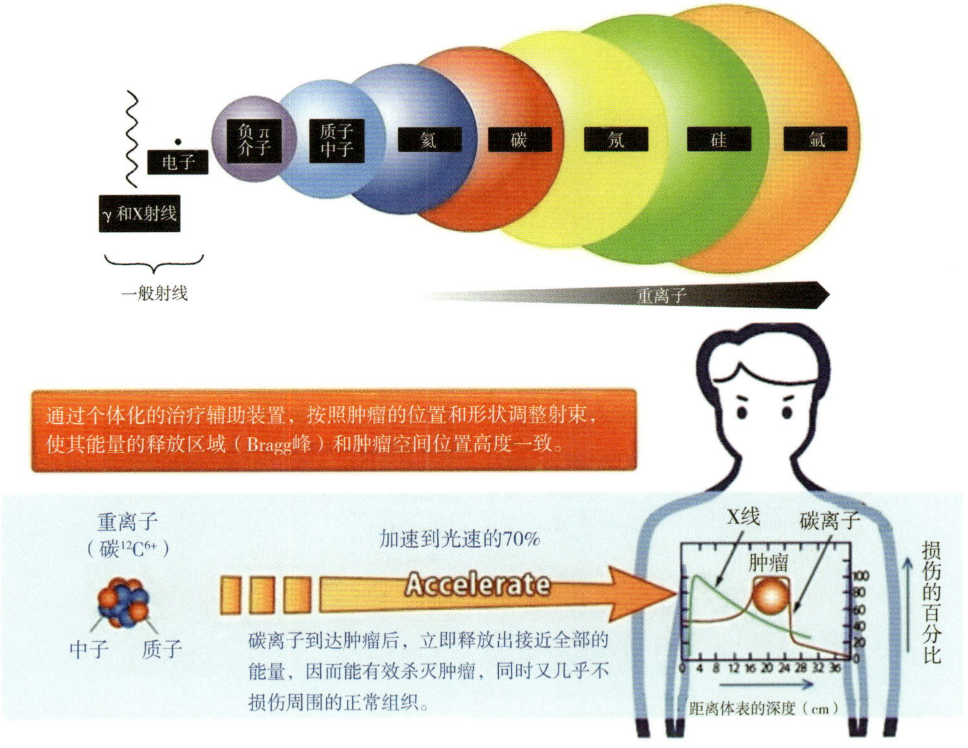

图 8-1　一般射线与重离子的区别示意

放射治疗在肿瘤治疗中扮演着非常重要的角色。根据 WHO 的统计，约 45% 的肿瘤是可以治愈的，其中约 40% 是通过放射治疗治愈的。据国家癌症中心数据显示，我国每年新增恶性肿瘤患者 430 万例，有 280 万人因罹患肿瘤而死亡。手术、化疗和放射治疗是恶性肿瘤的 3 种主要治疗方法，目前，大约 60% 的肿瘤患者需要不同程度地接受放射治疗。

目前，国际公认先进的放疗技术是质子重离子治疗技术，主要运用"布拉格峰"的能量释放轨迹，即同步加速器加速质子或碳离子至约 70% 的光速时，引出离子射线射入人体，射线能量在到达肿瘤病灶前释放不多，但是到达病灶后会瞬间释放大量能量，治疗能够避开照射正常组织而单独对肿瘤病灶进行强有力的照射，是针对肿瘤的"立体定向爆破"，可以实现疗效最大化（图 8-2）。

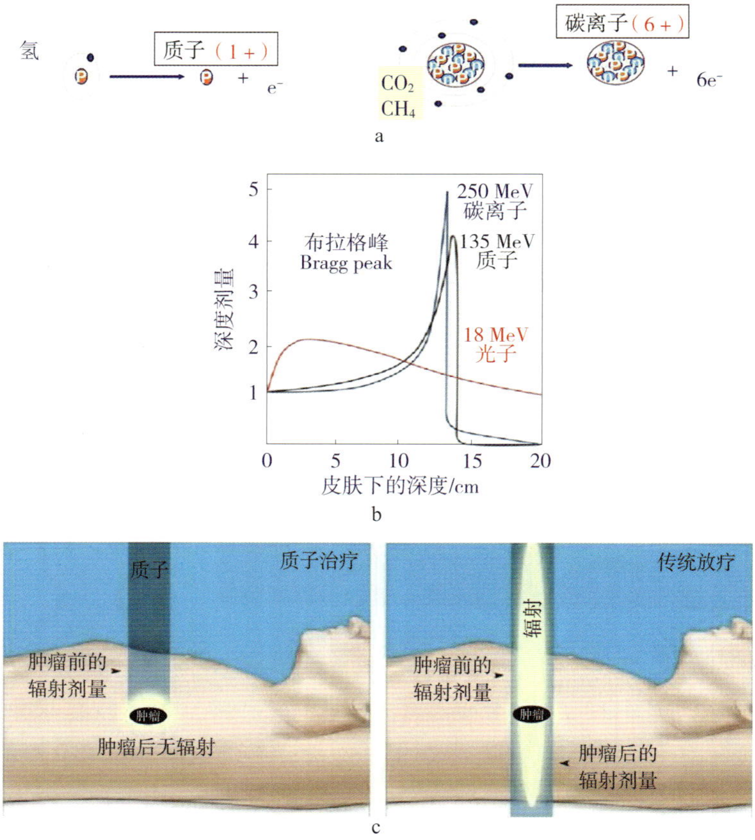

图 8-2　质子重离子治疗肿瘤基本原理示意

质子质量为 1.67×10^{-27} kg，带正电荷 1.60×10^{-19}c，用于放射治疗的质子能量区间为 5 MeV ≤ E ≤ 300 MeV；而碳离子是质子质量的 12 倍，带 9.60×10^{-19}c 正电荷，用于放射治疗的质子能量区间为 85 MeV ≤ E ≤ 430 MeV。相较于传统放射治疗射线在记录分布上更具明显优势，并且重离子治疗以肿瘤 DNA 双链断裂为主，对肿瘤的杀灭效果更强。高能 X 射线和质子属于 LET 射线，放射损害的是 DNA 单链断裂，这种损伤是可以被修复的；直至生物效能高于 X 射线，碳离子是高能 IET 射线，70% 的是 DNA 双链断裂，这种损伤是不能被修复的，因此，杀伤肿瘤的生物效应更强，是光子和质子的 2 ～ 3 倍。

碳离子射线兼具物理学及生物学特效，与常规放射治疗射线相比，在射程曲线末端形成高剂量的布拉格峰而沿途剂量沉积较小，治疗过程可实现对肿瘤的“立体定向爆破”，能够对肿瘤病灶进行强有力的照射，同时又避开照射正常组织，实现精准和疗效最大化。碳离子技术适应证广，特别适合于不宜手术、对常规射线不敏感等难治肿瘤的治疗，被誉为安全、精准、高效的癌症治疗“无创手术刀”(图 8-3)。

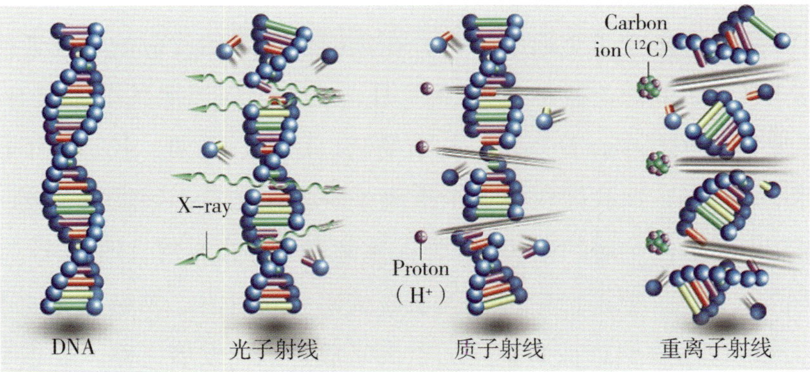

图 8-3　光子、质子、重离子射线对肿瘤 DNA 杀伤生物效应示意

1946 年 Wilson 提出质子治疗，1954 年美国 Tobias 进行了世界上首例质子治疗，1990 年美国 LOMALINDA 医学院安装了世界上第一台专为患者设计的肿瘤质子同步加速器 CONFORMA 3000。据国际粒子（质子）治疗协作委员会（PTCOG）统计，截至 2018 年年底，全世界有超过 22 万患者接受了粒子治疗，其中约 19 万人采用的是质子治疗，约 2.8 万人采用了碳离子治疗，约 3500 人采用了其他粒子进行治疗。

目前，全球范围内现有重离子治疗系统 13 套，分布在日本、德国、奥地利及中国的上海、甘肃和山东。重离子治疗设备普遍的特点为造价高昂，通常都在20亿～30亿美元，并且运行维护的成本同样昂贵，即使是小型质子治疗设备，其造价也在2亿～3亿美元，并且技术和产品基本都掌握在国外企业中。由中国科学院近代物理研究所研发的碳离子治疗系统具有完全自主知识产权，是目前国内唯一掌握碳离子治疗系统法规、性能、电气安全、电磁兼容、环境试验等标准和碳离子治疗系统设计、研发和制造技术的团队，我国成为继美国、日本、德国后第四个实现碳离子治疗肿瘤的国家。

二、质子重离子治疗系统的市场状况

（一）国际质子重离子治疗系统市场状况

在全球范围内，以中国、日本、韩国、印度、新加坡、俄罗斯、澳大利亚为代表的亚太及周边地区总人口达30.55亿人，保守估计每年新发癌症占全球新发癌症病例数的46.9%，至少17.7%的放射治疗患者可以从重离子治疗中获益，然而目前只有不到1%的患者接受了重离子治疗。在美国，23%的放射治疗患者接受过重离子治疗。据PTCOG统计，截至2018年7月，亚太及周边地区国家仅有22个质子中心，且主要集中在日本，日本以外的市场缺口巨大，例如，我国每年新发癌症患者数占全球的21.8%，而我国仅有3个重离子中心在运营；印度及中亚、东亚地区每年新发癌症患者数占全球的24.0%，暂无重离子中心在运营（图8-4）。

随着美国、日本、德国、中国等国家在重离子放射治疗领域研究的不断深入，世界各国和地区也纷纷跟进探索本国的重离子放射治疗发展之路。如俄罗斯、意大利、英国、法国、瑞士、韩国等都建成并运营了粒子放射治疗机构。国际上重离子治疗设备厂商，日本企业主要有日立、东芝；德国企业主要有西门子，因西门子业务调整，目前已取消重离子放射治疗业务。

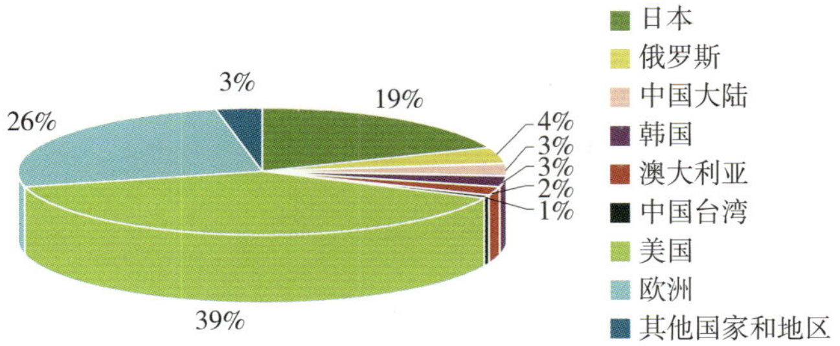

图 8-4 全球质子治疗中心占比情况

全球重离子治疗中心数量自 2000 年起呈现指数型增长。根据 PTCOG 数据，目前全球运行的重离子治疗机构共有 93 家，其中质子为 80 家，碳离子为 13 家。全球重离子治疗系统运行情况如表 8-1 所示。

表 8-1 全球重离子治疗系统运行情况（数量）

单位：家

	国家 / 地区	碳离子	质子	总计
1	美国	0	30	30
2	日本	6	14	20
3	德国	2	6	8
4	俄罗斯	0	4	4
5	意大利	1	3	4
6	英国	0	3	3
7	荷兰	0	3	3
8	法国	0	3	3
9	中国大陆	3	2	5
10	韩国	0	2	2
11	奥地利	1	1	2
12	波兰	0	1	1
13	瑞士	0	1	1
14	瑞典	0	1	1
15	加拿大	0	1	1
16	中国台湾	0	1	1
17	丹麦	0	1	1

续表

	国家 / 地区	碳离子	质子	总计
18	印度	0	1	1
19	南非	0	1	1
20	捷克共和国	0	1	1
总计		13	80	93

数据来源：PTCOG，统计时间截至 2019 年 5 月。

全球范围内质子重离子治疗中的质子疗法市场预计 2019—2024 年将以 15% 的复合年增长率（CAGR）扩张。数据表明，预计在不久的将来（2019—2024 年），接受粒子治疗的癌症患者数量的增加将推动粒子治疗市场的发展。

质子疗法的普及程度在全球范围内持续上升。事实上，质子治疗市场正在步入 2024 年成为价值数十亿美元产业的轨道。质子治疗中心的数量在全球范围内不断增加，特别是小型集成化质子系统及单室系统的推出，加快了质子中心数量的增长(图 8-5)。对质子治疗需求的增加促使世界上许多著名的癌症中心提供质子治疗。预计全球质子治疗中心的数量将逐年增加，这反过来将促使更多的临床研究、更专业的临床医生理解，以及患者对其好处的更多认识将有助于推动质子治疗市场的进一步的增长。

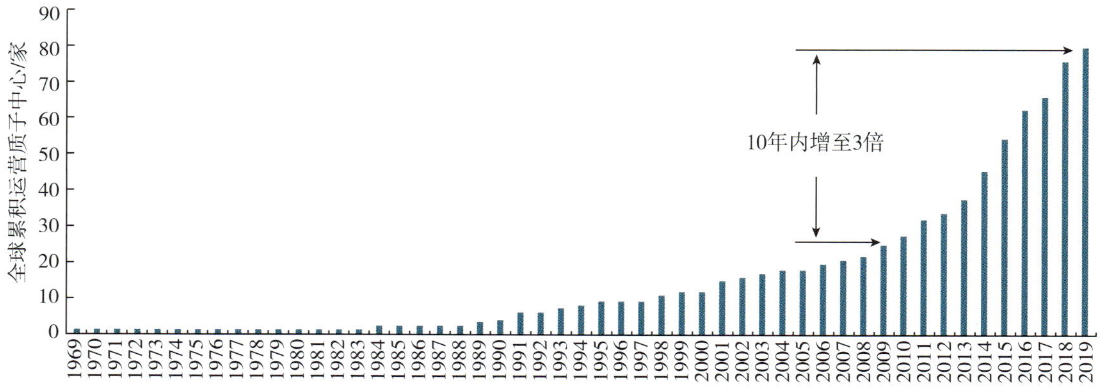

图 8-5 全球质子治疗中心累计运营情况

1. 美国市场发展概况

美国重离子医疗建设以质子系统为主，暂时没有建设碳离子治疗系统。美国占据了质子疗法市场最高的份额并且很可能在整个预测期内保持其主导地位。美国保留了最多的质子治疗中心，许多处于发展阶段或正在建设中。美国的质子癌症治疗，在2000年后发展极为迅速。美国第一家质子治疗中心是加州的LomaLinda大学医院，于1990年投入使用。截至2019年6月，美国共有30家质子治疗中心，并且有多个在建或规划项目。在美国，质子治疗的价格昂贵，因此，多家质子治疗中心与医疗保险商合作，设计保险赔付计划，以减轻患者的经济负担。

2. 日本市场发展概况

预计在2019—2024年，亚洲质子治疗市场将以两位数的速度增长。亚洲约占世界人口的60%，占全球癌症负担的一半。由于人口老龄化和不断增长的人口、生活方式和社会经济变化，预计到2030年癌症病例的发病率将增加到近1100万人。因此，亚洲地区为质子疗法提供了巨大的市场机会，日本是亚洲质子疗法的领先市场。

但日本的情况与美国不同，日本不仅发展质子治疗系统，而且重点发展碳离子治疗系统。在日本共有20家粒子治疗中心，其中14家为质子治疗中心、6家为碳离子治疗中心，另有2家碳离子治疗中心正在建设中。

3. 欧洲市场发展概况

2017年，欧洲质子疗法市场比2010年增长了2倍多。质子疗法目前在欧洲被用来治疗身体内的实体肿瘤，特别是脑、脊柱、前列腺和胃。欧洲国家计划在未来几年内迅速增加质子束疗法的供应，德国、意大利、瑞典和法国都在建立新的中心。2019—2024年，欧洲质子疗法市场可能会以两位数复合增长。

以德国为例，德国目前有8家重离子治疗中心，其中海德堡大学医院重离子中心（HIT）和马尔堡重离子中心（MIT）兼有碳离子和质子治疗。德国碳离子治疗设备由西门子提供。2004年，西门子收购了丹麦重离子加速器制造商Danfysik的医用加速器部门，以此进入了放射医疗领域，并与亥姆霍兹碳离子研究中心（GSI）共同建造海德堡大学医院碳离子治疗设备，此后，西门子独立建造了马尔堡大学碳离子中心的加速器。

①海德堡大学医院重离子中心。德国较早就开始了碳离子癌症治疗的研究。1997—2009年，400余名癌症患者在达姆施塔特的德国重离子研究协会（亥姆霍兹碳离子研究中心的前身）接受了碳离子治疗。临床试验结束后，海德堡大学医院接

手了这部分业务，于2009年正式开始碳离子治疗中心的商业化运作，成为德国首家同时提供质子和碳离子治疗的癌症中心，平均每年有700名患者就诊。

②马尔堡大学医院重离子中心（MIT）。该中心于2015年10月开业，成为欧洲第三家同时提供质子和碳离子治疗的癌症中心。截至2018年11月，已有684位患者接受治疗。

4. 其他国家和地区发展概况

法国有3家质子碳离子治疗系统，分别位于尼斯、奥赛、里昂、图卢兹和卡昂。其中，尼斯（CAL/IMPT）、奥赛（CPO）为质子治疗设施，而卡昂除了现有的质子加速器（CYCLHAD）以外，正在建造碳离子治疗设施（ARCHADE），计划于2023年投入使用。意大利位于帕维亚的CNAO碳离子设备的机构，于2011年开始运作。奥地利维也纳新城的MedAustron碳离子治疗中心，于2016年投入使用，共有4个治疗室。韩国釜山正在建设的韩国碳离子医疗加速器（Korea Heavy Ion Medical Accelerator，KHIMA），将采用本国技术。如果一切顺利，将在2023年完工。中国台湾地区目前的质子医疗机构主要是台湾林口长庚纪念医院质子暨放射治疗中心和台湾高雄长庚纪念医院质子治疗中心。台北荣民总医院2018年4月宣布订购日立碳离子医疗系统，这也是日立首次出口此类设备。

（二）国内质子重离子治疗系统市场状况

早在20世纪90年代中期，我国就开展了“重离子治癌技术的研究”攀登计划项目和“等离子致癌的前期研究”科技部重大基础专项。经过20多年的研究，目前，我国自主研发的大型质子放射治疗设备已进入临床试验阶段，例如，中国科学院上海应用物理研究所研发的质子放射治疗示范装置，2015年落户上海瑞金医院质子中心，目前已完成设备安装调试，正在进行临床试验。

2016年10月，“基于同步加速器的质子放疗系统研发”和“基于超导回旋加速器的质子放疗装备研究”两个项目获得国家重点研发计划“数字诊疗装备研发”重点专项的立项支持，计划打造优质国产质子放射治疗产品。

根据PTCOG网站显示，目前国内运营中的质子治疗系统1套，质子+碳离子治疗系统系统1套，在建碳离子治疗系统2套。其分布情况如表8-2所示。

表 8-2 中国运营及在建的重离子设施

设施名称	重离子类型	Mev	开始治疗时间	备注
山东淄博万杰质子治疗中心	质子	C230	2004 年	2009 年已停运
上海质子重离子医院	质子 / 碳离子	S250 S430/u	2014 年	质子 + 碳离子
台湾高雄长庚纪念医院质子治疗中心（永庆尖端癌症医疗中心）	质子	不详	2018 年 10 月	运营中
台湾林口长庚纪念医院质子暨放射治疗中心	质子	不详	2015 年 11 月	运营中
武威重离子医院	碳离子	S400/u	待定	预计 2020 年开始治疗
兰州重离子医院	碳离子	S400/u	待定	在建
河北涿州一洲国际质子医学中心	质子	不详	待定	在建

上海质子重离子医院引进西门子质子重离子设备，2015 年 3 月，国家食品药品监督管理总局向上海碳离子医院颁发了国内首张碳离子系统设备进口注册证。

武威重离子医院的碳离子治疗系统于 2019 年 9 月 29 日获得国家药品监督管理局批准，这是首次批准注册的国产碳离子治疗系统。

山东淄博万杰质子治疗中心是中国第一家质子治疗中心，拥有四维 PET、3.0 核磁共振、64 排 128 层 CT 等高尖端诊断设备。

（三）国内质子重离子治疗系统配置注册与审批情况分析

1.《质子碳离子治疗系统临床评价技术审查指导原则》

为加强医疗器械产品注册工作的监督和指导，进一步提高注册审查质量，国家食品药品监督管理总局组织制定了《质子碳离子治疗系统临床评价技术审查指导原则》。

2.《质子和重离子加速器放射治疗技术管理规范（试行）》

为规范质子和重离子加速器放射治疗技术的临床应用，保证医疗质量和医疗安全，制定《质子和重离子加速器放射治疗技术管理规范（试行）》。规范为技术审核机构对医疗机构申请临床应用质子和碳离子放射治疗技术进行技术审核的依据，是医疗机构及其医师开展质子和碳离子放射治疗技术的最低要求。

3.《质子和重离子加速器放射治疗技术管理规范（2017年版）》和《质子和重离子加速器放射治疗技术临床应用质量控制指标（2017年版）》

2017年2月14日，国家卫生计生委办公厅为规范质子和碳离子加速器放射治疗技术的临床应用，保证医疗质量和医疗安全，制定以上规范和指标，废止了《质子和碳离子加速器放射治疗技术管理规范（试行）》(卫办医政发〔2009〕198号)。

4.《医疗技术临床应用管理办法》

由国家卫生健康委员会发布，自2018年11月1日起施行。根据《限制临床应用的医疗技术（2015版）》规定，质子重离子治疗技术属于限制临床应用的医疗技术范畴。

（四）质子重离子治疗系统相关政策分析

2018年10月30日，国家卫生健康委员会发布的《关于发布2018—2020年大型医用设备配置规划的通知》指出，对于重离子放射治疗系统，加强对在用设备使用状况的跟踪和评价，本规划期内暂不制订新增配置规划。

随着重离子束医疗技术的成熟和疗效得到认可，国内对质子和碳离子治疗中心的投资项目开始爆发。2018年，约有50余家投资机构或者医院向国家卫健委申请建设质子和重离子治疗中心，国家卫健委对在全国全面布局重离子治疗系统持保守态度，少有医院及投资机构可以申请到重离子相关牌照。

（五）质子重离子治疗系统注册审评审批情况

重离子治疗系统属于三类医疗器械。根据技术审查指导原则，重离子治疗系统申请注册前需要进行注册检测，在产品安装地点根据计划完成现场检测。对于重离子设备具体注册审批的原则，根据国家药品监督管理局多次召开的政策公开讨论会上传递出的意见，因重离子系统是定制产品，各产品需要在用户现场组装调试，为保证设备质量安全，将会按照“一机一检”的原则进行注册审批，同型号设备每台都需要进行检验注册，但第二台起临床试验部分可以参照首台设备。

截至2019年6月，河北涿州一洲国际质子医学中心也已完成系统安装调试，目前正在注册检验并准备临床试验。上海交通大学医学院附属瑞金医院肿瘤（质子）中心、合肥离子医学中心、广州泰和肿瘤医院、广州恒聚肿瘤医院等都在按照自己的项目计划向前推进。

三、中国质子重离子治疗系统行业发展前景展望

重离子治疗系统是全球最大、最先进的医疗器械，可以在医疗装备制造、运行维护和医疗服务产业方面创造数千亿元的产值。能够带动上下游企业技术水平提升，推动低端制造向中高端制造转型，带动健康新产业的发展，具有良好的经济效益和社会效益。发展重离子治疗产业可打破国外垄断，打造最大型医疗器械的民族品牌，对实施我国癌症防治行动、纾解千万家庭的癌症之痛、发展战略性新兴产业、推动地区新旧动能转换、带动经济发展都具有十分重要的战略意义。

我国是世界最大的发展中国家之一，高速的经济发展同时也造成了环境的污染。有诸多的研究表明人群肿瘤的发病与所处的环境有着明确的关系，肿瘤治疗除传统的射线治疗手段之外，更加安全、有效的重离子治疗是更好的选择，但目前我国乃至世界范围内能够满足肿瘤重离子治疗的机构和设备少之又少，因此结合我国国情，在现有重离子治疗系统大型化的基础之上不断创新，发展小型化的质子、碳离子治疗系统显得尤为必要。在此方面，国科离子医疗科技有限公司、迈胜医疗科技（北京）有限责任公司具有一定技术优势。

1. 优化产品设计，提高市场竞争力

我国在重离子治疗系统方面应着力于优化产品设计，提高市场竞争力，要攻克“老大难”核心技术短板，需要我们重构有利于“核心技术突破”的组织模式和管理机制，形成攻克核心技术的强大合力。推动重离子治疗系统产业链、创新链上下游环节互动合作。特别要重视建立重离子治疗系统高水平试验测试平台，重视提高核心产品与技术的稳定性、可靠性，将核心技术突破、样品规模商用和产业生态培育紧密结合，不断驱动重离子治疗系统核心技术的市场商用突破进展。

2. 培养专业人才，提高服务水平

一流科研组织人才、科技评价体系是支撑重离子治疗系统核心技术突破的基础，因此我国需要在人才激励、人才引入、人才发展平台等方面建立体系化长效机制，将核心技术壁垒的攻破和临床应用的推广相结合，在实践中培养锤炼一支核心技术突破的领军人才队伍。

3. 引导国内医院优先采购国产设备

建议推动国产重离子治疗系统尽快投入市场应用，打破国外垄断，限制国内医院盲目进口国外设备，建议国内医院同等条件下优先采购国产设备。

4. 政策上形成支持国产的良好氛围

建议政府简化国产重离子治疗装置在检测、临床等环节的审评手续、缩短注册取证时间。建议制订国家癌症防治战略规划，根据市场需求和区域特点布局重离子治疗等大型医疗设备。建议制订有关政策鼓励国内医院优先采购国产重离子治疗设备，优先配发配置许可，给予配套政策支持国产重离子治疗设备的后续推广，鼓励社会资本参与重离子治疗设备的推广运营。

参考文献

[1] 刘世耀 . 重离子治疗的物理与生物性能和装置原理 [J]. 现代物理知识，2003（6）：29–35.

[2] 刘世耀 . 质子和重离子治疗及其装置 [M]. 北京：科学出版社，2012.

[3] 刘世耀 . 质子治疗设备的现状和发展 [J]. 基础医学与临床，2005，25（2）：123–127.

[4] 蒋国梁 . 肿瘤的质子和重离子放疗 [C]// 中华肿瘤杂志编辑部 . 第二届肿瘤多学科综合诊治新概念学术研讨会论文集 . 三亚，2011.

[5] 丁小凡，陈龙华 . 重离子治疗肿瘤的进展 [J]. 中华放射医学与防护杂志，2006，26（5）：536–539.

[6] 戴中颖，李强，肖国青，等 . HIRFL 浅层肿瘤重离子治疗终端束流配送系统性能的实验验证 [J]. 高能物理与核物理，2007，31（7）：655–659.

[7] 陈明，王谨 . 重离子治疗癌症的原理和现状 [J]. 中华放射肿瘤学杂志，2011，20（5）：447–450.

[8] 钟南保，程惠华 . 重离子治疗肿瘤进展 [J]. 福州总医院学报，2006（2）：116–118.

[9] 中国科学院近代物理研究所，中国科学院计划财务局 . 我国重离子治癌研究取得重大进展 [J]. 中国科学院院刊，2012，27（4）：502–503.

[10] 刘世耀 . 重离子治疗的物理与生物性能和装置原理 [J]. 现代物理知识，2003（6）：29–35.

第九章　体外诊断产品

一、体外诊断概述

体外诊断（In-Vitro Diagnostics，IVD）是指在体外通过对人体样本（血液、体液、组织等）进行检测而获取临床信息，进而判断机体功能或疾病的产品和服务，国际上统称为 IVD。

体外诊断是现代检验医学的重要辅助手段，能提供大部分临床诊断所需要的决策信息，已成为人类疾病预防、诊断、治疗及预后的重要组成部分。我国自 2007 年将体外诊断试剂产品由药品调整为医疗器械产品，但用于血源筛查的 HIV、HCV、TP、HBs-Ag 4 个产品项目及放射类体外诊断试剂检测项目依然按照药品管理，其中，放射类体外诊断试剂产品由于对环境、人体的危害较大，已经逐渐被淘汰。

体外诊断产品由于涉及生物学、医学、电子、机械等诸多科学门类，因此分类较为复杂，且难以准确清晰地划分产品分类情况。近年来，随着体外诊断试剂产品在法规监管、临床应用、产品技术发展革新等方面的进步，对于体外诊断试剂的分类较为清晰，常用的分类方式如下。

①按照监管机构法规标准分类如表 9-1 所示。

表 9-1　按照监管机构法规标准分类

种类	细分
体外诊断试剂	按器械管理的体外诊断试剂，根据产品风险程度由低到高，分为第一类、第二类、第三类，具体参照《体外诊断试剂注册管理办法》
	按药品管理的体外诊断试剂，主要是用于血源筛查的体外诊断试剂和采用放射性核素标记的体外诊断试剂
体外诊断设备	属于临床检验器械，具体分类参照国家药品监督管理局《医疗器械分类目录》（2017 版）

②按照体外诊断产品检验技术手段分类如表 9-2 所示。

表 9-2 按照体外诊断产品检验技术手段分类

种类	细分
生化诊断	干化学、速率比浊等
免疫诊断	酶联免疫、荧光免疫、时间分辨荧光、化学发光等
分子诊断	PCR、原位杂交、基因芯片、基因测序等
微生物诊断	药敏试验、微生物培养等
血液学诊断	血细胞分析、流式细胞术等
其他	尿液诊断、光谱核型分析术等

③按照体外诊断产品的应用场景和操作者的不同，体外诊断可分为实验室检测（Lab Test）和即时检测（Point of Care Testing，POCT）。

体外诊断行业产业链可分为上中下游三大部分：上游用户主要为原材料厂家，广义的原材料包括仪器上游的核心部件和试剂上游的（非）生物活性材料；中游用户主要包括体外诊断产品生产企业和经销商；下游用户主要是指各级应用机构，包括医院检验科、检验中心、独立医学实验室、疾病预防控制中心等（图 9-1）。

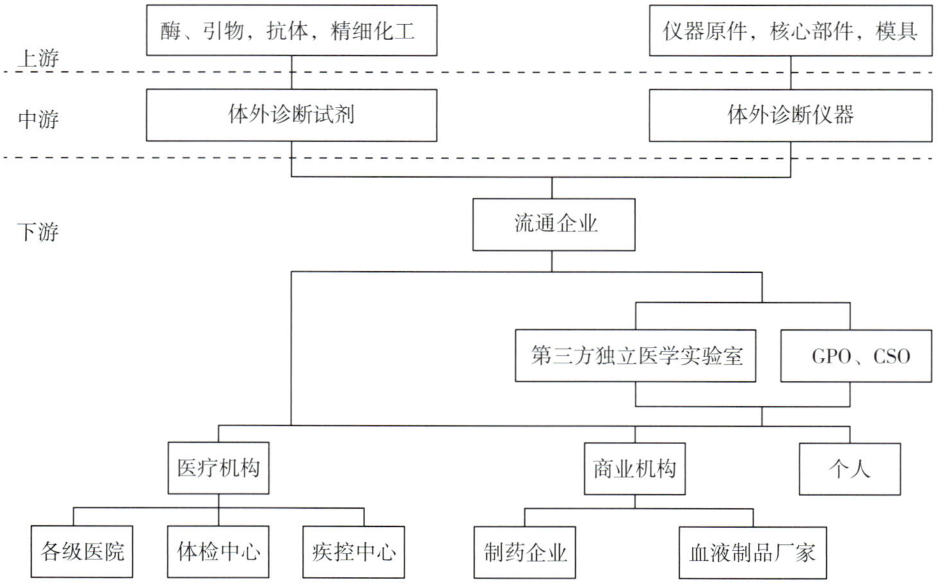

图 9-1 体外诊断行业产业链

以我国体外诊断下游客户为例，目前在我国体外诊断产品消费市场中公立医院系统占据绝对地位，体外诊断产品大部分都在公立医院系统销售和使用。近年来，随着民营医院的发展壮大和第三方独立医学实验室的发展，体外诊断产品的终端客户也将实现进一步丰富。在下游客户中，三级甲等医院由于承载较大的医疗人群的就诊需求，因此更有意愿使用高通量、自动化程度高、质量稳定的进口产品或高端检测方法，是进口产品的主要目标客户。三级甲等以下、二级以上的中层医院资金不足，主要选择性价比较高的国产品牌。基层医院规模效应小，资金和患者人数都不足，因此也不需要高通量的新检测技术。

二、体外诊断市场现状

近年来，全球范围内体外诊断产品一直是市场热点，年均复合增长率在5%～7%，增长稳定。EvaluateMedTech统计数据表明，2016—2020年全球体外诊断试剂市场规模年均复合增长率在5%左右，其中2017年约为645亿美元，2022年预计能达到840亿美元（图9-2）。全球体外诊断试剂市场中免疫诊断、临床生化分别占据市场规模的前两名，前者占比为23%，后者占比为17%。增长最快的子行业是分子诊断，即时检测（POCT）发展很快，市场潜力较大（图9-3）。

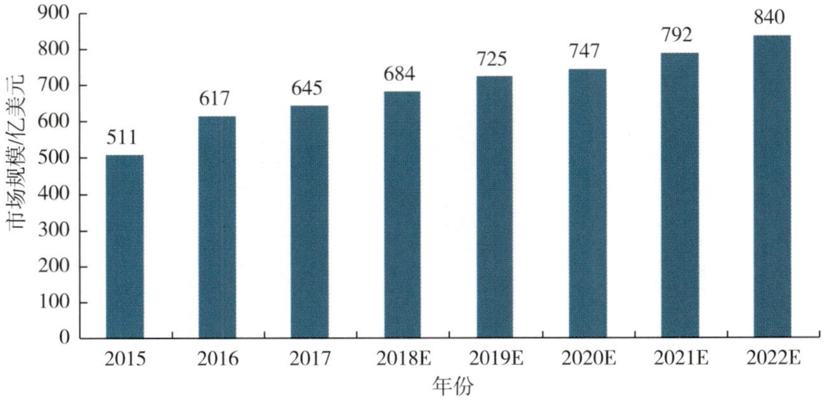

图9-2 2015—2022年全球体外诊断市场规模

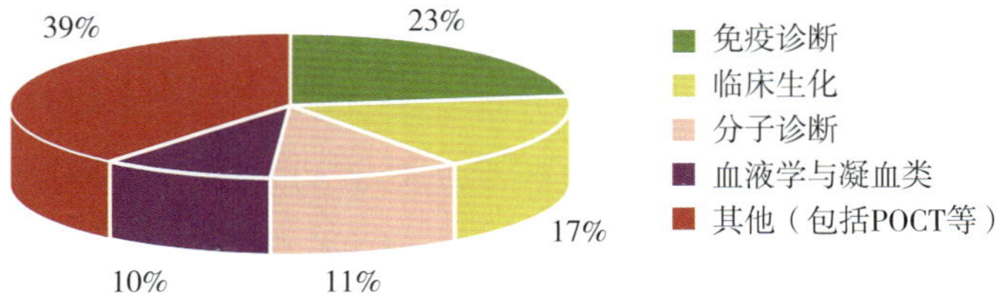

图 9-3　全球体外诊断细分市场情况

（资料来源：前瞻产业研究院整理）

全球体外诊断试剂市场分配格局以北美地区为主导，其次为欧洲、日本等经济发达国家和地区，中国、印度、巴西等国的体外诊断市场也将随国家经济的发展而进入一个快速发展期。美欧日等发达国家和地区的医疗资源丰富但较为分散，社区医院和私人诊所占比较高，除了常规医院的临床实验室外，检验外包比例较高，独立医学实验室（Independent Clinical Lab，ICL）已是成熟产业。以美国著名的第三方检测公司 LabCorp 为例，从其官网发布的检测项目菜单来看，目前可提供包括普检和特检两大项目。

2018 年，我国体外诊断市场规模约为 604 亿元，同比增长 18%（图 9-4）。

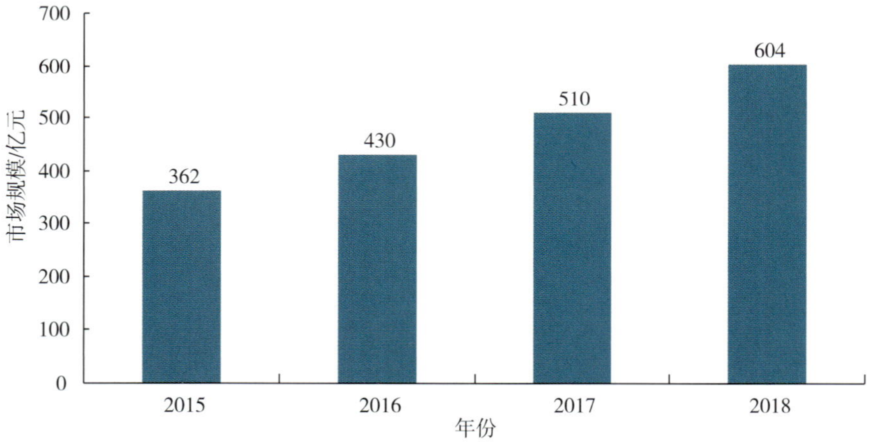

图 9-4　2015—2018 年中国体外诊断市场规模

（资料来源：《中国医疗器械蓝皮书 2019》）

从我国体外诊断市场细分市场来看：免疫诊断和生化诊断合计占市场份额的 60% 左右；分子诊断板块占比较小，但发展最快，增速超过 20%；即时检测（POCT）

产品目前整体市场规模不大，医院临床科室渗透率较低，尤其是在基层及个人用检验设备不多，但潜在市场巨大，每年的增长率也保持在 20% 以上；微生物诊断领域起步较晚，但随着测序、质谱等技术的应用，将进一步得到完善。微生物诊断、血液诊断及体液诊断等都有一些新检测项目上市，保持行业平均增长水平（图 9-5）。

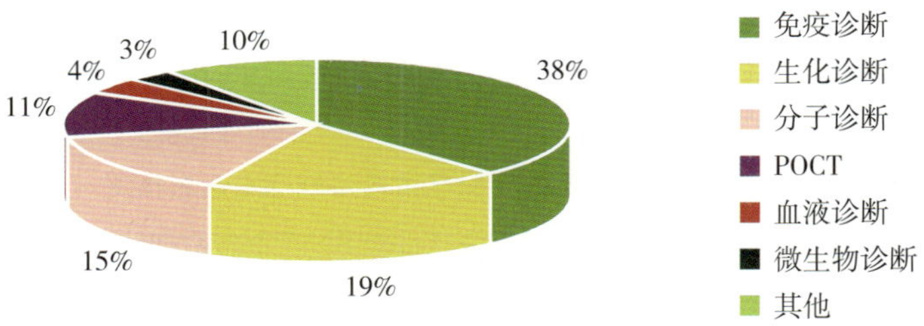

图 9-5　中国体外诊断细分市场情况

（资料来源：《中国医疗器械蓝皮书 2019 版》）

目前，国产体外诊断试剂产品虽然强势崛起，在国家层面也陆续出台有关针对国产体外诊断产品的扶持产业政策，促进国产体外诊断试剂产品的临床应用，但总体上我国体外诊断试剂临床应用市场依然未能摆脱被国际诊断巨头罗氏、雅培、贝克曼、西门子、梅里埃、希森美康的垄断，国产体外诊断产品能够与之抗衡的企业少之又少，差距依然非常明显。从企业聚集区域来看，珠三角、长三角和京津冀地区优势依然明显。

根据《医疗机构临床检验项目目录（2013 年版）》，我国医疗机构目前可提供的检测项目仅 1300 余项，主要涵盖临床体液、血液、临床化学检验、临床免疫、血清学、临床微生物学、临床分子生物学及细胞遗传学检验。部分第三方医学检验机构可提供的检验项目数量则远远高于目录所列数量。

三、体外诊断试剂国内外发展现状

（一）体外诊断产品标准体系

目前，就体外诊断试剂产品而言，国内外各组织都建立有标准体系，包括国际通用性标准体系、区域通用标准体系两大类，如 ISO 标准体系、欧盟标准体系、美国标准体系、中国标准体系。

1.ISO 标准体系

截至 2017 年年底，作为国际标准化组织（ISO）技术委员会下设的负责医学实验室和体外诊断试验系统的标准化工作的 ISO/TC 212 临床实验室检测和体外诊断试验系统（Clinical Laboratory Testing and In Vitro Diagnostic Test Systems），共发布了 26 项针对体外诊断试剂产品的国际通用性标准文件（表 9-3）；2018—2019 年，新发布标准 10 项，这些标准都为检验技术的全球标准化提供了详细的要求。

表 9-3　体外诊断 ISO 标准体系法规标准颁布情况

标准类别		数量
参考系统标准		5
医学实验室相关标准		8
体外诊断产品标准	关于标签说明书	6
	产品性能评价方法	4
	具体产品质量标准	3
合计		26

2. 欧盟标准体系

欧盟标准化委员会（European Committee for standardization，CEN）下设的 CEN/TC 140 体外诊断医疗器械技术委员会负责体外诊断医疗器械的标准化工作。CEN 发布了 37 项标准，其中有 20 项源于 ISO 标准（表 9-4）。

表 9-4　体外诊断欧盟标准体系法规标准颁布情况

标准类别	数量
参考系统标准	5
医学实验室相关标准	12
体外诊断产品标准	18
临床样本贮存装置相关标准	2
合计	37

3. 美国标准体系

美国临床实验室标准化协会（Clinical and Laboratory Standards Institute，CLSI）负责发布检验医学涉及的 8 个领域的相关标准。至今 CLSI 已发布 400 项左右的标准，按内容可分为两大类：一类是实验室检验程序的标准化；另一类是实验室所使用方法的标准化。

4. 中国标准体系

我国标准分为四级：国家标准、行业标准、地方标准和企业标准。体外诊断产品因无地方标准，企业标准也不公示，所以目前主要是国家标准和行业标准。全国医用临床检验实验室和体外诊断系统标准化技术委员会（SAC/TC 136）是我国标准化工作的技术机构。截至 2018 年，共发布标准 225 项，其中，国家标准 16 项，行业标准 209 项，体外诊断产品占标准总量的 94%。

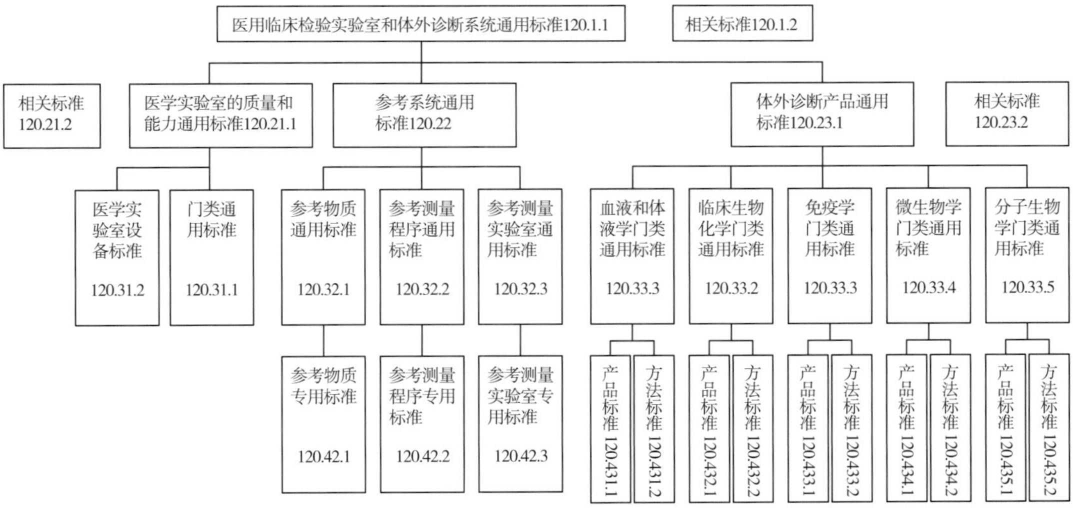

图 9-6　中国体外诊断标准体系

（二）体外诊断原材料供应

1. 标准物质

体外诊断标准物质能够监督检验数据、保证结果准确一致、保证量值有效传递，在整个溯源、量值传递和校正过程中，标准物质起着复现量值、传递测量不确定度和实现测量准确一致的作用。

目前，已有25家国际相关单位参与了标准物质的研发，美国、欧盟、日本等发达国家或地区一直走在体外诊断标准物质研发的前列。我国目前能够提供互换性较好的、血清基质临床检验标准物质共有130多种，其中国家一级标准物质20余种，但相对于临床常用的1300多项指标，2019年4月10日中国药检公布了第五期注册检验用体外诊断试剂国家标准品和参考品目录，在注册检验用体外诊断试剂国家标准品和参考品目录（第四期）的基础上，新增27个品种，共138个品种（表9-5）。

表9-5 体外诊断产品标准物质

分类	数量
生化检测	1
免疫学检测	78
核酸检测	38
血液体液检测	3
可用于体外诊断试剂检验的化学对照品	17
流式检测	1

在国内，中国食品药品检定院负责体外诊断试剂标准物质的制备、标定及提供，针对新的诊断检测技术产品，采用多中心合作标定的方式研制了测序仪性能评价用DNA参考品和高通量测序检测外周血胎儿染色体非整倍体参考品。此外，正在开展“微生物鉴定用基质辅助激光解析电离飞行时间质谱仪国家参考品”的研制工作。与此同时，相关的国家实验室、企业实验室也逐步参与其中。

2. 生物诊断原材料

我国体外诊断试剂上游原材料市场容量预估达60亿元，加上体外诊断仪器关键零部件（组件），总体市场容量将高达100亿元以上。其中，抗原和抗体场容量已经接近30亿元，酶/辅酶/酶底物市场约20亿元，磁珠市场约2亿元，胶乳微球市场约1亿元，NC膜市场约2亿元，国内年消耗光子计数模块量约1万个，每年需求鞘流池量约4万～5万个。

生物诊断试剂的核心技术为原材料技术，就目前占据国际市场较大份额的国际诊断试剂巨头企业如罗氏、西门子、雅培无不牢牢地掌控所在产品线领域的核心原材料的制备技术。我国体外诊断试剂产品与国际诊断产品的差距最为关键之处就在于没有掌握诊断试剂核心的原材料制备的能力，这些能力概况为原材料的专利、技术、生产研究、规模稳定制备等方面。近几年，我国体外诊断设备制造能力有所提升，但依然未能摆脱对核心元器件进口依赖的局面，中大型的仪器设备较多为整机的进口采购，在仪器制造方面的供应制造能力很薄弱（表 9-6 至表 9-8）。

表 9-6　体外诊断试剂主要原材料

分类	主要原材料举例	用途
核心反应体系	酶 / 辅酶 / 酶底物	所有体外诊断子领域
	引物 / 探针	分子诊断
	抗原、抗体	各类免疫诊断
信号体系	胶体金 / 乳胶颗粒	显色
反应载体	NC 膜	层析
反应环境	阻断剂	防止非特异性结合
	蛋白保护剂	提高蛋白稳定性

表 9-7　体外诊断仪器核心元器件

元器件	用途
单光子计数模块	化学发光免疫分析核心部件
凹面平像场光栅	高端全自动生化分析仪核心零件
激光器	流式细胞仪、流式颗粒荧光分析仪、数字 PCR、高端五分类血液分析仪的重要关键部件
加样针	高端全自动生化分析仪和全自动化学发光免疫分析仪的关键零件
柱塞泵	全自动生化分析仪、全自动化学发光免疫分析仪等体外诊断仪器的关键部件
无阀柱塞泵	全自动化学发光免疫分析仪的重要关键部件
电磁阀	全自动生化分析仪、全自动化学发光免疫分析仪、五分类血液分析仪的关键部件
鞘流池	全自动五分类血液细胞分析仪、流式细胞仪、流式颗粒荧光分析仪的关键部件

表 9–8　主要原材料 / 元器件供应商

主要原材料 / 元器件	主要供应商
酶 / 辅酶 / 酶底物	德国罗氏、日本东洋纺
抗原和抗体	芬兰 Hytest、芬兰 Medix、中国 Meridian 等
磁微粒 / 微球 /NC 膜	德国 Merck、美国 GE、美国 Thermo Fisher、日本 JSR
单光子计数模块	日本滨松（Hamamatsu）
凹面平像场光栅	日本岛津（Shimadu）
激光器	美国相干（Coherent）
加样针	日本伊藤制作所、日本高砂和瑞士 UNIMED 等
柱塞泵	美国 IDEX
无阀柱塞泵	日本 IWAKI
电磁阀	德国宝帝、日本 SMC
鞘流池	德国 Hellma、日本 Japan cell 等

核心元器件方面，目前国内的深圳新产业生物医学工程有限公司和深圳迈瑞生物医疗电子股份公司通过购买光电倍增管研发电路来构成单光子计数模块；维林光电（苏州）有限公司已经实现高性能激光器的生产，价格约在 2 万 / 个，仅为进口价格的一半；深圳垦拓流体控制有限公司研发并量产出性能不错的柱塞泵及电磁阀。

（三）生化免疫诊断产品

近几年，随着化学发光技术的不断发展，化学发光产品逐渐后来居上，占据了诊断市场的较大份额，并逐渐取代了此前的生物诊断市场的地位，并一直处于领先地位。化学发光产品也逐渐从一开始的大型化向全自动化（流水线）和小型化甚至是 POCT 方向发展。从国际市场来看，化学发光占到了免疫诊断市场 90% 左右的市场份额。从国内免疫诊断细分市场统计来看，2011 年之后，化学发光市场占比从 50% 提升至 73%，占据绝对统治地位，预计 2020 年行业收入规模将突破 160 亿元。截至 2018 年，生化产品的市场份额已经由此前的 35% 缩减到下降 20%，并还在逐年的缩减之中。生化诊断产品市场的缩减，化学发光免疫产品的崛起，与其产品的方法学技术及应用不无关系。

生化检测是与自动化检测设备结合较早的产品技术，是最早应用在流水线自动化上的临床检测技术，经历了半自动、全自动、流水线的发展过程，也是临床科室日常检测最为频繁的项目所在。生化产品项目在经历市场发展过程中，为了适应市场的发展需要，在借鉴其他检测方法的基础之上，也尝试在划分常规检测项目、特殊检测项目及不断丰富检测项目种类、细化检测指标的临床指导价值方面寻求突破，但由于受到自身方法学的局限性，逐渐还是在不断地被灵敏度更高、自动化程度更高、客户体验更好的其他方法学产品所替代，最为强劲的替代产品即化学发光产品。

现有的化学发光技术是一种自上而下的检测逻辑，它通过测量溶液整体光学信号强度换算分子浓度，这种检测形式并不适合于单分子水平的检测。2010 年，David Walt 与 David Duffy 团队开发了“Digital ELISA”技术。该技术实现了单分子级别检测，打破了业内对免疫检测技术检测灵敏度下限的认知。随后，David Walt 凭借该技术推出单分子酶联免疫检测技术平台 SiMoA。而随着 Merck 公司主推的稳定性更好的第二代单分子蛋白检测平台 SMCxPRO 系统的大力推进，势必将引起一阵单分子免疫检测技术发展的热潮。

当前的生化、免疫（化学发光）检测平台业内的用户逐渐已经达成了“系统性配套能力提供”统一认知，即用户要求供应商能够提供包括仪器、试剂、校准、质控在内的系统性解决方案，以更好地保证检测结果的准确性和数据的可追溯性，因此，既往不具产品系统配套能力的单纯试剂供应商也不得不采取联合仪器厂商合作、收购兼并的方式寻求突破。化学发光产品虽然较生化产品起步晚，但起点一开始就站在系统配套能力的建设方面，为用户提供包括仪器、试剂、校准质控品在内完整的产品解决方案，并且在仪器的速度、自动化程度方面都不断予以改进。

目前，在国际市场生化诊断、化学发光诊断处于领先地位的企业依然是罗氏、雅培、贝克曼、西门子、日立（仪器），国内有迈瑞医疗、新产业生物医学工程股份有限公司、迈克生物股份有限公司、郑州安图生物工程有限公司等。目前，化学发光类产品的国产品牌与进口品牌并存，市场竞争日趋加剧。

（四）微生物诊断

微生物诊断作为最早应用于临床诊断的四大检测技术之一，根据 Global Data 数据，2017 年全球微生物诊断行业全球市场规模为 161.6 亿美元，而中国市场规模仅为 14 亿美元左右（图 9-7、图 9-8）。

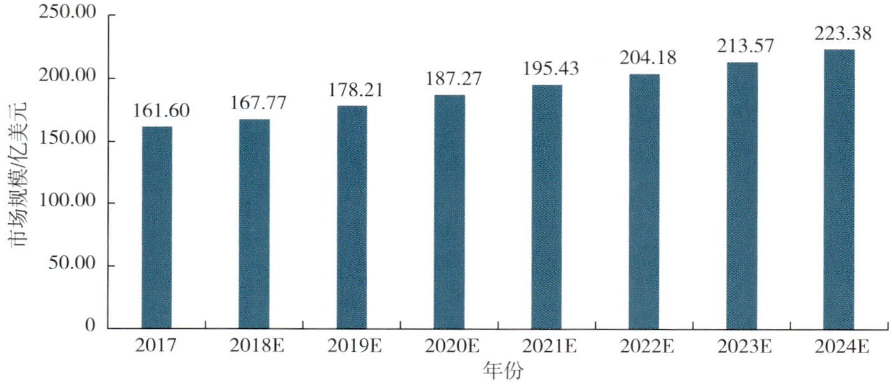

图 9-7 全球微生物诊断市场规模

（资料来源：Global Data、高特佳整理）

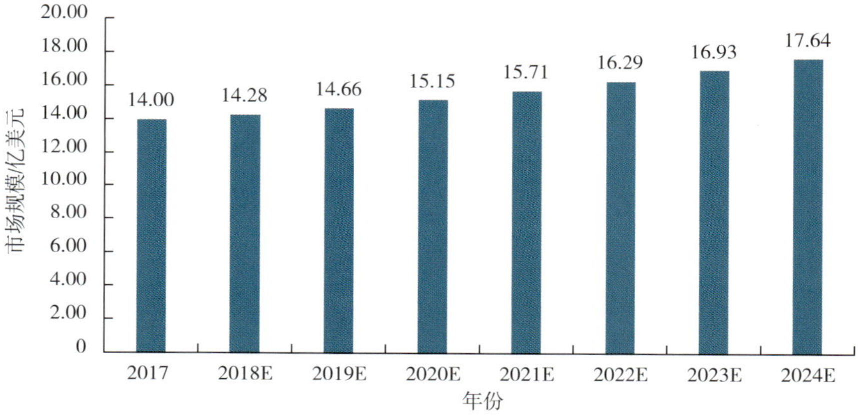

图 9-8 中国微生物诊断市场规模

（资料来源：Global Data、高特佳整理）

从细分领域来看，中国微生物诊断的细分占比跟全球市场存在明显差别，主要原因在于国内的微生物检测仍处在发展早期，大部分诊断都集中在低值且刚需的领域（图 9-9、图 9-10）。

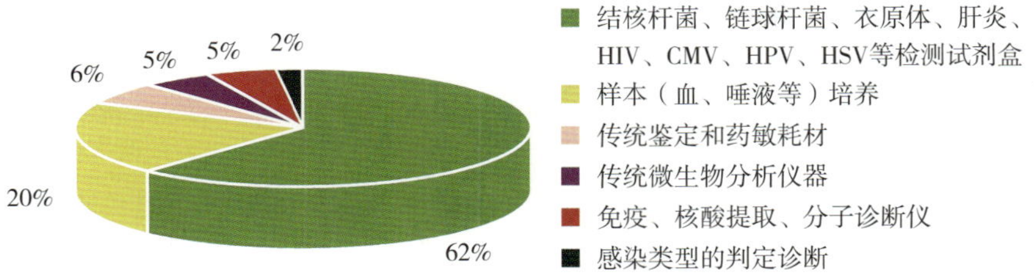

图 9–9　全球微生物诊断细分市场情况

（资料来源：Global Data、高特佳整理）

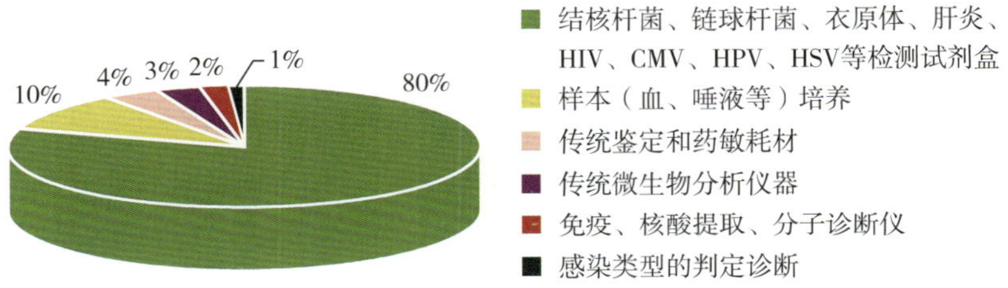

图 9–10　中国微生物诊断细分市场情况

（资料来源：Global Data、高特佳整理）

当前微生物诊断主要应用领域包括：微生物鉴定；药敏检测。

1. 微生物鉴定

我国现有微生物检测有 4 种检测平台。

①传统微生物检测通过分离培养、鉴定、药敏实验等步骤，形成鉴定及治疗建议，技术成熟处于发展稳定期。

② PCR 检测技术适用于对病原体感染早期诊断，病原体检测品类丰富。

③凭借其灵敏度高、检测时间短、通量高等特点，质谱技术在微生物检测领域得到快速发展和应用。

④二代测序技术（NGS）处于发展初期，市场需求广泛，凭借着高通量、高精度、快速等显著优势，其未来发展前景也非常广阔。

表 9-9 微生物检测平台技术发展情况

技术平台		兴起时间	基本原理
传统微生物检测	生化检测	19 世纪 80 年代	测定生化反应来检测微生物种类
	免疫检测	20 世纪 60 年代	测定抗原抗体特异性免疫反应
质谱		20 世纪 80 年代	对微生物产生的蛋白测定以确定微生物种类
多重 PCR		20 世纪 80 年代	DNA 体外扩增体系，定量检测目的 DNA
第二代测序（NGS）		20 世纪初	对样品进行基因组测序，分析序列信息

数据来源：广证恒生。

此外，微流控技术在微生物领域得到广泛应用：①免疫检测，如在同一芯片上实现多个感染标志物联合检测；②分子诊断，如恒温扩增微流控芯片核酸分析仪，该产品成功入选我国 87 个创新医疗器械产品，彻底改变了呼吸道感染诊治领域长期存在的经验用药的局面；③基因测序，如微阵列芯片应用于多种致病菌的检测。

2. 药敏检测

目前，临床上获得细菌的抗生素药物敏感谱的金标准方法是基于细菌生长的表型抗菌药物敏感试验（Antimicrobial Susceptibility Testing，AST，简称药敏试验），然而，该方法需要细菌繁殖很多代次之后才能得到可靠的读数，因此，所需要的时间很长（通常为 8 ～ 24 小时，甚至更长时间），难以满足临床重症疾病如脓毒症等的早期治疗指导用药。

为了减少细菌药敏试验所需要的时间，一些新技术已经被开发并应用于快速的细菌药敏试验。例如，利用微流控装置提高检测的灵敏度；基于光学成像的方法，通过显微镜观察单细菌在不含和含有抗生素药物中生长或者形态变化的差异；基于基因检测方法检测已知的耐药基因，从而不需要细菌生长；或者检测样品中的细菌核酸在含有抗生素药物中培养的数量变化。随着对微生物研究的不断深入，还会有更加快速的细菌药敏试验方法被开发出来。

我国已有研究团队应用受激拉曼散射（Stimulated Raman Scattering，SRS）显微技术，结合氘代葡萄糖和重水，通过评估抗生素对细菌葡萄糖代谢的影响，实现了在一个细菌生长周期内（30 分钟）的快速药敏试验。

目前，国内微生物诊断市场仍然由外资占主导。未来随着市场容量的打开，部分优秀国产企业市场占有率有望获得提升（表 9-10、表 9-11）。

表 9-10 微生物诊断行业全球龙头企业

企业	产品线	技术手段	行业地位
Biomerieux	全自动孵育、培养、画线仪器 各种显色固态、液态培养基； 全自动 VITEK2； 半自动 AT； VIDAS 免疫分析； VITEK-MS 质谱仪； FilmArray™ 多重 PCR 系统	生化、免疫、分子、质谱	微生物诊断全球第一，占全球微生物市场的 60%；微生物领域产品最全，病原微生物库全球第一
BD	自动化接种、血培养； BD Phoenix； PhoenixSensDisc	生化、免疫	传统微生物诊断全球前三
Bruker	MALDI Biotyper	质谱	专注微生物质谱
Beckman	WASP 微生物样本前处理系统； WASPLAB 轨道培养箱； MicroScan 全自动鉴定药敏分析； Biotyper 微生物质谱鉴定系统； WASPLAB 智能影像系统、智能软件管理系统	生化、免疫、质谱	传统微生物诊断全球前三

表 9-11 微生物诊断行业国产企业

企业	产品线 / 重点涉及领域	技术手段 / 平台	简介
郑州安图生物工程有限公司	全自动加样、培养、药敏检测仪	生化、免疫、质谱	上市公司中大力发展微生物检验，质谱系统已获得注册证
山东鑫科生物科技股份有限公司	半自动培养、鉴定、药敏仪、血培养瓶	生化、免疫	专注传统临床微生物检测的新三板挂牌企业
湖南长沙天地人生物科技有限公司	自动微生物培养、鉴定、药敏仪器及相关耗材	生化、免疫	隶属于迈瑞医疗，产品发展稳定
珠海美华医疗科技有限公司	自动微生物培养、鉴定、药敏仪器及相关耗材	生化、免疫、质谱	涉足传统微生物检测领域、微生物诊断方案
珠海迪尔生物工程有限公司	自动微生物培养、鉴定、药敏仪器及相关耗材	生化、免疫、质谱	微生物诊断较早开拓者

续表

企业	产品线 / 重点涉及领域	技术手段 / 平台	简介
武汉迪艾斯科技有限公司	自动微生物培养、鉴定及耗材	生化、免疫	自主研发培养鉴定一体机
慕恩（北京）生物科技有限公司	自动微生物培养、鉴定及耗材	生化、免疫	不仅涉及医疗领域，也涉及其他领域微生物管控
北京毅新博创生物科技有限公司	飞行时间质谱系统	质谱	质谱系统已获得注册证
杭州意诚默迪生物科技有限公司	液体芯片飞行时间质谱系统	质谱	质谱系统已获得注册证
凯普生物科技有限公司	HPV	PCR	已有获得注册证的产品
厦门艾德生物医药科技股份有限公司	HPV	荧光 PCR、免疫	已有获得注册证的产品
上海之江生物科技股份有限公司	HPV、肝炎、细菌病毒鉴定	荧光 PCR	已有获得注册证的产品
北京华大吉比爱生物技术有限公司	肝炎、HPV、衣原体	荧光 PCR、免疫	已有获得注册证的产品

目前，国内微生物诊断企业在规模上还都较小，微生物诊断产品因为市场份额较小、技术难度较高未能得到足够的重视，因此，需要从产品行业发展的角度进行更深技术层面的规划和设计，更广泛的临床致病菌株进行系统性的表征与保藏，从根源上对这些临床致病微生物进行规范化的研究与标准物质制备，提升国产微生物诊断的质量。同时，国产企业应抓住最新的微生物诊断技术发展的契机，如质谱技术在微生物诊断方面的应用，追赶国际技术发展的步伐。

（五）分子诊断

分子诊断是应用分子生物学方法，通过检测患者体内相关遗传物质的结构或表达水平的变化而做出诊断的技术，其核心是基因诊断技术。常用的分子诊断技术包括聚合酶链式反应（PCR）、荧光原位杂交（FISH）、基因测序及基因芯片技术。各类技术对比如表 9-12 所示。

表 9-12 分子诊断技术对比

技术	检测原理	代表方法	技术特点
PCR 技术	DNA 高温变成单链，低温互补配对链合成	荧光 PCR、数字 PCR	灵敏度高，可定性定量检测，但一次只能检测一个或数个基因
FISH 技术	特定标记的已知序列核酸为探针，与细胞或组织切片中核酸进行杂交，从而精确定量定位	荧光原位杂交	灵敏度较高、通量低、成本较高，对操作和判读要求高
基因测序	通过物理或化学的方式将 DNA 随机打断成无数的小片段，之后通过建库富集 DNA 片段测序	第二代测序（NGS）	高通量，可对未知序列测序，存在一定偏向性，对数据注释和解读要求高
基因芯片	杂交测序方法，在一块芯片表面固定已知序列的靶核苷酸的探针，互补匹配确定序列	微阵列芯片、微流控芯片	快速方便、稳定，必须联合信号放大技术或者高灵敏度的信号读取仪器使用，易出现假阳性

分子诊断技术一直是体外诊断技术中保持持续活跃的一个技术领域，伴随新的标志物的发现，新的分子诊断检测产品应运而生。近年来，分子诊断产品持续的聚集在微生物检测、基因检测、肿瘤检测、传染病检测几大领域之中，特别是基因测序，目前二代基因测序技术作为较为成熟的检测技术，被广泛应用于精准医疗的多种疾病的诊断、筛查。

基因测序技术发展沿革及技术对比如图 9-11 和表 9-13 所示。

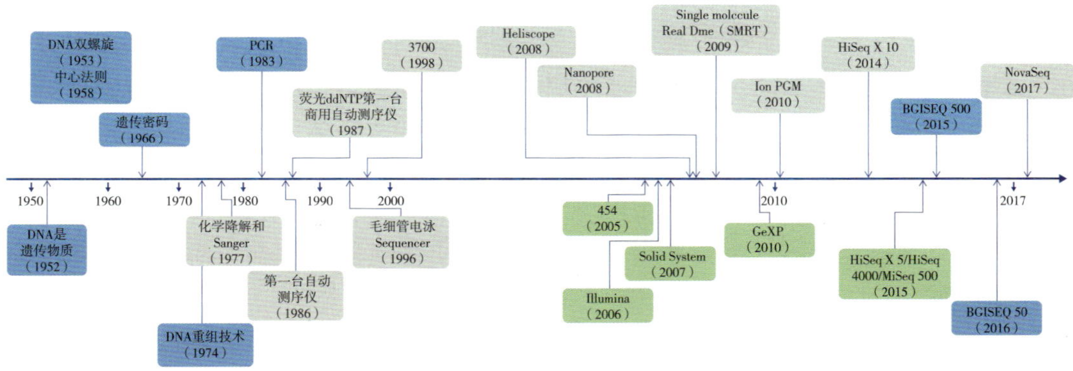

图 9-11 基因测序技术发展沿革

表 9-13　基因测序技术对比

测序技术	代表产品	测序原理	读长范围	优势	劣势
一代测序	ABI	Sanger 双脱氧终止法	400 ～ 1000 bp	长度长、准确率高	通量低、成本高
二代测序	Illumina Solex/HiSeq、Life TechSoLiD	边合成边测序 / 半导体测序	100 ～ 300 bp	高通量、成本低	需 PCR 扩增、无法检测结构变异（SV）、序列组装难
三代测序	PacBio RS、Oxford NanoporeMinIon	单分子荧光测序 / 纳米孔测序	10 kb 至数百 kb	长度长、无须扩增、测序无偏好性	当前准确性较低，导致相对成本高

伴随分子诊断技术的发展，以基因测序设备为代表的分子诊断设备在不断地推陈出新，目前已经发展到了第三代设备，但市场应用的主流依然是第二代测序设备。在基因测序设备方面，主要有 Illumina 公司的 HiSeq 2000、GA2 x、MiSeq 和 NextSeq 等测序平台，占比为 83.9%；Thermo Fisher 公司的 SoLiD、Ion Torrent 和 Ion Proton 等测序平台，占比为 9.9%；Roche 公司的占比为 5.3%。上游基因测序设备制造已形成垄断，Illumina 和 ThermoFisher 的设备占比超过 90%。值得注意的是，2017 年 7 月，瀚海基因自主研发的第三代基因测序仪 GenoCare 正式投产，首笔订单达到 700 台，未来有望打破外资垄断上游基因测序设备的格局。

目前，全球有上千家企业提供测序服务，美国拥有的测序仪为 5492 台，排名第一；中国测序仪数量为 259 台，排名第二，其中深圳华大基因科技有限公司拥有将近 2/3 数量的测序仪，是全国拥有基因测序仪最多的单位。国内已有超过 150 家企业和机构从事基因测序相关业务，其中比较有特色的企业有深圳华大基因科技有限公司、博奥生物集团有限公司、达安基因股份有限公司、联合基因科技集团等。目前，基因测序服务受到技术、成本、法规、人才的多方面制约和限制，主要还是以基础研究为主，临床及健康管理方向还未得到广泛应用。

在基因测序产品方面，国家药品监督管理局已经先后批准了 5 款应用于无创产前检测（NIPT）的测序仪和检测试剂。在肿瘤诊断方面，目前已有 4 个高通量检测试剂盒获批（广州燃石医学检验所有限公司、北京诺禾致源科技股份有限公司、南京世和基因生物技术有限公司和厦门艾德生物医药科技股份有限公司）。前三家公司的产品针对 EGFR、ALK 及 ROS1 上的基因突变，均仅适用于非小细胞肺癌，而艾德生物获批的产品“人类 10 基因突变联合检测试剂盒（可逆末端终止测序法）”纳入了 KRAS 野生型的检测，首次实现了跨癌种检测，可以应对结直肠癌。

我国基因测序专利技术已进入成长期，虽然起步晚，但发展快。华大基因、益善生物技术股份有限公司、浙江大学、北京中科紫鑫科技有限责任公司等公司和科研机构都具备一定的实力，发展迅速。北京市、广东省、上海市的基因测序专利技术优势明显。但当前基因测序的关键技术和设备依然被国外企业把持，有一定的技术壁垒，需要我国的科研机构和企业加强创新能力，突破技术瓶颈。

据统计，近年全球分子诊断行业年均增速约为 11%，而我国分子诊断行业年均增速则达到了 24%，为全球增速的 2 倍。未来一两年，我国分子诊断市场规模将有望超过 90 亿元。就国内市场而言，PCR 诊断市场规模占分子诊断市场规模的比例超过 30%，预计未来 3 ～ 5 年内，PCR 仍是主流的分子诊断技术。作为分子诊断极其重要的组成部分，2017 年 PCR 占分子诊断市场规模达到 32.67 亿元，由于临床需求推动 PCR 诊断稳步放量，根据对感染性疾病、血筛、肿瘤伴随诊断需求市场的合算，保守估计到 2021 年，PCR 诊断市场规模达 53.4 亿元，复合增速为 13.1%。

按照生命周期划分各代技术，第一代定性 PCR 已进入衰退期，基本淘汰；第二代荧光定量 PCR 正处于成长期过渡至成熟期阶段，市场增速在 15% ～ 20%；第三代荧光定量 ARMS、HRM 等分化技术正处于成长期，市场增速在 20% 以上。

截至 2018 年 9 月，国家药品监督管理局已经批准 659 份荧光定量 PCR 产品注册证，占 PCR 类产品获批注册证的 78.64%。获批的全部 838 项 PCR 类产品占分子诊断产品的比例高达 93%，远超美国已获批准的 PCR 产品的比例（50%）。覆盖病毒性肝炎（总计 118 项，其中乙型肝炎病毒基因分型检测试剂盒 81 项）、性病类（总计 230 项，其中 HPV 人乳头瘤病毒检测试剂盒 108 项）、优生优育类疾病检测（140 项）及肿瘤检测（75 项）等领域。第三代数字 PCR 是目前最先进的技术及未来发展方向，临床应用尚未成熟，处于导入期。市场增速为 10% ～ 15%。三代技术主要为多重 PCR、数字 PCR 产品，该类产品可进行核酸绝对定量，但是在应用场景上尚在探索阶段。

（六）凝血诊断

随着出血和血栓性疾病患者数量的增加，迫切需要在最短时间内获得更可靠的凝血相关检测数据及信息。数量激增的凝血试验和操作人员缺乏造就了对凝血分析仪多路复用和自动化的需求，同时受到生化、化学发光自动化应用的启发，一系列自动化的检测设备被应用到凝血检测诊断之中，发展成为全自动凝血检测系统。目前，全自动凝血分析仪常用的检测方法包括凝固法、发色底物法、免疫比浊法、凝集法等检测方法，使血栓与止血的全自动化检测日臻完善。

在凝血诊断产品方面进口产品约占全国凝血市场的90%以上，凝血分析仪市场三大巨头分别为美国仪器实验室公司（IL）、日本希森美康株式会社（SYSMEX）、法国思塔高诊断股份有限公司（STAGO），其他外资企业，如日本积水医疗株式会社、德国BE等具有一小部分的市场份额（表9-14）。上海太阳生物技术有限公司专注于血栓与止血诊断试剂、全自动凝血分析仪及血凝杯、样品杯等系列产品，能提供完整的血栓与止血诊断系统，产品销售遍及全国，并且出口十几个国家。

表9-14　国际国内主要凝血分析仪参数对比

生产厂家	仪器型号	方法学	主要检测项目	测试速度	样本位	反应杯数
IL	ACL TOP 350 CTS	凝固法、发色底物法、免疫比浊法	APTT，PT，FIB，AT Ⅲ，FDP 等	PT/APTT：110 测试 / 小时	40	800
IL	ACL TOP 550 CTS	凝固法、发色底物法、免疫比浊法	APTT，PT，FIB，AT Ⅲ，FDP 等	PT：240 测试 / 小时 APTT：180 测试 / 小时	80	800
STAGO	STA R Max	发色底物法、免疫比浊法、磁珠法	APTT，PT，FIB，AT Ⅲ，FDP 等	—	—	1000
SYSMEX	CA-7000	凝固法、发色底物法、免疫比浊法	APTT，PT，FIB，TT，PC，PS，LA 等	PT/APTT：500 测试 / 小时	46（孵育位）	1200
SYSMEX	CS-5100	凝固法、发色底物法、免疫法和聚集法等	APTT，PT，FIB，TT，PC，PS，LA 等	PT/APTT：400 测试 / 小时	36（孵育位）	1000

续表

生产厂家	仪器型号	方法学	主要检测项目	测试速度	样本位	反应杯数
迈克生物科技股份有限公司	H 2600	磁珠法、免疫比浊法、发色底物法	PT，APTT，TT，FIB，FDP，D-Dimer 等	PT：260 测试 / 小时 D-Dimer：60 测试 / 小时	50	1000
上海太阳生物技术有限公司	UP 5500	凝固法、免疫浊度法、发色底物法	PT，APTT，TT，FIB，Ⅱ，Ⅴ，Ⅶ，Ⅷ等	PT：500 测试 / 小时	80	500
北京普利生仪器有限公司	C 3510	双磁路磁珠法	PT，APTT，TT，FIB，FDP，D-Dimer	PT：350 测试 / 小时 D-Dimer：120 测试 / 小时	80	1000

我国的凝血诊断产品正在经历从最初的模仿到突围的阶段，凝血诊断产品虽然不能与生化、化学发光产品的大市场占比相比，但诊断疾病更为具体，因此，如何在质量上提升、优化客户的体验是国产凝血产品实现进口替代的关键所在。

（七）伴随诊断及精准医疗

伴随诊断（Companion Diagnostics，CDx）是一种以实现精准医疗为目的，给患者提供个体化治疗所必需的疾病和用药信息的体外诊断技术。伴随诊断根据不同角度进行分类和归纳如表 9-15 所示。

表 9-15　伴随诊断根据不同角度的分类和归纳

分类方法	应用方式
诊断技术	免疫组化、原位杂交、PCR 和基因测序等
生物标志物	药物代谢相关基因、肿瘤调控基因、免疫治疗标志物和多重生物标志物等
法规监管	临床试验试剂（Clinical Trial Assay，CTA）；原研伴随诊断试剂（Originally Approved CDx）和后续伴随诊断试剂（Follow-on CDx）
研发与应用	实验室自建方法（LDT）和体外诊断产品

Visiongain 研究所预测，伴随诊断和诊断试验服务市场估值到 2021 年将达到 113.6 亿美元，中国市场份额预期可达到 6.50%，约 50 亿元（图 9-12）。

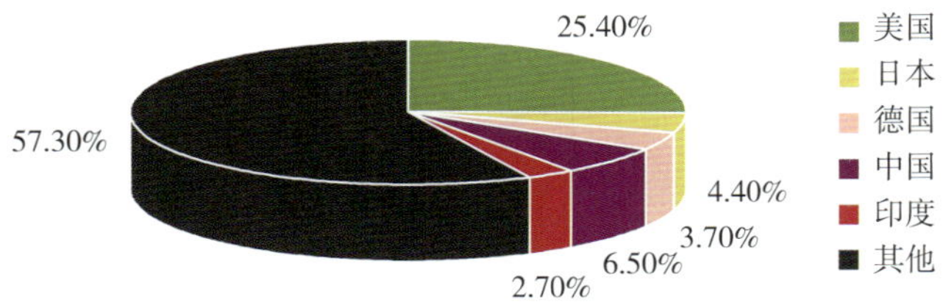

图 9-12　2021 年全球伴随诊断市场份额预测

（资料来源：海通证券研究所）

伴随诊断由于其不同于传统体外诊断产品的特点，其行业相关联参与者也有较大的不同，其产业链涉及制药企业、体外诊断厂商、临床机构、检验实验室、患者和医疗支付者，提供更加有效安全的“伴随诊断+靶向药物”个体化治疗工具（图 9-13 和图 9-14）。

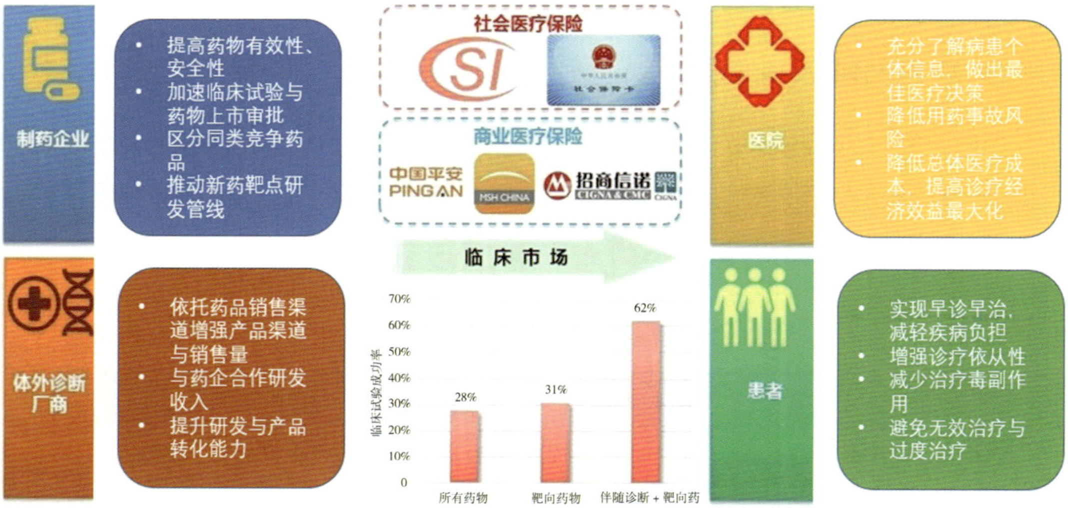

图 9-13　伴随诊断行业主要参与者

（资料来源：*Journal of Clinical Oncology*，浙民投）

图 9–14　全球主要伴随诊断厂商

（资料来源：HSMAP）

单一生物标志物的伴随诊断：20 世纪 90 年代，罗氏制药在开发单克隆抗体靶向药物赫赛汀时采用了联合 Dako 诊断厂商开发针对 *HER2* 癌基因的伴随诊断试剂（Hercep Test），以及 2014 年全新的 ALK 抑制剂赛立替尼（Ceritinib）仅通过 163 例的开放标签一期药物试验就获得了 FDA 的突破性疗法上市批准，在转移性非小细胞肺癌的试验患者中取得了 50% 的有效反应率。

多基因伴随诊断：2012 年之后，多基因分子诊断技术伴随不同药物的临床研究进一步拓展了可选择的特异性靶点。目前，非小细胞肺癌在临床中拥有丰富的个体化治疗手段和可选择的靶向药物，近 80% 的患者可以有机会接收到靶向基因检测带来的治疗受益。美国 FDA 至今已经批准了 5 个基于 NGS 高通量测序的伴随诊断试剂盒，其中包括 2 个仅针对生物标志物变异的“泛癌种”NGS 伴随诊断。而我国也在 2018 年和 2019 年相继批准了 4 个国产的 NGS 伴随诊断试剂，所批准覆盖的检测基因数目和变异位点相比美国上市产品有限，肿瘤治疗领域包括非小细胞肺癌、结直肠癌和卵巢癌。

免疫治疗中的精准医疗：PD1/PD-L1 是重要的免疫检查点抑制剂生物标志物，该标志物临床效用的确认来自著名的制药企业 BMS（百时美施贵宝）的 O 药（Opdivo）和 MSD（默沙东）的 K 药（Keytruda）的上市临床研究。2018 年 5 月，美国 FDA

首次依照分子标志物“跨瘤种”加速批准了K药治疗带有MSI-H（微卫星高度不稳定）或dMMR（错配修复缺陷）的无法切除或转移性强的经治实体瘤患者。这一划时代的举措意味着分子诊断在精准治疗中的应用将更广泛。

我国伴随诊断产品的法规建设起步较晚，已上市产品执行的产品审评流程和产品设计验证基本都参考传统体外诊断产品指导原则、规范和说明书标签管理。2018年，NGS产品的批准上市开启我国伴随诊断类产品上市审批通道，目前NMPA已经发布4个相关产品的审评报告，审查要点在评估诊断试剂检测结果的临床有效性方面加入与靶向药疗效关联性回顾性研究及与原研进口伴随诊断方法桥接对比的两个方面新要求。可看出借鉴国外伴随诊断审评理念，强化临床意义与临床有效性的数据要求为新的伴随诊断上市申请与创新伴随诊断试剂的开发者提供了宝贵经验与依据。

（八）早期筛查

早期筛查从应用上可分为生育类及肿瘤类。生育类包含项目较多，将孕妇及幼儿相关的都纳入其中，按照时间线划分为孕前、产前及新生儿时期。①孕前检测包含单基因病携带者筛查、地中海贫血筛查、PGD/PGS（胚胎植入前遗传学诊断/筛查）等；②产前筛查目前主要是胎儿染色体非整倍体检测（NIPT），即通过孕妇的一管血检测胎儿的染色体情况，检查胎儿以唐氏综合征为主的染色体异常疾病；③新生儿筛查则包含新生儿耳聋筛查、遗传代谢病筛查、单基因病携带者筛查、药物敏感基因筛查等。肿瘤类筛查是广大健康人群关注的重点领域，目前国内外已有的产品包括宫颈癌、消化道癌、乳腺癌、肝癌、肺癌等，仍有多数的癌种等待被挖掘（表9-16）。

表9-16　早筛分类及市场规模

分类	检测	内容	相关公司	当前国内市场规模
生育类	孕前	单基因病携带者筛查、地贫筛查、PGD/PGS等	华大基因、达安基因、凯普生物、圣湘生物等	10亿～20亿元
	产前	胎儿染色体非整倍体检测（NIPT）等	华大基因、贝瑞基因、博奥生物、安诺优达等	30亿～40亿元
	新生儿时期	新生儿耳聋、遗传代谢病、单基因病携带者筛查、药物基因等	华大基因、博奥生物等	10亿～20亿元

续表

分类	检测	内容	相关公司	当前国内市场规模
肿瘤类	健康人群筛查	宫颈癌、消化道癌、乳腺癌、肝癌、肺癌等	Grail、Epigenomics、Exact Science、凯普生物、透景生命、北京泛生子、贝瑞基因、鹍远基因等	30 亿～ 50 亿元

由于早期筛查能够达到早发现、早预防的目的，因此，实施早筛在国家层面和受众群体层面都已经被接受，并且在医保政策方面逐渐在加大早期筛查的支付报销比例，这能够很好地促进早期筛查的实施。早期筛查作为一项疾病检查方式，并非只有利益而无风险，医生需要权衡好风险与利益，认真审视某项具体遗传检验的实施能否在伦理学上论证为合理。因此在早期筛查之前，充分的知情同意是必要的，告知早期筛查的优势及局限性，尊重受检者的选择，通过专业的遗传咨询完成早期筛查。

GRAIL 总部位于美国加州门洛帕克，是一家专注研究及早发现癌症的“独角兽”级别的医疗保健公司，该公司旨在实现早期筛查出癌症。2016 年年底，GRAIL 创建一份循环游离 DNA 图谱，实现泛癌症早期检测的里程碑式突破。2018 年发布第一款产品，对 CTC、ctDNA 等进行检测，用于筛查一类位于上咽喉和鼻腔后的癌症。2019 年 5 月，GRAIL 多癌种早期检测产品被美国 FDA 批准为突破性设备。

Epigenomics AG 是一家欧洲分子诊断公司，专注于采用 DNA 甲基化标志物进行血液早期癌症检测。Epigenomics 的主要产品 Epi proColon，是诊断结直肠癌的血液筛查检测试剂，目前已经获得 FDA、CE、CFDA 等认证，正在美国、欧洲、中国和其他国家进行推广。该公司的另一款产品 Epi proLung，主要用于肺癌的血液筛查，主要在欧洲地区销售，该公司的产品得到许多巨型诊断企业与临床实验室的认可。

Exact Science 公司创立于 1995 年，是一家专注于非侵入性大肠癌筛查与检测的分子诊断公司。该公司开发的检测项目 Cologuard，是基于粪便 DNA 的大肠癌筛检，利用粪便样品中一定量的肠道黏膜细胞脱落物质，通过基因扩增技术，检测癌症前的病变或息肉，同时可以检测到大肠癌的 4 个阶段。该项检测适用于结肠癌患者，使其免受肠镜检测的痛苦。

Guardant Health 创立于 2011 年，是一家专注于癌症液体活检领域的公司，致力于通过使用其专有血液测试、大数据集和高级分析来进行综合性液体活检。Guardant Health 于 2014 年推出的 Guardant360，已被超过 5000 名肿瘤学家、40 多家生物制药公司和 27 家国家综合癌症网络（NCCN 中心）使用。

从方法学大类上来说，早期筛查所使用的技术包括 PCR、FISH、NGS、ddPCR 等，国内外并无较为明显的方法学差异。国内外的差异更多体现在数据库积累、特异性和敏感度的差异、标记物的发现等方面。我国拥有海量的人口数据库资源，是我国开展和实施早期筛查的重要基础，并且拥有巨大的市场需求。

（九）即时检测

2018 年即时检测（Point of Care Testing，POCT）的全球市场规模约为 280.00 亿美元，预计 2022 年达 410.00 亿美元，年复合增长率约 10%。2018 年 POCT 的国内市场规模约 80.00 亿元，预计 2022 年将达到约 210.00 亿元，年复合增长率约 25%（图 9-15 和图 9-16）。

图 9-15　2015—2022 年全球 POCT 市场规模

（资料来源：《2019—2025 年中国即时检验（POCT）行业市场前景分析及发展趋势预测报告》智研咨询）

图 9-16　2015—2022 年中国 POCT 市场规模

（资料来源：《2019—2025 年中国即时检验（POCT）行业市场前景分析及发展趋势预测报告》智研咨询）

从细分领域来看，POCT 品类众多，全球市场血糖和心血管为最大细分市场。与国外相比，我国 POCT 细分领域的市场规模占比相对分散（图 9-17 和图 9-18）。

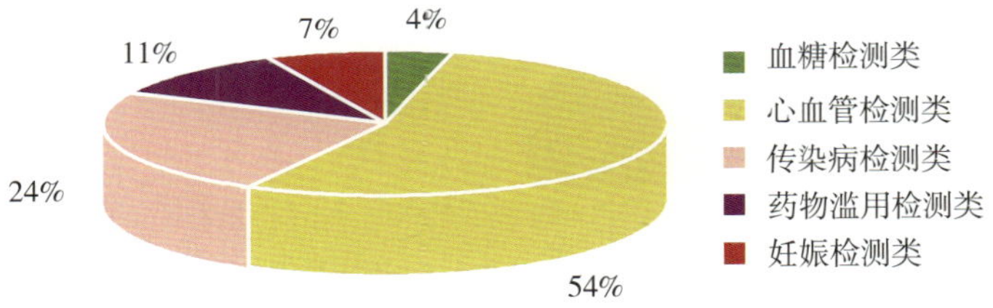

图 9-17　全球 POCT 细分市场

（资料来源：TriMark，招商证券）

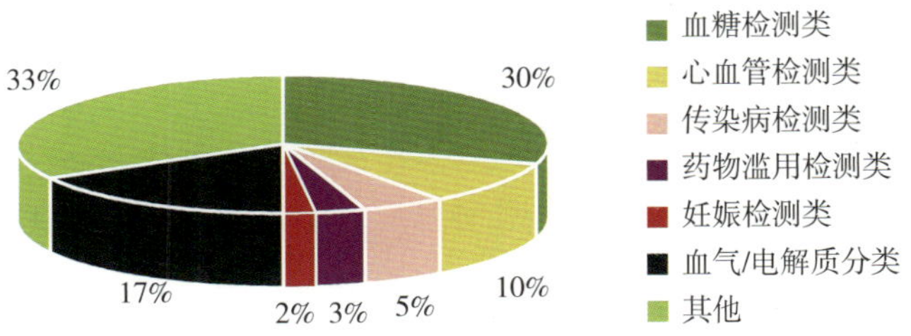

图 9-18　中国 POCT 细分市场

（资料来源：中国信息产业网，招商证券）

在全球体外诊断各细分市场中，POCT 产品市场规模占比 29%，位居榜首，而我国 POCT 市场规模目前仅占行业整体的 11%，未来提升空间广阔。

目前，国内POCT市场仍由外企占据主导，德国罗氏、美国强生、美国雅培合计占比47%。国内的代表企业三诺生物传感股份有限公司（简称“三诺生物”）和广州万孚生物技术有限公司（简称“万孚生物”）市场占比分别为8%和6%。目前A股POCT上市公司主要有万孚生物、基蛋生物科技股份有限公司（简称“基蛋生物”）、武汉明德生物科技股份有限公司（简称“明德生物”）、北京热景生物技术股份有限公司（简称“热景生物”）。在心血管类市场，基蛋生物、瑞莱生物工程（深圳）有限公司（简称“瑞莱生物”）为现阶段国产第一梯队，份额占比分别为12%、11%。深圳市理邦精密仪器股份有限公司（简称“理邦仪器”）、西安金磁纳米生物技术有限公司（简称“西安金磁”）两家公司率先将超顺磁性纳米微粒成功开发成了产品并投入市场，开启POCT的磁学革命（图9-19）。万孚生物在医疗市场已经有充分布局。

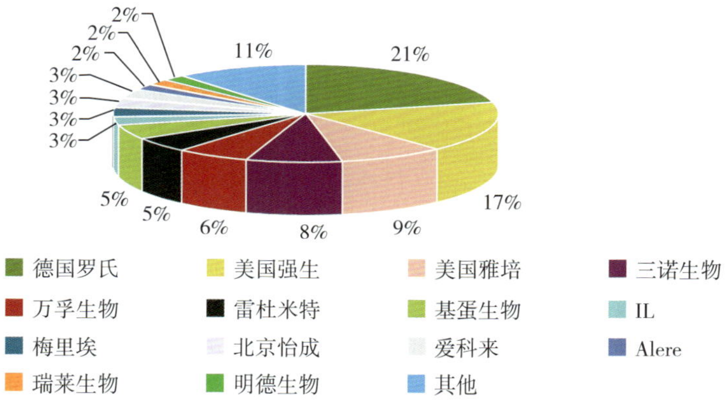

图9-19 2016年中国POCT市场格局

（数据来源：中国医药工业信息中心、中国产业信息网）

欧美POCT产品发展的目标市场主要聚焦于诊所、医疗急救及家用，基本以“单人份”为主，这些产品体积轻巧、检测项目广、单个测试时间相对较长。而我国以医用POCT模式为主，各级医疗机构检验科是POCT产品主要应用场所，部分进口POCT产品进入中国后遭遇“通量低、速度慢”的窘境。

中国POCT产品按照技术路径可以分为5代：第一代是定性产品，以试条试纸法为主；第二代是半定量产品，以板卡比色或半定量仪器阅读为主；第三代是定量产品，手工操作较少；第四代是技术平台，信息化、自动化、智能化；第五代是融合了互联网技术的“iPOCT”，与第四代相比更加云端化、共享化、自动化、精准化。

欧美 POCT 产品起初适用于家用监测，然而近年来，医用市场的 POCT 已成为欧美医疗领域发展最快的分支之一，每年的增长率都保持在 10% ～ 12%。POCT 领域最大的市场是血糖检测领域，增长最迅速的是心肌标志物检测领域。金标层析定性分析技术是传统的 POCT，当前依然在市场应用，主要用于毒品、妊娠、病原体抗体检测等，并且依然有新的病毒抗体检测项目如登革热病毒、寨卡病毒等研发面世。

国内 POCT 是传统检验医学中与互联网跨界融合度最高的分支，互联网化实现更易，预计未来可能有两种不同的 iPOCT 产品使用场景出现：

第一类是“智慧医疗”（POCT+ 互联网），即应用于医疗机构检验科和中心实验室的专业 iPOCT，其特点是“高通量、自动化、中型化、液相化”设备。

第二类是“移动医疗”（互联网 + 微型智能化 POCT），即家庭医生上门检测或家庭监护用的非专业 iPOCT，以实现“即时、即地、末梢血、小型化，甚至是无创的可穿戴化”设备。

属于未来 POCT 定义必定是互联网化的，同时融合更多应用技术和场景。毋庸置疑，精准化、自动化、云端化、共享化将是未来 POCT 的发展方向，也将是实现大数据时代智慧医疗的必经之路。

（十）质谱诊断

质谱及其相关技术发展较晚，在临床质谱检测的应用方面仅有 10 年左右。但是凭借其快速、准确、高通量的优势，质谱技术在临床领域的发展也十分迅速（表 9–17）。

表 9–17　常用质谱类型及临床应用

质谱类型	临床应用
液相色谱 – 质谱联用技术 （Liquid Chromatography-mass Spectroscopy, LC-MS）	● 新生儿遗传代谢病筛查 ● 药物浓度检测 ● 维生素类检测 ● 激素类检测 ● 肿瘤标志物筛选
气相色谱质谱技术 （Gas Chromatography-mass Spectroscopy, GC-MS）	● 尿液中代谢产物的检测 ● 毒物筛查

续表

质谱类型	临床应用
电感耦合等离子体质谱技术 （Inductively Coupled Plasma-mass Spectrometry, ICP-MS）	● 微量元素检测
基质辅助激光解吸飞行时间质谱（Matrix-assisted Laser Desorption/ Ionization Time-of-flight Mass Spectrometry, MALDI-TOF MS）	● 微生物鉴定 ● 核酸分析

已有多数研究机构认为质谱仪器在全球检验领域拥有超过 50 亿美元的市场容量。国内方面，根据国家统计信息中心数据，截至 2018 年 11 月底，全国三级医院 2498 家，二级医院 8806 家，如果每家二级及以上医院需配备至少一台临床质谱仪，以每台 100 万元为单价，则中国临床质谱仪的市场总量将达到至少 113 亿元。

国外质谱技术发展成熟，仪器制造寡头垄断。美国和日本是质谱仪新技术的主要来源国，在技术创新领域居于主导地位。目前，质谱仪基本被美国应用生物系统公司（SCIEX）、安捷伦科技有限公司（Agilent）、沃特世科技（Waters）、赛默飞世尔科技（Thermo Fisher）、布鲁克公司（Bruker）和日本岛津等国外企业垄断，这六大传统分析仪器制造龙头占有超过 90% 的质谱仪市场。

2006 年，北京东西分析仪器公司推出首台国产商用四极杆气质联用仪 GC-MS3100，打破了中国在实验室质谱仪市场上近 30 年的沉寂。目前质谱仪中的很多关键技术已经国产化，但性能及价格方面仍不敌国外产品，中高端质谱完全依赖进口（国内已批准上市的质谱仪如表 9-18 所示）。

表 9-18　已批准上市的质谱仪

序号	产品名称	型号 / 规格	注册人名称	批准日期	有效期至
1	微生物鉴定飞行时间质谱仪	microTyper MS	江苏天瑞仪器股份有限公司福建分公司	2019-06-10	2024-06-09
2	质谱检测仪	M-Discover 100	珠海美华医疗科技有限公司	2019-04-23	2024-04-22
3	飞行时间质谱检测系统	DR Mass ARRAY	广州市达瑞生物技术股份有限公司	2018-09-30	2023-09-29

续表

序号	产品名称	型号 / 规格	注册人名称	批准日期	有效期至
4	飞行时间质谱系统	Clin-ToF-Ⅱ	北京毅新博创生物科技有限公司	2016-11-01	2021-10-31
5	液体芯片飞行时间质谱系统	GT-7110	杭州意诚默迪生物科技有限公司	2017-04-10	2022-04-09
6	全自动微生物质谱检测系统	Autof ms1000、Autof ms2000	安图实验仪器（郑州）有限公司	2018-04-28	2023-04-27
7	三重四极杆质谱分析系统	FH-6000 MD	广州市丰华生物工程有限公司	2018-08-27	2023-08-26
8	液体芯片飞行时间质谱系统（蛋白指纹图谱仪）	I 型	湖州赛尔迪生物医药科技有限公司	2015-12-17	2020-12-16
9	三重四极杆质谱仪 LC/MS/MS System	API 3200 MD™	爱博才思有限公司 AB SciexPte.Ltd.	2019-07-23	2024-07-22
10	液相色谱串联质谱检测系统 LC/MS/MS System	AB SCIEX Triple Quad ™ 4500 MD	AB SciexPte.Ltd.	2017-06-02	2022-06-01
11	全自动微生物质谱检测系统 VITEK MS	VITEK MS	bioMerieux SA	2016-07-06	2021-07-05
12	全自动生物质谱检测系统 IVD MALDI Biotyper System	Microflex LT/SH	Bruker Daltonik GmbH	2018-05-09	2023-05-08
13	超高效液相色谱串联质谱系统 Liquid Chromatography-mass Spectrometry Systems	ACQUITY UPLC I-Class/ Xevo TQ-S micro IVD System	沃特世公司 Waters Corporation	2019-05-21	2024-05-20
14	超高效液相色谱串联质谱系统	ACQUITY I-S	Waters Corporation	2015-02-09	2020-02-08
15	超高效液相色谱串联质谱系统	ACQUITY I-X	Waters Corporation	2015-06-05	2020-06-04

续表

序号	产品名称	型号 / 规格	注册人名称	批准日期	有效期至
16	高效液相色谱串联质谱检测系统 Liquid Chromatograph-mass Spectrometer	LCMS-8040CL、LCMS-8050CL	SHIMADZU CORPORATION 日本岛津	2018-05-23	2023-05-22

质谱技术是测量分子质荷比（m/z）的分析方法。它通过将分子电离后形成带电离子，并按照离子 m/z 的大小顺序排列形成谱图数据。质谱仪主要由进样系统、离子源、质量分析器、检测器和数据处理系统 5 个部分组成，其中核心部件为离子源与质量分析器。目前最常用的离子化方法包括电子电离、化学电离、电喷雾电离、大气压化学电离及大气压光致电离，以及激光解析电离与基质辅助激光解吸电离。

质量范围、分辨率是质量分析器的两个主要性能指标（表 9-19 和表 9-20）。

表 9-19　各类质量分析器特点

质量分析器	特点
单四级杆（SQ）	仅有一种离子质荷比能够通过
三重四级杆（QQQ）	扫描速度快、灵敏度高
四极离子阱（QIT）	和四级杆相比，离子阱 Z 轴方向有一个束缚场
飞行时间（TOF）	质量范围宽、扫描速度快、分辨率高、无须电场和磁场，简单耐用、取样速度快
单聚焦磁场分析器	分辨率不高，只能进行方向聚焦，结构简单、操作方便
双聚焦分析器	分辨率较高，方向与能量同时聚焦，同时有电场和磁场
轨道阱（Orbitrap）	通过快速傅里叶变换映射到频域，分辨率高
傅里叶变换离子回旋共振质量分析器（FT-ICR）	质量分析器本身就是检测器，无须外加检测器

表 9-20　各类质量分析器主要性能指标

质量分析器	四级杆	四极离子阱	飞行时间	扇形聚焦	轨道阱	FT-ICR
质量范围	$> 10^3$	$> 10^3$	$> 10^5$	$> 10^4$	> 20 000	$> 10^4$
质量分辨率	$\sim 10^3$	$\sim 10^3$	$\sim 10^4$	$\sim 10^5$	$\sim 10^5$	$\sim 10^6$
质量精确度 /ppm	100	50 ~ 100	5 ~ 50	1 ~ 5	2 ~ 5	1 ~ 5

资料来源：《质谱分析技术原理与应用》。

在临床诊断方面，SCIEX 有能够测量低水平生物标志物和代谢物的 Citrine MS/MS 系统。此外，SCIEX 于 2014 年与 Illumina 合作启动 OneOmics 项目，将基于 SWATH 技术的下一代蛋白质组学（NGP）和第二代测序（NGS）工具整合在一起，旨在创造全球首个多组学云计算环境。2018 年 Thero Fisher 推出了 ISQ 7000 单四极杆 GC-MS、Orbitrap ID-X 三合一超高分辨质谱仪、TSQ Fortis 三重四极杆质谱仪等多款产品。

（十一）体外诊断领域知识产权

从诊断的角度出发，根据我国现行专利的分类号，笔者选择了 A61B 和 G10L25/66 这两个亚类进行检索，结果如表 9-21 所示（截至 2019 年 8 月 15 日）。

表 9-21 体外诊断试剂领域国际专利申请现状

中国专利			美国专利			欧洲专利			日本专利		
申请数	授权数	有效数*	申请数	授权数	有效数	申请数	授权数	有效数	申请数	授权数	有效数
128 876	47 189	37 023	205 726	208 339	113 588	159 239	55 290	32 478	225 724	103 346	54 867

*：去除了未缴纳年费、期限终止等各类不再具有专利权性质的有效专利数量。

中国专利申请数与授权数前 10 名专利权人（国际 / 国内）如表 9-22 所示。

从专利申请数和授权数来看，体外诊断的核心专利都由日本和欧美公司占据，在这一细分领域具有领先和垄断优势的罗氏、雅培和贝克曼（丹纳赫）公司。在我国的专利申请数和授权数并不多，以罗氏为例，其申请数仅为 308 项，授权数为 204 项。反之，飞利浦（Philips）、奥林巴斯（Olympus）、爱惜康（Ethicon）、西门子（Siemens）、东芝（Toshiba）、柯惠医疗（Covidien）、GE、富士胶片（Fujifilm）、佳能（Canon）和 GE 医疗（GE Medical）却占据了中国专利申请数的前 10 名，前 10 名的申请总数为 16 536 项，占总申请数的 12.83%。从授权数量来看，排在前 10 名的公司分别为奥林巴斯、飞利浦、东芝、爱惜康、西门子、日立（Hitachi）、GE、佳能、柯惠医疗和 GE 医疗，共获得授权 10 400 项，占本亚类总授权数的 21.28%。类似地，国内排在前 10 名的申请人依次为上海联影医疗科技有限公司（简称“上海联影”）、天津大学、迈瑞医疗、浙江大学、上海交通大学、清华大学、中科院深圳先进技术研究所、第四军医大学、苏州试金石医疗有限公司（Suzhou Touchstone International Medical Science Co., Ltd.）和东软集团股份有限公司（简称“东软”），共提交专利

表 9-22 中国体外诊断试剂领域国际专利申请现状

排名	国际					国内				
	专利权人	申请数/件	专利权人	授权数/件	有效数/件	专利权人	申请数/件	专利权人	授权数/件	有效数/件
1	Philips	3504	Olympus	2353	2024	上海联影医疗科技有限公司	712	迈瑞医疗	340	319
2	Olympus	3266	Philips	1878	1565	天津大学	567	清华大学	267	179
3	Ethicon	1828	Toshiba	1278	1170	迈瑞医疗	507	上海交通大学	244	116
4	Siemens	1631	Ethicon	1072	994	浙江大学	492	天津大学	233	191
5	Toshiba	1488	Siemens	1043	812	上海交通大学	464	浙江大学	217	144
6	Covidien	1215	Hitachi	584	457	清华大学	460	中科院深圳先进技术研究院	203	200
7	GE	1053	GE	569	270	中科院深圳先进技术研究院	340	上海联影医疗科技有限公司	186	186
8	Fujifilm	942	Canon	556	456	第四军医大学	317	深圳市理邦精密仪器股份有限公司	180	180
9	Canon	828	Covidien	547	509	苏州试金石医疗有限公司	315	苏州试金石医疗有限公司	164	164
10	GE Medical	781	GE Medical	520	365	东软集团股份有限公司	310	东软集团股份有限公司	152	152

申请4484项，占总申请数量的3.48%。国内排在前10名的授权人依次为迈瑞医疗、清华大学、上海交通大学、天津大学、浙江大学、中科院深圳先进技术研究所、上海联影、深圳理邦仪器、苏州试金石医疗有限公司和东软，共获得授权专利2186项，占总授权数量的4.63%。由此可以看出，目前我国在体外诊断领域的专利地位尚处于较低水平，专利的申请数与授权数都不能与发达国家相比。

在对美国、欧洲和日本的专利情况进行调查之后，可发现美国的申请数比较接近于授权数量（申请数量甚至低于授权数量，原因是部分专利经审查之后的分类号进行了调整），都在20万件左右，除去未缴纳年费及专利到期等原因，实际有效的专利113 588件。欧洲的专利申请数159 239件，授权55 290件，有效专利32 478件。日本的专利申请量达到225 274件，授权103 346件，有效专利54 867件。WIPO申请量达到了157 940件。由此可见，美国和日本依然是体外诊断行业专利的高地，其次是欧洲。

我国25家IVD上市公司的专利总申请数仅为5222件，授权2442件，申请数尚不及飞利浦与奥林巴斯之和，授权数与奥林巴斯相当，可见我国现有IVD企业的研发能力与创新能力还有大幅提升空间。同时需要注意的是，国内前十的专利授权人大多为高校和研究机构，将这些专利技术转化到市场应用还有较长的路要走。期望相关部门也会尽快出台更加行之有效的政策，让具有市场价值的专利早日进入市场。

四、体外诊断试剂发展前景与展望

随着国家医改政策，越来越多的企业将目光由传统的中心城市向二三线城市甚至是乡镇级的医疗机构转移，同时伴随着“一票制”及“4+7带量采购”等一系列医疗卫生改革措施的落地，促使原有的医药产业的市场格局发生了很大的转变，倒逼市场中的企业、人员、产品进行改变，以适应新的市场格局。市场的变化促使企业优胜劣汰的加剧，没有实力、缺乏核心技术、服务配套能力不足的经营企业、生产企业、产品被淘汰成为必然。

中国诊断试剂生产企业在逐渐摆脱简单的模仿，在不断推陈出新，在一些产品、技术方面崭露头角。随着诊断产品临床用户应用需求的提升，对产品的质量更加关注，对数据、结果的准确性、溯源性追求的提高，促使企业、行业更加聚焦产品质量的提升，加快诊断技术、产品更新换代的速度。

诊断行业的准入门槛在不断提高。一方面是因为产品的更新迭代；另一方面是市场竞争的加剧，需要在企业的资金、硬件条件、人才储备方面较之以往有更大的投入，特别是需要一种长期精耕细作的思想准备才能有所作为。短期的行为已经不再被市场所接受。

随着国家有关医药监管政府机构改革的落实，《医疗器械注册人制度》大范围推广实施、《医疗器械监督管理条例》的修订和实施，必将给整个医疗器械行业的产业格局和市场格局带来重大的影响。国家在支持医疗器械包括诊断产品的创新发展的前提条件下，必将加大管理的工作力度，需要老的诊断产品企业、人员摒弃固有的思维，及早转变，新的诊断企业、人员能够早日承接新的监管要求，不断开发出具有市场竞争力的高质量产品。

参考文献

[1] 中杰，周爵祺．体外诊断行业研究报告 [R]. 北京：九鼎投资，2019.

[2] 浙民投．体外诊断（IVD）行业研究报告 [R]. 杭州：浙江民营企业联合投资股份有限公司，2018.

[3] 宋海波：我国体外诊断关键原材料现状及思考 [R/OL]. [2019−7−5]. http://www.sohu.com/a/325038710_100169754.

[4] 中国体外诊断行业年度报告（2018 版）[R]. 北京：全国卫生产业企业管理协会医学检验产业分会，2019.

[5] 中国化学发光市场研究与未来预测报告（2018 版）[R]. 深圳：立木信息咨询，2018.

[6] 宋海波，等．中国体外诊断产业发展蓝皮书（2017 年卷）[M]. 上海：上海科学技术出版社，2018.

[7] 林贵兰，池胜英，陈晓东．血糖即时检验室间质控品的制备和评价 [J]. 检验医学教育，2006，13（3）：46−48.

[8] 李金明．临床实验室分子诊断的标准化 [J]. 中华检验医学杂志，2006（6）.

[9] 王成彬．质谱技术临床实验室应用 [J]. 中华检验医学杂志，2019，42（6）：395−398.

[10] 张自强，李岩．质谱技术在临床生化检测中的应用 [J]. 检验医学，2015，30（5）：407−409.

[11] 探针资本．质谱仪行业研究 [EB/OL]. [2019−6−17]. https://iivd.net/article-18033−1.html

[12] 孙书新．凝血四项正常参考值统计分析 [J]. 世界最新医学信息文摘，2016，16（31).

[13] 康琳，李楠，高宏伟，等．质谱技术在微生物检测和鉴定中的应用 [J]. 中国卫生检验杂志，2010（10).

[14] 王玥，王常松．利用挥发性有机化合物检测技术鉴别病原微生物的研究进展 [J]. 医学综述，2017（13）.

[15] 贾彬红，张树明，王伟明．建立 HPLC-MS 检测肺炎支原体中 C12- 神经酰胺的方法 [J]. 微生物学免疫学进展，2016，44（3）：29–35.

[16] 舒博文，林冬果，雷秀霞，等．微流控体外诊断技术应对临床检验医学的挑战 [J]. 中华检验医学杂志，2018，41（9）：696–699.

[17] 陈寒柏．体外诊断行业之 POCT[J]. 中国医疗器械信息，2014，6：4–15.

[18] 中华人民共和国国家卫生和计划生育委员会．基质效应与互通性评估指南 [M]. 北京：中国标准出版社，2011.

[19] ADA HAMOSH, et al. Online mendelian inheritance in man (OMIM), a knowledgebase of human genes and genetic disorders. Nucleic Acids Res, 2005, 33(Database Issue): D514-D517.

[20] LANDRUM M J, et al. ClinVar: public archive of interpretations of clinically relevant variants. Nucleic Acids Res, 2016, 44(D1): D862–868.

[21] KONRAD J KARCZEWSKI,et al. The ExAC browser: displaying reference data information from over 60 000 exomes. Nucleic Acids Res, 2017, 45(Database issue): D840-D845.

[22] VON LODE P. Point-of-care immunotesting: approaching the analytical performance of central laboratory methods[J]. Clin Biochem, 2005, 38(7): 591.

[23] MEIER F A, JONES B A. Point-of-care testing error: sources and amplifiers, taxonomy, prevention strategies and detection monitors[J]. Arch Pathol Lab Med, 2005, 129(10): 1262.

[24] PETER D STENSON, et al. The human gene mutation database: towards a comprehensive repository of inherited mutation data for medical research, genetic diagnosis and next-generation sequencing studies. Hum Genet, 2017, 136(6): 665–677.

[25] FIRTH H V, et al. DECIPHER: database of chromosomal imbalance and phenotype in humans using ensemble resources. Am J Hum Genet, 2009, 84(4): 524–533.

[26] SMIGIELSKI E M, et al. dbSNP: a database of single nucleotide polymorphisms. Nucleic Acids Res, 2000, 28(1): 352–355.

[27] RICHARDS S, et al. Standards and guidelines for the interpretation of sequence variants: a joint consensus recommendation of the American College of Medical Genetics and Genomics and the Association for Molecular Pathology. Genet Med, 2015,17(5): 405–424.

[28] JANNETTO P J , FITZGERALD R L. Effective use of mass spectrometry in the clinical

laboratory[J]. Clinical chemistry, 2015, 62(1).

[29] SEUNG MIN YOO，LEE S Y，CHANG K H，et al．High-throughput identification of clinically important bacterial pathogens using DNA microarray[J]. Molecular & cellular probes, 2009, 23(4): 171–177.

[30] 1000 GENOMES PROJECT CONSORTIUM, et al. A global reference for human genetic variation. Nature, 2015, 526(7571): 68–74.

第十章　骨科医疗器械

一、骨科医疗器械概述

骨科是诊断与治疗人体骨骼运动肌肉系统各种外伤、疾病、肿瘤等问题的临床科学，是一门归属于“外科学”范畴的三级学科，骨科领域疾病的治疗方式主要是处方和非处方药、物理治疗、手术和医疗器械治疗等。

骨科医疗器械行业是医疗器械行业中大的子行业之一，按照国际上经典的骨科产业分类，骨科植入物可划分为如下几个类别的产品：

①创伤骨科（Orthopedic Trauma）产品；

②脊柱外科（Spinal Surgery）产品；

③关节外科（Joint Surgery）产品；

④运动医学（Sports Medicine）产品。

其中，创伤类、脊柱类和关节类产品在整个骨科医疗器械中的市场份额合计超过 80%。创伤类产品主要用于交通事故和摔倒、跌落等意外所造成的各种四肢骨折损伤复位、固定和功能锻炼。脊柱疾病包括各类畸形、肿瘤和骨折及退化、椎体与椎间盘脱位等，患有骨质疏松、骨关节炎和其他骨骼退化问题的人也较易发生脊柱疾病。脊柱类病变的治疗方法有药物治疗、物理治疗、休养和佩戴支架等保守治疗，也有外科内固定手术、椎体成形微创介入疗法等手术，其中微创在国内是比较领先的治疗方式。关节类疾病如关节炎、骨质增生和风湿、骨肿瘤和关节周围骨缺损等，尤其以老年人和运动过度损伤居多，在保守治疗无果后，多数会采取关节置换或重建。关节类产品需要长期植入身体中，因此，产品要求尽可能模拟人体生理关节运动状态和功能，对植入材料及手术器械的性能均有较高要求。

创伤骨科产品通常包含以下产品系列：接骨板系列、螺钉系列、髓内钉系列、外固定支架系列、其他创伤固定器材等。

脊柱外科通常包含以下产品系列：钉－棒型内固定、钉－板型内固定、椎间融合器、脊柱非融合器材、脊柱矫形器械、脊柱微创手术器材、脊柱手术专用生物材料、脊柱手术特种设备、脊源性疼痛植入式调控器材等。

关节外科通常包含：人工髋关节假体、人工膝关节假体、关节置换用骨水泥器材系列、其他人工关节假体如人工肩关节、人工肘关节、人工腕关节、人工掌指/指间关节、人工踝关节等。此外，关节外科还涉及术前计划系统、术中实时导引系统、手术机器人等智能设备。

运动医学通常包含：关节镜下修复器材、关节镜及相关设备、关节镜手术专用设备、关节镜手术专用器械等。

随着科学和技术的进步，近年也有企业或组织在骨科产品中提出了一些新的、独立的产品大类，如“骨生物材料”“骨科手术机器人”“骨科再生修复产品”等；但在本书中，若有涉及骨生物材料、骨科手术机器人、骨科再生修复产品等的内容，我们仍将其放在传统的、经典的产业分类中进行阐述。

二、国际骨科医疗器械产业现状

根据全球骨科行业权威调研机构 Orthoworld 最新发布的 2019 年度报告，2018 年全球骨科市场规模为 510 亿美元，较 2017 年增长 3.5%（表 10-1）。其中脊柱类、关节类产品的市场规模占整体的一半左右（图 10-1），但同比增长速度低于其他骨科产品门类。脊柱类、关节类产品中的大部分传统品种，近年来技术逐渐趋于成熟，成为价格战的常规耗品，但其中的一些特殊产品如人工椎间盘等，依然呈现出较快的成长速度。与此同时，创伤骨科和运动医学产品的增长旺盛，这得益于人口老龄化，以及人们对快速康复、生活质量的追求提升。在过去的 2 ～ 3 年里，骨科生物材料的业务成长是稳步而显著的，但是占整个骨科市场的比例始终维持在 10% 左右。

表 10-1　2017—2018 年全球骨科各个业务大类的市场规模变化

骨科产品大类	市场规模 / 亿美元		市场增减额 / 亿美元	增长率
	2018 年	2017 年		
人工关节	189.20	182.43	6.77	3.7%
膝关节	90.58	87.83	2.75	3.1%
髋关节	75.82	73.49	2.33	3.2%

续表

骨科产品大类	市场规模 / 亿美元		市场增减额 / 亿美元	增长率
	2018 年	2017 年		
其他关节	22.79	21.10	1.69	8.0%
脊柱外科	93.25	90.81	2.44	2.7%
创伤骨科	72.06	69.20	2.86	4.1%
运动医学	56.14	53.19	2.96	5.6%
骨生物材料	50.88	50.97	–0.09	–0.2%
其他骨科	50.75	48.33	2.42	5.0%
合计	512.28	494.93	17.35	3.5%

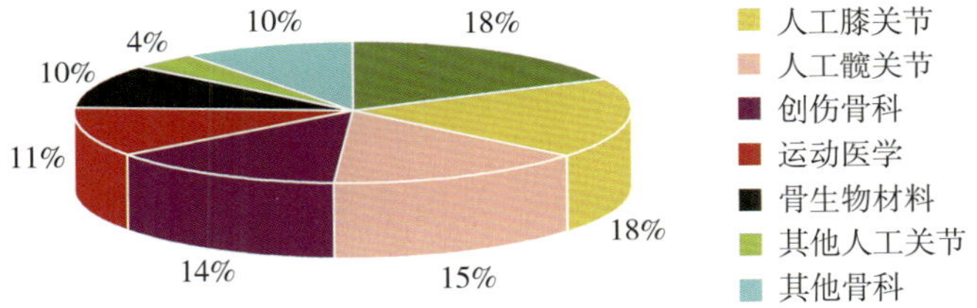

图 10–1　2018 年全球骨科市场的门类占比

由于人类社会的进一步老龄化、发展中国家的经济成长、医学技术的广泛普及，预计在未来 5 年，全球骨科市场将继续保持每年 3% ～ 4% 的稳步增长速度（表 10–2 和图 10–2）。

表 10–2　2016—2024 年全球骨科市场成长预测

年份	市场规模 / 亿美元	市场增长额 / 亿美元	增长率
2016	477.06		
2017	494.93	17.87	3.7%
2018	512.28	17.35	3.5%
2019E	530.21	17.93	3.5%
2020E	549.29	19.09	3.6%
2021E	569.07	19.78	3.6%
2022E	590.12	21.06	3.7%
2023E	611.96	21.84	3.7%
2024E	642.06	30.10	3.7%

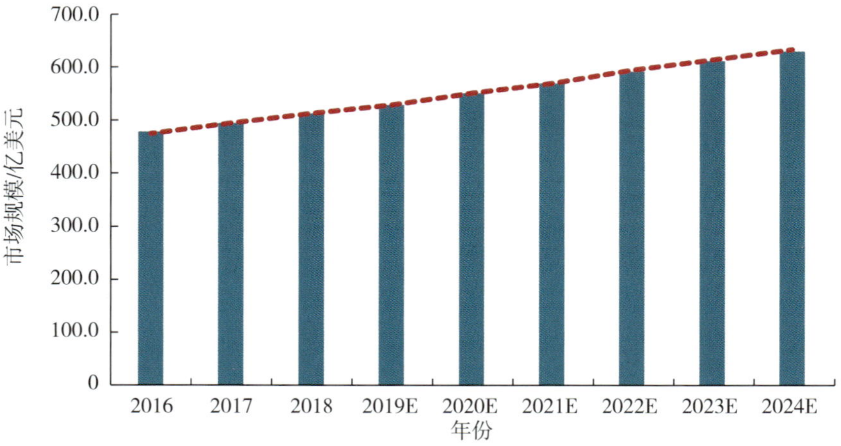

图 10-2　2016—2023 年全球骨科市场成长展望

目前全球专业的骨科产品企业按照业务规模分为 5 个梯队。第一梯队是年销售额 10 亿美元及以上的公司，共有 7 家，分别是美国强生公司（Depuy Synthes）、美国捷迈邦美公司（Zimmer Biomet）、美国史赛克公司（Stryker）、英国施乐辉公司（Smith & Nephew）、美国美敦力公司（Medtronic）、美国 Arthrex 公司和美国 NuVasive 公司，占据了全球骨科业务总量的 65%；第二梯队指的是年销售额在 4 亿～10 亿美元（不含 10 亿）的公司，现有 5 家；第三梯队指的是年销售额在 2 亿～4 亿美元（不含 4 亿）的公司，现有 14 家；第四梯队指的是年销售额在 1 亿～2 亿美元（不含 2 亿）的公司，现有 15 家；剩余第五梯队企业为年销售额在 1 亿美元以下的公司（图 10-3）。

以第一阵营的七大骨科企业为例进行分析，全球骨科医疗器械企业通常有多元化业务和专业化业务两种类型，前者涉足创伤骨科、脊柱外科、关节外科、运动医学等多个门类，全世界最大的 4 家骨科公司——强生、捷迈邦美、史赛克、施乐辉——都是经营多元化产品线的，且每一个业务门类的业务占比比较均衡，最多不超过 39%；而位列第 5 至第 7 名的 3 家顶尖骨科公司——美敦力、Arthrex、NuVasive——则不同，他们的特点都是在某一个骨科细分市场里做到全球拔尖，且这一业务可能贡献了本公司 75% 以上的销售额。例如，美敦力公司是世界首屈一指的脊柱外科专业企业，同时也经营少量创伤业务；Arthrex 是世界运动医学领域的领军企业，同时也经营少量关节业务；NuVasive 则更加聚焦，以脊柱外科门类中的微创技术产品而享誉全球，同时也提供少许创伤骨科和骨生物材料制品。

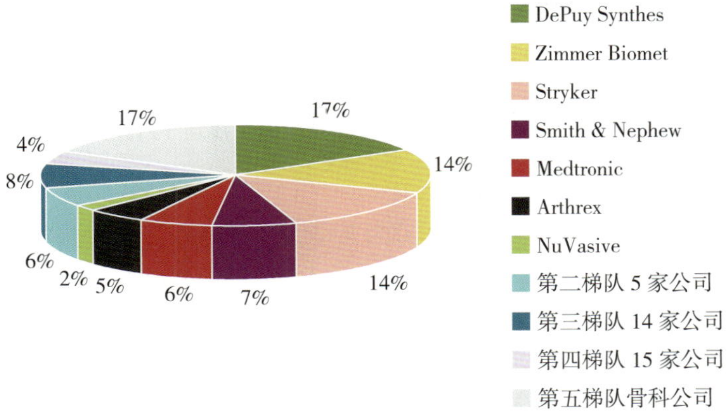

图 10-3　2018 年全球骨科公司各梯队的业务贡献概况

2018 年全球骨科医疗器械企业 5 个梯队中，进入前 3 个梯队的非欧美企业仅有一家微创骨科（中国）。从国别上来看，绝大多数大型骨科公司均来自美国，少数来自西欧。因此，在传统的全球骨科业务区域市场上，美国（通常与加拿大合计为北美市场）长期稳占全球一半以上，以下依次是欧洲及中东市场、亚太市场等。但是近年来，亚太骨科市场的成长非常快速，欧洲及中东市场反而有所下降。前者与经济实力壮大、人口老龄化、亚太各国医保支付能力提升有关，后者则与经济、法规监管体系的改变有关（图 10-4）。

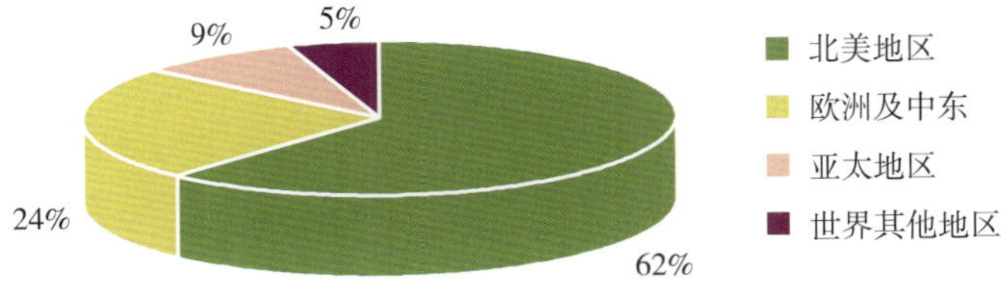

图 10-4　2018 年全球骨科市场的区域分布

三、国内骨科医疗器械产业现状

（一）我国骨科医疗器械市场状况

中国本土骨科医疗器械企业早在 20 世纪 70 年代，已经开始与上海、北京、天津等地的医院进行创伤、脊柱内固定、人工关节、骨水泥等产品的开发，自 20 世纪 90 年代中期，境外骨科企业大举全面进入中国后，中国骨科临床界开始系统接受创伤内固定、脊柱手术、关节置换、关节镜等学科的理念教育，进口产品大行其道。直至2000年，国内企业仍然同国外企业在骨科产品设计、工艺、制造的基本人才队伍等方面存在明显的差距，鲜有投入大规模人力物力进行深一步的研发能力打造及开展高层次的境内外研发合作的企业。

同一时期，境外骨科医疗器械公司因知识产权保护、中国医疗器械市场法规准入门槛等多方面原因，在中国市场投放的创新技术始终有限，远远不及其在欧美市场投放的1/10。

海外骨科医疗器械公司为了应对这一情况，一方面对中国作有保留的新技术投放；另一方面设法在中国筹建制造工厂，进一步压缩制造成本，同时也开始对某些本土骨科医疗器械企业采取收购、合资、入股等行动，以便更深入地理解中国市场，借助本土企业已有的资源和渠道，将其品牌和影响力渗透入中国广大的基层医疗市场。其中值得一提的事件有：2007年美敦力公司与山东威高公司合资成立美敦力威高公司、2013年美敦力公司收购中国康辉医疗和理贝尔医疗公司、2013年史赛克公司收购中国创生医疗公司，以及随后不久的美国黑石基金控股江苏欣荣博尔特公司等。

自2015年以后，中国本土开始出现以数家骨科龙头（威高、微创、大博、爱康、春立正达、纳通、迈瑞）上市企业为代表、40～50家年销售额数千万元的骨科企业为主力军的民族产业局面。位居前列的几家公司，或启动了海外并购，或通过医工合作等形式，进入本土源头创新的阶段，且已有成功产品问世，这标志着本土骨科公司开始真正拿出国际竞争的心态和姿态，开始真正沉下心来进行骨科技术的钻研和积淀。

当前的中国骨科医疗器械市场处于关键的嬗变期，主要表现：一方面是国际跨国公司和进口产品继续占据骨科器械多个门类的尖端产品领域；另一方面是本土公司的快速成长，并纷纷启动极具中国特色的源头创新和技术改良。中国本土公司与进口公司在创伤骨科、脊柱外科、关节外科和运动医学市场上的规模构成极不均衡，例如，在创伤骨科领域，本土产品规模已经小幅超过进口产品；而在脊柱外科特别是运动医学领域，进口产品则仍然占据50%以上的份额。

行业创新明显不足，究其原因，仍在于我国本土企业的研发、工程技术人员普遍层次不佳，从简单机械加工的角度来看待骨科内固定产品，而较少有能力进行生物力学、人体工程学的深层次理解。另外，我国骨科企业与医务人员、院校的合作研发机制也处在比较低级的阶段，尚无能力对进口的先进骨科产品进行剖析、理解，进而从中国患者的需求角度进行再创新。创新人才（企业及医生）的匮乏、医工结合机制的贫乏、基础研究的欠缺，导致了中国本土骨科企业，目前依然还处在低端仿制、低端制造、低端工艺的阶段。所幸，一些构造相对简单的骨科产品如接骨板、螺钉、外固定支架等，国内企业具有国内先天的市场优势。但对于更加复杂的脊柱类、关节类产品乃至牵涉到领先材料的运动医学和光电、智能类设备，由于不具备相应的解剖学、生理学、工程学、材料学、细胞学等研究积淀和人才储备，中国本土公司产品相对进口产品而言，竞争力较弱。

在骨科器械产品的制造领域亦是如此，目前大部分中国本土骨科医疗器械公司提供的优质骨科产品及手术辅助器械，其原材料（如钛合金、涂层等）无法自主解决，需要依赖进口，国产原材料普遍被认为存在质量不稳定、总体品质不高或量产能力有限等问题，涉及脊柱内固定、人工关节等产品的原材料，国产材质难以获得厂家、医生的信任。在骨科产品许多关键的制造工艺如镀铬、硅胶包裹、注塑、锻造、喷涂、微孔制备、耐磨损界面、抑菌界面、骨诱导界面工艺方面，本土厂家多数达不到国际通行水准，或是完全不具备。

中国目前仍是全球骨科市场增速最快的国家之一，如前所述，在全球骨科各个大类的市场增速基本为 3% ～ 6% 的背景下，我国创伤骨科、脊柱外科、关节外科的市场复合增长通常在 15% ～ 20%，并已维持了 10 余年的持续增长。某些学科如运动医学，则可获得 30% 左右的年度复合增长。

根据第三方机构提供的统计数据，2018 年，我国骨科医疗器械市场中排名前三的细分市场分别是脊柱、创伤和关节，市场占有率分别为 29.01%、28.63%、27.86%，脊柱类骨科医疗器械首次跃居创伤类骨科医疗器械排名首位（图 10–5）。三者国产化程度从高到低依次是创伤、脊柱、关节，其中关节类骨科医疗器械目前大多依靠进口产品，国产产品市场占有率不高；创伤类骨科医疗器械则相反，基本实现了产品的国产替代进口，基本是国内企业主导市场走向，增长也保持较快的速度（图 10–6）。医械研究院测算，2018 年脊柱、创伤和关节三者的市场销售规模分别约为 76 亿元、75 亿元和 73 亿元，同比增长分别为 16.92%、13.64% 和 21.67%（图 10–7、图 10–8 和图 10–9）。

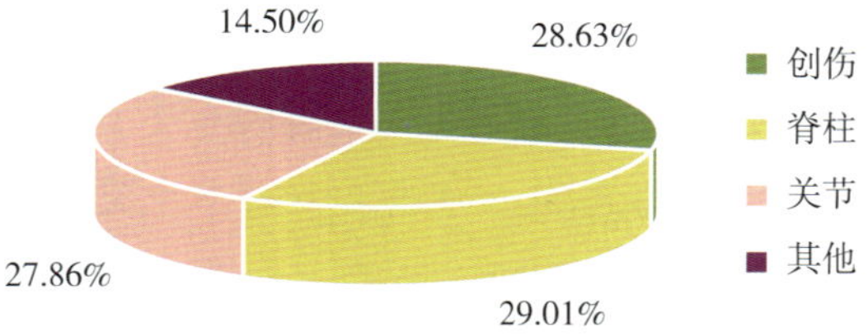

图 10-5 2018 年骨科植入细分市场占比

（资料来源：弗锐达法规咨询）

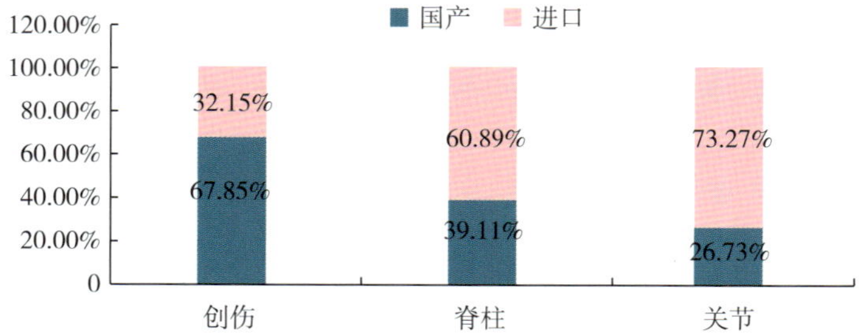

图 10-6 2018 年骨科植入各大细分市场进口产品与国产产品市场份额

（资料来源：弗锐达法规咨询）

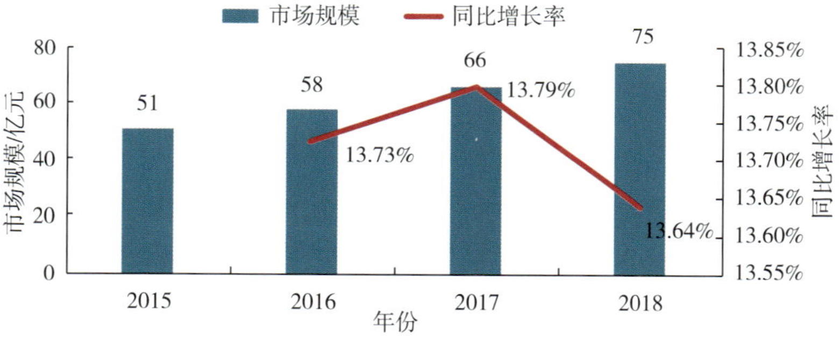

图 10-7 2018 年我国创伤市场规模

（资料来源：弗锐达法规咨询）

图 10-8　2018 年我国脊柱市场规模

（资料来源：弗锐达法规咨询）

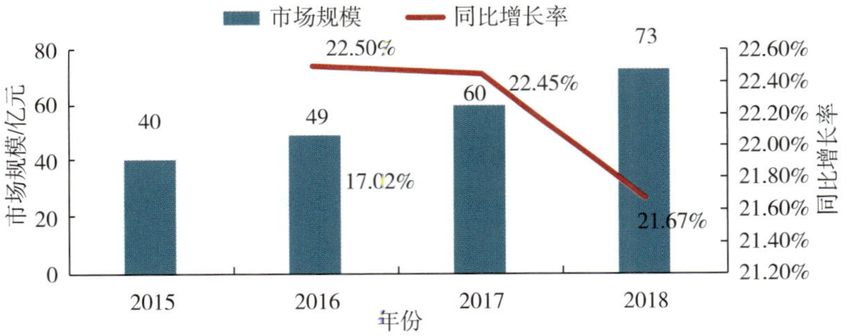

图 10-9　2018 年我国关节市场规模

（资料来源：弗锐达法规咨询）

由于我国庞大的人口基数，每年因车祸、工伤、跌倒等职业或生活事故造成的骨折、脱位，据估计超过 500 万例。其中尤以老年人群骨质疏松原因导致的骨折增加最为快速。当下我国 60 岁以上人口已占人口总数的 15% 以上；预计至 2050 年，60 岁以上人口将达到总人口的 25%。骨质疏松性骨折的发生率前 3 位分别是髋部骨折、腕部骨折和肩部骨折。仅就髋部骨折而言，预计至 2050 年，我国新发髋部骨折的患者将达到 107.9 万例。由上述骨折带来的医疗相关花费也是相当惊人的，在美国每年因骨质疏松性骨折产生的花费高达 220 亿美元。

足踝和膝关节周围骨折的发生率则仅次于髋部、腕部、肩部骨折。除此之外，各种类型的四肢骨骼畸形（如伤病后短缩、成角、旋转或先天及发育畸形等）也需通过创伤骨科器材进行治疗。骨骼创伤治疗的主要难点是骨的愈合。骨的愈合能力受制于年龄、营养、体质、药物、吸烟、感染、局部供血等综合因素，骨折一旦出现延迟愈合或不愈合，则使患者陷入漫长的残疾状态，且许多患者反复手术、长年求医，完全丧失劳动能力，在我国，处于这类骨愈合障碍的患者，累计也已超过200万人，带来不可估量的社会问题。

（二）我国骨科医疗器械重点待发展领域

1. 创伤骨科

（1）骨组织工程学修复

目前，促进骨愈合和骨缺损修复的临床治疗措施是在手术过程中妥善保护局部软组织血运、微创化操作，以及施用自体骨移植、同种异体骨移植、异种骨移植、生物材料填充等手段，总体来说，对骨愈合和缺损修复的结果无法获得确切的预知，从本质上依赖的是患者自身的骨细胞再生、分化能力，治疗所提供的仅是一个辅助外因，效果非常有限。

临床常用的自体骨移植，是目前效果最优的促成骨、促修复手段，但是自体骨移植来源有限，且需要制造额外的手术创伤；同种异体骨存在显著的排异反应问题，且有病原体传播的潜在风险，在骨材料的来源上也有很多法律及伦理争议。同种动物骨的移植效果较差，排异反应明显。与此同时，各种人造的骨修复材料如磷酸三钙（TCP）、羟基磷灰石（HA）、半水硫酸钙、磷酸钙、胶原、聚乳酸（及其聚合物家族）、壳聚糖等，在过去的20年中也在我国各地进行了临床应用，并形成了一定的产业集群。然而，人造的骨修复材料，在体内提供的主要还是一个支撑骨细胞爬行生长的“支架”作用，其材料本身虽然也可能具有一定的新生骨诱导效应，但并不可靠。

临床真正需要的，是具备主动的新骨诱导、促成熟、材料降解速度与新骨替代相一致、安全无害的解决方案，其中势必涉及从骨细胞诱导再生、骨组织发育促进、新骨生长支架等多个方面的综合的、组织工程学范畴的解决方案，包括干细胞技术、BMP-2/BMP-7/TGF促成骨因子、新型支架材料（骨修复生物材料）等。

2018年7月，空军军医大学唐都医院成功开展二期生物膜内植骨手术治疗。手术采用的膜诱导技术为近期的创新技术，其原理是利用人工的“骨水泥”替代感染坏死骨质，植入后经过一定时间恢复，会在“骨水泥”周边形成血管化的、具备成骨或供血功能的类骨膜组织，膜诱导技术修复肱骨感染性骨缺损，硫酸钙、磷酸钙混合物与膜诱导技术结合首次使用。

（2）接骨板用材料

接骨板材料的两个核心要素包括如何提高力学相容性、降低应力遮挡效应和如何提高材料的生物相容性。

当前常用的金属材料接骨板易加工成型，但也存在一定风险，例如，因其为金属材料，在人体中长时间存在会被体液腐蚀，会出现磨损，进而弥散出有一定毒副作用的金属离子；也会出现电化学腐蚀，使得材料的力学性能降低。而无机非金属材料具备较强的生物活性，如生物活性玻璃，材料表面由于离子交换反应能产生类骨羟基磷灰石，如羟基磷灰石、生物活性玻璃、生物陶瓷（含碳化硅、二氧化硅和氧化镁等），已被考虑用于金属基接骨板的表面涂层以提高其生物相容性。

将来医疗需求的骨科固定或植入新型材料，应当具备以下特点：组织相容性良好、安全、力学强度达标、弹性模量接近人体骨骼、生物降解能力恰当且降解产物易清除、无毒害，同时能保证达到合格的强度，如不锈钢材料、钛及其合金、可降解的镁（Mg）、金属接骨板、生物可降解材料型接骨板。

被誉为“革命性的医用金属材料”的是镁基金属，其在体内具备恰当的生物降解能力且降解产物易清除、无毒害，不需要二次手术取出，受到全球金属生物材料领域研发和医疗人员的广泛关注。镁基金属综合力学性能良好，且其降解产生镁离子和微碱性环境，能够促进形成新生骨和骨组织愈合，应用前景广阔，材料优势明显。中国科学院金属研究所与东莞宜安科技股份有限公司共同开发了“可降解纯镁骨钉”产品，2019 年 7 月获得 NMPA 颁发的临床批件，这是国内首家取得临床批件的可降解镁基金属Ⅲ类（植入类）医疗器械产品，这一产品的获批临床标志着我国在这一领域内产品临床转化的突破性进展。

2. 脊柱外科

（1）钉－棒型内固定

分为胸腰椎椎弓根钉棒系统和枕颈椎后路钉棒系统两大系列，分别用于胸腰椎、颈椎这两大重点区域的退变性疾病、外伤、肿瘤和感染的术后固定、序列重建。钉棒型内固定产品于 1995 年前后进入我国，目前是全世界最常用的脊柱手术器材，各种螺钉设计和工程学原理的产品层出不穷。我国本土企业在这个领域的创新、开发能力十分低下，只能停留在低端的重复和模仿阶段或在原有基础上做稍许的改良。

椎弓根钉棒系统的发展方向归纳为如下3点：①在骨质疏松患者的脊柱上固定稳定性更可靠、松动率更低的设计；②微创、经皮固定的椎弓根钉及其辅助手术器械系统的开发；③智能化系统下的椎弓根钉。

（2）椎间融合器

椎间融合器是脊柱外科器材中的一个重要领域，进入临床仅20余年，目前在全球的产业规模增长速度，显著快于椎弓根钉等传统器械。椎间融合器可分为：①颈椎椎间融合器；②胸腰椎后路椎间融合器；③胸腰椎前方与侧路椎间融合器；④可变形的椎间融合器：各种材质、外形的水平方向扩展、纵向扩展的椎间融合器；⑤特种治疗用途的椎间融合器等。

当下欧美市场的椎间融合器，已出现3种技术趋势，值得我国产业界重视。

①生物活性界面的椎间融合器：以Titan等几家公司为代表的欧美企业，目前在这一领域是为数不多的技术提供者。由于传统的PEEK材料生物惰性非常突出，用于融合器植入体内后，不利于骨细胞的迁移、依附和增殖，但PEEK材料是医学上难得的具有优异生物相容性、弹性模量的一种融合器用材，因此，在PEEK材料表面附加微孔型钛金属或HA涂层，加强融合器与周围骨界面的生物互动，已是目前欧美学术界的共识，也已成为多家主流骨科跨国公司争相布局的一个方向。PEEK融合器表面附加生物涂层，不仅考验涂层的微孔制备技术，同时还要求具备较高的材料复合能力，以确保生物涂层与PEEK基材之间的界面，在手术过程中不发生裂解、分离。目前，还有公司考虑成本更加低廉的PEEK材料表面微孔化处理技术，目的也是改变植入物-骨界面的生物嵌合。

②可扩张和撑开式椎间融合器：椎间融合器的治疗效率在很大程度上取决于接触表面积，为此，可水平向扩张的椎间融合器、可组合的椎间融合器成为近年的一个新创新方向。与此同时，为了改善椎间融合器无法矫正脊柱矢状面失衡的局限性，目前欧洲主要公司均开始开发可变角度、可纵向撑开的融合器装置，使椎间融合器不仅具有促进稳定的作用，同时还具有一定程度的生理曲度矫正的能力。

③个性化、定制化的椎间融合装置：这方面，北美的学术共识是3D打印的微孔钛质的椎间融合器，未来将可能成为下一个脊柱外科手术重要器材。近年来我国在脊柱内植入型3D打印领域涌现了不少世界率先的手术报道，但这并不意味着我国在这个领域技术已经远远领先于欧美，更多的原因是欧美在个性化植入器械方面的法规监管更严、缺乏灵活性。我国在3D设备、软体和微孔控制技术方面的原创

能力还比较薄弱，未来围绕脊柱个性化微孔融合器材，可能会成为我国本土企业实现长足发展的一个契机。

（3）脊柱非融合器材

脊柱非融合，主要是相对于传统的脊柱融合类器材（螺钉、融合器等）而言的，融合类器材的目的是使病变脊椎节段在手术后融为一体，重获稳定，但牺牲的是这一节段的活动能力。而对于患者而言，未来更加接近“生理自然”的治疗，则必定是实现病变前的局部活动能力的。颈椎、腰椎人工椎间盘等装置应运而生，作为一个脊椎骨间的“人工关节”，来保存病变脊柱节段的活动功能。

2017 年以来，人工椎间盘在全球（尤其是北美和西欧）市场的自然增速，远远快于脊柱外科整个市场的平均增幅，这在很大程度上反映了“恢复生理”这一理念在脊柱手术中的日益盛行，同时也得益于人工椎间盘技术在近年的大幅度成熟。目前人工椎间盘主要在颈椎中展开，以美国 3 ～ 4 家公司的设计为代表，设计难点如下。

①磨损界面的选择：目前有金属 – 聚乙烯、金属 – 金属、陶瓷等界面。

②手术辅助器械的设计：不断简化手术操作，降低手术风险。

③假体 – 骨界面的进步：生物骨诱导的界面，在这方面，与人工关节和椎间融合器所面临的问题一致。

（4）脊柱微创手术器材

未来的脊柱外科手术，将是微创的时代，亟须加强微创脊柱手术工作通道、椎间盘镜（MED）系统、椎间孔镜（PLED）系统的研发，这方面有赖于手术影像技术和有源电子技术的进步。

（5）脊源性疼痛植入式调控器材

针对长期药物治疗、反复手术无效的顽固性腰腿痛病患，自 2000 年以来，开始出现脊髓电刺激（SCS）和鞘内吗啡泵（IDDS）等治疗技术，相关的疼痛闸门控制学说也逐渐深入人心。目前 SCS 和 IDDS 技术已经进入我国市场，凭借着技术垄断，产品提供商在定价上掌握着主动，高昂的价格使得大量的顽固性腰腿痛患者无法接受这些治疗。

我国在电生理调控、电极技术方面已逐渐掌握核心能力，在输注泵技术方面也已开始逐步缩小与欧美的差距。相关技术应用延伸至脊髓电刺激领域，打破西方垄断，为我国患者提供成本合理的质量优异的 SCS、IDDS 产品，将是未来 5 ～ 10 年的一个重要方向。

3. 关节外科

关节外科伤病包括关节退变性疾病、关节周围损伤、关节肿瘤、关节周围感染，在关节外科领域需要关注的技术方向如下。

（1）关节假体高耐磨损界面技术

今天全世界通行的人工关节设计理念，源自于20世纪50年代后期，英国医学家正式将“低摩擦、高耐磨”这一原则引入人工关节假体领域，彻底告别了之前各种材料、各种人体移植物替代物作为关节假体的历史。目前世界各国的厂家均奉行“硬对软”“硬对硬”这两大类关节磨损界面组合，前者有：金属－聚乙烯假体、陶瓷－聚乙烯假体；后者有金属－金属假体、陶瓷－金属假体、陶瓷－陶瓷假体。其中金属主要采用钴铬钼合金材料（不锈钢材料已于20世纪90年代被淘汰）；聚乙烯常用超高分子量聚乙烯、超高交联聚乙烯、维生素E强化聚乙烯材料等；陶瓷目前采用氧化锆和氧化铝两种类型。

在我国市场上销售的几种人工关节假体，按其售价（或相对性能）从高到低依次为：类陶瓷样锆铌合金＋超高交联聚乙烯、陶瓷＋陶瓷、陶瓷＋维生素E强化聚乙烯、陶瓷＋超高交联聚乙烯、金属＋超高交联聚乙烯、金属＋超高分子量聚乙烯。其中，金属＋金属组合型人工关节目前已经基本被临床弃用。“类陶瓷样锆铌合金”假体是一种比较受肯定的关节耐磨损界面，但仅某英资跨国公司有能力制造，具有显著高于其他材料的耐磨系数，且克服了陶瓷材料假体那种过脆、易碎裂、体内植入后易发生躁响的缺陷。

目前在售关节产品均按照人体关节的基本形状设计，在工程学原理上没有出现革命性的变化，决定关节表现和寿命的关键因素，往往体现在关节的摩擦界面和骨的锚固界面。我国在人工关节摩擦界面材料领域，受基础材料工业的限制，目前自主研发、供应和制造能力如表10-3所示。

表10-3 我国人工关节假体材料制造能力一览

关节假体材料	研发	上游供应	制造工艺
超高分子量聚乙烯	具备	高端依赖进口	具备
超高交联聚乙烯	具备	高端依赖进口	具备
维生素E强化聚乙烯	不具备	依赖进口	具备

续表

关节假体材料	研发	上游供应	制造工艺
钴铬钼合金	具备	高端依赖进口	具备
氧化锆陶瓷	不具备	依赖唯一进口商	依赖唯一进口商
氧化铝陶瓷	不具备	依赖唯一进口商	依赖唯一进口商
类陶瓷样合金	不具备	垄断，无获取途径	垄断，无获取途径

由表 10-3 可见，我国在人工关节耐磨损技术方面，现在还不能独立提供主要高端解决方案，如陶瓷、陶瓷样合金被境外单一厂家垄断，或完全依赖进口（陶瓷），或完全不能触及（陶瓷样合金）。

（2）关节假体骨生物活性界面技术

人工关节生存寿命的另一至关重要因素是关节假体与周围骨骼的固定牢固度，目前临床人工关节常用“生物型”和“骨水泥型”两种固定方式，后者系由 PMMA 骨水泥作为锚固方式的人工关节，主要用于那些高龄、骨质条件比较差的老年患者，而“生物型”假体则指的是依靠关节假体与周围骨骼的自然锚固，甚至是骨嵌入式的锚固，来实现关节假体与周围骨骼“长为一体”目标的固定方式，所依赖的是关节表面的微孔、喷涂等技术，更加适合于多种类型的患者，所能获得的假体稳定寿命也更加长久。

理想的关节假体界面微孔应该达到 100 ～ 1 μm 级，且不同孔隙率假体界面之间彼此交织、呈逐步递进式，以便促成骨细胞的贴附和快速长入。实现这种等级的微孔表面工艺通常有酸蚀、电化学、纳米级的氧化钛、氧化锆微孔隙工艺（Sol-Gel）能力，目前我国无法自主实现，技术还停留在＞ 100 μm 级的喷砂、微珠制备水平。

类似技术还普遍用于脊柱椎间融合器、各种骨内固定器材和人工椎间盘的骨性界面。一切有助于增强金属内植体与骨骼锚固能力的微孔工艺技术，均是未来 20 ～ 30 年的重点研究方向。

（3）关节假体感染防控技术

关节置换术后的感染尤其是慢性低毒性感染的发生率始终较高，也是渐进性造成假体松动、最后完全失败的最重要原因。关节置换术后的感染与众多原因有关，如患者自身的营养、抵抗力、是否在其他部位存在感染灶、局部是否有假体磨损后的碎屑施放及手术过程中的无菌控制等。但不管怎样，很多患者术后依然会出现假体周围的慢性感染，这些感染的致病菌可能是经血液播散而来，一旦发生，会造成局部疼痛，或是毫无症状，使用抗生素治疗一般不能奏效，因为局部细菌繁殖制造的菌膜将阻隔抗生素的进入，即便抗生素到达了感染部位，也会因为剂量和浓度太低而无济于事。

假体表面的抑菌涂层技术，始终是近 20 年来学界追求的一个重要方向，在既往曾经出现过的一些银离子涂层技术、载药涂层技术等，都没有能达到临床实际应用所需的抑菌性能，且易导致细菌耐药性的出现，但这个领域依然是下一阶段的工作重点，需耐心搭建跨学科的药物筛选、控释技术和假体表面涂层团队，在以下几个方面加强跨学科协作，包括抑菌银离子的筛选和制备、抗菌药物装载的类型筛选、抑菌剂的控制和装载技术、抑菌效应的检测和评审标准。抑菌涂层技术的突破和成熟，可拓展应用于脊柱外科、创伤骨科等各个领域的内植入物表面。

（4）生物活性骨水泥

关节外科手术所用骨水泥目前以聚甲基丙烯酸甲酯（PMMA）为主流，关节外科未来除所用骨水泥应具备临床手术所需的稳定固化时间、机械强度以外，还应加强包括产热的控制（低于 70 ℃为理想）并不影响固化时间、降低毒性反应，开发无毒性骨水泥、不牺牲机械性能和操作性能的生物骨诱导型骨水泥在内的新型骨科材料的研发。

（5）关节置换手术定位与智能辅助技术

目前该领域的技术实现有赖于以下多种有源类、导航类技术的实现，包括关节置换手术机器人系统、床旁手持式关节置换智能工具系统、光电导引的术中截骨、定位技术（可穿戴或虚拟影像加强的）及可穿戴式关节置换前后步态分析和远程监控系统。

北京积水潭医院与嘉兴市第二医院、烟台市烟台山医院于 2019 年 6 月完成了一例骨科手术机器人多中心 5G 远程手术，这比之前在中国联通东南研究院内实施的 5G 远程手术距离更远。借助中国电信 5G 网络和华为通信技术支持，北京积水潭医院的专家通过电脑观察和鼠标点击，控制 700 km 之外的烟台山医院手术室里的骨科手术机器人执行操作命令，手术全程十分精准，实时性非常好。5G 远程医疗与人工智能应用相结合的方式，可以极大地解决我国医疗资源不均衡的问题，此次手术标志着这一结合应用达到了新高度。

2019 年 8 月，威海市中心医院完成人工智能磁导航机器人引导的骶髂关节分离闭合复位空心钉内固定手术。这是国际首例人工智能磁导航机器人应用于骶髂关节分离闭合复位空心钉内固定手术的医疗实践，融合了手术机器人、磁导航系统、AR 眼镜等多种高新技术，手术的成功意义重大，代表数字化精准医疗领域的新突破，也代表骨科临床方面磁导航手术机器人的实际应用已达到全球顶尖水平。

四、国内骨科医疗器械前景展望

我国骨科医疗器械未来的市场有以下 4 个方面的需求：其一，老年人口持续增加带来的需求。我国已进入老龄化社会，老年人口持续增加，且老年人多骨质疏松、行动不便，易发生严重的骨组织损伤，老年人患者对于骨科医疗器械的需求量大。其二，交通事故带来的需求。我国汽车保有量持续增加，民众乘车比率逐年上升，即便政府在极力降低交通事故发生率，但交通事故发生总量依然连年增加。交通事故极易产生骨损伤，交通事故患者对于骨科医疗器械的需求量大。其三，医疗体制改革带来的需求。随着我国医改的不断深入，医疗机构数量、医保报销比例和范围都逐渐增大，技术也不断创新，这些都推进了骨科医疗器械的使用，导致需求量增加。其四，消费升级观念带来的需求。随着国民经济的提高和人民生活水平的提高，大众的消费观念也逐步升级，对健康的重视程度逐渐增加，医疗费用支出比例、医疗的支付能力也同步增加，这也带来了骨科医疗器械需求量的增加。

我国对骨科医疗器械行业也一直给予足够的政策支持和鼓励，对于骨科医疗器械行业在技术、原材料、市场需求等各个方面的发展都起到一定的推进作用。发展改革委 2017 年公布的《战略性新兴产业重点产品和服务指导目录（2016 版）》将骨诱导人工骨、髋 / 膝 / 肩等人工关节假体、人工椎间盘等骨植入材料、人工骨 / 金属骨固定材料列为战略新兴产业重点产品。同年 5 月，科技部公布的《“十三五”医疗器械科技创新专项规划》指出：在骨科修复与植入材料及器械领域，重点开发具有国际领先水平的可吸收骨固定产品，可承载骨诱导修复材料固定产品，可承载骨诱导修复材料，高耐磨、长耐久新型人工髋、人工膝及人工椎间盘等产品。

综上所述，我国骨科医疗器械市场容量正在多种因素的推动下呈现不断扩大的趋势。第一，骨科医疗器械的主要消费群体是老年人。第二，民众健康意识增加，骨科医疗器械使用者增加，我国综合医院骨科科室、骨科专业医院数量均持续增加，技术也不断创新。第三，对于细分的关节类、脊柱类的骨科医疗器械，我国市场基本被进口产品占据，这些产品价格昂贵且医保报销比例低。随着我国医改的不断深入，这些细分领域的国有产品替代进口产品指日可待，这给国产厂家带来了不可多得的机遇。

参考文献

[1] Orthoworld 全球骨科市场年度报告：2019 年版 [R]. 2019.

[2] AMERICAN JOINT REPLACEMENT REGISTRY (AJRR). AJRR 2019 Annual Report [R/OL]. [2019–12–20]. http://connect.ajrr.net/2019-ajrr-annual-report.

[3] 爱康医疗控股有限公司 . 2018 年年报 [R/OL]. （2019–04–24） [2019–12–20]. http://data.eastmoney.com/notices/detail/01789/AN201904241321809162,JWU3JTg4JWIxJWU1JWJhJWI3JWU1JThjJWJiJWU3JTk2JTk3.html.

[4] 爱康医疗控股有限公司 . 2019 中期报告 [R/OL]. （2019–09–17） [2019–12–20]. http://data.eastmoney.com/notices/detail/01789/AN201909171361777384,JUU3JTg4JUIxJUU1JUJBJUI3JUU1JThDJUJCJUU3JTk2JTk3.html.

[5] 北京市春立正达医疗器械股份有限公司 . 2018 年年报 [R/OL].（2019–04–29）[2019–12–20]. http://data.eastmoney.com/notices/detail/01858/AN201904291323983711,JUU2JTk4JUE1JUU3JUFCJThCJUU1JThDJUJCJUU3JTk2JTk3.html.

[6] 北京市春立正达医疗器械股份有限公司 . 2019 中期报告 [R/OL]. （2019–09–26） [2019–12–20]. http://data.eastmoney.com/notices/detail/01858/AN201909261367662774,JUU2JTk4JUE1JUU3JUFCJThCJUU1JThDJUJCJUU3JTk2JTk3.html.

[7] 大博医疗科技股份有限公司 . 2018 年年报 [R/OL]. （2019–04–27） [2019–12–20]. http://data.eastmoney.com/notices/detail/002901/AN201904261323074075,JUU1JUE0JUE3JUU1JThEJTlBJUU1JThDJUJCJUU3JTk2JTk3.html.

[8] 大博医疗科技股份有限公司 . 2019 中期报告 [R/OL]. （2019–08–21） [2019–12–20]. http://data.eastmoney.com/notices/detail/002901/AN201908201344717413,JUU1JUE0JUE3JUU1JThEJTlBJUU1JThDJUJCJUU3JTk2JTk3.html.

[9] 微创医疗科学有限公司 . 2018 年年报 [R/OL]. （2019–04–29） [2019–12–20]. http://data.eastmoney.com/notices/detail/00853/AN201904291324467878,JUU1JUJFJUFFJUU1JTg4JTlCJUU1JThDJUJCJUU3JTk2JTk3.html.

[10] 微创医疗科学有限公司 . 2019 中期报告 [R/OL]. （2019–09–25） [2019–12–20]. http://data.eastmoney.com/notices/detail/00853/AN201909251367598088,JUU1JUJFJUFFJUU1JTg4JTlCJU

U1JThDJUJCJUU3JTk2JTk3.html.

[11] 山东威高集团医用高分子制品股份有限公司 . 2018 年年报 [R/OL]. （2019–04–29） [2019–12–20]. http://data.eastmoney.com/notices/detail/01066/AN201904291323983615,JUU1JUE4JTgxJUU5JUFCJTk4JUU4JTgyJUExJUU0JUJCJUJE.html.

[12] 山东威高集团医用高分子制品股份有限公司 . 2019 中期报告 [R/OL]. （2019–09–26） [2019–12–20]. http://data.eastmoney.com/notices/detail/01066/AN201909261367648122,JUU1JUE4JTgxJUU5JUFCJTk4JUU4JTgyJUExJUU0JUJCJUJE.html.

[13] MEDTRONIC PLC（美敦力）. 2019 年年报 [R/OL]. （2019–05–10） [2019–12–20]. http://newsroom.medtronic.com/news-releases/news-release-details/medtronic-announce-financial-results-its-fourth-quarter-and-6.

[14] JOHNSON & JOHNSON（强生）. 2019 年年报 [R/OL]. （2019–04–29） [2019–12–20]. https://transparencyreport.janssen.com/us/us-pharmaceutical-transparency-report.

[15] SMITH & NEPHEW（施乐辉）. 2018 年年报 [R/OL]. （2019–03–05） [2019–12–20]. https://www.smith-nephew.com/annual-report-2018.

[16] SMITH & NEPHEW（史赛克）. 2019 年年报 [R/OL]. （2019–02–06） [2019–12–20]. https://www.smith-nephew.com/investor-centre/reporting/current-quarterly-results.

[17] ZIMMER BIOMET（捷迈邦美）. 2019 年第二季度报告 [R/OL]. （2019–07–26） [2019–12–20]. http://data.eastmoney.com/notices/detail/01858/AN201904291323983711,JUU2JTk4JUE1JUU3JUFCJThCJUU1JThDJUJCJUU3JTk2JTk3.html.

第十一章　手术机器人

一、手术机器人行业概述

1. 手术机器人的定义

手术机器人作为典型的工程和医学交叉研究案例，其定义也多有侧重。从功能性角度，英国帝国理工学院（Imperial College London）的 Davies 将手术机器人定义为“一种功能强大的、具有人工感知的计算机控制操作器，可通过再编程来移动和定位工具，执行各种外科任务”；从系统性角度，美国约翰斯·霍普金斯大学（The Johns Hopkins University）的 Taylor 等则认为手术机器人系统是“由计算机集成手术（CIS）系统及医疗机器人组成的，机器人本身只是系统中的一部分”；而从其用途角度而言，可对手术机器人作如下定义：“手术机器人是医疗机器人的重要分支，可对于医生的操作技能进行扩展，对于医生的手术操作给予听觉、视觉、触觉的支持，能够对于靶点定位、手术诊断与评估、手术训练、手术精密操作等方面的质量给予有效提高，减少患者康复周期。”

2. 手术机器人系统分类

手术机器人系统的分类方法多种多样。从控制方式角度，可分为被动的工具支撑机器人系统、主动驱动机器人系统、协同操作机器人、主从遥操作机器人系统。从功能角度，可分为辅助定位系统和辅助操作系统，其中机器人辅助定位系统又可细分为神经外科立体定向机器人系统、脊柱外科机器人系统、创伤外科机器人系统、放射外科机器人系统；机器人辅助操作系统可细分为关节外科机器人系统、腔镜手术机器人系统、显微手术机器人系统等。从应用领域角度，又可分为针对普通外科、神经外科、关节外科、脊柱外科、创伤骨科、泌尿外科、显微外科等临床专科的机器人系统。

二、2018 年国际手术机器人市场发展状况及趋势

（一）国际手术机器人行业发展历程

由于手术机器人具有巨大的产业、经济与临床价值，对相关学科的发展具有典型示范性和巨大的带动作用，相关研究和开发引起了国际科研与产业界极大关注，形成了快速成长的高新技术医疗器械产业。手术机器人行业发展历程大体可分为 3 个阶段。

第一阶段为临床应用探索与产业萌芽阶段。从 1985 年开始，美国加州医学中心放射科的 KwohYS 等人首次用 PUMA 工业机器人做神经外科手术，开始了手术机器人的研究尝试；1986 年 IBM 团队开发了 Robodoc，这是首个针对手术开发的机器人系统；1994 年，Aesop 系统成为首个通过 FDA 认证的外科手术机器人；2001 年，ZEUS 成为首个通过 FDA 认证的腹腔镜机器人；2000 年，美国 Intuitive Surgical 公司（简称“直观医疗”）成功开发了 da Vinci（简称“达芬奇”）手术机器人系统，其商业化的成功，为手术机器人产业奠定了基础。

第二阶段为临床应用推广与学术研究拓展阶段。2000—2013 年，国内外对手术机器人的临床应用推广进行了大量学术研究与产业化尝试。例如，韩国先进科技学院研发了 KAIST 机器人系统，日本东京研制了主从控制的显微外科手术机器人系统，美国华盛顿大学开发了七自由度丝传动主从式手术机器人系统 RAVEN，美国 endo Via Medical 公司开发的低成本微创手术机器人 Laprotek 等，波兰罗兹理工大学开发的 Robin Heart 微创外科手术机器人系统，德国航空航天中心开发的 MiroSurge 机器人系统，上述机器人研究中，个别机器人取得医疗器械产品注册证，但商业化不成功。以色列 Mazor 公司开发用来进行脊椎手术的 SpineAssist 机器人系统，美国 Corindus 公司开发的 CorPath 血管介入机器人系统虽然均已获 FDA 认证，但推广速度缓慢。我国于 2006 年年底引进达芬奇手术机器人，开展腔镜手术机器人的临床手术，多所高校和研究机构开始对手术机器人进行研究开发和应用尝试，这些研究也逐渐得到科技部等部门的资助与支持。但在此阶段，商业化最为成功、临床应用最为普及的仍旧是达芬奇手术机器人。

第三阶段为产业规模化发展阶段。在 2013 年，主流医疗器械公司开始进入手术机器人领域、相关获证产品开始增加，临床适应证范围与产业化发展广泛扩展。2013 年，史赛克公司收购 Mako 骨科手术机器人，2015 年，J & J（强生）、Google 联合开

发手术机器人，2016 年，美敦力公司与 Mazor Robotics 战略合作，开展骨科手术机器人业务。其中 Mako 关节置换机器人在 Stryker 的推动下，装机量快速增加，相关行业预测报告提出，Mako 关节置换机器人有望成为继达芬奇手术机器人之后，第 2 个快速大规模推广、广泛临床应用成功的产品。2017 年 8 月，韩国 Meerecompany 手术机器人系统 Revo-i 得到韩国 MFDS 批准上市。2017 年 10 月，美国 TransEnterix 公司的 alf-X 手术机器人得到了 FDA 的批准。就国内而言，几乎在同一时期，医疗器械公司和各类产业资本开始关注、布局手术机器人，掀起了一股手术机器人创新创业热潮，开始了国产手术机器人的产业化历程（图 11-1）。

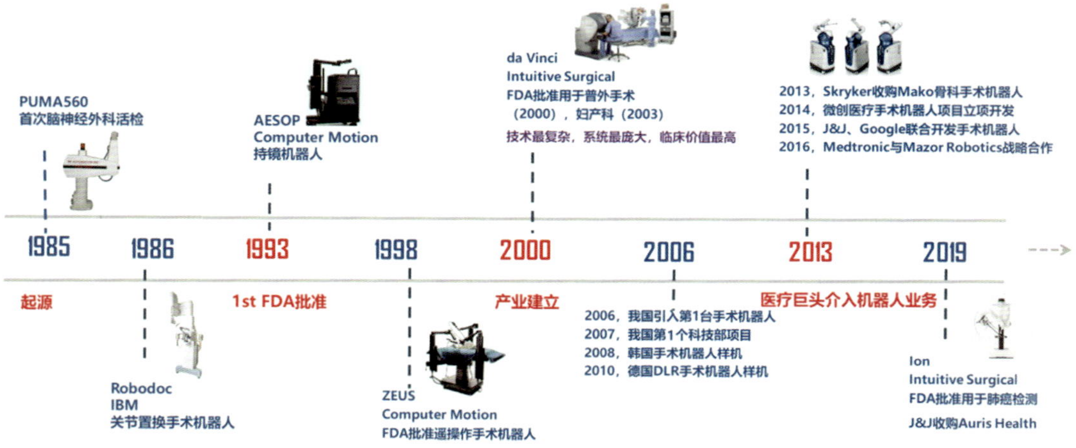

图 11-1　手术机器人产业发展

综上，手术机器人的产品获证速度在逐年加快，整个产业快速从孕育走向成熟，临床适应证范围正在不断拓展，市场应用可能已经迈入了爆发性增长的前夜。

（二）国际手术机器人市场现状及市场趋势

IFR 统计数据显示，全球医疗机器人 2004—2014 年这 10 年间销量年复合增长率达 12.2%，2004 年年销量仅 386 台，2014 年达到 1224 台。据 BCG 波士顿咨询测算，2016—2020 年全球医疗机器人市场年复合增长率约稳定在 15.4%，预计 2020 年市场规模可达 114 亿美元，远超过 2016 年的 74.7 亿美元，尤其是手术机器人占据超过 50% 的市场份额。当前全球医疗机器人北美市场最大，但预计未来将逐渐转移到亚洲市场，这一改变主要是因为政府加大医疗投入、医疗系统重组和微创手术意识的增强。

据 Global Market Insight 公司统计，2018 年全球手术机器人市场高达 55 亿美元。预计到 2024 年，国际手术机器人市场将增长至约 1300 亿元，2018—2024 年年复合增长率为 24.4%（图 11-2）。

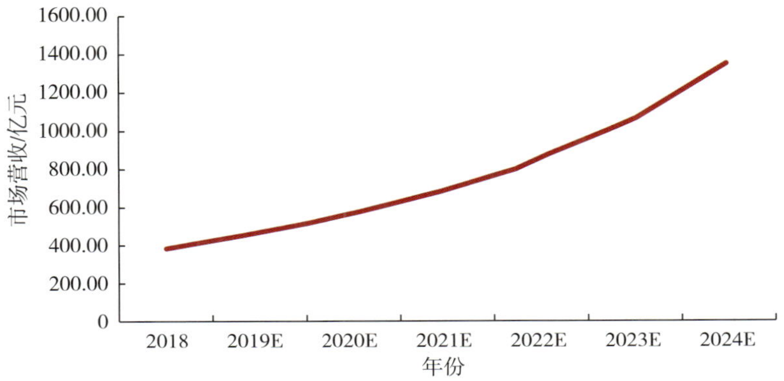

图 11-2　国际手术机器人市场预测

从全球手术机器人市场来看，北美地区在 2018 年占据了 40% 收入份额，预计未来几年该趋势不会改变。据 Global Market Insight 公司报告显示，北美手术机器人市场 2018 年营收超过 2000 万美元。北美市场收入份额大主要归因于其对技术发展的历史投入及手术机器人的应用普及率高。另外，北美手术机器人公司对整个行业影响力大，其对研发的持续投入和不断创新的机器人系统用于临床将持续对北美市场的区域增长起到影响作用。然而，值得注意的是，亚太地区手术机器人市场可能将在未来出现大幅增长，其增长来源于政府在医疗保健方面的支出不断增加和医疗机构对技术先进的手术机器人系统临床应用的推广。

（三）腔镜手术机器人市场发展状况

达芬奇手术机器人系统是美国食品和药物管理局（FDA）批准的第 1 个可以用于临床的内窥镜手术器械控制系统，全球装机量已近 5000 台，美国本土市场占其装机量的一多半。自 2000 年开展首例机器人辅助的前列腺癌根治性切除手术以来，美国超过 85% 前列腺癌根治切除术由机器人辅助完成，已成为一种“标准手术”。根据直观医疗 2018 年年报，至 2018 年 12 月 31 日达芬奇手术机器人在全球完成各类手术约 103.7 万例，已广泛应用于泌尿外科、普通外科（含肝胆胰外科、胃肠外科）、妇科、心胸外科等各临床手术科室（图 11-3）。

达芬奇手术机器人辅助下外科手术与传统微创手术相比具有更加精准、更加微创的优势。众多研究表明，借助达芬奇手术机器人完成手术在缩短手术时间和住院时间、减少失血量、降低并发症发生率和术中转开放手术率、加快患者术后恢复等方面均具备优势。对某些特殊复杂手术，如前列腺癌根治术，开放手术入路或常规腹腔镜入路的组织显露和神经保护非常困难，借助达芬奇手术机器人三维立体视野与七自由度机械手腕设计，可很好地实现准确解剖及精细操作，对患者术后生活质量提高明显，故而逐渐成为标准术式。

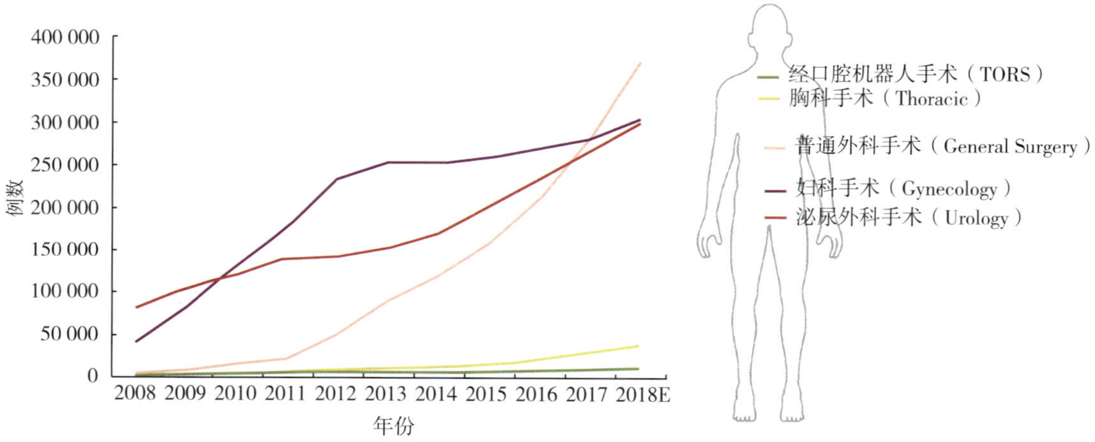

图 11-3　2008—2018 年达芬奇手术机器人全球各临床科室运用例数

（数据来源：美国直观医疗 2018 年企业年报）

腔镜手术机器人的研发奠定了手术机器人产业的基础，目前，腔镜手术机器人仍然是手术机器人领域中系统最为复杂、技术难度最大、临床价值和商业价值最高的产品。另外，由于腔镜手术本身的复杂性，腔镜手术在外科手术领域中手术例数排名第一，相信在未来很长的周期内，腔镜手术机器人都是中外手术机器人甚至是医疗机器人产业发展的重点。

1. 腔镜手术机器人分类及市场规模

多孔腔镜手术机器人和单孔腔镜手术机器人是腔镜手术机器人的两大分类。其中多孔腔镜手术机器人指的是手术中在患者腹腔部位开多个手术孔，机器人具备多个手术臂，多个手术孔方便微创器械进入腹腔操作。而单孔腔镜手术机器人指的是手术中开一个小切口或直接通过自然腔道进入人体。

虽然腔镜手术机器人市场广阔，也有众多公司想要参与到市场活动中来，但目前已经获批上市的腔镜手术机器人系统，依旧以直观医疗的达芬奇手术机器人系列为主，多孔腔镜手术机器人如达芬奇手术机器人系统，单孔腔镜手术机器人产品如达芬奇 SP。直观医疗的达芬奇系统目前已推出第 4 代产品，并基本奠定了机器人系统、机器人器械及服务三位一体的业务结构。达芬奇 SP 单孔手术机器人系统包括 3 个多关节的“机械手腕”和一个灵活的 3D 高清摄像头。目前达芬奇 SP 系统已获 FDA 批准应用于泌尿外科手术及耳鼻喉科的口咽部良恶性肿瘤手术。

截至 2018 年 12 月 31 日，世界范围内共安装达芬奇手术机器人 4986 台，美国装机量仍占近 64%，但美国业务比重呈逐年下降趋势。相对于美国市场来说，包括中国在内的全球其他新兴市场还有很大的发展潜力。腔镜手术机器人在国内作为乙类大型医疗设备受国家配置许可管理，整体装机量同美国 3000 多台相比差距明显。

2. 腔镜手术机器人市场竞争格局及重点企业

随着达芬奇在手术机器人领域的成功，并使得腹腔镜手术机器人手术成为未来微创手术的发展方向，越来越多的公司正踌躇满志进入该领域。无论是多孔还是单孔腔镜机器人，国际上整个产业呈现出一种“一家领先，群雄并起”的格局。

美国 TransEnterix 公司生产的 Senhance 系统是除达芬奇外全球第 2 家获得 FDA 批准上市的多孔腔镜手术机器人系统，已在欧洲有部分用户；韩国 Meerecompany 公司与 Severance 医院开发的 Revo-i 于 2018 年正式在韩国上市；英国 CMR Surgical 公司完成 B 轮融资，其 Versius 系统正在进行上市前的准备工作；Medtronic 公司的腹腔镜手术机器人预计 2020 年在美国以外市场上市；Google 和 J & J 联合成立的 VERB surgical 公司的产品似乎也已经有了雏形。

（四）2018 年十大机器人技术

在最新一期的 *Science* 杂志上，刊登了一篇专门介绍机器人最新技术的文章，文中评选了 2018 年度激动人心的机器人技术前 10 名，这些激动人心的机器人技术包含了创新原创研发、基础科学、商业产品等，入选的有波士顿动力的跑酷机器人 Atlas、Intuitive Surgical 的达芬奇 SP 平台、通过增长导航的软机器人、用于软机器人的 3D 打印液晶弹性体、肌肉模拟，以及自我修复和液压放大致动器、来自 DNA

的自组装纳米级机器人、DelFly 灵活的 bioinspired 机器人挡板、柔软的可穿戴式机器人、Universal Robots（UR）e 系列 Cobots、索尼的 Aibo。涉及的多个技术为手术机器人，或者潜在能够用于手术机器人，提升机器人手术能力。

三、2018 年中国手术机器人各细分行业发展状况

（一）腔镜手术机器人

1. 腔镜手术机器人分类及市场规模

2006 年，第 1 台达芬奇手术机器人系统被引进到中国人民解放军总医院，标志着中国手术机器人纪元的开始。直观复星数据显示，截至 2019 年 6 月，中国大陆地区累计临床装机 87 台达芬奇手术机器人，并为 11.5 万例中国患者提供了手术服务。虽然国内手术量增长快速、装机量不断增加，但整体数量同临床实际需求、美国等成熟市场普及度和医院覆盖度相比仍差距甚远，说明国内腔镜手术机器人市场仍然有巨大的成长空间。目前中国大陆单台达芬奇系统年手术量远远超过欧美国家平均水平，很多系统各临床科室争相使用，负荷量已近极限，凸显了强劲的临床需求。

目前腔镜手术机器人在我国的应用按科室细分如表 11-1 所示。

表 11-1　达芬奇手术机器人在我国的临床应用

科室	应用
泌尿外科	前列腺癌根治术、肾癌根治术、肾脏部分切除术、膀胱癌根治术等
肝胆胰外科	肝脏切除术、胰十二指肠切除术、胆囊癌根治术、肝门部胆管癌根治术等
胃肠外科	胃癌根治术、结直肠癌根治术等
心胸外科	食道切除、肺叶切除术及肺癌扩大根治术、纵隔肿瘤切除术、瓣膜修复等
妇科	宫颈癌根治术等良恶性肿瘤子宫切除手术等

随着国家新五年计划的配额实施、国家卫健委《大型医用设备配置许可管理目录（2018 年）》的发布及除美国直观医疗外众多业界公司产品完成临床试验、取得上市许可，预期 2020 年后将会迎来快速增长。

在国家相关产业正常的支持下，国内手术机器人的研究取得一系列的研究成果。2010 年，天津大学、南开大学、天津医科大学总医院联合研制了我国自主研制的第

1台用于胸腹腔的微创手术机器人“妙手A”系统（MicroHand A）。2013年，初步完成“妙手S”系统的研发，并进一步推进产业化。2013年11月，国家863计划资助项目——“微创腹腔外科手术机器人系统”，由哈尔滨工业大学机器人研究所研制成功，并通过国家863计划专家组的验收。思哲睿医疗及苏州康多承接了哈工大“微创腹腔镜手术机器人系统”项目的产业转化。微创（上海）医疗机器人有限公司从2014年开始研发腔镜手术机器人，2015年完成关键技术攻关并开始动物实验验证，目前正在稳步推进技术开发工作。北京天智航医疗科技股份有限公司联合北京积水潭医院、北京航空航天大学等单位研发出了具有资质知识产权的“天玑”骨科手术机器人并于2016年获得了NMPA的注册证书。2014年中国自主研发的手术机器人首次在中南大学湘雅三院应用于临床，国产的手术机器人系统被临床证明在不增加手术时间和并发症的前提下，可显著提高椎弓螺钉内固定术的精确度和安全性。此外，还有上海交大产业转化的北京术锐技术有限公司的术锐单孔手术机器人系统也在开发进行中。

2. 骨科手术机器人市场竞争格局及重点企业

直观复星医疗器械技术（上海）有限公司是美国Intuitive Surgical，Inc.与复星医药共同注资1亿美元成立的合资企业，从事研发、生产、服务和推广针对肺癌早期诊断和治疗的创新机器人产品——Ion支气管镜机器人。2019年1月，复星医药将达芬奇手术机器人在中国大陆的独家经销权及与之有关的资产转让给直观复星。至此，直观复星业务涵盖既有达芬奇产品线在中国的推广与服务，以及肺科手术机器人在国内的研发、生产及未来的市场推广与服务。

直观医疗于1999年推出了第1代达芬奇系统，并于2000年获得FDA批准上市。2003年引入四机械臂设计。2006年推出了第2代达芬奇S系统，机械手臂活动范围得到扩大，实现了跨象限入路，手术设置流程进一步简化。2009年推出的第3代达芬奇Si系统，增加了双控制台、术中荧光显影技术、手术模拟培训系统等功能，内窥镜清晰度进一步提升。2014年推出的第4代达芬奇Xi系统，在灵活度、精准度、成像清晰度等方面有了质的提升。2018年，直观医疗推出进一步减小体表创伤的单孔腔镜手术机器人——达芬奇SP系统（图11-4）。

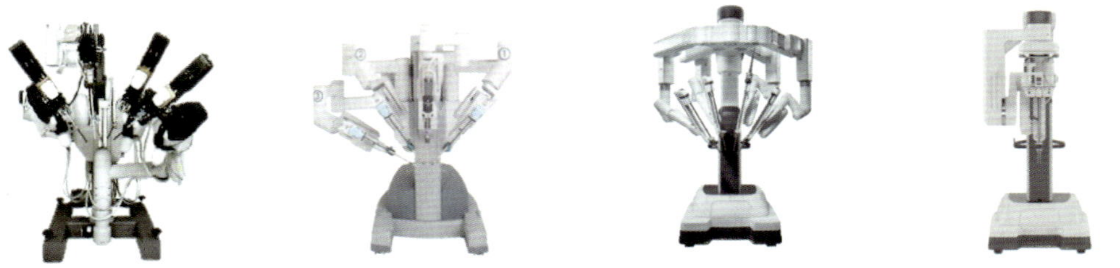
a 达芬奇　b 达芬奇 S/Si　c 达芬奇 Xi　d 达芬奇 SP

图 11-4　达芬奇手术机器人系统的演化

达芬奇手术机器人的成功主要来自于 3 项关键技术：3D 高清影像技术、具备可灵活运动腕部“EndoWrist”的手术器械系列、医生控制台和手术器械间的直观主从控制逻辑。

微创（上海）医疗机器人公司致力于运用机器人、智能控制、信息领域的前沿研究和技术集成，提供能挽救患者生命或改善其生活质量的创新性医疗产品。微创（上海）医疗机器人公司以产品化、产业化为目标，从 2014 年开始向技术研发与手术机器人产业化推进，针对相关关键技术进行了深入研究，成功突破腔镜手术机器人系统集成、关键技术攻关，开发出腔镜手术机器人样机并经过动物实验验证，正在全面展开技术性能提升与定型样机的开发。

2013 年 11 月，哈工大机器人研究所研制的“微创腹腔外科手术机器人系统”，通过国家 863 计划专家组的验收。思哲睿医疗是哈工大承接的 863 计划“微创腹腔镜手术机器人系统”在 2013 年落地产业对接成立的企业，专业从事微创外科手术机器人、康复机器人、系列化机器人手术器械等高端外科手术设备和智能医疗器械的研发。思哲睿医疗成立以来主要处于产品研发阶段，尚未形成营业收入。

北京术锐技术有限公司是 2014 年成立的一家科技公司，致力于开发单孔腹腔镜手术机器人技术及系统。2016 年 3 月，北京术锐新一代单孔腹腔镜手术机器人工程样机设计定稿，进入专利申请布局和全面搭建阶段。北京术锐所研制的单孔手术机器人采用连续体蛇形手术执行臂，并在末端增加了手腕结构，腔镜直径 12 mm，还拥有单孔立体视觉引导、连续体柔性冗余机械臂等技术，目前已完成基本手术功能的测试。

3. 腔镜手术机器人国内外技术发展趋势

总体来说，腔镜手术机器人国内外的技术趋势有以下 3 点。

（1）向超微创甚至无创手术机器人发展

国内手术机器人科技研究方向正向超微创甚至无创方向发展。在腹腔镜手术领域，机器人手术正从多孔向单孔方向发展。单孔机器人手术通过单一通道进入多个手术操作器械及内窥镜，相比多孔机器人手术能够进一步减少创伤、术中出血、术后疼痛及并发症。

（2）机器人与医学图像间的融合程度向更深层次发展

医学图像反映了解剖区域内部结构或内部功能，机器人手术与医学图像技术密不可分。国内手术机器人与医学图像间的融合程度正向更深层次发展，腔镜手术机器人将与窄带成像、自体荧光、近红外分子等成像技术深度融合，结合增强现实技术提示血管或病变组织位置，提升手术的准确性与安全性。

（3）力和触觉反馈

对于医生而言，触觉感知是其手术经验的重要组成部分，但是现有的手术机器人系统中只会通过显示设备反馈给医生图像方面的信息。微创外科手术中力和触觉反馈起着至关重要的作用，医生可以通过反馈感觉器官组织强度和硬度、评估解剖学结构、测量组织属性，进而医生可以安全地操作组织，恰当地实施力反馈行为。因此，当前国内业界研究的重心和关注点也在于如何获取手术工具与环境之间的交互作用力并如实反馈给手术医生。

总体来说，目前国外技术在超微创及图像融合技术方面已经有了比较突出的成就。在超微创方面，达芬奇 SP 单孔手术机器人基本可以做到微创甚至无创。图像融合上达芬奇 Si 和 Xi 的术中荧光显影技术及 Analogic 公司的子公司 BK Ultrasound 的医学超声系统高级机器人技术（ART）把精度和诊断置信度提高到全新的水平。而国内在这两个方面才刚刚起步。

而在力反馈方面，上海交通大学研制了适用于腹腔镜微创手术从动机器人微小尺寸要求的六维力 / 力矩传感器，并将其集成于从动机器人，围绕从动机器人机械本体构建及运动学分析、适用于微创手术从动机器人微小尺寸要求的弹性体设计方案、微型力觉传感器的研制、从动机器人力觉感知实验等关键技术进行了深入研究。哈尔滨工业大学分析了手术器械和患者组织之间的交互作用力，面向组织触摸研制了一款三维微型力传感器，基于 Stewart 平台结构开发出一款六维微型力 / 力矩传感器并研制了一套具有模块化关节的四自由度六维力感知手术器械。在触觉反馈上，目前国内外都是在尝试阶段均没有实质性的产品进展。

（二）骨科手术机器人

骨科疾病是一项严重的健康问题和社会问题，据2017年发表于《柳叶刀》杂志的全球疾病负担系列文章，中国骨科疾病负担仅次于心脑血管疾病。但由于其解剖和生物力学结构复杂且常毗连重要的神经和血管，传统的手术工具和方法不仅难以精确实现术前规划，还容易损伤周边软组织，进而导致创伤大、出血多、并发症多、患者满意度低等问题。

骨科手术机器人是医疗机器人的细分领域，可实现功能更强大的个性化的手术方案设计，并保证其在术中精准实现。同时，还最大限度地保障术野周边软组织安全。从而实现微创、精准、安全、可重复性高的骨科手术，降低并发症风险，进而提升手术质量，缩短康复周期，从总体上降低医疗费用。此外，在医疗资源紧缺的今天，骨科手术机器人技术还能极大地降低年轻骨科医生的培养周期。

1. 骨科手术机器人分类及市场规模

按照临床应用，骨科手术机器人主要分为关节置换手术机器人和脊椎创伤手术机器人。

关节置换手术机器人主要用于人工全膝关节置换术（TKA）、单髁膝关节置换术（UKA）和人工全髋关节置换术（THA）。该机器人系统分为3类：主动式、半主动式和被动式。主动式骨科机器人的代表是RoboDoc系统，其操作原理是在规划好手术路径后，连接机器人本体设备，随后机器人便可进行切割磨削工作，仅需医师术中监控。半主动式骨科机器人是以MAKO系统为代表，其主要特点为依靠力学反馈进行工作，医生在操作中全程手扶器械，若偏离手术路径则引发力反馈从而对机械臂进行制动，避免不必要的损伤。被动型骨科机器人以Brainlab系统为代表，即计算机辅助影像导航手术设备，通过红外线追踪影像导航方式，采用被动式光电导航手术系统辅助徒手操作手术，但只能完成特定的定位操作步骤，故临床应用较为局限。

脊椎创伤手术机器人在临床上主要用于脊柱微创及创伤骨折等。国内外现今研究比较成熟的脊柱微创骨科机器人有以色列Mazor公司研制的Renaissance（图11-5）和Mazor X、法国Medtech医疗公司研制的ROSA Spine及我国自主研发的天玑骨科手术机器人。

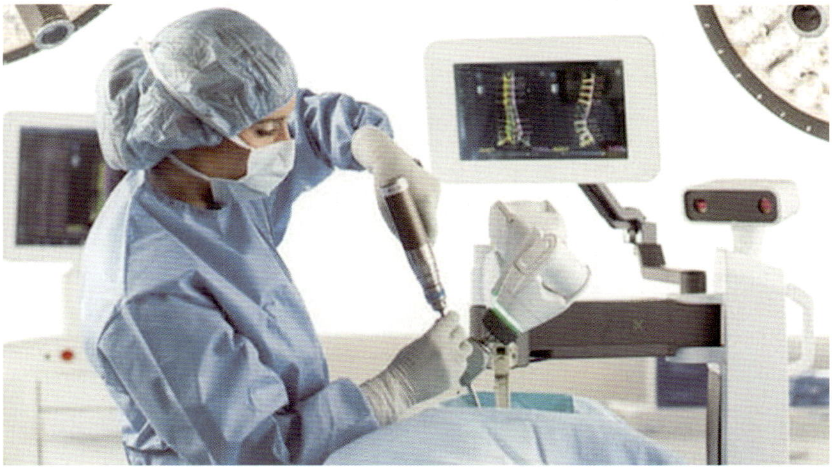

图 11-5 Renaissance 机器人

市场方面，随着老龄化的到来，以及生活方式的改变导致的患者低龄化，骨科疾病的发病率在快速上升，日益成为严重影响人类生命和健康的突出问题。国家颁布的《“十三五”国家老龄事业发展和养老体系建设规划》，预测我国 60 岁以上老人到 2020 年将增至 2.55 亿人，2050 年将超过 4 亿人，分别约占总人口的 17.8% 和 32.8%。而中老年的各种骨科疾病发病率高达 97%，40 岁以下人群也达到了 40%。中国骨关节及脊柱植入物市场增长迅速。骨科手术机器人产业前景十分广阔，市场规模达百亿级，并将催生新型配套设备、耗材、工具，推动服务模式和商业模式创新，可形成千亿级的产业集群。

2. 骨科手术机器人市场竞争格局及重点企业

国际上，各大医疗公司都在积极部署骨科机器人业务。自 2013 年，史赛克公司收购手术机器人公司 MAKO Surgical，其产品 MAKO 是关节置换手术机器人，在市场上已占有一定地位。2016 年，医疗器械巨头美敦力宣布入资手术机器人公司 Mazor Robotics 并于 2018 年将其收购。2016 年，捷迈（Zimmer Biomet）成功收购 Medtech 公司的 ROSA 手术机器人。2016 年 7 月，Zimmer Biomet 收购了 Medtech 公司的大部分股权。2019 年 1 月下旬，Zimmer Biomet 宣布已收到 FDA 对其最新产品 ROSA Knee 系统的机器人辅助全膝关节置换手术的认可。施乐辉（Smith & Nephew）公司收购机器人公司 Blue Belt Technologies，获得其开发的 Navio™机器人辅助手术系统。2018 年，强生（Johnson & Johnson，简称 J & J）医疗通过法国子公司 Apsis S.A.S. 宣布收购 Orthotaxy 公司。至此，五大骨科公司（强生、美敦力、捷迈、史赛克、施乐辉）都已实现了手术机器人领域的产业布局。

1991 年，全球第 1 个骨科机器人 RoboDoc（图 11-6）诞生，并于当年 7 月完成临床试验，1992 年辅助完成了第 1 例全髋关节置换术。RoboDoc 由 ISS 公司进行商品化并在 2008 年获批 FDA。Curexo 公司随后收购 ISS 并接管其产品，RoboDoc 升级更名为 TSolution One 关节置换手术机器人系统。该产品于 2014 年获批 FDA，用于全髋置换术，2015 年获欧洲 CE Mark 认证，之后韩国获证用于全髋和全膝置换术，2019 年 5 月，产品完成了美国 FDA 全膝置换术的获证。与其他手术机器人不同的是，TSolution One（图 11-7）是主动式机器人，一旦手术医生指引机器人切割臂移动到骨骼表面的位置，机器人便会在无人引导之下，自动磨除所需骨量，但必要时，手术医生可以随时停止系统操作。

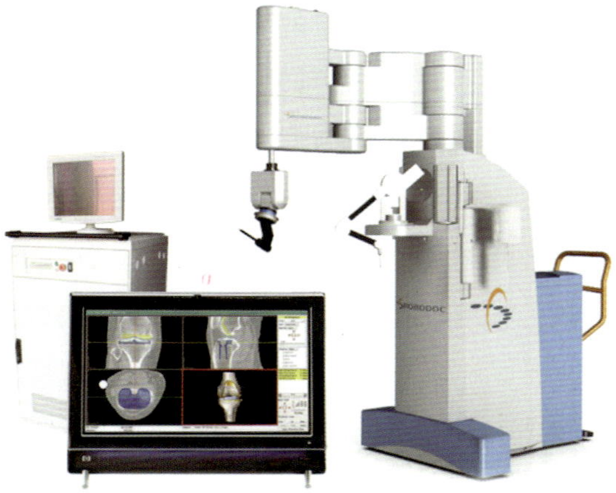

图 11-6　RoboDoc 机器人

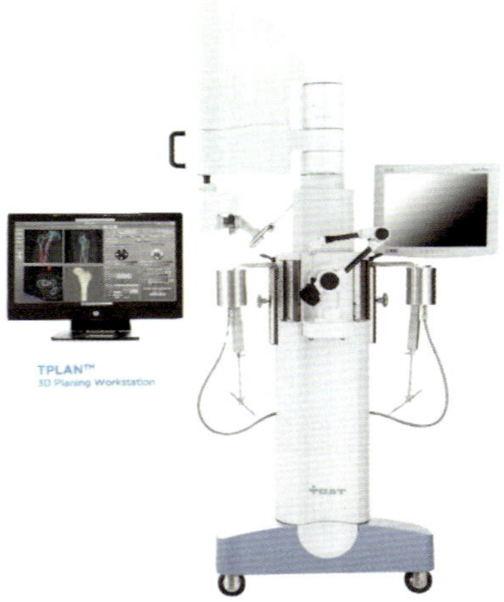

图 11-7　TSolution One 机器人

2019 年 1 月下旬，Zimmer Biomet 宣布已收到 FDA 对其最新产品 ROSA Knee 系统的机器人辅助全膝关节置换手术的认可。该系统通过截骨导块定位截骨位置，医生术中手持截骨工具截骨。

术中通过持续数据分析实现对膝关节运动的实时跟踪定位。同时，反馈数据辅助医生完成间隙平衡等复杂的决策，使外科医生能够借助计算机在手术中更为精确和灵活地控制手术器械以获得更好的疗效。ROSA Knee 系统（图 11-8）可提高骨切割精度，改善患者特异性软组织和植入物的校准，同时在操作过程中给予医生自然反馈感觉。此外，ROSA Knee 系统有无术前规划模式和基于 X-Atlas 技术完成术前规划两种选择。X-Atlas 技术基于患者正侧位 X 线影像创建其骨骼三维模型，可以显著减少患者的辐射暴露。

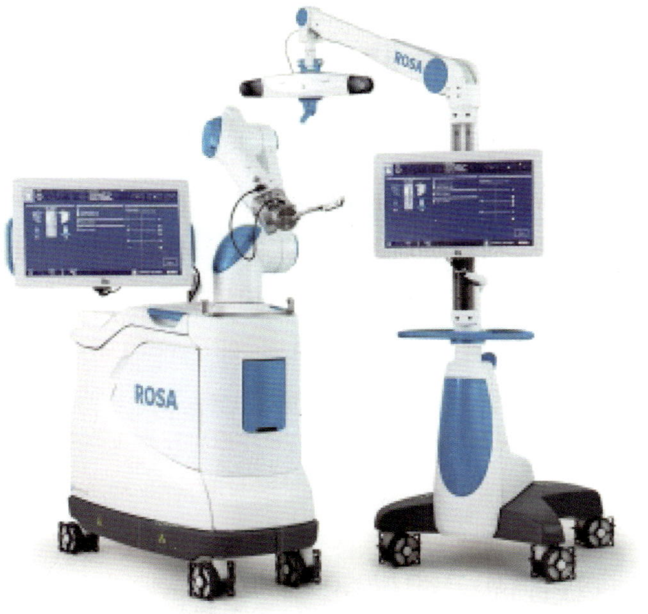

图 11-8　Rosa Knee 机器人

MAKO Plasty 系统（Stryker）可以用于全髋关节、部分膝关节和全膝关节置换术中。MAKO 的技术旨在协助外科医生根据具体的诊断和解剖信息，为患者提供个性化的手术体验。最新的 MAKO 在术中也与 VR 技术相结合，能在假体植入手术中突出骨段的位置，并生成虚拟模型；手术过程中该模型会实时更新，不仅提高手术的准确性，还确保患者的关节不会被过度移动。MAKO 系统所提供的触觉反馈及视觉和听觉提示，有助于防止外科医生偏离预先规划的范畴，从而优化植入物的位置，提高手术的精准度，加强病患在关节置换术中的成功率。自 2006 年在美国开展第 1 例 PKA 手术及 2010 年开展第 1 例 THA 手术以来，截至 2016 年，全球已执行超过 83 000 例 MAKO 机器臂辅助手术，其中 2016 年执行 23 000 例，较 2015 年提高 34%。2017 年 3 月刚在美国上市的 MAKO TKA 系统，是其第 3 代产品，也是全球唯一可应用于 THA、TKA 及 PKA 的机器人系统。至 2018 年 12 月，Stryker 公司已在全球安装了 642 台机器人，其中 523 台机器人在美国，并且大部分已经升级为 Mako TKA 系统（图 11-9）。

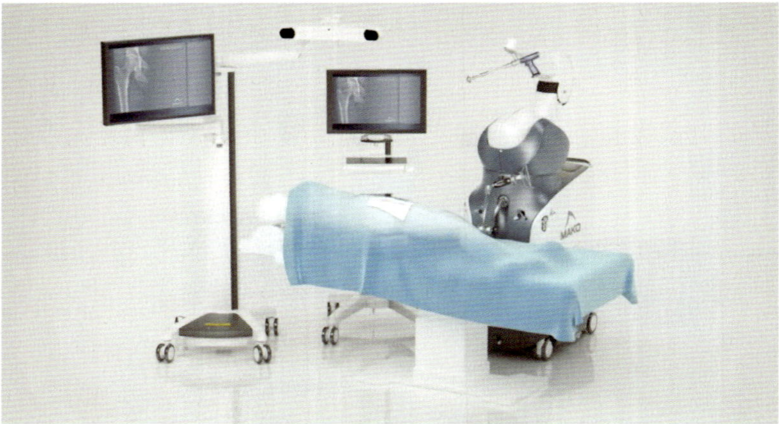

图 11-9　MAKO 关节置换机器人系统

Navio ™是由施乐辉（Smith & Nephew）收购的膝关节置换手术机器人系统。Navio™系统使用导航引导下的智能手持设备来辅助医生进行部分或全部膝关节置换术。此系统与 MAKO Plasty 系统的区别在于它没有在手术前为患者做 CT 扫描。相反，医生需要在受损关节的骨骼表面记下多个小点，以打造膝关节在手术中的 3D 图同时也在手术过程中创造“即时造影”。医生在手术过程中根据患者的个性化手术规划，使用 Navio™机头去除所需的骨骼。尽管 Navio™设备比 MAKO Plasty 体积小和轻便，但它并不提供触觉反馈，也没有以 CT 扫描信息打造的 3D 虚拟模型。

此外，处于研发改善阶段的有韩国浦项工业大学研发的 CoRASS、汉阳大学研发的 SPINEBOT 及德国研发的 VectorBot/Kinemedic/LWR 系统等。

面对国际市场积极展开的对于骨科手术机器人的产业布局，我国的骨科手术机器人产业的市场发展依旧有其局限性。一方面，国内大部分的骨科手术机器人行业仍然集中于脊柱微创领域，在关节置换手术机器人领域仍缺乏具有竞争优势的产品。另一方面，从骨科手术的总体范畴来看，目前的国内骨科手术机器人行业只是解决了关节、脊柱等一小部分手术，对于脊柱畸形、骨盆髋臼骨折等难度较高的手术，仍缺乏良好的解决方案。

关节置换领域目前在我国取得医疗器械产品注册证并上市销售的是MAKO关节置换手术机器人。自2016年8月，上海市第六人民医院引进大陆首台MAKO手术机器人以来，中国人民解放军总医院、上海市第六人民医院海口骨科与糖尿病医院、南京鼓楼医院、北京和睦家医院、北京大学人民医院也各自引进了1台，以开展机器人辅助关节置换手术。在关节置换领域，国内的骨科手术机器人还孕育于科研机构，如2007年上海交通大学推出的手－眼式膝关节置换手术机器人华佗（WATO）系统，其研发核心主要为机器人的运动控制部分，尚无商业化成品。也有国内产业单位部署关节置换手术机器人，如微创（上海）医疗机器人有限公司的骨科手术机器人，但产品还在研发阶段，距离上市营收实现商业化还有一段距离。

脊柱创伤手术机器人领域，天玑骨科手术机器人（图11-10）在我国独占鳌头，且目前仅在国内使用。天玑骨科手术机器人由北京天智航医疗科技股份有限公司（简称“天智航”）联合北京积水潭医院、北京航空航天大学等单位共同研发，2010年启动开发，2015年8月完成第1例临床手术，2016年年底得到CFDA认证，是天智航的第3代机器人产品，由光学导航系统、机械臂主机和主控台车3个部分组成。

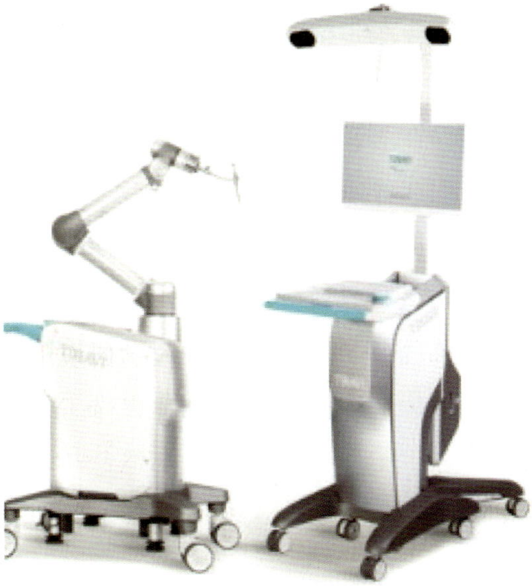

图11-10　天玑骨科手术机器人

截至2018年10月，天玑骨科手术机器人已在全国20余个省（区、市）的40

余家医院实现常规临床应用，如北京积水潭医院、浙江省嘉兴市第二医院、江西省南昌大学第一附属医院、山东省烟台山医院等，开展辅助手术近5000例，广泛应用于脊柱全节段（颈、胸、腰、骶）、骨盆、四肢等部分螺钉内固定术。至2019年5月底，天玑骨科手术机器人在中国装机量已达60台。

此外，中国科学院沈阳自动化研究所与第三军医大学新桥医院联合研制的脊柱微创骨科机器人、中国科学院深圳先进技术研究院等多家机构合作研制的RSSS及正在实验阶段的RSSS-Ⅱ都还在研发阶段，未在临床上大规模应用。

北京天智航医疗科技股份有限公司是国内专业从事骨科医疗机器人产业化的公司，联合北京积水潭医院、北京航空航天大学等单位共同研发出国内第1台拥有完全自主知识产权的骨科手术机器人产品，并于2010年获得了产品注册许可证，2015年8月完成第1例临床手术。天智航的核心产品天玑骨科手术机器人，于2016年11月获批上市。目前，已在我国17省（区、市）的40多家医院实现常规临床应用，开展机器人辅助手术6000余例。

天智航骨科手术机器人以北京航空航天大学的双平面定位机器人技术成果为基础，以北京积水潭医院为临床试验基地，由天智航开展产品化开发，成功获得了目前国内唯一的骨科手术机器人产品注册许可证，在北京市政府的支持下，与高校、科研院所联合组建了“医疗机器人北京市工程实验室”，并建立了产、学、研、用一体化的产业开发模式和创新平台。

微创（上海）医疗机器人有限公司自2014年开始研发骨科关节置换手术机器人，该项目获得科技部2017年数字诊疗装备研发重大专项支持，以实现安全、高效、精准的关节置换手术为目标，研发具有自主知识产权的兼容髋、膝关节的半主动、轻便型关节手术机器人系统。系统将具备全方位、大视场动态跟踪与多模态影像虚实融合引导，轻量化、高精度灵巧构型设计及边界力反馈协同控制等特性，其核心部件及技术将实现国产化，有望研发出适应我国关节置换手术国情，满足临床需求，具有较强市场竞争力的新型关节手术机器人产品，填补我国在关节手术机器人领域的空白。

3. 骨科手术机器人国内外技术发展趋势分析

骨科手术机器人技术正朝着图形图像精细化、人机交互全面化、手术过程无创化、远程操作流畅化、硬件体积微型化等方向发展。国内外本领域的技术发展趋势有以下几点。

（1）灵巧的骨科手术机器人构型技术

随着计算机、机器人等工程技术在骨科领域的应用，临床对精准定位、灵巧操作、三维可视化等相关技术的要求也越来越高，骨科手术机器人产品的系统结构也需要做相应的改进和完善。临床环境的复杂性和高安全性，要求产品的系统结构和机器人构型能够根据不同的临床环境作相应调整。因此，开发能够完成精密手术操作、占有空间小、动作灵活的机器人构型正在成为热点。

（2）基于多模影像的智能配准技术

传统透视影像存在重叠多义性和清晰度低的缺陷，导致手术精确性和安全性难以保证。导航技术能够显示肉眼不可见的深层次组织结构，但目前影像导航技术主要依赖术前/术中CT影像，CT影像只能显示骨骼图像，无法显示周围软组织状况。随着多模影像技术的发展，将实现功能信息图像（MRI、SPECT、PET）与病灶解剖结构图像（CT、X光片）的融合，为医生提供更多的诊断信息和手术三维数据的空间信息。同时，骨科手术机器人产品能够利用上述多模影像信息，在手术空间、图像空间和设备空间的配准技术上实现突破，为这3个空间的空间坐标系建立更加智能的联系；通过识别不同的图像模态，自动智能配准，进一步提升此类手术的效率和安全性。

（3）简捷高效的人机交互技术

如何根据手术需要方便快捷地操作、提高手术效率是骨科手术机器人进入临床必须解决的问题。结合医生的操作习惯和临床环境，研制简捷、高效的人机交互设备是产品进入临床的必然需要。近年来，术中C臂/O臂3D成像等高精度影像采集技术开始应用于骨科手术机器人手术中。术中影像采集能够实时反映因体位变化造成的解剖位置变化，减少错误的发生。另外，无图像解剖结构重建技术应用于关节手术中。术中采用指点器点选解剖结构的特征面和点，与模拟图像中的旋转中心或关节轴线进行配准，可以精确地设计和实现假体置换的力线。

（4）大带宽、低延时的网络通信技术

当前人们已经不满足远程手术受限于手术环境的理想程度和设备齐全程度，随着研究科技的不断创新和诊疗的客观需求，远程手术需要适应复杂的环境，而这已成为业内专家学者关注和研发的重心。远程骨科手术中的医疗影像提出大带宽需求，骨科手术机器人的远程操作提出对网络通信短延时的需求。基于国内5G技术的突破性发展，我国骨科手术机器人在远程手术的网络通信技术方面走到了其他国家前面。

（三）神经外科手术机器人

近年来神经外科立体定向外科手术迅速发展，其是一种新的微创伤外科手术方法，但是这一方法需要在手术中进行框架定位并支撑手术工具，需要人工调整导向装置，不仅给患者带来一定痛苦和心理恐惧，而且消耗时间长、手续烦琐、精度有限。

神经外科手术机器人是最早开始发展的一类手术机器人，具备导航定位和辅助插入手术工具的功能，相对于神经外科立体定向外科手术，它不需要使用框架定位，降低了患者的痛苦和心理恐惧；且定位精度高、操作稳定。加拿大 Y. S. Kwoh 于 1988 年研发出基于 PUMA262 的立体定向外科手术机器人系统，随后数年，各国研制出许多医疗外科手术机器人系统并应用于立体定向外科手术，包括英国 Renishaw 公司推出的 Neuromate、以色列手术机器人公司 Mazor（已被美国医疗器械巨头美敦力收购）推出的神经外科手术机器人系统 Renaissance、法国 MedTech 公司（已被捷迈收购）的 ROSA（Robot of Surgery Assistant）手术机器人系统等，均已获得欧洲 CE 及美国 FDA 认证，在全球范围内销售（图 11-11）。

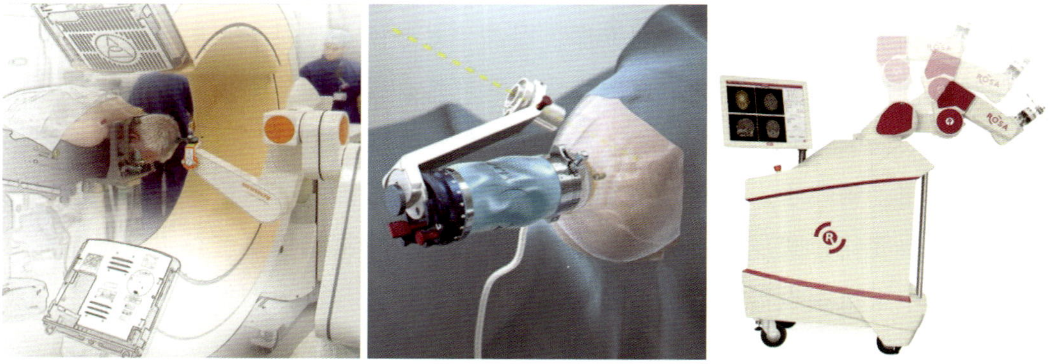

a Neuromate　　b Renaissance　　c ROSA

图 11-11　国际典型神经外科手术机器人

目前，这 3 款神经外科手术机器人在全球范围内都有相对成熟的应用，而在中国市场，只有 ROSA 已申请并通过三类医疗器械注册证，其余两款均暂无引入及应用。

1. 神经外科手术机器人分类

神经外科手术机器人大体上可分为由立体定向发展而来的导航定位手术机器人和针对开颅手术研发的开颅手术机器人。国际上现有的较为成熟的导航定位手术机器人主要包括上文提到的 Neuromate、Renaissance、ROSA 等；开颅手术机器人包括德国研发的可以进行颅骨表面肿瘤的切除及颅骨的塑形重建的 RobaCKa 和 CRANIO 系统；美国研发的具备颅底神经外科手术开颅功能（模型实验和尸头实验阶段）的 Neuromate、混合 Stealth station 导航系统、3D Slicer 软件机器人系统、六维力觉感知系统。

2. 神经外科手术机器人竞争格局及重点企业

国外神经外科手术机器人在我国的应用以 ROSA 手术机器人系统为代表（图 11-12）。ROSA 手术机器人系统是由法国 Medtech 公司设计研发，目前已被 Zimmer Biomet 公司收购。Medtech 于 2002 年成立，2007 年推出 ROSA 手术机器人系统，ROSA 手术机器人在全球各大顶级的神经外科中心得到应用，包括克利夫兰诊所和马萨诸塞州总医院，其脑部手术机器人于 2014 年获得中国 NMPA 的批准，截至 2018 年 12 月已销入 18 家综合及神经专科医院。

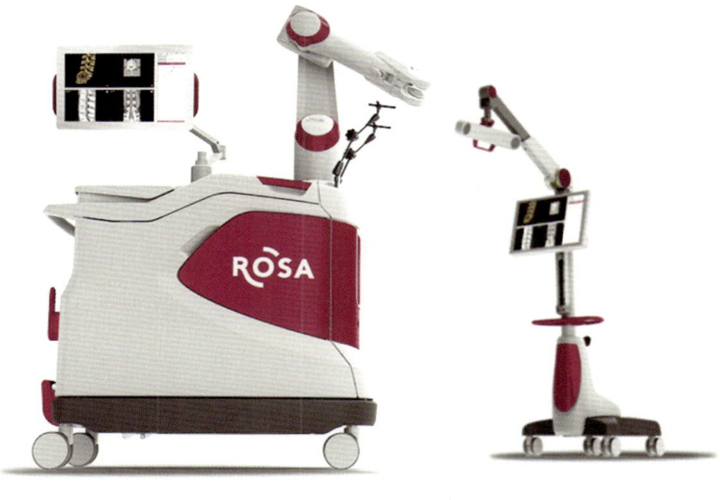

图 11-12　ROSA 手术机器人

ROSA 最初设计为专门用于脑部手术的机器人手术辅助系统。例如，耐药性癫痫病的手术治疗，这一疾病手术治疗的关键在于病灶的准确定位，数据显示即便采用了所有的无创检查评估，依然有超过 1/3 的患者无法准确定位癫痫灶，而颅内电极埋置器械的发展则解决了这一问题。ROSA 灵敏度高，能够高清地显示细微的脑电图变化过程，不受颅骨、头皮、日常活动、肌电等的干扰，但是患者必须经过手术才能放置该电极，具有一定的手术风险，如脑水肿、颅内出血、脑脊液漏和感染等。而 ROSA 手术机器人辅助系统的出现极大地降低了这一风险，采用 ROSA 手术机器人辅助系统进行植入颅内电极手术更加便捷和安全，极大地降低了风险。2014 年 7 月，Medtech 在 ROSA 手术机器人的基础上研发了脊柱微创手术机器人，将两款产品分别取名为“ROSA Brain”和“ROSA Spine”，其机器臂定位精度＜ 1 mm，可重复定位精度＜ 0.1 mm。

与国外相比，中国的神经外科手术机器人技术研发和临床应用并不滞后，但是在产业化和商业化阶段起步较晚，加上从科研项目转化为民营企业，经历了相对漫长的过程。但是，相较于国外医疗系统，国内具有患者数量众多、临床效率及技术迭代效率高等优势，这对于手术机器人行业的发展具有巨大的推动作用。国产神经外科手术机器人主要是用于神经外科无框架立体定向手术以替代神经外科立体定向框架技术，从而实现患者痛苦小、适用年龄范围大、无植入死角、手术效率高等优势，临床主要用于癫痫、帕金森病、脑出血、颅内肿瘤等神经外科手术领域。主要产品包括北京柏惠维康科技有限公司的睿米（Remebot）神经外科手术机器人和华科精准（北京）医疗科技有限公司的神经外科手术机器人（均已获批）。

睿米神经外科手术机器人是北京柏惠维康科技有限公司于 2018 年 4 月获得 NMPA 批准用于成人神经外科手术的神经外科手术机器人（图 11-13）。它通过三维手术规划、视觉实时导航和机械臂及末端操作平台，支持 DBS、活检、SEEG、血肿抽吸、辅助开颅等 12 类术式操作。截至 2018 年年底柏惠维康的睿米神经外科手术机器人国内装机量超过 30 台，例如，北京天坛医院、宣武医院、中国人民解放军总医院、武汉同济医院、中南大学湘雅医院、吉林大学第一医院等都已引入该手术机器人。目前，新款神经外科手术机器人正在临床过程中，另有在研手术机器人两项。

华科精准神经外科手术机器人是华科精准（北京）医疗科技有限公司于 2018 年 12 月获得 NMPA 批准用于 5 岁以上的儿科患者及成人患者的神经外科立体定向手术的神经外科手术机器人。其采用基于多模态影像融合的颅脑血管三维可视化技术来

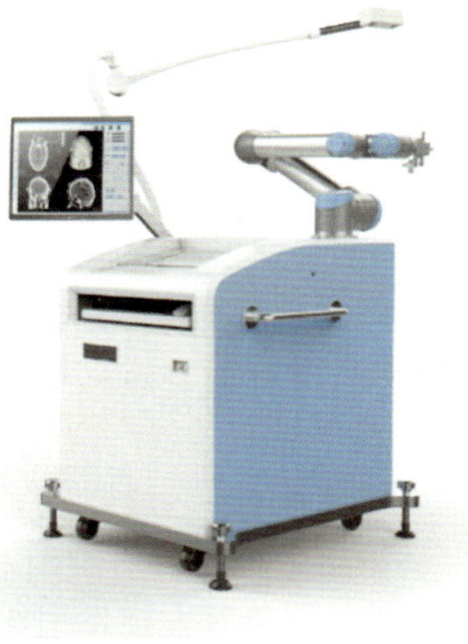

图 11-13　睿米神经外科手术机器人

实现颅内血管高品质可视化，在术前规划时直观检查穿刺路径、规避血管、保证手术安全，有效规避颅内出血风险。此外，还整合了无接触计算机视觉和基于 Marker 点两种可选注册方式，以及 IEBM、避障算法等技术，目前在我国装机约 26 台。

截至 2018 年年底，ROSA 全球的装机量超过 80 台，其中中国 14 台；而国产睿米神经外科手术机器人国内装机量超过 30 台，华科精准神经外科手术机器人日常手术使用有 26 台，同时保持着较高增长率。由于采用代理制，国外神经外科手术机器人在中国市场存在技术细节沟通不畅、医生反馈无法及时接收及改进等问题。

在手术机器人临床使用过程中，医生需要付出的是对产品从陌生到熟练所耗费的学习精力，而熟练使用后，手术机器人将为医疗机构带来手术效率的提升、床位周转效率的提升，以及医院、科室及医生的品牌效应等附加值。在这些方面，国产手术机器人可以为医院提供更多科研项目合作、临床支持、产业创新协同等一系列售后服务及价值，从而在本土市场占据竞争优势。

睿米神经外科手术机器人由北京柏惠维康科技有限公司开发。它采用了视觉实时导航、机械臂及末端操作平台和三维手术规划，使得医生在完成神经外科无框架立体定向手术时能更加精准、微创、高效，进而减少患者的生理和心理负担。北京柏惠维康科技有限公司于 2018 年 10 月完成了 1.3 亿元的 C 轮融资，重点用于神经外科手术机器人的市场推广，以及其他手术机器人产品线的研发。

华科精准（北京）医疗科技有限公司自主研发的神经外科手术机器人导航系统已被原国家食品药品监督管理局认定为“创新医疗器械”，并已完成临床试验和医疗器械注册。目前和 20 余家三级甲等医院、神经外科医院开展机器人手术方面的临床科研合作，其多模态影像手术规划软件也已在近 100 家三级甲等医院试用。

3. 神经外科手术机器人国内外技术发展趋势分析

目前国际上适用范围相对较广的神经外科手术机器人为 ROSA 系统，它具备颅骨植入标记点注册、体表标记点注册、无标记点的激光自动注册和框架标记点注册 4 种注册和配准方式，医生可以根据手术对精度的需要选择合适的注册模式，进而降低感染发生率、提高手术安全性、降低并发症发生率。

根据国内部分使用者的反馈，ROSA 系统在中国临床应用存在的主要问题：首先，由于机械臂尺寸较小及固连装置导致的机器人摆位限制，对于开颅手术等其操作空间相对受限；其次，即便 ROSA 系统操作已相对简单，但是使用 ROSA 手术机器人仍需要医生最好具备一定的立体定向手术经验，或者接受连续集中的原理及操作过程的培训及训练。在神经外科手术中使用机器人的根本目的是精密严谨，因为任何细节上的忽视都有可能造成不可估量的后果。

国内神经外科手术机器人虽然起步晚，但是发展迅速，技术迭代层出不穷，在导航定位、医学影像处理算法等方面已经赶超国际主流技术，技术对比参考表 11–2。

表 11–2　中外神经外科手术机器人技术发展对比

技术	国际主流技术	国内领先技术水平
定位方式	高精度激光定位系统，与患者全程无接触	高精度计算机视觉定位系统，与患者全程无接触，视觉定位精度≤ 0.5 mm，定位配准时间< 5 min
术中注册	基于激光自动扫描的术中注册单元无须手术当天扫描 CT	基于计算机视觉自动扫描的术中注册单元，配准精度达 0.1 mm，无须手术当天扫描 CT
运动控制	脚踏开关控制下自主运动	脚踏开关控制下自主运动；智能环境障碍模型识别，自动路径寻优
感知系统	末端力传感，可实时监测异常受力	计算机视觉智能环境障碍模型识别；重力补偿算法实时检测机械臂受力，异常受力时自动停止
血管可视化	无三维血管可视化技术	脑皮层血管可视化技术，术前规划时直观检查穿刺路径、规避血管、保证手术安全
软件功能	传统手术计划软件，功能较单一	支持多模影像、神经信息、脑功能区融合和精确定位技术，丰富强大的手术计划功能

我国神经外科手术机器人的技术发展主要集中于精准性、安全性两个方面。

在精准性方面，国际主流创新主要是采用无接触计算机视觉扫描患者注册技术，基于机械臂本体定位的方式，采用无须标记点的、机械臂自动计算机视觉扫描患者面部表面进行患者注册，其优点是可避免传统的双目光学探针式定位所存在的独立定位系统增加系统复杂度、仅依赖 3 个标记点配准误差较大、需手术当天贴标记点扫描 CT 等烦琐流程等问题。

在安全性方面，由于神经外科定位定向的实际临床特点，国际上主流采用基于多模态影像融合的影像处理技术，我国更是在颅脑血管三维可视化技术上达到国际领先水平，该技术有效帮助医生避开重要血管规划穿刺路径，从而形成安全、有针对性、个性化、最优化的立体定向手术方案。同时，国际主流采用力传感等智能感知技术，从而大大提高机器人在手术中的风险安全防范等级。

（四）自然腔道手术机器人

1. 自然腔道手术机器人分类及市场规模

与腔镜机器人需要在人体表面人工开孔不同，自然腔道手术机器人是通过人体自然开口，如口腔、肛门等进入人体进行手术的一类机器人。经自然腔道手术对患者的创伤理论上比腔镜入路手术更小，术后不会在体表留下任何创伤，符合微创手术的发展方向，市场潜力巨大。虽然腔镜机器人在特定条件下也可以直接经自然腔道开口进行手术，但属于腔镜机器人的特殊应用。这里仅讨论专门为自然腔道设计的机器人系统。

相对于已经成熟的腔镜机器人，自然腔道手术机器人仍属于新兴产品门类，国际市场上的该类产品屈指可数，且都刚刚上市不久，市场尚未培育起来，缺乏市场数据。而国内尚无这一类的机器人上市，市场仍处于空白状态。

2. 自然腔道手术机器人细分市场竞争格局及重点企业

在国际市场上，自然腔道手术机器人目前仅有消化内镜和支气管镜两种应用，如表 11-3 所示。

表 11-3　国际市场上已上市的自然腔道手术机器人

细分市场	系统	生产企业
消化内镜手术机器人	Flex® Robotic System	MedRobotics Corporation
支气管镜手术机器人	Ion™	直观医疗公司；Intuitive Surgical Inc.
	Monarch	Auris Health Inc.（被强生收购）

在国内方面，美国直观医疗公司与复星医药合资成立的直观复星医疗器械技术（上海）有限公司已经开展 Ion™ 系统的引进和转化工作，涵盖 Ion™ 系统在国内的研发、生产及未来的市场推广与服务。除此之外，尚无其他企业进入自然腔道手术机器人行业的报道。

3. 自然腔道手术机器人国内外技术发展趋势分析

人体自然腔道，如消化道、呼吸道，都具有复杂的几何形状。显然，要从这些自然腔道进入人体无法使用传统腔镜机器人的刚性长杆状手术器械。因此，自然腔道手术机器人无一例外地采用了柔性内窥镜机器人技术，以表 11-3 中所列的机器人为例，其本体均能大角度自由弯曲，从而可以沿着人体自然腔道的复杂曲线进入体内，到达手术部位，如图 11-14 所示。机器人内集成的内窥镜系统使得医生可以在目视引导下控制手术机器人在患者体内的运动。

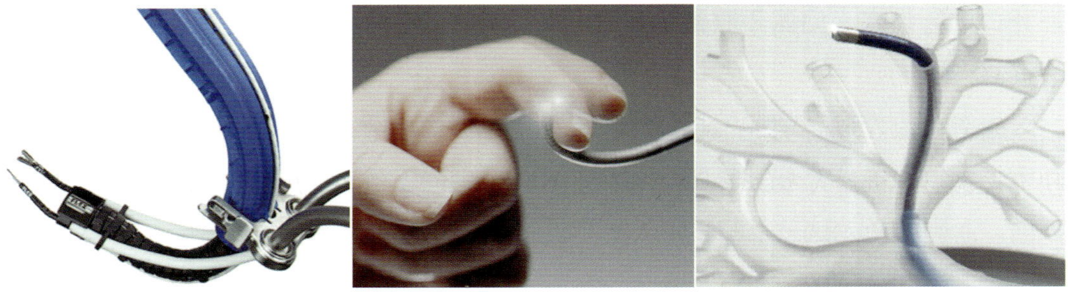

a MedRobotics Corporation，Flex® Robotic System　　b 直观医疗，Ion™　　c Auris Health Inc.，Monarch

图 11-14　自然腔道手术机器人采用柔性内窥镜机器人技术到达手术部位

与腔镜手术机器人类似，自然腔道手术机器人也采用了远程操控的系统结构。医生并不直接物理控制内窥镜，而是通过摇杆或者控制台间接操作手术机器人在腔内的运动，如图 11-15 所示。这种设计提供了直观的操作方式，大大降低了机器人在人体自然腔道复杂结构中的操控难度。

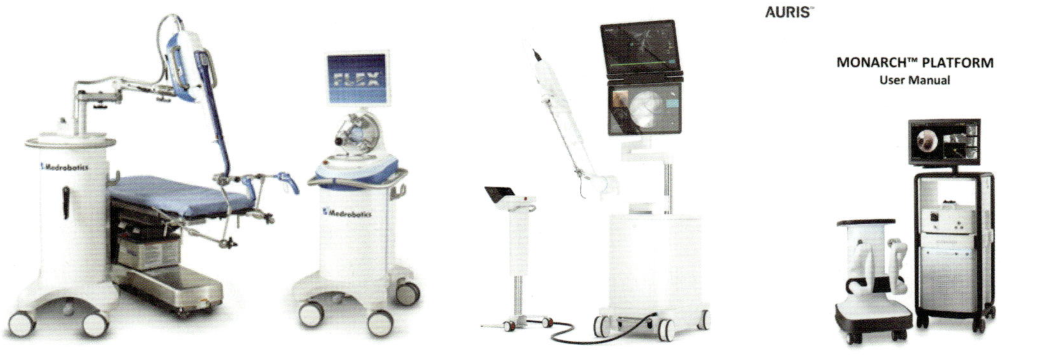

a MedRobotics Corporation，Flex® Robotic System　　b 直观医疗，Ion™　　c Auris Health Inc.，Monarch

图 11-15　自然腔道手术机器人采用远程操控的系统结构

2015 年，MedRobotics Cooperation 推出的自然腔道手术机器人 Flex® Robotic System 聚焦消化内镜手术。而刚刚上市的 Ion™ 和 Monarch 系统则聚焦于临床痛点明确、发病率较高的肺结节诊断治疗，即支气管镜手术机器人。相比于 Flex® 消化内镜机器人，这两款新产品体现出了两大技术发展趋势：更加小巧和更加灵活。

首先在尺寸上，两款支气管镜机器人的外径比 Flex® 消化内镜手术机器人缩小了几乎整整一个数量级，从厘米级缩小到毫米级，从而使其可以进入内径只有几毫米的外周支气管。在灵活性上，Flex® 机器人通过口腔进入胃部，或者通过肛门进入乙状结肠时，只需要转过一两个 90° 的弯角。而 Ion™ 和 Monarch 系统要到达位于肺外周的目标位置，需要通过复杂的支气管树，经过若干个超过 90° 甚至接近 180° 的拐弯。这对于机器人本体的运动控制机构及遥控操作方式都提出了很高的要求。

四、2018 年手术机器人行业进展

（一）产品与技术进展

2018 年 1 月，美国直觉外科公司的单孔腹腔镜机器人 da Vinci SP 手术系统获得美国 FDA 批准用于泌尿外科手术。7 月，FDA 批准了适用于 da Vinci Xi 和 X 系统的 60 mm 单次血管吻合器 SureForm60。

Auris 公司旗下支气管镜手术机器人 Monarch Surgical Robot 于 2018 年 3 月获美国 FDA 批准，该设备可用于诊断和治疗性支气管镜手术。

施乐辉（Smith & Nephew）公司收购的 Navio ™机器人辅助手术系统在 2018 年 4 月获批美国 FDA 的 501（K）。该系统使用骨映射技术术前显示 3D 骨骼结构并模拟植入定位及组织平衡。

2018 年 10 月，FDA 批准了微软公司 HoloLens 的 OpenSight 增强现实系统用于术前规划。这是一种将 2D、3D 和 4D 图像交互投射到患者身体上的技术，利用微软公司 HoloLens 的头戴式设备将虚拟和现实结合起来，从而缩短手术时间，提高手术规划水平和准确度。

（二）临床研究与应用进展

1. 手术机器人临床研究与应用进展

《新英格兰医学杂志》（NEJM）于 2018 年 10 月刊发了两项临床试验研究结果，试验对比了早期宫颈癌开腹和微创根治性子宫切除术两种治疗方法的临床效果，结果表明宫颈癌开腹手术的患者无进展生存率和总生存率都高于微创手术。因其结果不同于业界传统认识，引起众多妇科肿瘤专家的重视与反思。这些研究结果需要审慎看待，不能仅依据这两个研究报道就摒弃微创手术在宫颈癌中的应用。同时不断改进和规范手术操作与技术，例如，减少 CO_2 腹压的频繁变化；不使用举宫杯的可能性；强调无瘤手术的重要意义，减少肿瘤组织的破裂和挤压；亦可使用广泛子宫切除术（腹腔镜辅助，经阴道），降低肿瘤组织脱落种植的风险。此外，腹腔镜手术的准入管理和监管需要加强，选择合适的患者，由有资质的医生进行手术可能提高患者的受益，还应重视患者的知情同意权，选择手术方式时需要向患者详细地告知研究现状。

医疗设备监管机构需要引入健全的流程规范手术机器人在新术式中的应用，同时也需要完善的培训、资格考试认证来最大限度上确保手术机器人系统在使用过程中的安全性。

2. 手术机器人应用风险警示

美国急救医学研究所（Emergency Care Research Institute，ECRI）在其网站发布《2020 年十大医疗技术危害》，这是 ECRI 连续 13 年发布，提醒医疗机构注重医学装备的安全性及可能给患者带来的危害。

其中提示手术机器人系统被用于协助外科医生开展范围广泛且不断扩大的微创手术。虽然以创新的方式或通过新的程序使用手术机器人有助于推进临床工作，但手术机器人的广泛使用也可能导致损伤或意外的并发症，并可能造成更糟糕的远期后果。手术机器人凭借其机械腕关节，可以为外科医生带来很多好处，如提高灵活性、动作缩放比例技术和减少震颤。然而，手术机器人系统也有其局限性，例如，可能无法对施加在患者组织上的力度提供触觉反馈。

鉴于手术机器人的技术复杂性，医疗机构需要健全的流程来批准外科手术机器人在新程序中的应用，同时也需要完善的培训、资格认证，并赋予外科医生和相关工作人员特权，以降低手术机器人大规模临床应用带来的潜在安全性风险。

五、中国手术机器人行业技术发展存在的问题与解决方案

（一）中国手术机器人技术发展存在的问题

国内手术机器人的关键技术与核心部件与国外企业相比仍存在不容忽视的差距，其主要表现在驱动器、电机、传感器、减速器和光学追踪系统等方面。

伺服驱动器和电机作为机器人核心部件之一，中国仍然主要依赖于进口。其中，日系伺服产品在参数自整定、响应性、振动抑制等方面不断提高和完善；欧美系伺服产品在总线应用、模块并联、安全功能等方面性能显著。国内伺服产品的研发体系和国外有很大差距，国内企业的研发主要建立在对现有科研成品基础上的研究优化和功能调整；而国外的研发途径则是从传感器、算法等各个环节的正向推导，然后得出结果，二者之间存在不小差距。在通用伺服方面，国内近年已迎头赶上，和国外的差距正在逐步缩小。尤其是一批国产企业在自主研发的基础上打破了驱动器和电机在生产和设计中的核心技术的壁垒，提高了生产水平，如汇川、新时达、埃斯顿、广州数控、清能德创等企业。

控制器由硬件和软件组成。控制器的地位和准入门槛不高，因此为了维护技术体系、保证稳定性，一般的成熟机器人企业都自行开发该部件。全球控制器市场集中度也较高，一线企业如瑞士的 ABB、日本的发那科、日本的安川囊括了近 40%的市场，而二线企业如瑞士的史陶比尔、日本的爱普生、日本的 OTC 等则占有 44%

的市场。控制器硬件方面国产企业产品与国外知名企业产品基本质量等同，但软件方面则还需要持续发展，国产的软件响应速度、稳定性、易用性等性能均无法达到国际先进水平。

传感器方面，如何利用新型的存储技术，取消绝对编码器的后备电池，使绝对编码器的使用更简单方便，是需要通过伺服驱动器生产厂、编码器生产厂共同研究予以解决的现实问题，它还有待于存储器芯片生产厂开发新一代存储器件。

减速器方面，目前，大量应用在手术机器人上的减速器主要有两类：RV 减速器和谐波减速器。谐波减速器适合于弹性类型传动，可以小型化、“U”形化，但是刚性差、怕冲击，RV 减速器抗冲击能力是谐波减速器的 5 ～ 6 倍，在一定尺度空间影响的情况下，RV 减速器的优势较大。经过多年努力谐波减速器的国产化基本得到国内外行业的认可，但 RV 减速器的国产化仍处于瓶颈状态，这也是国内机器人发展的瓶颈，其关键技术问题在于：设计—制造—应用—性能优化没有达到所需要的闭环。

关于光学跟踪的技术问题。光学跟踪系统利用双目或多目视觉原理（光学三角测量技术），由计算机重建目标空间位置，具有使用方便、定位精度高、不易受手术环境干扰等优点。光学跟踪系统具有较高的定位跟踪精度，由加拿大 NDI 公司所垄断。NDI 公司的 Polaris 系统以其定位精度 0.12 mm 的精确度被认为业内手术导航跟踪系统的国际标准。但是这一系统也有一个致命的缺点，即一旦遮挡定位光束，就会造成信息缺失、无法定位，导致巨大的手术风险。另外，当前上市的光学跟踪系统因其较低的采样频率无法满足定位快速移动目标的需求，需要持续改进。

高效智能手术规划及配准技术。目前的骨科手术导航系统往往涉及从影像上提取关键组织结构并建模、术前手术方案制定及术中信息配准融合。目前涉及的图像处理方式还是以传统手动模式或者是半自动模式为主，此类方法效率不高且存在人为误差。研究智能、快速的自动图像处理和手术技术是骨科手术机器人导航技术发展的必然趋势；术中手术配准多以人工选取生理特征点与术前计划进行点—点配准，这种方式需要医生逐个选择，存在配准失败率高、注册效率低等问题，导致手术整体时间延长，因此，研究新型高效配准方式缩短手术整体时间是骨科手术机器人导航技术发展的必然趋势。

神经外科手术机器人还处于商业化发展早期，目前还只能称之为神经外科手术导航定位系统，在技术方面还需要进一步发展，如三维成像及定位能力。目前应用中某些产品还离不开辅助标记点，即使采用无接触定位技术，效率也有待提高。此方向有赖于第3代机器视觉三维成像技术的发展，以大幅提高导航定位效率。在精准操控方面，神外手术机器人核心的精准安全操控需求是高精度的操作、高时间响应的受力保护及高效、智能的运动避障，实时的人工智能动态避障技术，将大大提高系统的智能精准安全操控能力。

此外，目前我国在自然腔道手术机器人方面还处于产业空白的状态，但已有一些科研机构和企业开始相关研究。目前，自然腔道手术技术发展存在的问题主要为微型柔性机器人的设计、加工与控制技术能力的欠缺。

（二）解决方案

为了适应手术机器人的精准化、微创化和远程化的发展趋势，建议加强手术机器人产业基础理论、基本问题和共性关键技术研究，建立共性技术的开放共享的标准体系和交换平台。提出我国医用机器人中长期发展战略或路线图，并发挥政府的行业引导作用，建立有效的产、学、研、医联动机制，强化成果转化效率，并从政策角度推动医用机器人产品的临床应用与推广。

①加强手术机器人产业基础理论、基本问题和共性关键技术研究，强化临床需求引领，完善包括面向生命科学的医疗健康工程理论，包括改变传统临床医学观念与流程、工具装备，建立微创外科手术医疗时间短、安全可靠、医疗成本低的生命科学理念；完善手术机器人精细操作机制与构型理论，包括微纳执行器与人工肌肉、软体机器人、体内受限空间的高精度灵巧操作机构构型、生物材料与软体机器人驱动、生物三维打印、延时网络通信与远程安全交互等共性关键技术；解决多源生理信息感知与复杂生理－心理－环境一体化建模问题，包括人体运动及生理功能仿生、生物传感器与脑认知芯片、生理信息采集微纳传感器、可穿戴设备的人机耦合、多模态医学图像配准与融合、医学虚拟现实与沉浸感人机交互、患者/医生/仪器及手术机器人协同等共性关键技术；解决基于医疗大数据的健康知识库与信息安全问题，包括个体化健康决策与管理、健康信息网络化安全管控机等共性关键技术。通过医工联合技术攻关，推动个体化精准诊疗、微（无）创诊疗、远程医疗及生物信息控制助老助残等新兴应用领域的跨越式创新发展。

②加强产业培育力度，推动建立手术机器人全产业链统筹部署：包括手术机器人产业的技术开发、产品转化、产业培育和应用示范等关键环节，形成相对完善的全产业链，促进产业结构升级，实现产业可持续发展；建立由政府政策引导、临床

需求引领、工程技术攻关、企业产品培育、产品注册监管相结合的协同创新机制，加强知识产权保护力度，明晰各方的责任和利益，提升研发效率和效能；加速手术机器人标准与规范建设，在国际上已建立 ISO 13482—2014 的基础上，进一步加强手术机器人的标准建设，重点解决手术机器人标准 / 安全与认证、机器人手术有效性与可用性评估等问题；加大政府的持续性投入力度，积极引导企业和社会增加研发投入，在集聚社会资本的同时，也强化了产品和产业创新活动的透明度和社会监管机制，有利于提高科技成果转化的效率和产业化成功率。

③从市场和应用端拉动产业发展，突破“最后一公里”瓶颈：我国的医疗服务价格体系缺乏对手术机器人等价格相对较高的创新型医疗设备的准入措施。在中国市场上，da Vinci 机器人单台销售价格近 3000 万元，Renaissance 机器人单台售价超过 1100 万元，自主研发手术机器人产品尽管能够大幅降低费用，但其售价也是一般医院难以欣然接受的。现有的医疗服务价格体系形成于 20 世纪 80 年代初，以此为基础制定的价格已经脱离于目前的市场，偏低的医疗服务价格在很大程度上制约了手术机器人技术的应用推广。因此，有必要在政策方面进行及时的支持，突破医疗服务政策壁垒，从而有效发挥市场的长效机制，缩短手术机器人的市场培育期，在扩展国内市场的同时，促进产业国际化发展。

参考文献

[1] Global Marketing Insight. Surgical Robots Market Report，2025[R]. 美国：Global Marketing Insight，2019.

[2] Intuitive Surgical，Inc. Annual Report 2018[R]. 美国：Intuitive Surgical，Inc.，2019.

[3] VADERA S，CHAN A，LO T，et al. Frameless stereotactic robot-assisted subthalamic nucleus deep brain stimulation：case report [J]. World Neurosurg，2017，97：762.

[4] 刘元钦，李翠玲，张磊，等. ROSA 机器人在神经外科手术中初步应用体会 [J]. 中华神经创伤外科电子杂志，2019，5（1）：54–58.

[5] 邱畅，董文文，章文斌. 立体定向框架下帕金森病脑深部电刺激手术标准化流程的思考与改进 [J]. 临床神经外科杂志，2019，16（3）：203–207，212.

第十二章　心血管医疗器械

一、心血管医疗器械行业概述

目前心脑血管性疾病的高患病率问题日益突出，其死亡率居所有死亡原因的首位，严重威胁着人类健康。世界卫生组织（WHO）发布的《2018 世界卫生统计报告》显示，心脑血管疾病已经成为全球的头号死因，2016 年全球估计有 1790 万人死于心脑血管疾病，占所有非传染性死亡人数的 44%。这些死者中，估计 740 万人死于冠心病，670 万人死于中风。心血管性疾病负担日渐加重，已经成为重大的公共卫生问题。

心血管病的主要病因是吸烟、缺乏锻炼和不健康的饮食。心血管疾病是指以动脉粥样硬化为共同病例基础特征，因缺血出血所造成心、脑、肾、四肢等重要器官功能改变、失调或障碍的疾病，包括冠心病、脑血管疾病、血压升高、周围动脉血管疾病、风湿性心脏病、先天性心脏病和心力衰竭。目前介入治疗、内科药物治疗、外科手术治疗并列为三大现代医学治疗手段。微创介入治疗因创伤小、康复快成为越来越被普遍接受的治疗手段，是心血管疾病的一种新型诊疗方法，通过数字减影连续投照和特殊的心脏导管穿刺技术、操作技术，确诊或治疗心脏病。

1. 心血管医疗器械的定义

心血管医疗器械是指用于人体心血管系统（包括心脏）疾病的诊断、预防、监护、治疗或者缓解的医疗器械，它涵盖心脏心律管理器械、心脏冠脉介入治疗器械、外周血管介入治疗器械、心血管外科器械、心血管监测器械、心脏瓣膜和修补器械、心脏辅助器械、结构性心脏病介入器械、脑血管介入器械等九大类别。

2. 心血管医疗器械的分类

心血管医疗器械分类如表 12-1 所示。

表 12-1 心血管医疗器械分类

序号	细分市场	产品
1	心脏节律管理器械	植入式心律转复除颤器（ICD），普通起搏器（Pacemaker），再同步治疗起搏器（CRT），植入式起搏 / 除颤导线，临时起搏器，起搏程控仪，起搏分析仪，电生理导管室系统
2	心脏冠脉介入器械	冠脉支架，冠脉球囊，血管斑块消融及血管关闭器材，造影导丝导管，PTCA 导丝导管，血管内超声导管，OCT 导管，压力导丝，PTCA 配件等
3	外周血管介入器械	主动脉支架，外周血管支架，外周球囊，外周药物球囊，远端保护器材，下腔静脉滤器，外周介入导丝导管，配件等
4	心血管外科器械	心脏外科消融系统，心跳维持系统，心肺旁路设备，灌注处置设备等
5	心血管监测器械	心电图监测设备，心电图压力测试系统，动态心电图监测系统，事件监测设备等
6	心脏瓣膜和修补器械	外科瓣膜及修补器械等
7	心脏辅助器械	人工心脏，心室辅助装置等
8	结构性心脏病介入器械	经皮介入主动脉瓣置换装置，经皮介入二尖瓣置换和修补装置，经皮介入三尖瓣置换和修补装置，经皮介入肺动脉瓣置换和修补装置，经导管介入左心耳封堵器材，经导管介入先天性心脏封堵器械（卵圆孔未闭封堵器、房间隔缺损 / 室间隔缺损封堵器，动脉导管未闭）等
9	脑血管介入器械	颈动脉支架，椎动脉支架，颅内血管支架，颅内取栓支架，微导管，微导丝，远端保护器械，弹簧圈，液态栓塞材料等

二、国内外心血管医疗器械市场发展状况及趋势

（一）2018 年全球心血管医疗器械市场状况及 2019—2024 年市场发展趋势

根据 Evaluate MedTech 分析，2018 年全球心血管医疗器械市场规模约 498.54 亿美元，占全球医疗器械市场规模的 11%，是仅次于体外诊断的第二大市场，同比增长为 6.4%（图 12-1）。预计 2024 年全球心血管医疗器械市场的市场规模将达到 723.35 亿美元，2019—2024 年年复合增长率为 6.4%（图 12-1 和表 12-2）。

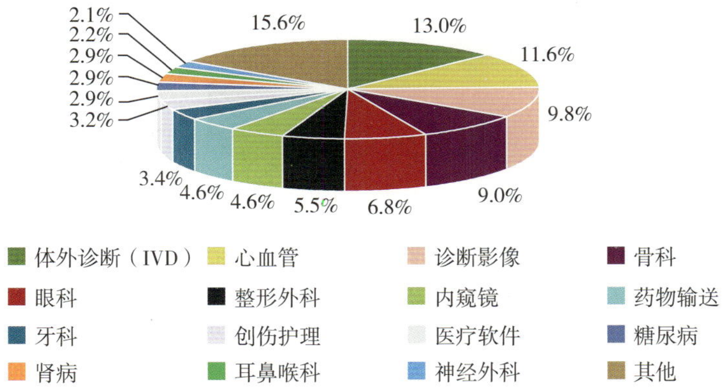

图 12-1　2017 年全球医疗器械细分市场份额

（资料来源：Evaluate MedTech 2018 报告）

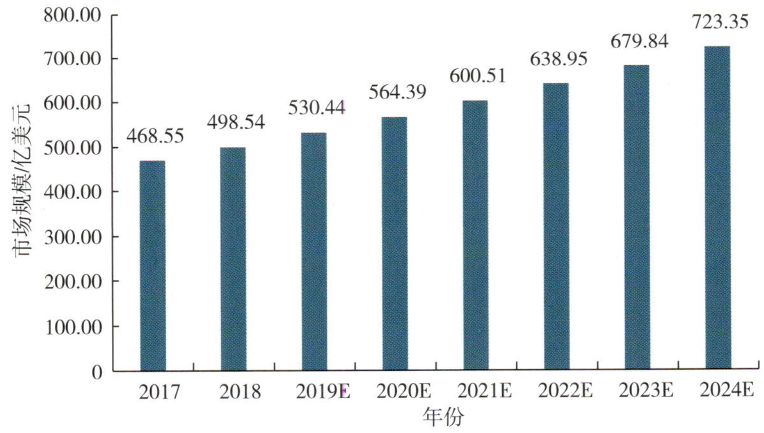

图 12-2　2017—2024 年全球心血管医疗器材市场规模

（资料来源：Evaluate MedTech，《World Preview 2018，Outlook to 2024》报告）

表 12-2　2017—2024 年全球心血管医疗器械市场规模

年份	2017	2018	2019E	2020E	2021E	2022E	2023E	2024E	年复合增长率
市场规模 / 亿美元	468.55	498.54	530.44	564.39	600.51	638.95	679.84	723.35	6.4%

资料来源：Evaluate MedTech，《World Preview 2018，Outlook to 2024》报告。

欧盟医疗器械委员会统计数据显示，美国、欧盟、中国、日本共占据全球心血管医疗器械市场规模超 80% 的份额。其中，美国是全球最大的心血管医疗器械生产国和消费国，市场规模占全球的 40% 以上（图 12-3）。

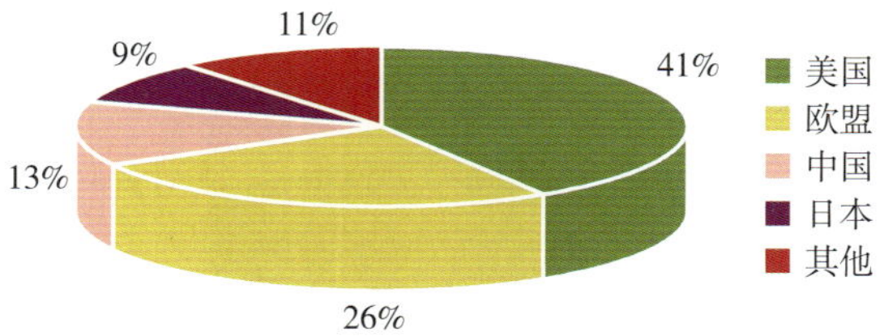

图 12-3　2017 年全球心血管介入器械行业市场主要区域分布

（资料来源：欧盟医疗器械委员会统计数据）

2018 年全球心血管医疗器械规模约 499 亿美元，占据市场总份额最多的高端介入耗材及心脏起搏器的技术壁垒极高，多数中小企业没有实力在相关领域进行持续投入，造成器械市场的集中度远远高于药物市场，美敦力、圣犹达、波士顿科学、雅培等 Top 10 的企业占据了市场规模总份额的 80%，而且行业整合速度快，2018 年美敦力在心血管领域仍保持领头羊的位置，预计 2024 年销售额将达到 142 亿美元，该公司将仍在心血管医疗器械领域保持领先，是心血管领域最大的医疗器械公司，并将占据整个心血管医疗器械市场 19.5% 的市场份额。随着圣犹达被雅培收购，预计 2024 年雅培在心血管医疗器械领域的销售额不低于 110 亿美元，其发展迅速，占据 15.4% 的市场份额，夺取市场排名亚军。但整体来说，短期内依然寡头垄断，竞争格局变化细微。

（二）2018 年中国心血管医疗器械市场状况及 2019—2024 年市场发展趋势

《中国心血管病报告 2018》数据表明，我国当前心血管病患病率及死亡率处于持续上升状态，心血管疾病发病率高，这可能与我国人民群众生活水平的提高和饮食生活习惯的改变有关。预计我国心血管患者现有 2.9 亿，其中 90% 以上为高血压患者，还包括脑卒中、心力衰竭、冠心病、心脏病等相关疾病。报告指出当前我国居民疾病死亡构成中心血管病死亡率高达 40%，远高于其他疾病甚至肿瘤，最近几年尤其是农村心血管病死亡率增长迅速，持续高于城市心血管病死亡率。心脑血管病患者负担也日益加重，住院总费用连年上升，其增速超过国民生产总值增速，因此心血管病的防治刻不容缓，也是当前重大的公共卫生问题。

据统计，2018 年中国心血管介入器械市场规模约 363.65 亿元，同比增长 15.80%。预计到 2024 年中国心血管介入器械市场规模约 899.25 亿元，2019—2024

年年复合增长率为 16.25%（图 12-4 和表 12-3）。

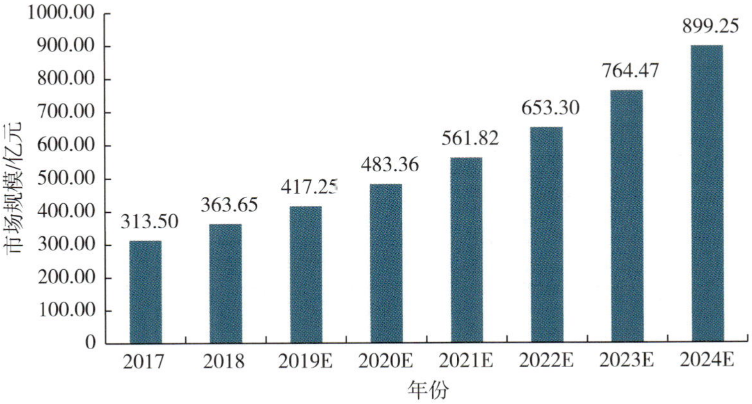

图 12-4　2017—2024 年中国心血管医疗器械市场规模

（资料来源：Evaluate MedTech，《World Preview 2018，Outlook to 2024》报告，《中国医疗器械蓝皮书 2019》，微创医疗调研整理，1 美元 =6.78 元）

表 12-3　2017—2024 年中国心血管医疗器械市场规模

年份	2017	2018	2019E	2020E	2021E	2022E	2023E	2024E	年复合增长率
市场规模 / 亿元	313.50	363.65	417.25	483.36	561.82	653.30	764.47	899.25	16.25%

资料来源：Evaluate MedTech，《World Preview 2018，Outlook to 2024》报告，《中国医疗器械蓝皮书 2019》，微创医疗调研整理，1 美元 =6.78 元。

三、2018 年中国心血管医疗器械细分行业发展状况

心血管医疗器械分为心脏节律管理器械、心脏冠脉介入器械、外周血管介入器械、心血管外科器械、心血管监测器械、心脏瓣膜和修补器械、心脏辅助器械、结构性心脏病介入器械及脑血管介入器械 9 个细分领域（表 12-4），根据发病率、致死致残发生率、市场发展速度及规模、预防性使用、占用国家医保基金比例等标准，将心血管器械分为心脏节律管理器械、冠脉介入治疗器械、外周血管介入治疗器械、结构性心脏病介入器械及脑血管介入器械 5 个重点细分行业，以便进一步做行业发展状况分析。

表 12-4　2017—2024 年中国心血管医疗器械细分市场规模

单位：亿元

细分市场分类	年份								年复合增长率
	2017	2018	2019E	2020E	2021E	2022E	2023E	2024E	
心脏节律管理器械	36.03	40.01	43.92	48.24	53.04	58.36	64.25	70.80	10.13%
心脏冠脉介入器械	85.79	103.54	119.21	137.30	158.19	182.33	210.24	242.54	16.02%
外周血管介入器械	43.40	50.30	58.03	68.19	81.19	95.53	112.96	134.04	17.49%
心血管外科器械	28.68	31.13	33.79	36.68	39.82	43.22	46.92	50.93	8.55%
心血管监测器械	64.21	68.88	73.90	79.28	85.05	91.24	97.88	105.01	7.28%
心脏瓣膜和修补器械	15.66	16.88	18.17	19.57	21.06	22.68	24.41	26.28	7.66%
心脏辅助器械	0.46	0.49	0.52	0.55	0.58	0.62	0.65	0.69	5.93%
结构性心脏病介入器械	4.27	8.66	15.02	25.19	37.43	52.51	73.63	102.06	58.81%
脑血管介入器械	35.00	43.75	54.69	68.36	85.45	106.81	133.51	166.89	25.00%
总计	313.50	363.65	417.25	483.36	561.82	653.30	764.47	899.25	16.25%

资料来源：Evaluate MedTech，《World Preview 2018，Outlook to 2024》报告，《中国医疗器械蓝皮书 2019》，微创医疗调研整理，1 美元 =6.78 元。

2018 年中国心血管医疗器械细分市场规模前 3 名是心脏冠脉介入器械、心血管监测器械和外周血管介入器械，占比分别约为 28.47%、18.94% 和 13.83%，市场规模分别为 103.54 亿元、68.88 亿元和 50.3 亿元，同比增长分别为 20.69%、7.27% 和 15.90%；预计 2024 年中国心血管医疗器械细分市场规模前 3 名分别是心脏冠脉介入器械、脑血管介入器械和外周血管介入器械，占比分别为 26.97%、18.56% 和 14.91%，市场规模分别为 242.54 亿元、166.89 亿元和 134.04 亿元，2018—2024 年年复合增长率分别为 16.02%、25.00% 和 17.49%。脑血管介入器械超越心血管监测器械进入前 3 名。

（一）心脏节律管理器械市场发展状况

心脏节律管理是指为患有缓慢性心律失常、有潜在心源性猝死风险及心力衰竭的病患提供诊断、预防、监护、治疗。中国缓慢性心律失常发病率高，患者人群广；中国 35 ～ 74 岁人群中心力衰竭的发病率约为 0.9%，并且呈逐年上升态势，预计每年可新增 54 万人，其中一半患者有安装起搏器的需求。中国现有心动过缓患者 500 万人，每年新增 50 万人。

目前中国起搏器的植入普及率低，2018 年中国起搏器的年植入量（2018 年中国大陆心律失常介入治疗注册数据）仅有 8.27 万例，每百万人植入量仅为 63 例，与中国香港 236 例和中国台湾 185 例相比还有很大差距，跟欧洲及美国近 1000 例相比差距更大。

1. 心脏节律管理器械分类及市场规模

（1）心脏节律管理器械分类

心脏节律管理器械分类如表 12-5 所示。

表 12-5　心脏节律管理器械分类

细分市场	产品
心脏节律管理器械	植入式心律转复除颤器（ICD），普通起搏器（Pacemaker），再同步治疗起搏器（CRT），植入式起搏 / 除颤导线，临时起搏器，起搏程控仪，起搏分析仪，电生理导管室系统

（2）心脏节律管理器械市场规模

据统计，2018 年中国心脏节律管理器械市场规模约 40.01 亿元，同比增长 11.05%。预计 2024 年中国心脏节律管理器械市场规模约 70.80 亿元，2018—2024 年年复合增长率为 10.13%（图 12-5 和表 12-6）。

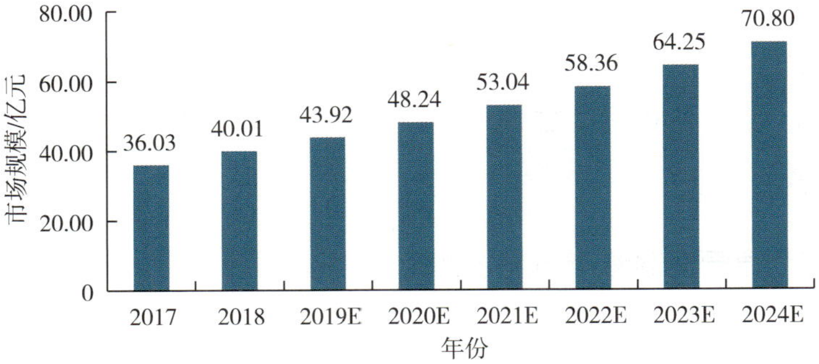

图 12-5　2017—2024 年中国心脏节律管理器械市场规模

（资料来源：根据国信证券研报、MRG 报告等整理）

表 12-6 2017—2024 年中国心脏节律管理器械市场规模

年份	2017	2018	2019E	2020E	2021E	2022E	2023E	2024E	年复合增长率
市场规模 / 亿元	36.03	40.01	43.92	48.24	53.04	58.36	64.25	70.80	10.13%

资料来源：根据国信证券研报、MRG 报告等整理。

心脏节律管理器械可以分为单腔起搏器及导线、双腔起搏器及导线、心脏同步化治疗起搏器及导线、植入性心律转复除颤器 4 个细分领域（表 12-7）。2018 年中国心脏节律管理器械细分市场规模前 3 名分别是双腔起搏器及导线、单腔起搏器及导线和心脏同步化治疗起搏器及导线，市场规模分别为 27.39 亿元、4.56 亿元和 4.43 亿元，同比增长分别为 11.43%、0.44% 和 13.88%；预计 2024 年市场规模分别为 48.52 亿元、5.14 亿元和 8.74 亿元，2018—2024 年年复合增长率分别为 10.00%、2.00% 和 12.00%。

表 12-7 2017—2024 年中国心脏节律管理器械细分市场规模

单位：亿元

分类	年份								年复合增长率
	2017	2018	2019E	2020E	2021E	2022E	2023E	2024E	
单腔起搏器及导线	4.54	4.56	4.65	4.74	4.84	4.94	5.03	5.14	2.00%
双腔起搏器及导线	24.58	27.39	30.13	33.14	36.46	40.10	44.11	48.52	10.00%
心脏同步化治疗起搏器及导线（CRT-P）	3.89	4.43	4.96	5.56	6.22	6.97	7.81	8.74	12.00%
植入性心律转复除颤器（ICD）	3.02	3.63	4.17	4.80	5.52	6.35	7.30	8.40	15.00%
总计	36.03	40.01	43.92	48.24	53.04	58.36	64.25	70.80	10.13%
年增长率		11.01%	9.77%	9.84%	9.95%	10.03%	10.09%	10.19%	10.10%

资料来源：根据国信证券研报、MRG 报告等整理。

2. 心脏节律管理器械市场竞争格局及重点企业

由于技术门槛较高，我国电生理与起搏器类高值医用耗材市场份额主要还是集中在少数几家大型进口企业手中，其中美敦力占比 43%，雅培收购了圣犹达后占比 29%，百多力占比 14%，波士顿科学占比 9%。国产厂家份额较少，且只有少数几家企业从事相关领域，国产化程度低，整体市场占比 5%（图 12-6 和表 12-8）。

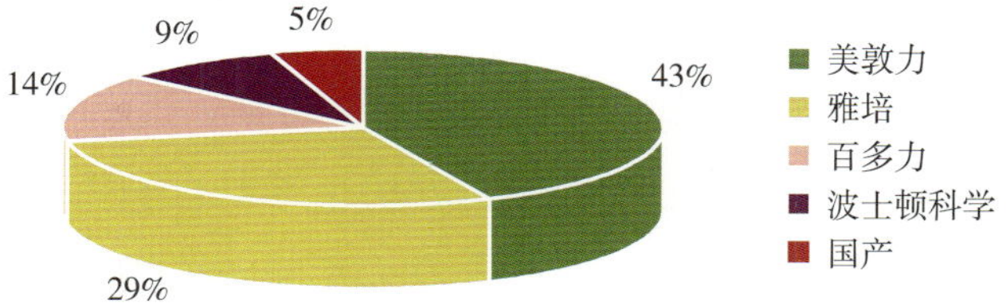

图 12-6　2017 年中国心脏节律管理器械市场份额占比

表 12-8　中国心脏节律管理器械主要生产厂家

进口品牌生产厂家	国产品牌生产厂家
美敦力、雅培、波士顿科学、百多力、索林	乐普、先健科技、创领

3. 心脏节律管理器械国内外技术发展趋势

Elmqvist 和 Senning 于 1958 年成功植入了全球第一例埋藏式人工心脏起搏器，随后心脏起搏器成为许多心脏病患者的福音，是目前临床最有效的治疗心动过缓导致猝死或晕厥的治疗手段之一。

21 世纪，心脏起搏器的技术发展势头迅猛，其功能也不断完善，从手动调整起搏器的相关参数到全自动化适应型智能起搏器问世，包括自动感知调整心率的心脏传感器系统，人类进入了全自动起搏器的智能时代。

为了减少传统起搏器的电池耗竭进行更换带来的风险，起搏器工艺不断向体积微型化同时电池长久化发展。在体积变小 50% 的同时，电池寿命从原来的 2 年发展到现在的大于 10 年，电池材料从原来单一的锂碘电池到现在的多种选择，如锂锰、锂氟化碳电池。还有尚在研发中的可充电技术，如太阳能、生物能、超声波等。另外，基因起搏心脏技术也将是一项颠覆性技术，目前已有国外相关临床报道。

2018 年 2 月上海微创医疗器械（集团）有限公司（简称“微创医疗”）与云锋基金联手收购全球第五大心律管理设备供应商 LivaNova 旗下心脏节律管理业务(CRM)，这是极具里程碑意义的事件。本次收购的业务主要包括起搏器、除颤器、心脏再同步装置。而微创医疗在本次收购之后，将成为中国国内拥有 CRM 专门技术的最先进的公司之一，进入估计规模达 100 亿美元的全球 CRM 市场。LivaNova 是一家全球性的医疗技术公司，总部位于英国伦敦，在全球 100 多个国家开展业务，拥有员工4500多人。公司致力于通过先进的技术和突破性的治疗手段，为患者、医疗人士和医疗保健系统提供卓有成效的解决方案。LivaNova公司主要经营三大业务：心脏外科、神经调节和心律管理，分别在意大利米兰多拉、美国休斯敦和法国克拉马尔运营。微创医疗与LivaNova早在4年前已经在CRM业务上建立合作。2014年微创医疗与Sorin公司（LivaNova子公司）合资成立创领心律管理医疗器械（上海）有限公司并建成了中国首条国产心脏起搏器生产线，掌握了核心技术，又通过这次收购完全进入这个高壁垒的行业。作为国内心血管器械领域的龙头企业，微创医疗一直把起搏器放在了重点发展的医疗业务中。但起搏器作为医疗器械领域研发壁垒最高、难度最大的领域，虽然在国外发展近50年，但在国内如果靠自主研发仍然需要花很长的时间才能打破这些专业技术的壁垒。LivaNova的心律管理业务面向全球，凭借其强劲的产品线，在全球主要市场具有强大的竞争力。微创医疗和LivaNova强强联合，利用微创医疗在华的龙头地位，以及LivaNova心律管理业务在欧洲的领先地位，势必将进一步加强双方在全球市场的影响力。

*Nature*于2019年报道了心脏起搏器能源的新装置，这种装置收集心跳产生的能量，可以免电池运行，解决了当前心脏起搏器等介入医疗器械的供能问题。研究者通过猪的植入试验验证了装置的有效性，结果表明该装置对窦性心律不齐也有纠正作用。这一装置如果能应用于临床，可以替换当前笨重且寿命较短的电池作为能源，但目前该装置并未应用于人体。

中国科学院北京纳米能源与系统研究所和美国佐治亚理工学院共同开发了一种可植入式发电机，该装置也是通过心脏搏动获取能源，进而供应配套的起搏器。研究表明这一装置机械耐久性和生物相容性均较好，且心动周期获取的能量足以支撑人类心脏起搏，通过猪的植入试验验证了该装置的有效性，但该系统尚未应用于人体，需要进一步优化尺寸、效率和长期生物安全性等性能。该技术可广泛应用于干细胞分化、组织工程和神经再生领域。

2019年9月，EPFL和伯尔尼大学研究人员开发了一种突破性方法来利用纳米火山阵列研究心脏细胞的电信号。这项技术在基础和应用研究中有许多潜在的应用，例如，改进对心律失常潜在机制的研究。细胞是人体中最小的活单位。可兴奋的细胞如神经元和心肌细胞，使用电信号，即所谓的动作电位，相互交流。科学家们使用放置在细胞膜外部或内部的电极来研究这些信号，这些信号是正常大脑和心脏功能的基础，这种方法被称为细胞外和细胞内记录。使用纳米火山阵列，科学家可以同时测量细胞培养中多个位置的动作电位，为心肌细胞在空间中如何相互作用提供了丰富的见解。除了测量单个细胞的动作电位外，现在还可以研究传播的动作电位是如何根据组织结构和病理条件改变其形状。这一知识对于更深入地理解导致潜在致命心律失常的机制至关重要。

为了解决静脉系统植入电极导线带来的系统感染、拔除等临床问题，起搏器的植入方式在向非静脉系统植入及无导线方向发展，如全皮下除颤器、可穿戴式除颤器、无导线起搏器、无导线再同步治疗起搏器等。

为了随时跟踪并及时调整起搏系统参数，程控随访系统从非远程向远程监测发展，国外所有起搏器系统都有远程程控平台，如 Carelink™、Home Monitoring™、Latitude™、Merlin™ 等远程监测系统。

为了满足起搏器植入患者核磁检查的需求，起搏系统从传统的非核磁起搏器发展出兼容核磁起搏系统，美国心律协会在 2017 年发布了《植入 CIED 患者行磁共振成像的专家共识试解读》以指导核磁兼容起搏系统的临床使用。

为了帮助医生寻找患者可能的心律失常或不明原因的晕厥证据，快速简单的皮下植入式心脏监测仪可以自动提供可靠的连续心律失常监测，目前在国内外均有使用。

4. 心脏节律管理器械国内技术研发存在的问题及解决方案

（1）国内心脏节律管理器械企业发展瓶颈

国内心脏节律管理器械企业主要是通过和欧美公司合作，引进国外成熟产品线，进行产品组装。现国内缺乏相关专业技术人才，完全自主研发的产品功能简单，不能完全满足临床需求，缺乏临床长期使用的安全性、有效性评估。

（2）国内外心脏节律管理器械企业技术发展的差距

心脏起搏器产品复杂，研发难度大，技术壁垒非常高，中国本土企业研发起搏器主要都是通过和欧美公司合作进行，完全自主研发难度极大。目前仅有治疗心动过缓的单腔、双腔起搏器研发上市成功，预防心脏猝死的植入式除颤器和治疗心衰的再同步治疗起搏器都尚在研发起步阶段。

国内外心脏节律管理器械企业技术发展的差距对比如表 12-9 所示。

表 12-9　国内外心脏节律管理器械企业技术发展的差距对比

器械或技术	国内	国外
起搏器	单腔 / 双腔	单腔 / 双腔 / 无导线
电池	锂碘	锂碘，锂锰，锂氟化碳
电极导线	经静脉双极起搏导线	经静脉双极起搏导线，希氏束电极导线
ICD	无	单腔 / 双腔 / 全皮下
ICD 导线	无	单线圈 / 双线圈，DF-1/DF-4
CRT	无	CRT-P/CRT-D
左室电极	无	IS-1/IS-4
远程遥测	无	均有
兼容 MRI	无	均有

（二）心脏冠脉介入器械市场发展状况

心脏冠脉介入器械是指在冠脉介入手术中使用的高值医用耗材，包括冠脉支架、PTCA 球囊扩张导管、导引导管、导引导丝、造影导管等。据 2019 年冠脉介入论坛发表的 2018 年中国 PCI 注册数据显示，2018 年中国大陆地区冠心病介入例数约为 91.53 万例，同比增长 21.49%，超越美国冠心病介入例数约 88.48 万例（MRG2018 报告数据），成为全球冠脉介入手术第一大国。预计 2024 年中国大陆地区冠心病介入例数约为 200.80 万例，2018—2024 年年复合增长率为 15.10%（图 12-7 和表 12-10）。

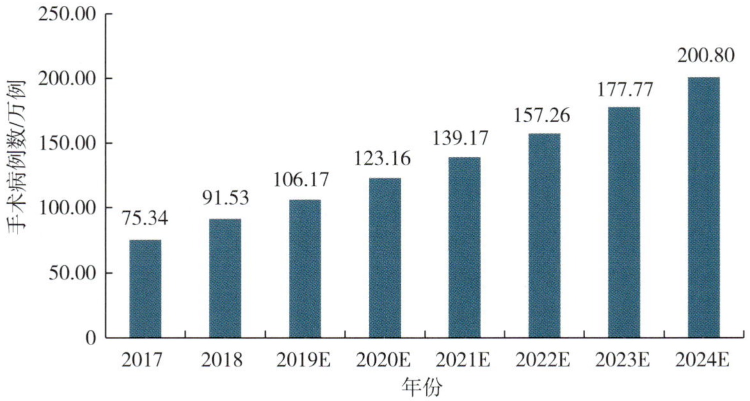

图 12-7　2017—2024 年中国冠心病介入治疗手术病例数

（资料来源：2019 年冠脉介入论坛发表的中国 2018 年 PCI 注册数据）

表 12-10　2017—2024 年中国冠心病介入治疗手术病例数

年份	2017	2018	2019E	2020E	2021E	2022E	2023E	2024E	年复合增长率
手术病例数 / 万例	75.34	91.53	106.17	123.16	139.17	157.26	177.77	200.80	15.10%

资料来源：2019 年冠脉介入论坛发表的中国 2018 年 PCI 注册数据。

1. 心脏冠脉介入器械分类及市场规模

（1）心脏冠脉介入器械分类

心脏冠脉介入器械分类如表 12-11 所示。

表 12-11　心脏冠脉介入器械分类

细分市场	产品
心脏冠脉介入器械	冠脉支架，冠脉 PTCA 球囊，血管斑块消融及血管关闭器材，造影导丝导管，PTCA 导丝导管，血管内超声导管，OCT 导管，压力导丝，PTCA 配件等

（2）心脏冠脉介入器械市场规模

近年来，随着心脏疾病患者数量不断增加，心血管介入器械市场得到了快速发展，但随着集中采购、控费降价等国家政策的出台，增速逐渐趋缓，据测算，2018 年心脏冠脉介入器械市场规模约为 103.54 亿元，预计 2024 年心脏冠脉介入器械市场规模约为 242.54 亿元，2018—2024 年年复合增长率为 16.02%（图 12-8 和表 12-12）。

图 12-8　2017—2024 年中国心脏冠脉介入器械市场规模

（资料来源：根据国信证券研报、MRG 报告等整理）

表 12-12　2017—2024 年中国心脏冠脉介入器械市场规模

年份	2017	2018	2019E	2020E	2021E	2022E	2023E	2024E	年复合增长率
市场规模 / 亿元	85.79	103.54	119.21	137.30	158.19	182.33	210.24	242.54	16.02%

资料来源：根据国信证券研报、MRG 报告等整理。

（3）心脏冠脉介入器械细分市场规模

冠脉介入治疗器械主要分为冠脉支架、冠脉 PTCA 球囊、PTCA 导丝导管、PTCA 配件、血管斑块消融产品和冠脉超声及影像产品 6 个细分市场，2018 年中国冠脉介入治疗器械细分市场规模前 3 名分别是冠脉支架、冠脉 PTCA 球囊和 PTCA 导丝导管，市场规模分别为 55.91 亿元、19.25 亿元和 13.54 亿元，同比增长分别为 21.49%、20.54% 和 17.64%；预计 2024 年市场规模分别为 122.72 亿元、49.38 亿元和 31.32 亿元，2018—2024 年年复合增长率分别为 14.00%、17.00% 和 15.00%（表 12-13）。

表 12-13　2017—2024 年中国心脏冠脉介入器械细分市场规模

单位：亿元

细分市场分类	年份								年复合增长率
	2017	2018	2019E	2020E	2021E	2022E	2023E	2024E	
冠脉支架	46.02	55.91	63.74	72.66	82.83	94.43	107.65	122.72	14.00%
冠脉 PTCA 球囊	15.97	19.25	22.52	26.35	30.83	36.07	42.20	49.38	17.00%
PTCA 导丝导管	11.51	13.54	15.57	17.91	20.59	23.68	27.23	31.32	15.00%
PTCA 配件	11.37	13.54	15.71	18.22	21.13	24.52	28.44	32.99	16.00%
血管斑块消融产品	0.26	0.42	0.58	0.79	1.08	1.48	2.03	2.78	37.00%
冠脉超声及影像产品	0.66	0.88	1.10	1.38	1.72	2.15	2.69	3.36	25.00%
总计	85.79	103.54	119.21	137.30	158.19	182.33	210.24	242.54	16.02%

资料来源：根据上市公司微创医疗、乐普医疗的年报、国信证券研报、MRG 报告等，微创医疗调研整理。

2. 心脏冠脉介入器械市场竞争格局及重点企业

心血管介入器械这一类高值耗材科技含量高，需要精密的加工技术，制造技术门槛高，因此，心血管介入器械市场生产企业数量相对较少，随着近年来技术的不断发展和国家对心血管领域的大力支持，心血管介入器械冠脉支架细分市场已基本实现进口替代。冠脉支架是心脏冠脉介入器械市场规模最大的细分市场，约占细分市场规模的 60%，心脏冠脉支架主要用于治疗冠状动脉狭窄或闭塞，恢复远端血管的供血。冠脉支架按产品类型可分为金属裸支架、药物涂层支架、完全可吸收支架等；药物涂层支架为支架上涂有生物活性物质，用于防止内膜增生或血管再狭窄。根据 2018 年国家卫健委公布的中国冠脉介入注册数据，平均每个冠脉介入治疗手术使用支架 1.46 枚，目前中国冠脉介入治疗 99% 使用的是药物支架，普通裸金属支架基本已经被药物支架所替代，据测算，2018 年心脏冠脉支架市场规模约为 55.91 亿元，同比增长 21.49%；预计 2024 年市场规模将达 122.72 亿元，2018—2024 年年复合增长率为 14.00%。

中国冠脉支架市场份额非常集中，2018 年排名前八的企业占据 90% 以上的市场份额。冠脉支架市场已基本实现进口替代；按销售的支架数量计算，2018 年国产药物支架市场份额占比超过 80%。市场份额主要集中在微创医疗、乐普医疗、吉威、赛诺医疗等中国企业，进口品牌美敦力、波士顿科学、雅培的冠脉药物支架市场份额呈继续缩小的趋势（图 12–9）。自 2004 年微创医疗第 1 个国产药物支架系统上市以来，一直保持国内市场占有率领先，2014 年推出的药物靶向洗脱支架系统——火鹰支架使微创医疗进入国际市场并逐步形成与国际主流品牌竞争的格局。

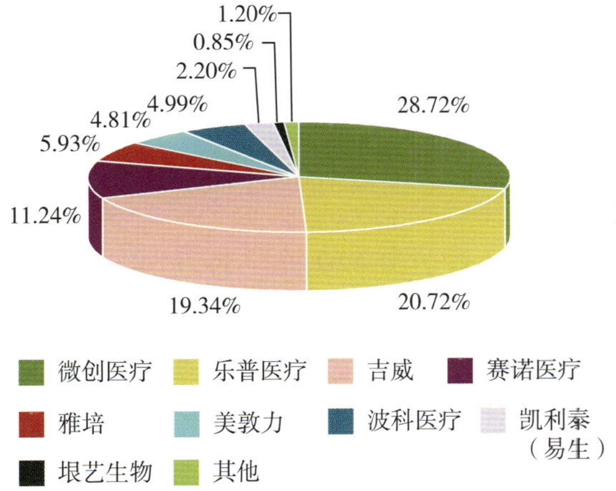

a 2018年中国冠脉支架市场份额
（按支架数量）

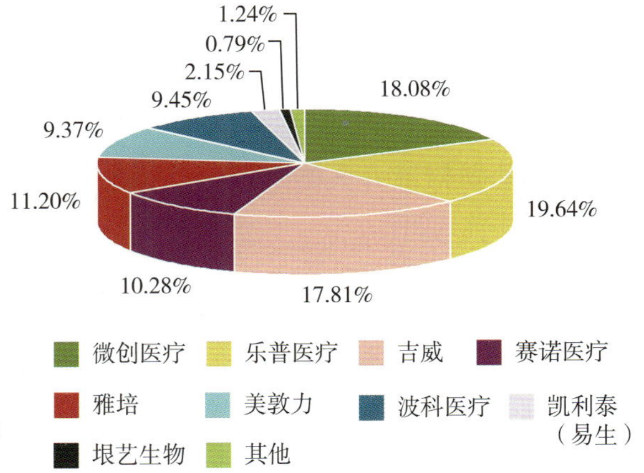

b 2018年中国冠脉支架市场份额
（按销售金额）

图 12–9　2018 年中国冠脉药物支架市场份额

（资料来源：根据恒州博智医疗研究中心及公开数据，微创医疗整理）

心脏冠脉介入器械除了冠脉支架以外，冠脉 PTCA 球囊、PTCA 导丝导管、PTCA 配件、血管斑块消融产品和冠脉超声及影像产品，约占 40% 的市场规模。

冠脉 PTCA 球囊，主要用于治疗冠状动脉狭窄或闭塞，恢复远端血管的供血的预扩张，为冠脉支架的植入做病变准备。冠脉 PTCA 球囊按产品类型可分为普通 PTCA 预扩张球囊、普通 PTCA 后扩张球囊、药物涂层球囊等；冠脉药物球囊在国际上有逐渐使用的趋势，目前国内有德国贝朗的药物球囊和大连垠艺生物的药物球囊批准在中国上市。据测算，2018 年中国冠脉 PTCA 球囊市场规模约 19 亿元，预计 2024 年心脏冠脉 PTCA 球囊市场规模约 49 亿元，2018—2024 年年复合增长率约 17.00%（表 12-13）。中国市场冠脉 PTCA 球囊主要品牌有波士顿科学、美敦力、雅培、泰尔茂等进口企业品牌。进口产品占整体市场份额的 80% 以上。

心脏冠脉介入器械细分市场除了冠脉支架、冠脉 PTCA 球囊以外，PTCA 导丝导管、PTCA 配件、血管斑块消融产品和冠脉超声及影像产品主要以波士顿科学、美敦力、雅培、泰尔茂等进口企业品牌为主，约占市场份额的 80% 以上（表 12-14）。

表 12-14 中国心脏冠脉介入器械主要生产厂家

细分市场	进口品牌生产厂家	国产品牌生产厂家
冠脉支架	美敦力、雅培、波士顿科学	微创医疗、乐普医疗、吉威、赛诺医疗
冠脉 PTCA 球囊	美敦力、雅培、波士顿科学、泰尔茂	微创医疗、乐普医疗、吉威、赛诺医疗
冠脉其他产品	美敦力、雅培、波士顿科学、泰尔茂	微创医疗、乐普医疗、吉威、赛诺医疗

3. 心脏冠脉介入治疗国内外技术发展趋势分析

近年来冠脉介入治疗在中国快速发展，介入治疗以其创伤小、疗效好、风险低、康复快等优点，目前已成为与药物治疗、外科手术并驾齐驱的冠心病三大治疗手段之一。中国冠心病介入治疗的 30 多年历程可分为 3 个发展阶段：1983—1996 年为起步阶段，冠心病介入治疗技术被引进中国并持续开展；1996—2005 年为蓬勃发展阶段，冠心病介入治疗相关技术趋于成熟，器械的使用更方便、安全、有效，随着支架的使用，介入相关并发症大大减少，国内能够实施 PCI 的医院已经由最早的几家、几十家发展到几百家；2005—2016 年的 10 年为不断完善、突飞猛进的阶段，医疗器械的迅猛发展，特别是药物洗脱支架的普遍应用，使冠脉介入治疗效果更好，无论是近期还是远期效果都得到很大提升。我国从国家层面规范心血管病介入治疗，无论是数量还是质量都得到一次飞跃。

目前，中国冠脉介入治疗正在向深、广发展，PCI 的治疗适应证不断推广，无保护左主干、分叉病变、CTO 等不再是 PCI 治疗的禁区。随着 PCI 路径、腔内辅助影像技术及血流功能学检测不断优化，PCI 治疗也在不断优化。除此之外，PCI 器械、理念也在不断革新，生物全降解支架、新器械均在研发中。

随着 PCI 治疗器械和技术的不断进步，冠状动脉介入治疗在左主干病变、分叉病变及 CTO 病变等不同领域得以应用。无保护的左主干血流被阻断，易出现严重的心肌缺血并发症，如心脏骤停、室颤、心源性休克。主干开口病变具备所有开口病变富含弹性纤维的特点，斑块多延续至主动脉壁；左主干病变具有较短病变长度、较大腔径及扭曲较少等特征。目前，左主干行 PCI 面临几个方面的问题：首先，缺乏对于 PCI 适应证的有效甄别工具；其次，左主干分叉病变 PCI 效果不佳（LCX 开口再狭窄率高）；最后，器械受限（大直径的支架）因素不容忽视。我国学者发明的双对吻挤压支架技术（简称“DK-Crush 技术”），通过两次对吻，使最终对吻扩张的成功率从 70% 提高到接近 100%，系列多中心随机对照临床研究已经证实 DK-Crush 技术对于左主干末端分叉病变和复杂分叉病变的安全性和有效性，DK-Crush 术式于 2018 年被欧洲指南推荐。

CTO 病变行冠状动脉介入治疗可恢复存活或者冬眠的心肌细胞的功能和供血、降低心肌细胞慢性丢失、提高运动耐力、缓解临床症状、降低缺血总负荷及血管事件、提高患者生活质量、减少行 CABG、降低死亡率。当前我国冠状动脉介入治疗 CTO 病变处于世界顶尖水平。近年来，CTO 介入治疗领域新器械不断发展，例如，新型 CTO 导丝、球囊、Corsair 微导管、Crusade 微导管、Tornus 的面世，以及 CTO 介入治疗新技术，如前向技术、逆向技术、IVUS 指引下的 CTO 病变 PCI 技术，均为 CTO 行 PCI 助力。

IVUS 作为冠心病 PCI 的主要辅助手段之一，可判定斑块性质、对临界病变决定是否进行介入治疗及优化冠脉靶病变的 PCI 治疗。临床实践中，IVUS 对于判定易损斑块、判定支架贴壁不良等发挥着重要作用。IVUS 新技术，即 VH-IVUS，不同于传统的二维超声，新 IVUS 技术的原理是利用散射超声射频的反向信号，对斑块组织图像进行实时重建，辨识冠脉斑块、区分斑块性质的准确度提高，增加在未发生严重实质性病变时辨别易损斑块的发现率，减少不良心血管事件。

OCT 作为最新一代的冠脉影像新技术，将超灵敏探测技术、光学技术、计算机图像处理技术融为一体，能准确快速地读取高分辨率血管横截面图像（微观结构）。当前，OCT 是血管内成像技术中分辨率、精确度顶尖的技术，被称为“体内的组织学显微镜”。

血流储备分数（FFR）对于评价狭窄病变具有重要作用，可应用于临界病变、分叉病变、多支弥漫性血管病变中，对于冠心病的优化介入治疗具有非常重要的指导意义。2018 年欧洲介入心脏病年会上公布了 ORBITA 研究的生理学分层分析结果。结果显示，对于稳定型心绞痛患者，FFR 和瞬时无波形比率（iFR）指导的冠状动脉介入治疗受益更大。两者联合能更好地预测 PCI 对于负荷超声分数的改善作用，FFR 与 iFR 值越高，心脏缺血采用 PCI 治疗的获益越低。

4. 心脏冠脉介入治疗器械研发国内外发展趋势

药物支架自 2002 年上市以来经历了近 20 年的发展，获得越来越多的研究和循证医学证据的支持，目前全球范围内冠脉药物支架已经逐步取代普通金属支架，据 2019 年冠脉介入论坛发表的 2018 年中国 PCI 注册数据显示，2018 年中国大陆地区冠心病介入例数约为 91.52 万例，同比增长 21.99%，超越美国 2018 年冠心病介入例数 88.48 万例（MRG 2018 报告数据），成为全球冠脉介入手术第一大国，中国的药物支架穿透率高于 99%，在中国药物支架已经完全取代普通金属支架。

穿刺路径的优化上，我国走在国际前列，与传统经股动脉路径比较，经桡动脉穿刺路径可是患者不需卧床，恢复更快，减少住院医疗费用支出，对避免股动脉或髂动脉狭窄、闭塞、过度迂曲穿刺失败尤为合适，2018 年我国经桡动脉穿刺路径 PCI 比例已达到 90.51%，成为全球冠脉介入治疗经桡动脉穿刺路径比例最高的国家，彰显中国 PCI 技术的进步和优势。

药物支架的药物发展也是逐渐从第一代紫杉醇和西罗莫司及其衍生物并存，发展到目前以西罗莫司及其衍生物为主流药物的药物支架。药物支架金属平台材料从第一代药物支架的医用不锈钢逐步到以钴铬合金及特种合金为主 [L605 钴铬合金，铂铬合金（波士顿科学专有）] 支架平台。药物支架金属平台支架梁厚度也逐渐经历了从厚到薄的发展过程，从第 1 代药物支架的近 140 μm 逐步发展到现在

60 ～ 80 μm。为了实现药物支架载药和药物释放的控制，药物支架聚合物的发展经历了从第 1 代不可吸收聚合物，逐步发展到可吸收聚合物或无聚合物的方向发展，大量的循证医学证据支持完全可吸收聚合物药物支架或无聚合物药物支架长期结果优于早期的不可吸收聚合物载体药物支架。而且新的药物支架聚合物装载技术也在不断优化中，有证据表明药物支架聚合物从全层支架梁包裹到部分非管腔面涂层，再到特殊聚合物装载技术可以加速血管内膜介入手术后的愈合，减少双重抗血小板的治疗周期，减少晚期并发症的发生。

为了不断提升药物支架的使用性能，更多地满足临床治疗需要，药物支架的工艺流程不断优化，例如，药物支架输送系统球囊皮结构设计从单层向多层发展，测试证明双层皮支架内球囊比单层皮球囊可以更好地提升药物支架通过病变区的能力，后扩张力更好、与血管壁贴合更好，以期获得很好的临床疗效。药物支架平台材料从普通金属向完全可吸收的生物材料 / 金属方向发展。

复旦大学附属中山医院自主研发我国首款完全可吸收支架 XINSORB 的 FIM 研究的第 1 例患者 5 年随访结果，于 2018 年被国际著名介入心血管病杂志 *JACC: Cardiovascular Intervention* 接受，该文的发表也体现了国际同行对我国自主研发的生物可吸收支架技术及其长期临床效果的认可。乐普医疗首次公布最新产品可降解支架 NeoVas 的 2 年随机对照和 1 年单组临床数据。以 XINSORB、Firesorb 和 NeoVas 支架为代表的国产生物可吸收支架，相继公布其中长期临床研究结果，显示其继续保持优良的长期植入效果。2018 年国产生物可吸收支架相继公布中长期临床研究结果，中国创造以实际疗效为国产医疗器械正名，将有望填补雅培 BVS 退市后的巨大市场空白。

心血管的介入诊断也从影像学、超声、OCT、数字造影及 FFR 的单机使用逐步向一机多诊断设备兼容并存方向发展，影像向无创化和人工智能化方向发展是大势所趋。随着手术机器人的快速发展，冠脉介入治疗机器人已经于 2017 年获得美国 FDA 的批准，全球包括多家公司加入开发竞争的局面，冠脉介入治疗机器人协助医生完成手术，极大地减少了手术在常规冠脉介入射线辐射对术者的损伤。同时 5G 技术的成熟，增加远程诊断和治疗机会，有力地推动基层医院手术的发展。

5. 心脏冠脉介入器械国内技术发展存在的问题

（1）国内外心脏冠脉介入器械企业技术发展的差距（表 12-15）

表 12-15　国内外心脏冠脉介入器械企业技术发展的差距对比

器械或技术	国内	国外
药物支架平台		
L316 不锈钢	可以生产，质量需要改进，以进口为主	有
L605 钴铬合金	完全依赖进口	有（德、法、日、美）
铂铬合金	无	波士顿科学公司专有
药物支架球囊		
单层皮球囊原材料	有，进口	有
双层皮原材料	完全依赖进口	有（德、法、美）
亲水涂层	进口，或本土生产（质量不稳定）	有
球囊支架生产特种设备	完全依赖进口	有
PTCA 导丝导管	质量性能无法满足临床要求	进口为主（超过 80% 市场份额）
PTCA 配件	质量性能无法满足临床要求	进口为主（超过 80% 市场份额）
血管内超声导管	研发阶段	100% 进口
FFR QFR	研发阶段，2018 年有一家进入市场	进口品牌大于 90%
CTO 再通器材	小于 10%	进口品牌大于 90%
血管斑块消融器械		
旋磨	研发阶段	100% 进口
切割球囊	研发阶段	100% 进口

（2）国内心脏冠脉介入器械企业发展瓶颈

虽然国内企业在冠脉介入治疗器材核心产品（支架）的市场份额已经超过 80%，完成了进口替代，大部分的冠脉支架的核心材料是 L605 钴铬合金，支架输送系统球囊材料及精密管材制造挤压设备在目前是完全依赖进口。一个常规冠脉介入手术冠脉支架费用约占器材支出费用的 60%，其他冠脉介入器材如球囊、指引导管、指引导丝、小配件、血管内超声、FFR 等大部分还是进口的产品，完成进口替代还需要比较长的过程。支架和球囊等核心产品有些关键技术和生产工艺缺乏相关专业技术人才。此外，在产品的生物验证阶段特别是临床长期使用的安全性、有效性评估、经济学评价、临床研究的监管与国际最前沿比较尚有较大的差距。

（三）外周血管介入器械市场发展状况

外周血管疾病是指由于动脉粥样硬化等原因导致肢体远端血管狭窄，出现影响身体供血的病征。随着年龄增长，发生外周血管疾病的风险逐渐增加，研究显示，35～44岁人群患病率为6.0%，而≥75岁人群患病率则高出近半，为11.8%。中国外周动脉疾病患者由2014年的4377万人增长到2018年的4840万人，年复合增长率为2.6%。由于中国老龄化进程和经济的快速发展，未来外周动脉疾病的患者数仍将持续增加，预计到2024年，患者数将增长至5646万人，年复合增长率保持不变。吸烟、糖尿病、高血压、血液胆固醇水平升高或遗传因素都会使外周动脉疾病加剧，最常见的症状为间歇性跛行，包括足部和脚趾发热或疼痛、腿部疼痛抽筋、腿部或足部皮肤发冷、糖尿病足、脱发、慢性疼痛和坏疽等。

1. 外周血管介入器械分类及市场规模

外周血管介入器械主要指在外周动脉疾病介入手术中使用的高值医用耗材：①血管性疾病，包括各种原因所致的急、慢性动脉狭窄及闭塞性疾病，急、慢性深静脉血栓形成，动脉瘤、动静脉瘘及血管瘤等，下腔静脉狭窄及闭塞（布加综合征），以及主动脉夹层等治疗使用的器械。②慢性下肢缺血性疾病，包括糖尿病性下肢血管病变（糖尿病足），血栓闭塞性脉管炎，以及动脉硬化性血管闭塞症治疗使用的器械等。

（1）外周血管介入器械分类（表12-16）

表12-16 外周血管介入器械分类

细分市场	产品
外周血管介入器械	主动脉支架，外周血管支架，外周球囊，外周药物球囊，远端保护器材，下腔静脉滤器，外周介入导丝导管，配件等

（2）外周血管介入器械市场规模

根据弗若斯特沙利文及MRG 2018数据分析，2018年全球外周血管介入器械市场规模约为44.29亿美元，预计2024年全球外周血管介入器械市场规模约67.54亿美元，2018—2024年年复合增长率为7.2%（图12-10和表12-17）。

图 12-10　2017—2024 年全球外周血管介入器械市场规模

（资料来源：弗若斯特沙利文分析，BRG 2018）

表 12-17　2017—2024 年全球外周血管介入器械市场规模

年份	2017	2018	2019E	2020E	2021E	2022E	2023E	2024E	年复合增长率
市场规模 / 亿美元	41.51	44.29	47.47	50.97	54.90	58.77	63.00	67.54	7.20%

资料来源：弗若斯特沙利文分析，BRG 2018。

根据弗若斯特沙利文及 BRG 2018 数据分析，2018 年中国外周血管介入器械市场规模约为 50.30 亿元，预计 2024 年中国外周血管介入器械市场规模约 134.04 亿元，2018—2024 年年复合增长率为 17.49%（图 12-11 和表 12-18）。

图 12-11　2017—2024 年中国外周血管介入器械市场规模

（资料来源：弗若斯特沙利文分析，MRG 2018）

表 12-18　2017—2024 年中国外周血管介入器械市场规模

年份	2017	2018	2019E	2020E	2021E	2022E	2023E	2024E	年复合增长率
市场规模 / 亿元	43.40	50.30	58.03	68.19	81.19	95.53	112.96	134.04	17.49%

资料来源：弗若斯特沙利文分析，MRG 2018。

外周血管介入器械可分为外周动脉介入器械、外周静脉介入器械、慢性全闭塞再通及斑块消融器械及主动脉支架 4 个细分领域。根据弗若斯特沙利文数据分析，2018 年中国外周血管介入器械细分市场规模前 3 名分别是外周动脉介入器械、主动脉支架和外周静脉介入器械，市场规模分别为 23.80 亿元、12.00 亿元和 11.20 亿元，同比增长分别为 12.26%、16.50% 和 25.84%；预计 2024 年市场规模分别为 51.97 亿元、25.12 亿元和 51.11 亿元，2018—2024 年年复合增长率分别为 13.70%、13.50% 和 28.40（表 12-19）。

表 12-19　2017—2024 年中国外周血管介入器械细分市场规模

单位：亿元

细分市场分类	年份								年复合增长率
	2017	2018	2019E	2020E	2021E	2022E	2023E	2024E	
外周动脉介入器械	21.20	23.80	26.40	30.10	34.80	40.20	45.71	51.97	13.70%
外周静脉介入器械	8.90	11.20	14.30	18.60	24.60	31.00	39.80	51.11	28.40%
慢性全闭塞再通及斑块消融器械	3.00	3.30	3.63	3.99	4.39	4.83	5.31	5.85	10.00%
主动脉支架	10.30	12.00	13.70	15.50	17.40	19.50	22.13	25.12	13.50%
总计	43.40	50.30	58.03	68.19	81.19	95.53	112.96	134.04	17.49%

资料来源：弗若斯特沙利文分析。

2. 外周血管介入器械市场竞争格局及重点企业

中国外周血管介入器械研发技术经过 10 多年的发展虽然已经取得了历史性进步，但从技术水平上与进口产品仍存在差距，美敦力、戈尔、库克等跨国企业仍占据主动脉支架市场的半壁江山。随着我国鼓励进口替代和加速创新型医疗器械审批等政策的不断落实，我国本土医疗器械企业在技术和质量方面都有了巨大的提升，微创心脉医疗、先健医疗已成为国产主动脉支架市场的领导者，未来将凭借其低价和优质不断扩大市场占有率。

中国主动脉腔内介入市场仍由大型跨国企业主导，美敦力在主动脉腔内介入市场处于龙头地位，按2018年的手术量计算，在中国市场上位居第一。而近几年随着国家支持性政策的不断纵向深入，国内医疗器械企业创新能力也在不断增强，不断凭借技术创新驱动进口替代。以手术量计算，2018年中国主动脉腔内介入市场上，微创心脉医疗仅次于美敦力，排名第二。国产主动脉介入器械市场竞争者中，微创心脉医疗位列第一，先健医疗紧随其后（表12-20）。

表12-20　中国外周血管介入器械生产厂家

细分市场	进口品牌生产厂家	国产品牌生产厂家
外周血管介入支架	美敦力、波士顿科学、戈尔、库克	微创心脉医疗、先健医疗
外周血管介入球囊	美敦力、波士顿科学、库克、泰尔茂	微创心脉医疗、先健医疗
主动脉支架	美敦力、波士顿科学、戈尔、库克	微创心脉医疗、先健医疗

3. 外周血管介入器械国内外技术发展趋势分析

随着微创和介入技术的不断发展，以及胸主动脉支架的不断创新，部分Stanford A型胸主动脉夹层患者可通过血管介入得到治疗，Stanford A型胸主动脉支架等介入器械会得到进一步创新和发展。药物涂层球囊为下肢动脉的治疗提供了新的治疗方式，药物球囊的市场规模未来可能会持续增长。

2019年3月，美国食品药品监督管理局（FDA）发出警告信称，在股动脉或动脉置入紫杉醇涂层球囊或紫杉醇洗脱支架来治疗外周动脉疾病，可能会导致长期死亡风险明显增加。FDA建议，绝大多数患者应该换用其他治疗方案治疗。但他们也会进一步开展分析，以确定用来治疗外周动脉疾病的紫杉醇涂层球囊或紫杉醇洗脱支架带来的益处是否超过其风险。对于已经置入紫杉醇涂层球囊或紫杉醇洗脱支架的患者，应继续严密监测。对于再狭窄风险极高的个别患者，临床医生应权衡应用紫杉醇涂层产品的益处是否超过其风险。更重要的是，要确保外周动脉疾病患者接受最佳的药物治疗，控制其他心血管病危险因素，坚持健康的生活方式，包括控制体重、戒烟、运动等。

随着药物支架临床研究证据越来越充分，药物支架使用会越来越普及；慢性全闭塞再开通设备的研发很活跃，这个治疗领域的器材会得到快速发展；药物支架平台材料从普通金属到生物完全可吸收方向发展；影像学和超声诊断的人工智能化发展随着冠脉介入治疗机器人成熟和发展，发展外周血管介入机器人成为必然。

4. 外周血管介入器械国内技术发展现状

中国外周血管介入治疗的发展起步比较晚，国内企业在外周血管介入治疗器械制造过程中跟冠脉介入治疗器械生产相似，也面临一些共性的问题。国内企业的体量相对较小，对研发的投入有限。外周支架和球囊等核心产品有些关键技术和生产工艺缺乏相关专业技术人才。虽然以微创心脉医疗、先健医疗为代表的国内企业在大动脉的治疗、大动脉支架的国产市场份额占比超过了 50%，但大部分的外周血管支架包括大动脉支架的核心材料 L605 钴铬合金及支架输送系统球囊的双皮球囊材料 Pibex，以及精密管材制造挤压设备在目前则完全依赖进口。

国内企业产业链建设上游产业链建设不完备，重要的上游材料对国外依赖性高，国内目前还没有可替代进口品牌的球囊、导管鞘、导丝等附件产品；技术输入与技术验证成熟度与国外差距较大，国内企业中技术成熟并善于在研发器械产学研方面开展合作的非常少；研发过程中的技术验证方面，无论是动物实验还是人体实验，特别是临床长期使用的安全性、有效性评估、经济学评价，国内目前的资源相对有限，临床研究的监管与国际最前沿相比，尚有较大的差距。

（四）结构性心脏病介入器械市场发展状况

结构性心脏病是近年心血管疾病领域提出的一个新概念，2005 年由德国法兰克福的 Horst Sievert 医生首先提出，泛指一大类先天性或获得性的以心脏和大血管结构异常为主要表现形式的心血管疾病。结构性心脏病包含先天性心脏病、瓣膜性心脏病、左心耳及心肌病等。其中瓣膜介入治疗的进展在近些年日新月异。从国际上第 1 例 TAVR 手术由 Alain Cribier 医生在 2002 年 4 月 16 日开展以来到 2018 年年初，全球已经开展超过 40 万例的 TAVR 植入。在二尖瓣反流的介入治疗方面，二尖瓣夹（MitraClip）这个唯一上市的产品也植入了接近 8 万例。在中国，TAVR 技术正在突飞猛进地发展，自 2010 年国内开展第 1 例 TAVR（亚洲第 2 例）以来，至 2018 年下半年累计在 20 个省（区、市）逾 80 家医院开展 TAVR 治疗，患者数量达 1600 例。在二尖瓣、三尖瓣、肺动脉瓣、左心耳和先天性心脏病房 / 室间隔缺损 / 卵圆孔封堵等产品领域，国际和国内的产品业发展得如火如荼。其中，先天性心脏病房/室间隔缺损封堵领域的国内产品通过多年发展，已经在国内市场上占据了绝对主流。二尖瓣、三尖瓣和左心耳领域的产品及其研发能力尽管跟国际最新技术还有差距，但差距在逐步缩小。

1. 结构性心脏病介入器械分类及市场规模

（1）结构性心脏病介入器械分类（表 12-21）

表 12-21　结构性心脏病介入器械分类

细分市场	产品
结构性心脏病介入器械	经皮介入主动脉瓣置换装置，经皮介入二尖瓣置换和修补装置，经皮介入三尖瓣置换和修补装置，经皮介入肺动脉瓣置换和修补装置，经导管介入左心耳封堵器材，经导管介入先天性心脏封堵器械（卵圆孔未闭封堵器、房间隔缺损/室间隔缺损封堵器，动脉导管未闭）等

（2）结构性心脏病介入器械市场规模

根据公开数据分析，2018 年中国结构性心脏病介入器械市场规模约为 8.66 亿元，同比增长 102.81%，预计 2024 年中国结构性心脏病介入器械市场规模约 102.06 亿元，2018—2024 年年复合增长率为 58.81%（图 12-12 和表 12-22）。

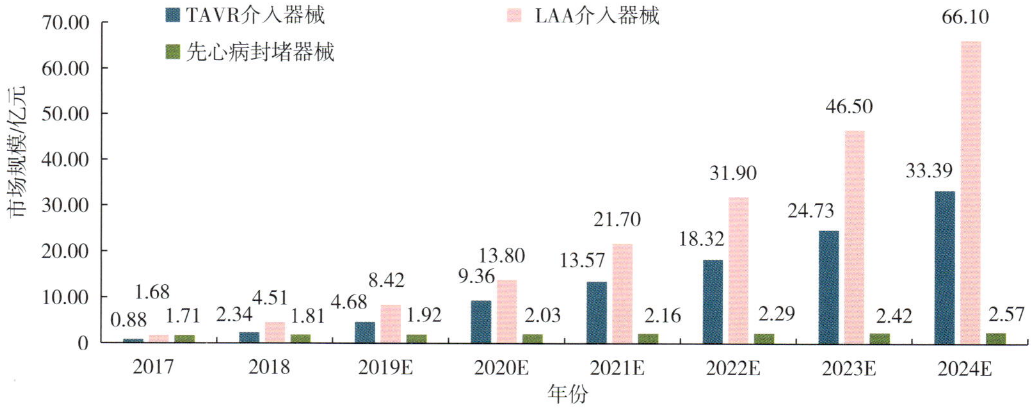

图 12-12　2017—2024 年中国结构性心脏病介入器械市场规模

［资料来源：Credit Suisse TAVR Comment 2018，华泰证券研究所，中金企信（北京）国际信息咨询有限公司及微创调研］

表 12-22　2017—2024 年中国结构性心脏病介入器械细分市场规模

单位：亿元

分类	年份								年复合增长率
	2017	2018	2019E	2020E	2021E	2022E	2023E	2024E	
TAVR 介入器械	0.88	2.34	4.68	9.36	13.57	18.32	24.73	33.39	73.70%
LAA 介入器械	1.68	4.51	8.42	13.80	21.70	31.90	46.50	66.10	72.36%
先心病封堵器械	1.71	1.81	1.92	2.03	2.16	2.29	2.42	2.57	6.00%
总计	4.27	8.66	15.02	25.19	37.43	52.51	73.65	102.06	58.81%

资料来源：Credit Suisse TAVR Comment 2018，华泰证券研究所，中金企信（北京）国际信息咨询有限公司及微创调研。

结构性心脏病介入器械可以分为经皮介入主动脉瓣置换（TAVR）器械、经皮介入左心耳封堵（LAA）器械、经皮介入先天性心脏病封堵器械等细分领域，根据公开数据分析，2018 年中国结构性心脏病介入器械细分市场规模前 3 名分别是经皮介入左心耳封堵器械、经皮介入主动脉瓣置换器械和经皮介入先天性心脏病封堵器械，市场规模分别为 4.51 亿元、2.34 亿元和 1.81 亿元，同比增长率分别为 168.45%、165.91% 和 5.85%；预计 2024 年市场规模分别为 66.10 亿元、33.39 亿元和 2.57 亿元，2018—2024 年年复合增长率分别为 72.36%、73.70% 和 6.00%（表 12-22）。

根据公开数据分析，2018 年全球结构性心脏病 TAVR 植入手术量约为 12.5 万例，同比增长率为 21.36%，预计 2024 年全球结构性心脏病 TAVR 植入手术量约为 25.6 万例，2018—2024 年年复合增长率为 13.94%（图 12-13 和表 12-23）。

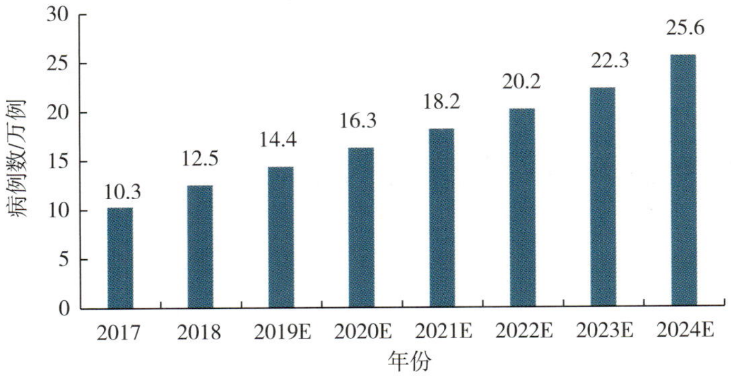

图 12-13　2017—2024 年全球结构性心脏病 TAVR 病例数

（资料来源：Credit Suisse TAVR Comment–January 8，2015. ASP assumption for 2024 and 2025 based on analyst model）

表 12-23　2017—2024 年全球结构性心脏病 TAVR 病例数

年份	2017	2018	2019E	2020E	2021E	2022E	2023E	2024E	年复合增长率
病例数 / 万例	10.3	12.5	14.4	16.3	18.2	20.2	22.3	25.6	13.94%

资料来源：Credit Suisse TAVR Comment –January 8，2015. ASP assumption for 2024 and 2025 based on analyst model。

根据华泰证券等公开数据，2018 年全球结构性心脏病 TAVR 市场规模约为 35.00 亿美元，同比增长为 13.64%，预计 2024 年全球结构性心脏病 TAVR 市场规模约为 69.08 亿美元，2018—2024 年年复合增长率为 12.23%（图 12-14 和表 12-24）。

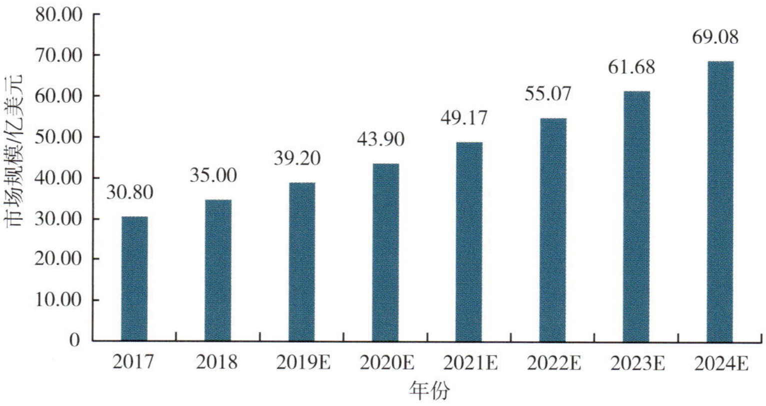

图 12-14　2017—2024 年全球结构性心脏病 TAVR 市场规模

（资料来源：根据华泰证券及公开资料整理）

表 12-24　2017—2024 年全球结构性心脏病 TAVR 市场规模

年份	2017	2018	2019E	2020E	2021E	2022E	2023E	2024E	年复合增长率
市场规模 / 亿美元	30.80	35.00	39.20	43.90	49.17	55.07	61.68	69.08	12.23%

资料来源：根据华泰证券及公开资料整理。

根据公开数据整理，2018 年中国结构性心脏病 TAVR 市场规模约为 2.34 亿元，同比增长 165.91%，预计 2024 年中国结构性心脏病 TAVR 市场规模约为 33.39 亿元，2018—2024 年年复合增长率为 73.70%（图 12-15 和表 12-25）。

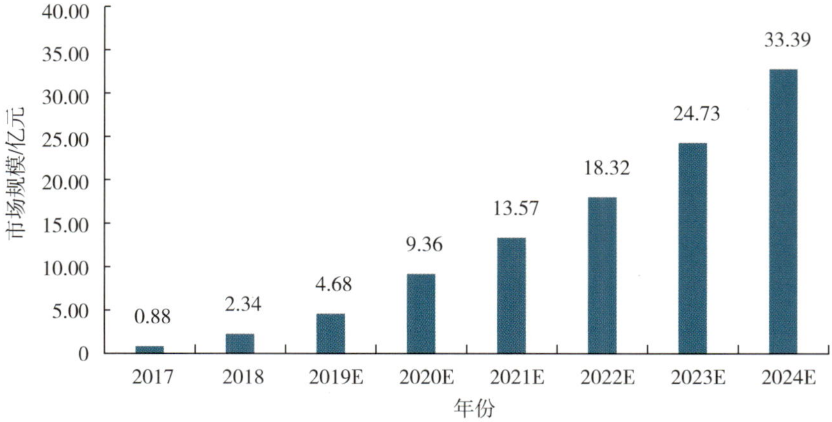

图 12-15　2017—2024 年中国结构性心脏病 TAVR 市场规模

（资料来源：微创医疗根据公开资料整理）

表 12-25　2017—2024 年中国结构性心脏病 TAVR 市场规模

年份	2017	2018	2019E	2020E	2021E	2022E	2023E	2024E	年复合增长率
市场规模 / 亿元	0.88	2.34	4.68	9.36	13.57	18.32	24.73	33.39	73.70%

资料来源：根据公开资料微创医疗整理。

2. 结构性心脏病介入器械市场竞争格局及重点企业

TAVR 介入器械国际市场高度集中，目前爱德华（65%）和美敦力（30%）垄断 95% 的市场份额，TAVR 国内市场处于刚刚起步的萌芽期，仅有杭州启明（2017 年）和微创心通（2019 年）获得市场批准，其他国内企业尚处于研发阶段；进口企业 TAVR 介入器械产品在中国还处在临床研究阶段，产品价格高昂，市场增长迅速，上市产品与公司迅速增加，随着竞争的加剧产品价格逐渐降低，如果产品能获得医保支付的支持，适应证也跟随全球逐渐拓展，TAVR 手术渗透率逐渐提高，预计未来 10 年国内市场会高速发展。

先心病封堵器械国内市场主要有先健医疗、北京华医圣杰、乐普医疗 3 家国内企业，其占据 90% 的市场份额，进口产品份额小于 10%，已经完成国产化替代。

LAA 介入器械国内市场主要为进口品牌波士顿科学产品，占市场份额的 80% 以上，国内品牌主要以先健医疗为主，其他国内品牌处于研发和临床研究阶段。产品价格高，市场增长迅速，上市产品与公司迅速增加，随着竞争的加剧产品价格逐渐降低，产品获得医保支付的支持，适应证跟随全球逐渐拓展，左心耳封堵器械手术渗透率逐渐提高，预计未来10年国内市场会高速发展（表12-26）。

表12-26　中国结构性心脏病介入器械细分市场生产厂家

细分市场	进口品牌生产厂家	国产品牌生产厂家
TAVR介入器械	爱德华、美敦力、波士顿科学	杭州启明、微创心通
LAA介入器械	波士顿科学	先健医疗、微创医疗
先心病封堵器械	雅培（市场份额小于10%）	先健医疗、北京华医圣杰、乐普医疗

3. 结构性心脏病介入器械国内外技术发展趋势分析

输送系统是目前制约TAVR手术应用的重要环节，国内外厂家在输送系统上的技术改进趋势主要有以下几个方面：瓣膜输送系统由传统的手动驱动到电动驱动（如爱德华、微创心通）；瓣膜输送系统外径由大逐渐变小，从24F逐步到14F；瓣膜输送系统在手术过程中实现瓣膜释放从不可回收逐步到完全可回收，并再次定位和释放。

瓣膜的设计从逐步提高临床效果和使用便利性出发，性能不断得到改进，从而增加瓣膜使用范围，并进一步降低手术风险；防瓣周漏的设计从无到有；瓣膜从术中装载到球囊预装优化改进；支架高度和密度从高到低的设计优化逐步减少瓣膜对传导系统的影响（永久起搏器植入率10%～30%）；瓣膜的生物材料耐久性从短到长；对于中低危关联其他病症患者的优化设计：如爱德华SAPIEN 3瓣膜可用于三尖瓣、二尖瓣的瓣中瓣手术；美敦力研发用于PCI配套手术的导引导管等。

2018年12月3日，在全球著名的以色列心血管创新大会ICI 2018上，由复旦大学附属中山医院团队牵头研发的创新性二尖瓣反流修复器械ValveClamp，在ICI-CCI联合论坛上，从众多的中以项目中脱颖而出，得到了以色列专家团好评，获得了最佳创新奖。2018年ICI“中以心血管创新论坛”进入第3届，中国医生在二尖瓣、三尖瓣及主动脉瓣介入和心衰分流装置等领域均有创新成果展示，中国心血管创新的硬实力和影响力越来越大。

2018年上海长海医院介入心脏瓣膜创新团队，创立全新理念、研发成功国际原创的经导管三尖瓣置换装置——LuX-Valve，并成功应用于临床。该研发团队，经过近3年的刻苦努力和潜心研究，创新性提出房室瓣位置“非径向支撑力依赖型介入瓣”这一全新理念，并在此基础上设计了经导管三尖瓣置换装置——LuX-Valve。该产品已治疗了11例极重度三尖瓣反流患者，临床及实验数据被国外著名专家引用并寄予厚望，在介入三尖瓣置换领域领跑全球。目前，上海长海医院联合国内多家单位启动LuX-Valve国内多中心临床试验，有望为更多严重三尖瓣病变患者带来福音。

MitralStitch作为我国第一款自主创新微创介入二尖瓣修复器械，兼顾了人工腱索修复及缘对缘修复两种概念。阜外医院及安贞医院于2018年成功完成了我国第1个微创二尖瓣介入治疗研究（MitralStitch FIM研究），相关结果分别在TCT、CSI、AATS等重要国际学术会议上做了报道。相关学术结果在历史悠久的美国胸科医师协会（STS）会刊的发表，标志着中国介入二尖瓣修复领域的研究取得的结果也正式获得国际认可。MitralStitch成为国家心血管病中心产学研转化理念践行的优秀代表，以及中国自主研发的心血管介入类医疗器械的典范。

肥厚性梗阻性心肌病（HOCM）的治疗是困扰医学界的一大难题，西京医院刘丽文教授独创了Liwen术式，其通过经皮肋间穿刺将射频针经心外膜心尖部置入室间隔进行HOCM的消融，其原理依赖于射频产生的能量，对室间隔肌肉进行安全而有效的消融治疗。Liwen术式为HOCM患者提供了一种全新的治疗方式，相关结果已经于2018年经JACC报道，并引起了国际广泛关注。

缘对缘二尖瓣修复器械二尖瓣夹子（MitraClip）已在欧洲和美国使用了10多年，目前完成约7万例手术。目前国际指南适应证主要是治疗原发性反流的患者，并不支持MitraClip用于继发于左心室功能不全的功能性二尖瓣关闭不全（FMR）患者，主要强调在这种情况下缺乏支持器械功效的证据。2018年二尖瓣反流介入治疗领域的最重磅试验COAPT研究首次证实了MitraClip治疗功能性反流的有效性和安全性。

2018年10月12日，《TAVR中国经导管主动脉瓣置换术临床路径2018》（简称“临床路径”）在第二届中国结构性心脏病周线下集会暨第二十九届长城国际心脏病学会议（GW-ICC）结构性心脏病论坛正式发布。该路径由中华医学会心血管病分会结构学组、中国医师协会心血管分会结构专家委员会共同制订编写，其涵盖了TAVR手术整个体系的规范化理论知识。此版临床路径的发布，正值我国TAVR手术呈现快速发展时期，不仅为已经和计划开展TAVR手术的医院提供了专业的临床实践指导，更好地保障TAVR手术的安全性和有效性，同时也将推动TAVR技术在我国的进一步普及和规范，使这一医疗技术更好地服务于重度主动脉瓣狭窄患者，标志着我国 TAVR 手术的规范化发展又迈上一个新台阶。

2018 年介入肺动脉领域中国技术可谓一枝独秀。作为全世界第一款适合于自体右心室流出道的介入肺动脉瓣膜，启明医疗生产的 Venus P 瓣膜系统已完成全球多中心临床研究患者入组。与此同时，欧洲著名医学杂志 *EuroIntervention* 同时报道了由复旦大学附属中山医院中国临床研究及由伦敦 St Thomas 医院的国际多中心的研究两篇原始论著。研究结果提示手术成功率分别高达 98.2% 和 100%，以及极低的并发症和不良事件发生率，Venus P 瓣膜植入后，患者肺动脉瓣膜反流明显消失，右心室结构重构明显趋于良性。

2018 年，我国科学家提出极简式左心耳植入概念相关论文，全文发表在 *JACC：Cardiovascular Intervention* 上，标志着该项理念受到国际学术界的认可。

近年来，左心耳封堵技术被越来越多的循证医学证据证实在房颤患者卒中预防中的安全性及有效性。相对于我国 800 万～1000 万例的房颤患者基数，以及巨大的患者人群，在我国推广安全、有效的左心耳封堵简化术式具有极其重要的意义，香港威尔斯亲王医院林逸贤教授因此提出了“极简式”心耳封堵（Minimalist Appendage Closure，MAC），并进一步对其可靠性及安全性，以及相关技术流程标准进行了很好的验证。其核心理念为不过分依赖 TEE 和受限于麻醉条件的限制，从而便于更加简化手术流程，使技术更容易推广及普及，并且降低患者相关费用。该理念为我国学者近年来在左心耳封堵领域提出的重要概念。

2018 年 5 月底至 6 月初，广东省人民医院心儿科团队开展可吸收房间隔封堵器的临床预试验，植入 5 例房间隔缺损儿童患者均取得成功，且 3 个月随访结果令人满意。同时，广东省人民医院作为牵头单位即将开展 Absnow™可吸收房间隔缺损封堵系统的全国多中心临床试验。Absnow™可吸收房间隔缺损封堵系统植入体内的封堵器最终降解产物为水和二氧化碳，随着代谢排出体外。可吸收封堵器将解决目前封堵器存在的一些问题，例如，广泛应用的镍钛合金封堵器在体内永久残留较多的金属成分，拟可消除房室传导阻滞等远期并发症，为患者日后经房间隔术式保留手术路径，进行核磁共振等检查更为方便。Absnow™可吸收房间隔缺损封堵系统创新产品的成功应用对先心病治疗技术的发展具有重要意义。

4. 结构性心脏病介入器械国内技术发展存在的问题

（1）国内外心脏病 TAVR 器械企业技术发展的差距（表 12-27）

表 12-27　国内外心脏病 TAVR 器械企业技术发展的差距对比

项目	国外	国内
是否可回收	多数进入可回收的 2 代产品时代	上市产品都不可回收，可回收产品在临床实验中
系统外径	最低 14F，同时研发可扩张导管鞘降低外径要求	最低 16F，多数在 18F/19F
防瓣周漏	新一代产品多数由裙边防瓣周漏	Venus/J-Valve 无裙边，VitaFlow 有双层裙边
对传导系统的影响	Evolut Pro 临床试验 30 天永久起搏器植入率 10%	普遍在 20% 左右
耐久性	牛心包或猪心包	牛心包或猪心包
易用性	电动手柄，输送系统可调弯方便过弓和定位	电动手柄，输送系统可调弯方便过弓和定位
对于中低危关联其他病症患者的设计	SAPIEN 3：可用于三尖瓣、二尖瓣瓣中瓣手术；SAPIEN 系列膜瓣架较短，美敦力研发导引导管用于配套 PCI	目前只有 VitaFlow 的大网孔设计为未来 PCI 提供便利

（2）国内结构性心脏病介入器械企业发展瓶颈

研发资金和技术方面：国内企业的体量相对较小，对研发的投入有限；技术方向单一，国内已经上市或者即将上市的 TAVR 产品都属于自膨式瓣膜，没有到临床试验阶段的球膨式产品或者机械膨胀产品；左心耳封堵器产品也有类似问题。

研发人才和配套方面：国内的研发工程师很多，但与工程师对接的成熟术者特别是技术成熟并善于在研发器械产学研合作的非常少；技术输入和技术验证成熟度与国外差距较大；研发配套的技术验证环节，无论是动物实验还是人体实验，国内目前的资源相对有限，管理也存在一定差距。

原材料和配套产品布局方面：结构心脏病生产方面产业链建设不完备，且术中配套器械的布局不完整；重要的上游材料对国外具有高度依赖性，需要加快心包、镍钛合金支架、输送器管材等上游原材料的可替代性布局与建设；目前国内除了 TAVR 球囊，还没有可替代进口品牌的导管鞘、导丝等结构性心脏病手术必备的附件产品。

（五）脑血管介入器械市场发展状况

脑血管病也称“中风”“卒中”，是脑血栓、脑出血、蛛网膜下腔出血、脑供血不足等一组疾病的总称。根据《中国心血管病报告 2018》数据，我国脑血管病死亡率在 2003—2016 年呈上升趋势；并且城市地区脑血管病死亡率比农村地区低。2016 年较 2015 年城市地区脑血管病死亡率有下降趋势，但是农村地区脑血管病死亡率显著上升。脑卒中筛查项目对 2002—2013 年 40 岁以上的 12 526 例首次脑卒中病例进行回顾性分析后发现，2014 年 40 岁以上成人脑卒中患病率为 2.06%。与脑卒中发生相关性最强的危险因素为高血压，其次是家族史、高脂血症、心房颤动、糖尿病、身体活动不足、吸烟及肥胖。40 ～ 74 岁成年人首次脑卒中的发病率由 2002 年的 189/10 万人上升至 2013 年的 379/10 万人，每年增加 8.3%。40 ～ 74 岁患者脑卒中死亡率在 2002—2013 年处于稳定状态，约为 124/10 万人。随着我国高血压等疾病高发，目前脑血管病已经成为我国前 3 位导致死亡的病因之一，更是致残的首位原因。该病造成的严重偏瘫、植物人等后遗症给患者本人、家庭和社会造成了巨大的负担。

1. 脑血管介入器械分类及国内外市场发展趋势

（1）脑血管介入器械分类（表 12-28）

表 12-28　脑血管介入器械分类

细分市场	产品
脑血管介入器械	包括颈动脉支架、椎动脉支架、颅内血管支架、颅内取栓支架、微导管、微导丝、远端保护器械、弹簧圈、液态栓塞材料等

（2）脑血管介入器械市场规模

近年来，随着影像技术的不断进步，脑血管介入技术取得了重大的进展，伴随着脑血管疾病高发，脑血管介入器械市场发展迅速，据中国医械研究院测算，2018 年中国脑血管介入市场规模为 48.00 亿元，同比增长率为 37.14%。预计 2024 年中国脑血管介入市场规模为 183.11 亿元，2018—2024 年年复合增长率为 26.70%（图 12-16 和表 12-29）。

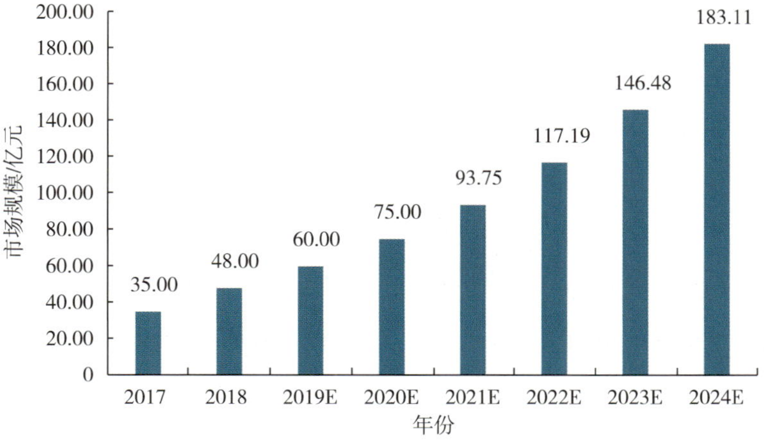

图 12-16 2017—2024 年中国神经血管介入器械市场规模

（资料来源：根据《中国医疗器械蓝皮书（2019）》及公开资料整理）

表 12-29 2017—2024 年中国神经血管介入器械市场规模

年份	2017	2018	2019E	2020E	2021E	2022E	2023E	2024E	年复合增长率
市场规模 / 亿元	35.00	48.00	60.00	75.00	93.75	117.19	146.48	183.11	26.70%

资料来源：根据《中国医疗器械蓝皮书（2019）》及公开资料整理。

2. 脑血管介入器械市场竞争格局及重点企业

中国脑血管介入治疗起步较晚，技术水平还相对比较落后，市场处于萌芽期，市场增长迅速，产品价格高昂，上市产品与公司数量迅速增加。国际巨头垄断市场的现状：进口产品以美敦力、史赛克、强生、波士顿科学等公司为主垄断 80% 的市场份额，短期内难以改变这种国际巨头垄断的局面。一些新技术的突破如中风支架取栓，国内跟国外发展同步，估计未来会成为突破国际巨头垄断的一块敲门砖。

3. 脑血管介入器械国内外技术发展趋势分析

（1）颅内动脉瘤的血管内治疗及医疗器械应用现状和技术发展趋势

目前，在治疗颅内动脉瘤时，主要采取血管内介入与开颅夹闭两种手术方式。研究明确指出，通过血管内介入手术对颅内动脉瘤进行治疗，能够将患者致残率及致死率降低，对临床治疗的预后效果进行改善。近几年，颅内动脉瘤血管内介入治疗的发展比较迅速，逐渐涌现出血流导向的装置、修饰弹簧圈、辅助球囊及颅内动脉瘤专用支架等介入治疗的器械。

弹簧圈栓塞是目前颅内动脉瘤治疗中的最广泛的应用场景，而单纯的弹簧圈栓塞主要用于颅内窄颈动脉瘤的治疗，对于宽颈动脉瘤需要采取联合介入治疗的方式。

颅内动脉瘤支架在颅内动脉瘤治疗中得到广泛的应用，颅内动脉瘤支架需要与弹簧圈联合使用，可用于较为复杂的宽颈动脉瘤的治疗。而颅内覆膜支架，则可以将动脉瘤与颅内血液循环隔离，进而治疗颅内动脉瘤，并同时重新构建载瘤血管。

血流导向装置在颅内动脉瘤治疗中的应用也越来越广泛，血流导向装置自 2008 年第 1 次被报道用于颅内动脉瘤患者的治疗以来，现已逐渐应用于复发型动脉瘤、大型动脉瘤及巨大型动脉瘤的治疗中。

（2）动脉狭窄的血管内治疗及医疗器械应用现状和技术发展趋势

通常情况下，颈动脉支架在颈动脉血管狭窄治疗中比较常用，可对缺血性的脑卒中进行预防。临床常用支架如下：强生 Precise 颈动脉支架，为开环支架；雅培 Acculink 支架，为开环支架；雅培 Xact 支架，为闭环支架；上海微创 TAURUST 颈动脉的支架。通常在临床上，迂曲病变治疗常用的支架是开环支架，如果有易损斑块，则常用闭环支架。进行颈动脉支架介入手术治疗时，要采取远端的保护器进行保护，以便在颅内颈动脉对血栓板块进行收集，避免出现远端脑血管的栓塞。临床上比较常用的远端保护器如下：雅培 Accunet 和 Emboshield 远端保护器；强生 Angioguard 远端保护；波士顿科学 Filterwire 远端保护器；上海微创 Aether 的远端保护器。

脑动脉支架主要包含自扩张支架与球扩型支架两种，其中波士顿科学公司的 Wingspan 支架属于常见自扩张支架，由激光切割的镍钛细管构成。其主要采取 5F（约 1.17 mm）同轴的输送系统，和 Gateway 球囊导管配合使用，主要用在预扩狭窄的病变患者治疗中。这种支架的主要优势：贴壁性与柔顺性比较好，能够顺应弯曲、直形与锥形等各种形态脑动脉的血管，并且可以规避球扩形支架对血管的刺激和破坏。

（3）急性缺血性脑卒中的血管内治疗现状和技术发展趋势

2015 年有研究指出，对于急性缺血性脑卒中的血管治疗，比较有效的一种治疗方式是使用血管内取栓术，欧洲卒中协会、美国神经外科介入协会和中国卒中学会相继发布专家共识，均推荐采取急性期血管内取栓治疗方式。2015 年我国接受取栓治疗的患者将近 4000 例，美国接受取栓治疗的患者将近 1.3 万例，全球接受取栓治疗的患者将近4万例。2017年，我国接受取栓治疗的患者增长至1.5万～2万例，复合增长率高达100%。现阶段，我国取栓设备市场仍处在早期的市场培育阶段，预计今后10年会迅速增长，未来将近1/3的急性缺血性脑卒中患者可采取取栓手术治疗。目前比较常见的取栓装置是美敦力Solitaire AB/FR取栓器，市场的占有率在70%左右。史赛克TrevoProVue取栓器为首个完全可视取栓装置，经过该装置医生能够对释放、安置及支撑全过程进行观察，这对于提升取栓精准度比较有利。强生ReViveSE取栓器为新型支架式的取栓器，属于闭合式的末端设计，能够对血栓碎片的逃逸进行预防。Perflow公司的Stream取栓器属于最新型取栓装置，主要功能是可调控与可视，是第一款可以实时调控功能取栓的装置。在实际应用Stream取栓器时，经控制手柄，能够对镍钛金属网径向力、直径及长度进行调节，这样可以提升血管顺应性，可以保证捕获血栓牢固性，在各种粗细脑血管之中都比较适用，在迂回脑血管之中更为适用。临床实践研究指出，Stream取栓器一次性取栓成功率比较高，有较好的预后效果。

（4）脑动静脉畸形现状和技术发展趋势

2018年的脑动静脉畸形治疗仍强调多方式联合治疗。复合手术室的使用、4D-DSA的术前准确评估、功能区电生理监测使复杂动静脉畸形（AVM）的疗效和安全性显著提升。而经静脉入路治愈性栓塞仍然是2018年AVM介入治疗热点，同行的关注点已从理念更新逐渐转向细节研究，包括适应证的把握、多静脉入路栓塞、球囊辅助技术、围术期精细管理等。2018年Apollo头段可解脱微导管在中国市场上市，其革新设计可有效降低栓塞后拔管风险，优化AVM介入栓塞疗效。随着手术材料不断优化，中国的AVM介入栓塞治疗会有更大的发展。

参考文献

[1] 《中国心血管病报告2018》概要[J]. 中国循环杂志，2019，34（3）：6–17.

[2] 中国医械研究院. 中国医疗器械蓝皮书（2019版）[R]. 2019.

[3] 世界卫生组织. 2018世界卫生统计报告[R]. 2018.

[4] 恒州博智医疗研究中心. 2018年中国市场药物洗脱支架（DES）发展研究报告[R]. 2018.

[5] 国信证券. 2019证券研究报告：深度报告医疗保健先健科技[R]. 2019.

[6] 兴业证券. 医疗器械行业深度调研报告：黄金十年，谁执牛耳[R]. 2019.

[7] 海通证券 . 医药与健康护理行业深度报告：黄金时代，中国医疗器械创新大潮开启 [R]. 2019.

[8] 洪贇飞，宋超 . 2017 年我国神经介入类医疗器械应用现状及展望 [C]// 王宝亭，耿鸿武，于清明，等 . 医疗器械蓝皮书：中国医疗器械行业发展报告 . 北京：社会科学文献出版社，2018.

[9] Mordor Intelligence. CHINA CARDIOVASCULAR DEVICES MARKET(2019–2024)[R].

[10] Kalorama Information. The 2018 Global Market for Medical Devices[R]. 9th ed. 2018.

[11] Evaluate MedTech. World Preview 2018, Outlook to 2024[R]. 2018.

[12] Meddevicetracker. Interventional Cardiology: Peripheral Vascular disease Therapeutic Device, US, EU market, Japan, and RoW[R]. 2018.

[13] Meddevicetracker. Interventional Cardiology: Vascular Stent, US, EU market, Japan, and RoW[R]. 2018.

[14] 彭斌，刘鸣，崔丽英 . 与时俱进的新指南：《中国急性缺血性脑卒中诊治指南 2018》解读 [J]. 中华神经科杂志，2018，51（9）：657.

图表索引

致 谢

2019 年，中国生物技术发展中心组织中国医疗器械行业协会临床试验分会和国内相关领域专家成立《2019 中国医疗器械科技创新发展报告》（以下简称《报告》）编写组。在《报告》编制过程中，召开了多次专家咨询会，邀请高校、科研院所一线科研工作者、有关产业界人士，对《报告》的框架、内容、编写方法等进行研讨，梳理我国医疗器械科技创新研究重要成果和进展，整理国内外医疗器械研究发展政策和科技发展现状，探讨发展趋势。

《报告》的编写历时近一年，凝结了 60 余家高等院校、科研院所、医疗机构和企业的心血和智慧。特别感谢在《报告》中涉及重要成果和进展研发团队的细致审校。

最后，感谢编写团队的辛勤付出，以及中国医疗器械行业协会给予的大力支持。

中国生物技术发展中心

2019 年 12 月